TIMOTHY KELLER
mit KATHY KELLER

Gottes Weisheit entdecken

Ein Jahr mit dem
Buch der Sprüche

BRUNNEN
Verlag GmbH · Giessen

Titel der amerikanischen Originalausgabe:
God's Wisdom for Navigating Life: A Year of Daily Devotions in the Book of Proverbs

Published by Viking, an imprint of Penguin Random House LLC, New York, USA

Aus dem Amerikanischen übersetzt von Friedemann Lux

FSC www.fsc.org MIX Papier | Fördert gute Waldnutzung FSC® C014496

3. Auflage 2022

Lektorat: Uwe Bertelmann
Umschlagfoto: shutterstock
Umschlaggestaltung: Jonathan Maul
Satz: DTP Brunnen
Druck: GGP Media GmbH
ISBN Buch 978-3-7655-0748-9
ISBN E-Book 978-3-7655-7571-6
Edition Pulsmedien
www.brunnen-verlag.de

Für Bruce und Missy Terrell,
zwei weise Leiter und Freunde,
deren Weisheit und Liebe uns beiden
und der Redeemer Presbyterian Church
viele Jahre lang Wegweisung gegeben haben.

Einleitung

Vielleicht haben einige Leser dieses Buchs schon unser früheres Andachtsbuch, *Ein Jahr mit den Psalmen*, mit Gewinn gelesen. Vor allem für sie ist es hilfreich, über die Unterschiede zwischen den Psalmen und den Sprüchen nachzudenken. Die Psalmen sind voll von Gefühlen – Schmerz, Freude, Preis und Dank. Sie zeigen uns, wie wir das, was wir erlebt haben, im Angesicht Gottes verarbeiten können. Die Sprüche (in manchen Bibelübersetzungen auch: „Sprichwörter") sind ein ganz anderes Buch. Sie sind ein Aufruf zum Nachdenken, eine Einübung in die Disziplin, all unser Denken und Tun auf Gott auszurichten. Eine der Hauptbotschaften der Sprüche lautet: *Man lernt nie aus.* In den Psalmen geht es darum, wie wir uns im Glauben ganz auf Gott werfen, in den Sprüchen darum, wie wir als Glaubende diesen Glauben ganz praktisch ausleben. Wenn die Bibel ein Medizinschrank wäre, dann wären die Psalmen eine Art Brandsalbe zum Beruhigen und Heilen der Haut, während die Sprüche eher ein Riechsalz sind, das die Sinne schärft und einen wach macht.

Wie kann man das Buch der Sprüche mit Gewinn lesen? Hier ein paar Hinweise:

Die Sprüche als Dichtung

Das Buch der Sprüche ist nicht ein Lebenshilfebuch zum raschen Durchlesen, vom Typ „sieben Schritte zu einem gelungenen Leben". Ein Spruch ist eine sprachliche Kunstform, die mir, wenn ich mich geduldig mit ihr auseinandersetze, nach und nach Weisheit gibt. Die Sprüche sind ursprünglich auf Hebräisch verfasst, sodass der moderne deutsche Leser nicht die ganze Kraft des Originals spürt, aber wenn wir uns ein wenig über die Regeln der hebräischen Dichtkunst informieren, entdecken wir Bedeutungsebenen, die wir sonst glatt übersehen würden. Das vielleicht fundamentalste Merkmal der hebräischen Dichtung ist der sogenannte Parallelismus: Zwei Wortgruppen, Teilsätze oder Sätze werden so nebeneinandergestellt, dass sie einander modifizieren und präzisieren. Der zweite Teilsatz kann zum Beispiel den im ersten ausgedrückten Gedanken weiterspinnen und ausbauen – oder aber einen Kontrapunkt setzen, der den Gedanken abmildert oder relativiert. In beiden Fällen verdeutlichen und präzisieren die beiden Teile einander, sodass unsere Erkenntnis sich vertieft.

Sprüche 13,6 lautet zum Beispiel: „Rechtschaffenheit ist die beste Voraussetzung für einen tadellosen Lebenswandel, Ungerechtigkeit aber stürzt einen Menschen in Sünde.“ Der erste Teilsatz hilft uns, die „Ungerechtigkeit“ in dem zweiten Teilsatz genauer zu verstehen: als einen Mangel an Rechtschaffenheit. Aufgrund des Stilmittels des Parallelismus bedeuten die Worte „unrecht“ und „rechtschaffen“, aber auch „weise“ und „töricht“, die sich ständig und scheinbar unnötig in dem Buch wiederholen, in jedem Spruch etwas anderes. Uns wird viel von der Bedeutung eines Spruches entgehen, wenn wir nicht seine Teilsätze sehr sorgfältig miteinander vergleichen und untersuchen, wie die Worte zusammenspielen.

Ein weiteres wichtiges Merkmal der hebräischen Dichtkunst (wie wohl der Dichtkunst aller Sprachen) ist der Einsatz und hohe Stellenwert lebendiger Bilder. Da wird eine Frau mit viel Schönheit und wenig Anstand mit einem goldenen Ring im Rüssel eines Schweines verglichen (Sprüche 11,22), und ein arbeitsscheuer Angestellter ist wie Essig für die Zähne (10,26). Jedes neue Bild ist eine Einladung, darüber nachzudenken, mit was man eine Sache alles vergleichen kann. Der aufmerksame Leser kann fünf, zehn, oder noch mehr Arten aufzählen, auf die das Bild das Gemeinte illustriert.

Die Sprüche als Rätsel

Goethe hat einmal gesagt, dass der, der nur *eine* Sprache kennt, gar keine kennt. Was sehr wahrscheinlich richtig ist, aber noch richtiger ist es, dass der, der nur *einen* Spruch aus dem Buch der Sprüche kennt, keinen kennt.[1] Wenn es in einem Spruch heißt, dass die Menschen, die moralisch anständig leben, es *immer* gut im Leben haben, und dann in einem anderen, dass die Guten manchmal leiden müssen, denkt der moderne Leser sofort, dass hier ein Widerspruch ist. Das liegt daran, dass er nur den einzelnen Spruch vor sich sieht, den er entweder als absolute, für sich stehende Verheißung oder als ebenfalls für sich stehenden Befehl deutet. Doch genau das sind die Sprüche in aller Regel nicht. Jeder Spruch ist vielmehr eine Beschreibung eines bestimmten Aspektes, wie das Leben funktioniert. Da lesen wir einen

Spruch über das Eheleben, der, für sich genommen, für alle ehelichen Situationen zu gelten scheint, doch dann zeigt ein späterer Spruch, dass es eheliche Situationen gibt, in denen ein anderes Verhalten das richtige ist. Erst wenn man die Sprüche zusammen betrachtet, sodass sie einander so modifizieren und präzisieren, wie die Teilsätze innerhalb eines Spruches das tun, ergeben sie ein volles, multidimensionales Bild von einem bestimmten Thema oder Lebensbereich.

Kurz: Um die Bedeutung der Sprüche aufzuschließen, müssen wir sie zusammen betrachten. Keiner der einzelnen Sprüche ergibt das ganze Bild. Sprüche 29,19 besagt, dass Diener grundsätzlich dazu neigen, Anweisungen nicht zu befolgen, sodass man streng zu ihnen sein muss – aber 17,2 informiert uns, dass ein kluger Diener am Ende womöglich besser dasteht als ein missratener Sohn. Erst wenn wir die beiden Sprüche nebeneinanderstellen, erkennen wir, dass 29,19 gerade keine Aussage über *alle* Arbeitnehmer ist, sondern nur über die, die das Arbeiten nicht erfunden haben.[2]

Es kann sehr lohnend sein, die Aussagen, die die unterschiedlichen Sprüche über ein Thema machen, nebeneinanderzuhalten. In Kapitel 12 erfahren wir, dass der Weg in das sichere Unglück einem Narren wie der richtige Weg vorkommen kann, nur um in Kapitel 16 zu lesen, dass der falsche Weg *jedem* als der richtige erscheinen kann. Mit anderen Worten: Selbst wenn ich „alles richtig mache", kann mein Leben trotzdem schiefgehen, weil ich in einer kaputten Welt lebe. Der Weise weiß, dass manchmal jeder Weg „ein Weg in den Tod" sein kann (16,25). Wie wir noch sehen werden, *gibt* es eine Ordnung, die Gott der Welt gegeben hat, als er sie schuf, und der wir folgen müssen. Doch andererseits ist dies eine gefallene, von der Sünde entstellte Welt, und die Weisen wissen, dass die Schöpfungsordnung nicht immer funktioniert und auch nicht immer leicht zu erkennen ist.

Nur wenn wir sie alle zusammensehen, geben uns die Sprüche ein weises, differenziertes, theologisch reiches Bild von der Welt.

Die Sprüche als Pädagogik

Viele Ausleger kommen zu dem Ergebnis, dass das Buch der Sprüche ursprünglich als Handbuch für die Erziehung junger Männer gedacht war. Die Adressaten werden jedes Mal „Söhne" genannt.

Wenn das stimmt, ist es nur sinnvoll, dass wir in den Kapiteln 5 bis 7 eindringliche Warnungen vor der fremden Frau und der Ehebrecherin finden, aber keine Warnungen vor entsprechenden Männern.[3] Manche modernen Leser ärgern sich über diese „Männer-Orientiertheit“, aber es wäre falsch, daraus den Schluss zu ziehen, dass das Buch der Sprüche „frauenfeindlich“ sei oder dass nur Männer in der Weisheit unterwiesen werden sollten.

Wir haben gesehen, dass die Abfassung und die Verbreitung der Sprüche große Kunstfertigkeit und tiefe Weisheit erforderten. Nun, in Sprüche 1,8; 4,3; 10,1 und anderswo sind es der Vater *und* die Mutter, die ihren Sohn unterweisen. Die Mutter war bei den alten Hebräern „eine maßgebende Stimme, die neben dem Vater stand“.[4] Was doch nur bedeuten kann, dass nicht nur Söhne, sondern auch Töchter in der pointierten Poetik und epigrammatischen Weisheit der Sprüche unterwiesen wurden. Was die ideale Ehefrau von Sprüche 31,26 sagt, ist „weise“, und (so wörtlich) „freundliche Weisung ist auf ihrer Zunge.“ Will sagen: Sie äußert sich ausführlich und feierlich und gibt die Weisheit der Vorfahren weiter.[5] Während also die ursprünglichen Adressaten der Sprüche männlich waren, gelten die Weisheit und Unterweisung in diesem Buch allen Menschen und beiden Geschlechtern.

Bei all dem sollten wir eine weitere Tatsache nicht vergessen: Die Sprüche sind nicht für die private Lektüre geschrieben worden, sondern als eine Art Handbuch zum Durcharbeiten in einer Gemeinschaft von Schülern und zusammen mit älteren, weiseren Mentoren. Besonders empfehlenswert ist es daher, dieses Andachtsbuch für jeden Tag, wenn nicht zusammen mit Lehrern, dann mindestens zusammen mit Freunden, durchzuarbeiten. Dies könnte zum Beispiel so aussehen:

Suchen Sie sich einen oder mehrere Freunde und vereinbaren Sie, das Andachtsbuch gemeinsam durchzugehen, und zwar so, dass jeder von Ihnen am selben Tag denselben Abschnitt liest. Am Ende jedes Tagesabschnitts steht eine Frage, die Ihnen helfen soll, besser darüber nachzudenken, was das, was Sie da gerade gelernt haben, für Sie ganz persönlich bedeuten könnte. Notieren Sie Ihre Antwort in ein Tagebuch, und danach notieren Sie Ihre Antworten auf die folgenden zusätzlichen Fragen über den Spruch oder die Sprüche dieses Tages (sofern diese Antworten nicht schon in Ihrer Antwort auf die erste Frage enthalten sind):

1. Wo in Ihrem Leben oder im Leben eines anderen Menschen haben Sie diese Wahrheit schon illustriert gesehen?
2. Wie können Sie diese Wahrheit in die Praxis umsetzen – in Ihrem Denken, Ihrer Einstellung, Ihren Worten und Taten?

Wenn Sie mit Ihrem Tagebucheintrag fertig sind, beten Sie das Gebet am Ende der Buchseite. Diese kurzen Gebete sind als „Starthilfen" gedacht, die Ihnen einen Einstieg geben in das persönliche Gespräch mit Gott über das, was er Ihnen da gerade in seinem Wort zeigen will. Formulieren Sie, wenn Sie wollen, das Gebet mit Ihren eigenen Worten, und dann reden Sie mit Gott darüber, was diese biblische Anweisung, die Sie da mitbekommen haben, konkret für Ihr Leben bedeuten sollte. Dies sollte eine tägliche Gewohnheit für Sie werden: erst lesen, dann nachdenken (unter Benutzung der Fragen) und zum Schluss beten.

Und dann treffen Sie sich, so oft wie möglich, mit Ihren Freunden, die ebenfalls dieses Andachtsbuch durchgehen. Tauschen Sie sich darüber aus, was Sie Wichtiges gelernt haben, machen Sie einander Mut, das Gelernte in den Alltag umzusetzen, und berichten Sie einander, was für Fortschritte Sie machen.

Die Sprüche als Teil der ganzen Bibel

Wir reden vom „Buch" der Sprüche, aber dieses Buch ist natürlich Teil eines viel größeren Buchs (der Bibel), das durch all seine verschiedenen Teile und Erzählungen hindurch eine einzige, zusammenhängende Geschichte erzählt. Diese Geschichte ist, dass die Menschen durch die Sünde Gottes gute Schöpfung beschädigt haben und jetzt Erlösung brauchen und dass diese Erlösung durch Jesus Christus (und durch ihn allein) geschehen ist. Was bedeutet, dass die Sprüche, wie jedes andere biblische Buch auch, sich uns in ihrer tiefsten Bedeutung erst dann erschließen, wenn wir sie im Licht der Person und des Werkes Jesu Christi lesen. Jesus verblüffte seine Zuhörer mit seiner Weisheit (Lukas 2,40.47; Markus 6,2). Er gab an, der neue Salomo zu sein, der die endgültige Weisheit gebracht hat (Lukas 11,31). Die personifizierte Weisheit, die die Welt erschuf (Sprüche 8,22-31), ist geoffenbart worden in Jesus, dem Wort Gottes, mit dem Gott die Welt erschuf (Johannes 1,1-4).

Paulus nennt Jesus die Weisheit Gottes (1. Korinther 1,24.30) und den, in welchem alle Weisheit Gottes verborgen ist (Kolosser 2,3).

Beachten wir auch, dass der Anfang der Weisheit „die Ehrfurcht vor dem HERRN“ ist (Sprüche 1,7; 9,10). Eine lebendige Beziehung mit Gott ist die absolute Grundvoraussetzung für Weisheit. Diese „Ehrfurcht“ ist, wie wir noch sehen werden, keine kriecherische Angst, sondern eine Haltung des anbetenden Staunens angesichts der treuen Bundesliebe Gottes. Das Neue Testament zeigt uns, dass die Art Gottesbeziehung, die die Sprüche fordern, nur durch den Glauben an das Evangelium von Jesus Christus voll verwirklicht werden kann.

Die Themen der Sprüche

Die vielleicht schwierigste Aufgabe beim Studium des Buchs der Sprüche besteht darin, all die verschiedenen Aussagen, die sie zu einem bestimmten Thema machen, zu einem Ganzen zusammenzuführen. In diesem Andachtsbuch schauen wir uns in den ersten Wochen des Jahres die allgemeine Weisheitslehre in den ersten neun Kapiteln der Sprüche an. Danach habe ich die tägliche Lektüre nach Themengruppen geordnet, sodass Sie beim Lesen die verschiedenen Aussagen zu einem bestimmten Thema sammeln und zu einem Gesamtbild zusammenfügen können. Wundern Sie sich nicht, wenn manche Sprüche in mehr als einer Andacht vorkommen. Dies hängt damit zusammen, dass viele nicht nur ein Thema ansprechen, sondern zu verschiedenen Aspekten der Praxis des weisen Lebens etwas zu sagen haben. Hier ein Überblick über die Themen:

Die Weisheit erkennen: 1. Januar – 7. Februar
Was ist Weisheit?
Was ist Torheit?
Wie wird man weise?
Plädoyer für die Weisheit

Gott erkennen: 8. Februar – 23. März
Die Ehrfurcht vor dem HERRN

Gottes Ordnung
Wenn Gottes Ordnung gestört ist (Buch des Predigers)
Wenn Gottes Ordnung verborgen ist (Buch Hiob)

Das eigene Herz erkennen: 24. März – 12. Juni
Das Herz verstehen
Die richtige Hierarchie der Wünsche
Versuchung verstehen
Gefühle verstehen
Die Sieben Todsünden

Die Mitmenschen erkennen: 13. Juni – 10. August
Freundschaft
Worte
Klatsch und Tratsch
Zuhören
Konflikte

Die rechte Zeit erkennen: 11. August – 3. September
Gottes Führung; Planen und Entscheidungen treffen
Lehren für unsere Zeit

Die Lebensbereiche verstehen: 4. September – 14. Dezember
Ehe
Sex
Kindererziehung
Geld und Arbeit
Macht
Gerechtigkeit

Jesus erkennen, die wahre Weisheit Gottes: 15. Dezember – 31. Dezember

In den Tagesandachten sind bei Zitaten aus den Sprüchen jeweils nur Kapitel und Vers angegeben (also z. B. „10,13", und nicht „Sprüche 10,13"). Bei allen anderen biblischen Büchern sind auch diese mit angegeben (z. B. „Psalm 37,29“). Worte und Abschnitte aus dem Text des Tages, die in der Andacht erneut zitiert werden, werden kursiv und nicht in Anführungszeichen wiedergegeben.

Die Weisheit erkennen

Was ist Weisheit?

1. Januar

Dies sind die Sprüche Salomos; er war der Sohn Davids und König von Israel … Wer das Buch der Sprüche gelesen hat, versteht Sprichwörter und Gleichnisse, die Worte der Weisen und ihre Rätsel. (1,1.6)

Was ist ein Spruch? Ein Spruch (hebräisch *masal*) ist ein poetisch gestalteter, knapper und bündiger, zum Nachdenken anregender Satz, der mit wenigen Worten eine Wahrheit zum Ausdruck bringt. Es ist eine literarische Gattung, die dem modernen Menschen unbekannt ist. Sprüche sind weder absolute Befehle noch Versprechen, und oft sind sie unvollständig, in dem Sinne, dass man sie neben andere Sprüche zu dem gleichen Thema stellen muss, um ein vollständiges Bild zu bekommen. Sie sind Beobachtungen über das reale Leben; ein Spruch ist dazu da, dass der Hörer durch konsequentes Nachdenken die richtige Beziehung zur Realität bekommt. Ein Spruch ist ein wenig wie ein Bonbon: Wenn man hineinbeißt, hat man wenig davon (außer womöglich einen abgebrochenen Zahn). Man muss über den Spruch meditieren, damit das süße Aroma, das „Aha-Erlebnis", sich entfalten kann.

Weisheit ist nicht nur etwas für Philosophen. Sie ist Schule für den Alltag. Sie hilft mir, wenn mein Kind mit einem blauen Auge von der Schule heimkommt oder wenn ich unverhofft zu Geld komme oder arbeitslos werde. Wie reagiere ich richtig, so, dass aus der Krise keine Katastrophe wird? Unsere Weisheit wird uns in dem Maße leiten, wie wir Gottes Sohn, Jesus, kennenlernen und ihm ähnlicher werden.

In welchem Bereich Ihres Lebens müssen Sie am meisten an Weisheit zunehmen?

Gebet: *Herr, mir wäre es lieber, du sagtest mir durch eine innere Stimme, was ich tun soll. Oder durch ein Handbuch für alle Situationen des Lebens. Stattdessen rufst du mich dazu auf, ein weiser Mensch zu werden, der selber merkt, was er tun soll. Hilf mir, auf diesen Ruf zu antworten, und mache mich zu einem verständigen Menschen. Amen.*

2. Januar

Dies sind die Sprüche Salomos; er war der Sohn Davids und König von Israel. Das Buch der Sprüche wurde geschrieben, damit die Menschen erfahren, was Weisheit ist. (1,1-2a)

Nicht nur Moral. Das wichtigste Wort für *Weisheit* in den Sprüchen (hebräisch *hokma*) beinhaltet moralisches Verhalten, aber geht noch viel weiter. Es geht darum, sich richtig zu entscheiden, auch dort, wo es keine eindeutigen moralischen Gesetze gibt, die mir sagen, was ich zu tun habe. Manche Entscheidungen erfordern lediglich das richtige Wissen (z. B. welche Medizin ich nehmen sollte), andere das Befolgen von Regeln (z. B. ob Ehebruch in Ordnung ist oder nicht). Aber kein Bibelvers wird Ihnen sagen, wen Sie heiraten oder welche Arbeitsstelle Sie annehmen oder ob Sie umziehen sollen – aber falsche Entscheidungen können hier gravierende Folgen haben. Es gibt auch keine moralischen Gebote gegen Charakterschwächen wie Schroffheit, Impulsivität, emotionale Labilität oder Unordnung, aber auch solche Dinge können unser Leben beeinträchtigen.[6]

Wenn Gott uns eine hundertbändige Enzyklopädie von Regeln für jede Situation gegeben hätte, würden wir uns auf dieses Werk und unseren Lesefleiß verlassen. Aber wenn wir begreifen, was Weisheit wirklich ist, kommen wir näher zu Jesus, von dem es hieß: „Was ist das für eine Weisheit, die ihm da gegeben ist?" (Markus 6,2).

Haben Sie schon einmal einen guten, moralisch anständigen Menschen erlebt, der sich sehr unweise verhielt?

***Gebet:** Herr, ich bin in meinem Glauben oft selbstgefällig und meine, die Wahrheit zu kennen. Aber kenne ich sie wirklich? Und wo ich sie kenne, weiß ich oft nicht, wie ich richtig mit ihr umgehen soll. Bitte schenke mir in meinem Leben das, was ich brauche, um weiser zu werden, und lass mich nicht vergessen, dass ich es von dir bekommen habe. Amen.*

3. Januar

Dies sind die Sprüche Salomos; er war der Sohn Davids und König von Israel … damit die Menschen erfahren, was Weisheit und Erziehung sind. (1,1-2a)

Disziplin. In diesen ersten Versen im Buch der Sprüche finden wir um das hebräische Wort *hokma* herum etliche mehr oder weniger synonyme Ausdrücke, die Licht darauf werfen, was Weisheit ist. Das hebräische *musar* (*Erziehung* in 1,2-3) meint eine Unterweisung, die den Schüler in die Pflicht nimmt – ein hartes Training mit einem Lehrer, der einen oft richtig fordert. Oft erwerben wir Weisheit dadurch, dass Freunde uns offen die Meinung sagen (27,5), oder wir lernen aus Fehlern (26,11) bzw. aus dem Leiden, das Gott, der große Erzieher, uns zu unserem eigenen Besten schickt (3,11-12). Mit jedem Mal, wo mein Auto eine Panne hat und ich mir überlegen muss, wie ich den Schaden behebe, wächst meine „Weisheit“ bezüglich Autos. Genauso ist es mit unserem Leben. Der Schriftsteller Marcel Proust schrieb, dass wir die Wahrheit „selbst entdecken“ müssen, „nach einer Reise durch die Wildnis, die niemand an unserer statt antreten, die niemand uns ersparen kann“.[7]

Weise werden heißt ein disziplinierter Mensch werden, der nicht impulsiv drauflosrennt, sondern sich selbst prüft, umsichtig ist, klar denkt. Ein Mensch, den das Leben widerstandsfähig, belastbar, erfinderisch gemacht hat. So wie man nur durch hartes Training ein guter Marathonläufer wird, will auch die Weisheit erarbeitet sein.

Wo hat Gott in Ihrem Leben schon Schwierigkeiten benutzt, um Sie weiser zu machen?

Gebet: *Vater, Kinder brauchen Disziplin, auch wenn sie vielleicht dagegen aufbegehren. Ein Kind, das keine Disziplin gelernt hat, wird es schwer haben im Leben. Vergib mir, wo ich in den harten Schlägen und Enttäuschungen meines Lebens nicht deine väterliche Erziehung gesehen habe. Lass mich durch sie Weisheit lernen. Amen.*

4. Januar

… damit die Menschen erfahren, was Weisheit und Erziehung sind, und merken, wie man verständige Rede von törichter unterscheiden kann. (1,2)

Unterscheidungsfähigkeit. Ein weiterer Aspekt der Weisheit ist *Verständnis* (hebräisch *bina*) – die Fähigkeit, Unterschiede und feine Schattierungen wahrzunehmen, wo andere nur einen Mischmasch sehen. Kathy kann kleine, aber wichtige Unterschiede zwischen verschiedenen Balletttänzern erkennen, die Tim nicht sieht, und er kann beim Baseball feine Nuancen beim Werfen des Balls ausmachen, die Kathy entgehen. Kathy ist „weiser", wenn es um Ballett geht, Tim, wenn es um Baseball geht.

Die biblische Weisheit wendet die Kunst des differenzierten Wahrnehmens auf das Leben im Alltag an. Weise sein heißt eine Fülle von Optionen und möglichen Handlungsweisen sehen, wo andere vielleicht nur eine oder zwei sehen. Der Weise erkennt, dass Wesen und Motive seiner Mitmenschen vielschichtig sind, und teilt sie nicht einfach in „Gute" und „Böse" ein. Unterscheidungsfähigkeit ist auch die Fähigkeit, nicht nur zwischen „richtig" und „falsch" zu unterscheiden, sondern auch zwischen „gut", „besser" und „am besten". Christen erleben es, dass in dem Maße, wie sie Christus liebgewinnen, auch ihre „Erkenntnis" und ihr „Einfühlungsvermögen" wachsen (Philipper 1,9). Christi Liebe heilt das nur mit sich selbst beschäftigte Ich und versetzt uns in die Lage, unsere Mitmenschen zu sehen und sensibel für sie zu werden.

Wo ist Gott gerade dabei, Ihnen feine Unterschiede zu zeigen, die Sie bisher nicht gesehen hatten?

***Gebet:** Herr, die Welt scheint aufgeteilt zu sein in Menschen, die alles schwarz-weiß sehen, und solche, für die alles grau ist. Erlöse mich von beidem – der Gesetzlichkeit und dem Relativismus. Beide sind nicht weise. Schenke mir die Demut und die Unterscheidungsgabe, die es für ein weises Herz braucht. Amen.*

5. Januar

Dadurch erhält man eine gute Erziehung ... So ist man imstande, den Unerfahrenen Klugheit zu vermitteln und der Jugend Erkenntnis und Besonnenheit. (1,3-4)

Besonnenheit. Die hebräischen Worte *haskel* (*Klugheit*), *ormah* (*Erkenntnis*) und *mezimma* (*Besonnenheit*) meinen alle ein Planen und Leben, das strategisch ist. So wie es hochanständige Menschen gibt, die nicht sehr weise sind, gibt es Visionäre, die das Ziel sehen, aber von den praktischen Schritten, die es zur Realisierung bräuchte, wenig Ahnung haben. Weise sein heißt Probleme voraussehen, ohne leichtsinnig zu werden oder sich davon lähmen zu lassen, dass man übervorsichtig ist. Der Weise weiß nicht nur, was er tun soll, sondern auch, *wann* er es tun soll. Ein Segen zur falschen Zeit kann wie ein Fluch wirken (27,14). Während Unterscheidungsfähigkeit (4. Januar) eine Art *Ein*blick in die Herzen ist, ist Besonnenheit eine Form des *Weit*blicks; ich weiß, was für ein Verhalten zu welchen Ergebnissen führen wird (22,3).

Weisheit ist in einem gewissen Sinne das Wissen, wie man „erfolgreich" lebt. Aber man verwechsele nicht, wie Adam und Eva, weltliche Klugheit mit göttlicher Weisheit (1. Mose 3,6). Die endgültige Weisheit finden wir in Jesus, dem leidenden Gottesknecht (Jesaja 52,13), dessen Erfolg absolut, aber den Augen der weltlichen Weisen seiner Zeit verborgen war.[8]

Hatten Sie einmal die nötige Unterscheidungsfähigkeit, um zu wissen, was Sie tun mussten, aber nicht die Besonnenheit, um zu wissen, *wie* Sie das machen sollten? Was haben Sie daraus gelernt?

Gebet: *Herr, ich möchte Erfolg haben, aber oft aus den falschen Gründen. Bitte tue, was nötig ist – und wenn es große Enttäuschungserlebnisse sind –, damit es mir wichtiger wird, treu zu sein als Erfolg zu haben. Erst dann werde ich frei sein von dem Stolz und der Angst, die die Feinde wahren Erfolges sind. Amen.*

6. Januar

Wer Weise ist, soll zuhören und sein Wissen erweitern, und wer Verstand hat, soll die Fähigkeit erwerben, ein gutes Leben zu führen! (1,5)

Wissen. Man kann moralisch gut, aber trotzdem nicht weise sein, und man kann viel wissen und doch töricht sein. Da ist die studierte Soziologin, die ein Buch über die Ursachen von Armut geschrieben hat, aber als sie einer armen Familie helfen will, macht sie alles nur schlimmer. Es gibt Wissen ohne Weisheit. Aber Weisheit ohne Wissen? Nein. Man muss sich mit einem Thema auskennen, bevor man es mit der Disziplin, Unterscheidungsfähigkeit und Besonnenheit der Weisheit angehen kann. Und so ruft das Buch der Sprüche die, die weise werden wollen, dazu auf, ihr *Wissen zu erweitern*. Das hebräische Wort *leqah* bedeutet ein ausgiebiges Studieren.

Um weise zu werden, müssen wir das menschliche Herz kennen und wissen, wie menschliche Beziehungen funktionieren; wir müssen Leiden und Tod kennen, ja das Wesen Gottes. Weisheit ist die Verschmelzung von Denken und Erfahrung, sodass wir „in den Realitäten des Lebens kompetent" werden.[9] Und wahre Weisheit erfordert wie nichts anderes eine tiefe Kenntnis der Bibel. Kein Geringerer als Jesus gründete alles, was er tat, auf die Bibel; mit ihr ging er in seinen Tod (Matthäus 27,46; Psalm 22,2). Wie können wir erwarten, weise zu werden, wenn wir uns nicht in das Wort Gottes vertiefen?

Was können Sie tun, um die Bibel besser kennenzulernen? Für welche Bereiche Ihres Lebens wäre sie gerade besonders wichtig?

***Gebet:** Herr, ich verbringe viel zu wenig Zeit damit, dein Wort zu lesen und darüber zu meditieren, und es gibt keine Entschuldigung dafür. Wir nehmen uns doch immer Zeit für das, was uns wirklich wichtig ist. Bitte vergib mir, dass ich dich und dein Wort nicht so liebe, wie du mich geliebt hast. Lehre mich deine Wahrheit. Amen.*

7. Januar

„Ihr Einfaltspinsel, wie lange wollt ihr die Einfalt lieben? Wie lange noch gefällt den Angebern ihr selbstgefälliges Geschwätz? Wie lange noch hassen Toren[10] die Einsicht?" (1,22)

Das Gegenteil von Weisheit. Im Buch der Sprüche ist das Gegenteil der Weisheit die Torheit und das Gegenstück zum Weisen der Tor. Im heutigen Deutsch ist das Wort „Tor" bzw. „Dummkopf" eine Beleidigung; in den Sprüchen meint es einen Menschen, der so realitätsfremd lebt, dass er sich und seinen Mitmenschen das Leben schwer macht. Wir können nicht alles mit unserem Körper machen, was wir wollen, ohne dass dies Folgen hat. Wir können unsere Mitmenschen nicht überfahren und erwarten, dass wir gute Freunde und eine stabile Familie haben. Wir können nicht als Egoisten leben und erwarten, dass unsere Beziehungen intakt bleiben. Aber der törichte Mensch tut all dies – und damit sät und erntet er Zwietracht und Zerstörung.

Es gibt verschiedene Arten von Torheit, wie wir noch sehen werden. Aber die größte Dummheit von allen ist, wenn ich etwas anderes als Gott zum Mittelpunkt meines Lebens mache. Es ist der sichere Weg zu Enttäuschung und Not. Jesus hat den „törichten Mann" als jemanden beschrieben, der sein Haus auf Sand baut statt auf den Felsen des Wortes und der Weisheit Christi (Matthäus 7,24-27). Der Törichte beachtet nicht, wo der feste Boden in seinem Leben ist (körperlich, seelisch, beziehungsmäßig und geistlich). Er verlässt ihn und wundert sich, warum er plötzlich einsinkt.

Wo haben Sie das letzte Mal (bei sich selber oder bei einem anderen) die bittere Frucht der Torheit erlebt?

Gebet: *Herr, mein Herz möchte so oft die Realität verdrängen, aber das ist dumm. Die Realität in dieser gefallenen Welt ist beides – wunderbar und schrecklich. Hilf mir, sie richtig zu sehen, und lehre mich, weise in ihr zu leben. Amen.*

8. Januar

„Ihr Einfaltspinsel, wie lange wollt ihr die Einfalt lieben? Wie lange noch gefällt den Angebern ihr selbstgefälliges Geschwätz? Wie lange noch hassen Toren[11] die Einsicht?“ (1,22)

Der Angeber. Drei Arten von Toren werden in diesem Vers erwähnt. Die *Angeber* (hebräisch *lesim*, in anderen Bibelübersetzungen *Spötter*) zeigen, dass es nicht die geistige Kapazität ist, die darüber entscheidet, ob wir weise oder töricht werden, sondern die innere Einstellung.[12] Tief im Herzen des Angebers ist ein hochfahrender Stolz, der sich niemand unterordnen will (21,24). Er ist der geborene Besserwisser, der sich in dieser Rolle bestens gefällt. Eigentlich ist er ein Narr, aber in den Augen der meisten Menschen ist er jemand, der den Durchblick hat und dem man so leicht nichts vormachen kann.

Natürlich gibt es Dinge, die Kritik, ja sogar Satire verdienen. Selbst Gott spottet gelegentlich. Aber „im Kreis der Spötter zu sitzen“ (vgl. Psalm 1,1) heißt, den Zynismus zu einem Lebensstil zu machen. Der chronische Spötter und Angeber bekommt ein verhärtetes Herz und vergiftete Beziehungen. Wie C.S. Lewis sagt. „Wer alles durchschaut, sieht nichts mehr.“[13] Wir leben in einem postmodernen Zeitalter, das zum „Dekonstruieren“ ermuntert, und in einem Internetzeitalter, in dem Spott und Herabwürdigung immer leichter werden – und das vernünftige Gespräch schwerer. Wir stehen unter einem enormen kulturellen Druck, selber Spötter und Angeber zu werden, dem wir widerstehen müssen. Jesus war überhaupt kein Angeber: „Er wird nicht streiten und lärmen … Das geknickte Rohr wird er nicht zerbrechen, und den glimmenden Docht wird er nicht auslöschen. So wird er schließlich dem Recht zum Sieg verhelfen“ (Matthäus 12,19-20).

Wann waren Sie das letzte Mal versucht, jemanden achselzuckend abzutun, anstatt mit ihm zu reden?

***Gebet:** Herr, lass mich nicht die Scheinweisheit der Welt imitieren: den zynischen Blick, den Insider-Witz, das wissende Seufzen über die Blödheit der anderen. Lass mich niemanden verachten und alle respektieren – auch dann, wenn ich sie korrigieren muss. Amen.*

9. Januar

„Ihr Einfaltspinsel, wie lange wollt ihr die Einfalt lieben? Wie lange noch gefällt den Angebern ihr selbstgefälliges Geschwätz? Wie lange noch hassen Toren[14] die Einsicht?" (1,22)

Der Einfaltspinsel. Jeder Tor ist realitätsfremd, aber jede Art Tor auf ihre eigene Art. Der Nächste in unserer Liste ist der *Einfältige* (hebräisch pĕthiy). Sein Laster ist die Leichtgläubigkeit: „Der Einfaltspinsel glaubt jedem Wort" (14,15). Wie ein Kind lässt er sich von allem beeindrucken, das spektakulär und dramatisch ist. Oder er ist süchtig nach Anerkennung und rennt jedem hinterher, der sie ihm gibt und einen starken Eindruck auf ihn macht. Er unterstützt diktatorische „Führer", die Frieden und Wohlstand versprechen. Oft ist er denkfaul und hat keine Lust, das Für und Wider einer Sache abzuwägen. Der Einfältige ist auch ein williges Opfer von Finanzbetrügern, die ihm schnellen Reichtum versprechen (12,11).[15]

Die Einfältigen können sich ändern und vernünftig werden (19,25), aber sie können auch Dummheit „erben" (14,18) und zu richtigen Experten der Einfalt werden. Wir sollten uns jedoch hüten, Leichtgläubigkeit und Naivität mit Schlichtheit gleichzusetzen. Wir haben einmal in einer Gemeinde als Pastoren gearbeitet, deren Glieder eher einen niedrigen Bildungsstand hatten, aber keinesfalls einfältig waren. Man kann über keine besondere Bildung verfügen und nicht besonders „weltgewandt" sein, aber trotzdem weise. Und man kann ziemlich „weltgewandt" sein – gut situiert, gebildet und mit den richtigen Beziehungen – und trotzdem einfältig.

Haben Sie auch schon Menschen kennengelernt, die Sie zunächst für etwas einfältig hielten, und haben Sie dann Ihr Urteil revidieren müssen? Was für Tugenden hatten diese Menschen?

***Gebet:** Gott, ich sehe den „Spötter" in mir, aber auch den „Einfältigen". Ich bin süchtig nach Anerkennung. Ich bin auch ungeduldig und nehme mir nicht die Zeit, die Dinge bis zum Ende durchzudenken. Ich habe dich schon oft gebeten, mich von meiner Sünde frei zu machen. Jetzt bitte ich dich: Herr, mach mich frei von meiner Torheit! Amen.*

10. Januar

„Ihr Einfaltspinsel, wie lange wollt ihr die Einfalt lieben? Wie lange noch gefällt den Angebern ihr selbstgefälliges Geschwätz? Wie lange noch hassen Toren[16] die Einsicht?“ (1,22)

Der Starrsinnige. Das in den Sprüchen am häufigsten zur Bezeichnung von Toren gebrauchte hebräische Wort ist *keciyl* (der Sture). Der Tor ist der typische Rechthaber; er ist von sich und seiner Weisheit so eingenommen, dass er unfähig ist, zu lernen oder sich korrigieren zu lassen.

Der Kinderpsychologe Jerome Kagan entdeckte, dass Kinder mit drei Grundtemperamenten geboren werden, die ihre instinktive Reaktion auf Schwierigkeiten bestimmen.[17] Die einen reagieren mit Angst und Rückzug, andere mit Aggression und Selbstbehauptung, wieder andere mit Optimismus und dem Versuch, sich auf die freundliche Art durchzusetzen.[18] Jede dieser Standardreaktionen funktioniert in manchen Situationen gut. Aber – so Kagan – sofern die Eltern nicht einschreiten, sind die Kinder dermaßen von ihrem Grundtemperament geprägt, dass sie es nicht lernen, wie sie sich in Situationen, in denen diese Grundreaktion falsch, ja verhängnisvoll ist, richtig verhalten. Mit anderen Worten: Wir sind von Natur aus starrköpfig und damit töricht. Die moderne Kultur drängt uns, unsere Kinder „sie selbst sein“ zu lassen, aber was uns als das Natürlichste vorkommt, kann in manchen Situationen tödlich sein (22,15). Um weise zu werden, muss der Ängstliche es lernen, energischer zu werden, der Energische, vorsichtiger zu werden, und der mit dem sonnigen Gemüt, nachdenklicher zu werden. Allein in Jesus sehen wir jemanden, der nicht automatisch den Weg der Selbstbehauptung oder des Rückzugs geht, sondern mit perfekter Weisheit das tut, was die Situation verlangt (Johannes 11,23-25.32-35).

Wo sind Sie am ehesten rechthaberisch und am wenigsten für neue Ideen und Kritik offen?

Gebet: *Vater, Jesus ist ohne ein falsches Wort oder einen falschen Schritt durch das Leben gegangen. Er hat genau gewusst, wann er zu schweigen und wann er zu reden, wann er zu korrigieren und wann er unnachgiebig zu sein hatte. Ich möchte so gerne auch so werden! Bitte fange an, mir etwas von seiner Weisheit zu geben, durch dein Wort und deinen Geist. Amen.*

11. Januar

Wer umhergeht und Lügen verbreitet, ist ein nichtsnutziger, übler Mensch. Er verdreht hämisch die Augen, gibt Gleichgesinnten heimlich Zeichen mit seinen Füßen und Winke mit den Händen. Er hat ein falsches Herz, er schmiedet böse Pläne, und wo er auftaucht, stiftet er Streit. Deshalb wird das Unglück plötzlich über ihn hereinbrechen, ganz unerwartet wird er zerschmettert, ohne dass es Rettung gibt. (6,12-15)

Der Unruhestifter. Eine andere Art Tor ist der Unruhestifter. Sein Markenzeichen heißt *Streit* (6,14). Er ist das Gegenteil des Friedensstifters (Matthäus 5,9), des Brückenbauers, dessen bedachte, freundliche Antworten (15,1) Spannungen und Konflikte entschärfen. Der Unruhestifter schürt sie. Der Unruhestifter ist nicht jemand, der mit Ehrlichkeit einen falschen Frieden stört; er ist der prinzipielle Protestierer, der sich weigert, auch einmal über etwas hinwegzusehen (19,11). Im Streit bemüht er sich nicht um Fairness, sondern ergeht sich in Halbwahrheiten, selektivem Weglassen und hinterhältigen Andeutungen. Seine Körpersprache (die *Winke*) schaffen eine Situation der Feindseligkeit, die guten Lösungen abträglich ist.

Der Unruhestifter stellt sich gerne als jemanden dar, der für die Wahrheit kein Blatt vor den Mund nimmt. Doch es wird kein gutes Ende mit ihm nehmen (6,15). Mit der Zeit zeigt es sich, dass er selber ja der Grund für die Konflikte ist, die wie Kletten an ihm kleben. Begebenheiten, die aufdecken, wes Geistes Kind er wirklich ist, können seine Glaubwürdigkeit nachhaltig beschädigen. Doch die tiefste Ursache für seinen Sturz ist die Tatsache, dass Gott ein Mensch, der andere gegeneinander aufhetzt, ein Gräuel ist (vgl. 6,16.19).

Werden Sie immer wieder in Konflikte hineingezogen? Liegt das vielleicht daran, dass Sie ein Unruhestifter sind? Oder kennen Sie andere, die Unfrieden stiften und denen Sie entgegentreten sollten?

Gebet: *Herr, danke für diese Warnung. Es ist gut, die Wahrheit zu sagen, auch wenn die Leute sie nicht hören wollen. Aber zeige mir, ob ich die Wahrheit in Liebe sage oder in Ungeduld und Härte. Ich möchte die Wahrheit verteidigen, aber nicht Streit stiften. Gib mir die Weisheit, den Unterschied zu erkennen. Amen.*

12. Januar

Beobachte die Ameise, du Faulpelz! Nimm ihr Verhalten zum Vorbild, damit du weise wirst. Sie hat keinen Anführer, keinen Aufseher oder Vorgesetzten, und doch sorgt sie im Sommer für ihre Nahrung und sammelt in der Erntezeit ihre Vorräte ein … „Ein bisschen will ich noch schlafen", sagst du, „nur ein kleines Nickerchen halten, mal kurz die Hände in den Schoß legen und mich ausruhen" – da ist schon die Armut im Anmarsch, und die Not überfällt dich wie ein bewaffneter Mann. (6,6-11)

Der Faulpelz. Eine andere Sorte Tor in den Sprüchen ist der Faulpelz. Der Weise geht von sich aus an die Arbeit, man muss ihn nicht dazu zwingen (6,7). Er muss seine Belohnung auch nicht sofort haben, sondern kann warten (6,8). Der Faule dagegen hat hundert Ausreden für scheinbar läppische Versäumnisse (*ein bisschen … mal kurz*) und wundert sich, wenn schließlich die *Armut* zuschlägt (6,10-11). „Er … betrügt sich selbst mit der Kleinheit seiner Kapitulationen; zentimeter- und minutenweise entgleitet ihm seine Chance."[19]

In dem Buch *Hillbilly-Elegie* erzählt der Autor von Bob. Bob arbeitete mit seiner Freundin in einer Fliesenhandlung. Bob blieb einmal die Woche zu Hause, kam ständig zu spät und leistete sich viele Pausen von über einer halben Stunde. Seine Freundin kam jeden dritten Tag nicht zur Arbeit, ohne vorher Bescheid zu geben. Als sie nach vielen Abmahnungen die Kündigung kriegten, war Bob außer sich. Der Autor kommentiert, dass viele Zeitgenossen schlicht arbeitsunwillig sind; was früher als eine gute Arbeitsstelle galt, wird heute als unzumutbar empfunden.[20] Das Ergebnis ist der gesellschaftliche Zerfall, wie schon die Sprüche vorhersagen. Ganz anders Jesus, der sagte: „Mein Vater hat bis heute nie aufgehört zu wirken, und weil er wirkt, wirke auch ich" (Johannes 5,17).

Gibt es einen Bereich Ihres Lebens, der dabei ist, Ihnen zu „entgleiten", weil Sie nicht an ihm arbeiten?

Gebet: *Herr, es ist falsch, sich zu überarbeiten, um Karriere zu machen oder bei den anderen Punkte zu sammeln. Aber Faulheit ist genauso schlimm. Auch hier brauche ich deine Hilfe, um das rechte Maß zu finden. Herr, hilf mir dabei! Amen.*

13. Januar

Denn sie laufen dem Bösen nach und sind schnell dabei, Blut zu vergießen. Nutzlos ist es, ein Fangnetz vor den Augen der Vögel auszubreiten – sie fliegen davon. Ebenso täuschen sich auch diese Verbrecher, denn in Wahrheit stolpern sie in ihre eigene Falle und setzen ihr Leben aufs Spiel. So geht es jedem, der unrechten Besitz an sich reißt: Das geraubte Gut raubt ihm selbst das Leben! (1,16-19)

Wie man sich selber eine Grube gräbt. Kein Vogel wäre so dumm, dass er in eine Falle fliegen würde, die er sehen kann (1,17). Doch selbst die Vögel sind weiser als die Menschen, die sich einbilden, dass sie die Leiter des Lebens hochsteigen können, indem sie auf ihren Mitmenschen herumtrampeln. Wer anderen Unrecht tut, stolpert in seine eigene Falle. Er gräbt sich selber eine Grube – etwas, was das dümmste Tier nicht tun würde.

Das Neue Testament sagt das Gleiche: Auf Kosten seiner Mitmenschen die Welt gewinnen zu wollen, heißt seine eigene Seele verlieren (vgl. Markus 8,36). Wie das funktioniert? Wer seine Mitmenschen skrupellos behandelt, gibt der Grausamkeit und dem Egoismus in seinem Herzen freie Fahrt, sodass diese Triebe außer Kontrolle geraten, was zu falschen Entscheidungen führt.[21] Wenn ich nur für meine eigenen Wünsche lebe, werde ich in Ewigkeit keine echte Erfüllung finden. Unser größter Weisheitslehrer, Jesus, sagt uns: Wenn wir unser Leben finden wollen, müssen wir es im Dienst für Gott und für unsere Mitmenschen hingeben (Matthäus 16,25).

Haben Sie schon einmal etwas sehr Egoistisches getan, das dann auf sie selbst zurückfiel? Inwiefern illustrierte diese Begebenheit das Prinzip des Evangeliums „Verliere dich, um dich zu finden“?

***Gebet:** Herr, mein Herz sagt mir, dass ich zuerst an mich selber denken muss. Aber wenn ich das tue, bleibt mein Herz leer. Ich möchte nicht mehr glücklich werden wollen, sondern dich suchen, komme, was da will. Nur dann werde ich echtes Glück finden. Amen.*

14. Januar

„Jeden Rat von mir habt ihr zurückgewiesen und meine Ermahnung in den Wind geschlagen … Ich werde lachen, wenn euch das Unglück trifft, ich werde spotten, wenn ihr in Angst und Schrecken geratet …" (1,25-26)

Die große Absurdität. Die Weisheit *lacht* also, wenn der Tor vom Unglück ereilt wird. Ist das grausam? Nein. Die Weisheit ist hier eine symbolische Figur, und ihr Lachen ist nicht herzlos, sondern ein Ausdruck „der Absurdität, das Törichte zu wählen".[22] Albert Camus hat gesagt, dass unsere Herzen sich nach ewiger Liebe sehnen, aber dass ein Universum ohne Gott uns nur „die bewusste Gewissheit des Todes ohne jede Hoffnung" gibt.[23] Dieses chronische Fehlen von Erfüllung nannte Camus „das Absurde". Für ihn war das Leben eine einzige lange Tragikomödie, in der die Menschen immer wieder Dinge suchen, die das Leben ihnen einfach nicht geben kann.

Camus glaubte an keinen Gott. Die Sprüche wissen, dass es Gott gibt, geben Camus aber recht, dass ein Leben ohne Gott sinnlos ist, weil die Dinge dieser Welt die tiefen Sehnsüchte unseres Herzens nicht stillen können. Ob Liebe, Geld oder Erfolg – sie geben uns nicht die Erfüllung, die nur eine echte Beziehung zu Gott uns geben kann. Das Leben in einer Welt ohne Gott kann sich nur nutzlos und absurd anfühlen. „Die Erwartung der Gerechten mündet in Freude, aber die Hoffnung der Gottlosen zerbricht" (10,28).[24]

Erleben Sie gerade Frustration, Leere, ja Sinnlosigkeit? Gibt es etwas in der Welt, das Ihnen nicht das gebracht hat, was Sie erhofft hatten? Was können Sie da machen?

Gebet: *Herr, früher endeten die Romane und die Filme damit, dass das Gute siegte; heute malen sie ein dunkles, sinnloses Leben ohne Happy End. Beide Weltsichten sind unrealistische Klischees. Du versicherst mir, dass die Geschichte meines Lebens beides enthalten wird: Schönheit und Absurdität. Und dass sie in die Ewigkeit münden wird. Erneuere heute diese Gewissheit in mir. Amen.*

15. Januar

„Weil die Unerfahrenen sich von mir abwenden, werden sie umkommen, und die Selbstgefälligen[25] richtet ihre Sorglosigkeit zugrunde. Aber wer auf mich hört, wird in Sicherheit wohnen, er kann ruhig bleiben, weil er kein Unglück fürchten muss." (1,32-33)

Selbstgefälligkeit. Wie wir sahen, ist es das Gütezeichen des Toren, dass er sich weise vorkommt. Dies führt in den tödlichen geistlichen Zustand der *Selbstgefälligkeit* hinein. Es gibt nichts Törichteres, als sich einzubilden, dass man sein Leben im Griff hat, wenn es in Wirklichkeit unbeherrschbar ist. Das klassische Beispiel ist Jesu Gleichnis von dem reichen Toren in Lukas 12,19-20. Egal, was für einen Lebenstraum Sie sich zurechtgezimmert haben, Tod, Krankheit, Enttäuschung und Finanzkatastrophen schlagen bei jedem zu, und noch so viel Reichtum, Erfolg, Macht oder Vorausplanen kann uns dagegen nicht immun machen.

Der Tor lebt in einer Traumwelt der Selbstsicherheit. Er glaubt, an alles gedacht zu haben, und dies führt ihn geradewegs in die Katastrophe. Doch das Gegenteil von Selbstgefälligkeit – sich ständig zu sorgen – ist auch keine Lösung. Wir können unser aufgeblasenes Selbstvertrauen ablegen und trotzdem gelassen und ohne Angst sein, wenn wir daran denken, dass der allmächtige Herr des Universums unser Vater ist. Und der Christ weiß auch, dass der Gott, der uns seinen eigenen Sohn gegeben hat, uns mit ihm auch alles andere geben wird, was wir brauchen (Römer 8,32).

Werden Sie leicht selbstzufrieden, wenn das Leben es gut mit Ihnen meint, und ängstlich, wenn es nicht so gut läuft? Wie können Sie beides vermeiden?

Gebet: *Gott, ich werde hin- und hergerissen zwischen dem Glauben, dass ich alles im Griff habe, und dem panischen Gefühl, dass das Leben mit mir macht, was es will. Beides stimmt nicht. Du selber hast alles in der Hand, und solange ich mir das nicht klargemacht habe, bin ich ein elender Narr. Amen.*

16. Januar

Mit den Spöttern treibt er Spott, aber den Bescheidenen schenkt er Gnade. (3,34)

Der die Spötter verspottet. Der Spötter „trägt ständig ein Grinsen spazieren."[26] Sein Talent für spitze Bemerkungen und Blicke sieht wie gepflegte Schlagfertigkeit aus, aber hinter der witzelnden Maske ist er aufgeblasen und von der eigenen Meinung und Intelligenz eingenommen. Deshalb werden den stolzen Spöttern in diesem Vers die Bescheidenen gegenübergestellt.

Den größten Einfluss übt der Spötter auf die Einfältigen aus, die ihn gerne zu ihrem Vorbild und Anführer küren. Die gefragtesten Leute in unserer heutigen Kultur sind die großen Spötter, Herabsetzer und Verächtlichmacher. Aber es gibt nichts Schlimmeres, als zu dem Spötter hochzuschauen, denn er macht uns jede Loyalität und Ehrfurcht unmöglich. Der Spötter zersetzt und zerstört, und er tut dies nicht mit ehrlichen Argumenten, sondern mit abfälligen Seufzern, spitzen Kommentaren und hochgezogenen Augenbrauen.

Gottes Gericht über sie ist tödlich und passend: „Mit den Spöttern treibt er Spott" (3,34). „Den Hochmütigen stellt sich Gott entgegen, aber wer gering von sich denkt, den lässt er seine Gnade erfahren" (1. Petrus 5,5). Das größte Vorbild ist hier Gott selber, der nicht als stolzer Spötter in die Welt kam, sondern als jemand, der „gütig und von Herzen demütig" war (Matthäus 11,29).

Haben Sie Freunde oder Bekannte, für die Sie Bewunderung empfinden, weil sie Zyniker sind? Ist es dieser Zynismus, der sie Ihnen attraktiv macht?

Gebet: *Herr, die Welt sagt uns, dass die Selbstsicheren und die, die sich vordrängen, die sind, die von allen geachtet werden, aber das ist nur vorübergehend. Tatsache ist, dass wir das ernten, was wir säen: Der Liebende wird geliebt, der Spötter verspottet. Hilf mir, das heute nicht zu vergessen; ich brauche es! Amen.*

17. Januar

Verlange nach Einsicht und bitte um Verstand, suche nach ihnen wie nach Silber, forsche nach ihnen wie nach verborgenen Schätzen. Wenn du auf mich hörst, dann wirst du verstehen, was Ehrfurcht vor dem Herrn ist, und du wirst Gott erkennen. Denn der Herr schenkt Weisheit, von ihm kommen Erkenntnis und Urteilsvermögen. (2,3-6)

Lohn oder Geschenk? In Kapitel 2 bis 4 der Sprüche erfahren wir viel darüber, wie die Weisheit in uns wächst. Am Anfang werden wir mit einem Paradox konfrontiert. Die Weisheit ist etwas, was man suchen muss. So wie die Weisheit uns laut zuruft (1,20-21), sollen wir nach ihr rufen (2,3 wörtlich: „Erhebe nach Verstand deine Stimme"). Aber nach der Aufforderung, die Weisheit mit aller Kraft zu suchen (2,3-4), informiert uns 2,6, dass Weisheit letztlich ein Geschenk Gottes ist. Dies ist einer der roten Fäden der Bibel; Philipper 2,12-13 ruft uns auf, „alles daranzusetzen, dass eure Rettung sich in eurem Leben voll und ganz auswirkt", nur um fortzufahren: „Gott selbst ist ja in euch am Werk und macht euch nicht nur bereit, sondern auch fähig, das zu tun, was ihm gefällt."

Dieses Paradox ist selber ein Stück Weisheit. Wenn wir alles selber schaffen müssten, würden wir unter dem Stress zerbrechen, und wenn es alles nur an Gott läge, würden wir uns zur Ruhe setzen. Das Paradox gibt uns den nötigen Anreiz *und* die nötige Gelassenheit, um das ganze Leben lang Gott zu suchen.

Suchen Sie die Weisheit? Und wenn ja, haben Sie genügend Geduld mit Gott? Er gibt sie uns zur rechten Zeit.

Gebet: *Herr, du gibst uns die Gelegenheit und den Wunsch, selber etwas zu tun – damit wir anschließend zugeben müssen, dass es alles von dir kommt. Aber du rufst uns auch auf, alle unsere Kräfte zu mobilisieren, und indem wir dies tun, werden wir deinem Sohn, Jesus, ähnlicher. Gott, du bist wirklich genial! Amen.*

18. Januar

Darum geh zusammen mit den guten Menschen deinen Weg und lebe wie die Rechtschaffenen. Denn die Aufrichtigen werden das Land bewohnen, und die Unbescholtenen werden darin bleiben. Doch die Gott verachten, werden aus dem Land geschafft, und die treulosen Menschen werden aus ihm herausgerissen. (2,20-22)

Sei rechtschaffen. Wenn die Sprüche von den *Rechtschaffenen* und den *Gottlosen* sprechen, denken wir an Menschen, die moralisch gut bzw. böse sind. Das stimmt nur teilweise. Die hebräischen Wörter für „rechtschaffen" – *tzedeq* und *mishpat* – haben einen starken sozialen Aspekt. Bruce Waltke schreibt: „Die Rechtschaffenen sind bereit, Nachteile auf sich zu nehmen, um der Gemeinschaft zu dienen; die Gottlosen belasten die Gemeinschaft, um sich selber zu dienen."[27]

Der Rechtschaffene sagt: „Ein Gutteil meines Eigentums gehört eigentlich den Menschen um mich herum, denn es kommt ja alles von Gott, und der will, dass ich meinen Nächsten liebe." Der Gottlose sagt: „Mit dem, was mir gehört, kann ich machen, was ich will." Gehen Sie, mit dieser Definition im Hinterkopf, einmal das Buch der Sprüche durch, und Sie werden es mit neuen Augen lesen. Es wird Sie motivieren, ein echt rechtschaffenes Leben zu führen – ein Leben, das nicht nur persönlich „anständig", sondern auch der sozialen Gerechtigkeit verpflichtet ist. Und es wird Ihnen den zeigen, der nicht kam, „um sich dienen zu lassen, sondern um zu dienen und sein Leben als Lösegeld für viele hinzugeben" (Markus 10,45).

Was setzen Sie an Zeit und Geld für das Wohl der Gesellschaft ein, in der Sie leben?

***Gebet:** Herr, ich habe mir mein Geld mit den Talenten und Gelegenheiten verdient, die du mir gegeben hast. Hilf mir, meine Zeit, Geld und Beziehungen als Geschenke zu sehen, die du mir zum Besten der Menschen um mich herum anvertraut hast. Das wird nicht einfach sein, denn meine Kultur möchte mir einreden, dass ich doch nichts habe und niemand etwas schuldig bin. Lass mich das nicht glauben. Amen.*

19. Januar

Mein Sohn, wenn Verbrecher dich verführen wollen, dann lass dich nicht darauf ein! Sie könnten zu dir sagen: „Komm mit uns! Wir verstecken uns und lauern darauf, dass wir Blut vergießen können. Lasst uns Jagd auf Unschuldige machen! …" Mein Sohn, lass dich nicht darauf ein und tu nicht dasselbe wie sie! (1,10-11.15)

Es kommt in den besten Familien vor. Hier warnen Eltern ihren Sohn vor einem Leben der Gewalt (1,8-19). Wer zur gutbürgerlichen Mittelschicht gehört, findet vielleicht, dass *seine* Kinder hier nicht gemeint sein können. „Kann sein, dass eine Mutter in dem Problemviertel XY so etwas sagen muss, aber doch nicht ich …" Das Buch der Sprüche weiß es besser: *Jeder* kann auf die schiefe Bahn geraten. Über so manchen Amokläufer oder Terroristen sagen die Nachbarn hinterher im Fernsehen: „Aber er kam aus einer so guten Familie!"

Für die Bibel ist die Herkunft keine Versicherung gegen das Böse. Sie lehrt auch nicht, dass die Bösen meistens aus den armen Schichten kommen. Gerade die Wohlhabenden treten (oft ganz legal) „den Kopf der Armen in den Staub" (Amos 2,6-7). Auch Kinder aus bester Familie können versucht sein, bei einem Unternehmen zu arbeiten, „das seine Profite mit der Ausbeutung ihrer Arbeiter, der Zerstörung der Umwelt oder auf Kosten von Gerechtigkeit und Wahrheit macht."[28] Gehen Sie besser nicht davon aus, dass eine gute Herkunft ein anständiges Leben garantiert.

Könnte es sein, dass Sie gerade bei einer Sache mitmachen, von der Sie profitieren, aber die einem anderen Menschen Schaden zufügt?

Gebet: *Herr, wie gerne bilden wir uns ein, dass unsere Freunde oder Verwandten so etwas niemals machen könnten. Sie können das sehr wohl – und ich auch. Hilf mir, mitzuarbeiten an einer Gemeinschaft von Menschen, die „einander täglich ermahnen", damit wir „nicht verhärtet werden durch das betrügerische Wesen unserer eigenen Sünde" (Hebräer 3,13).*[29] *Amen.*

20. Januar

Die Weisheit ruft laut auf der Straße, auf den Plätzen lässt sie ihre Stimme erschallen. Sie übertönt den Lärm und hält an den Stadttoren ihre Reden. (1,20-21)

Probier es aus. Hier lädt die Weisheit die Menschen ein, von ihr zu lernen, doch sie tut dies nicht im Elfenbeinturm, sondern draußen, auf der *Straße* und den *Plätzen*. Weisheit lernt man nur in der Praxis: Egal, wie viel Theorie sie gelernt haben – Mediziner, Juristen und Wirtschaftswissenschaftler werden erst „draußen", im realen Leben, wirkliche Experten werden.

Die Sprüche sind kein „Ratgeber" mit schnellen, einfachen Lösungen, die einem sofort in die Augen springen. Weisheit lässt sich nicht auf einem Wochenendseminar lernen. Wer zu beschäftigt für ihre Methode ist, findet keinen Zugang zu ihr. Man bekommt sie nur durch Erfahrung und das gründliche, ehrliche Nachdenken über diese Erfahrung. Sie wächst durch Fragen: Wo habe ich dies das letzte Mal in meinem Leben (oder im Leben eines anderen) beobachtet? Wo muss ich das in die Tat umsetzen? Was würde dadurch in meinem Leben anders? Was wird in meinem Denken falsch, wenn ich diese Wahrheit vergesse? Beachten Sie, wie oft Jesus, unser großer Lehrer, in Gleichnissen sprach und Fragen mit anderen Fragen beantwortete, um die Menschen zum Denken und inneren Wachsen zu bringen (Matthäus 13,10; Lukas 20,4; Johannes 16,29).

Was ist Ihnen in der letzten Zeit passiert, das besonders gut oder schwierig war? Haben Sie es mit anderen besprochen, um daraus zu lernen?

Gebet: *Gott, ich kenne so viel aus der Bibel, das ich nicht in meinem Gebet und meinem Leben umgesetzt habe. Hilf mir, nicht bloß ein Hörer deines Wortes zu sein, sondern ein Täter. Hilf, dass ich mich nicht selber betrüge (Jakobus 1,22). Amen.*

21. Januar

„Wenn man dann nach mir ruft, werde ich nicht antworten, man wird mich suchen, aber nicht finden. Denn sie haben sich jeder Erkenntnis verschlossen, und Ehrfurcht vor dem HERRN war für sie bedeutungslos." (1,28-29)

Schieb's nicht auf. Da Weisheit nicht durch den Erwerb von Wissen kommt, sondern durch lange Erfahrung und Nachsinnen, braucht sie Jahre, um zu wachsen. Was, wenn Sie plötzlich in eine Krise kommen, die viel Urteilskraft und Selbstdisziplin verlangt? Sie haben die Wege der Weisheit – das Ruhen in Christus, wenn alles andere wegbricht, das Erkennen, welche Alternativen die schlechten, die guten und die besten sind – noch nicht gelernt? Sie können das nicht bei Bedarf über Nacht nachholen; man kann sich ja auch nicht in 24 Stunden auf die Olympiade vorbereiten.

John Newton schreibt: „Die Gnade Gottes ist genauso notwendig für das rechte Reagieren … auf das Zerbrechen eines Porzellantellers wie auf den Umgang mit dem Tod des einzigen Sohnes."[30] Nur dann, wenn wir Weisheit in den kleinen Enttäuschungen des Alltags einüben und in diesen kleinen Situationen lernen, uns auf die Gnade zu verlassen, werden wir für die großen gewappnet sein. „Es gibt einen ‚Point of no Return'. Wenn das Gewitter über uns hereinbricht, ist es zu spät, sich in Sicherheit zu bringen. Die Augenblicke der Entscheidung kommen und gehen, und dann sind sie für immer vorbei. Nutze den Augenblick!"[31]

Wie viel Zeit investieren Sie in Ihr persönliches Weisheits-Wachstum? Wie viel Zeit investieren Sie in das Lesen der Bibel? Wie viel in das offene und ehrliche Gespräch mit christlichen Freunden, die Sie auch hinterfragen dürfen?

***Gebet:** Herr, ich weiß, dass du mir nicht mehr auflegen wirst, als ich tragen kann (1. Korinther 10,13). Aber mir kann es passieren, dass ich nicht alle Waffen nutze, die du mir für den geistlichen Kampf gibst (Epheser 6,10-17), und mich so unnötig in Gefahr begebe. Gib mir die echte, hart erarbeitete Weisheit. Ich bin bereit, alles zu tun, was nötig ist, um sie zu bekommen. Amen.*

22. Januar

Vertraue dem HERRN von ganzem Herzen und verlass dich nicht auf dein eigenes Urteilsvermögen. (3,5)

Erkenne deine Götzen. Das dritte Kapitel der Sprüche nennt sechs Dinge, die das Markenzeichen eines weisen Menschen sind und zugleich Mittel zum Wachsen in der Weisheit. Das erste ist: *Vertraue dem HERRN*. Man kann gut an Gott *glauben*, aber den Sinn und das Glück seines Lebens an etwas anderes hängen, das dann mein wirklicher Gott ist. Wir gestehen uns das natürlich nicht ein, und erst wenn dieses „andere" (z. B. unsere Karriere oder Familie) in stürmische Gewässer gerät, merken wir, dass es uns ja viel wichtiger ist als Gott.

Was hat das mit Weisheit zu tun? Sehr viel! Die Dinge, auf die mein Herz grundlegend sein Vertrauen aufbaut – mein Beruf, mein Geld, meine Ehe, meine Kinder oder meine große Liebe – sind mit massiven Gefühlen verbunden. Wenn irgendetwas sie bedroht, geht meine Welt unter und ich reagiere mit Angst, Wut und Depression. Die Götzen meines Herzens vernebeln mein Urteilsvermögen und die Art, wie ich die Welt und mich selber sehe. Götzen im Herzen führen zu Torheit im Leben. Das große Heilmittel gegen Götzen ist das Evangelium. Wir brauchen uns nicht mehr durch irgendwelche Leistungen – ob im Beruf oder in der Liebe – selbst zu erlösen, wenn wir im Glauben das Geschenk der Erlösung durch Jesus angenommen haben (Römer 3,21-24).

Was ist in Ihrem Leben der beste Kandidat für einen „Götzen"?

***Gebet:** Herr, als die Israeliten zu dir um Hilfe beteten, antwortetest du nicht, aber als sie „die fremden Götter von sich taten", begannst du in ihrem Leben zu wirken (Richter 10,10-18). Auch ich bin mit meinen Bitten zu dir gerannt, ohne bereit zu sein, meine tiefen, falschen Götzen wegzutun. Herr, hilf mir, allein auf dich zu trauen und auf nichts anderes! Amen.*

23. Januar

Vertraue dem HERRN von ganzem Herzen und verlass dich nicht auf dein eigenes Urteilsvermögen. Achte auf ihn, was immer du tust, dann ebnet er dir den Weg. (3,5-6)

Achte auf sein Wort. Ein zweites Markenzeichen und Mittel der Weisheit ist, dass ich mich auf sämtlichen Gebieten meines Lebens nach Gott richte und nicht nach meinem eigenen Verstand. Unsere heutige Kultur fordert uns auf, alles an unserem Verstand zu messen, alles (auch die Bibel) zu „hinterfragen". Aber jeder Mensch braucht etwas, das er *nicht* hinterfragt. Der moderne Mensch hinterfragt nicht sein Recht und seine Fähigkeit, alles zu bezweifeln. Jeder Mensch hat also eine höchste Autorität, an die er glaubt. Die Sprüche fordern uns auf, Gottes Wort zu dieser Autorität zu machen, und nicht unseren Verstand oder unser Gefühl.

Die Bibel kann uns in allen Lebenslagen den Weg weisen, auch wenn es nicht für jede Situation einen passenden Bibelvers gibt. Wenn Sie sich in die Geschichte vertiefen, die die Bibel von dem persönlichen Gott erzählt, der uns erschaffen und errettet hat, damit wir mit ihm leben, dann erscheint jeder Bereich Ihres Lebens – wie Sie Ihr Geld ausgeben, mit den Menschen umgehen, Ihre Zeit verplanen und sich selber sehen – in einem anderen Licht, als wenn Sie diese Geschichte nicht glauben. Wenn Sie sich Tag für Tag von der biblischen Geschichte und den göttlichen Realitäten prägen lassen, nimmt Ihre Weisheit zu.

Lassen Sie sich nicht nur von einzelnen herausgerissenen Bibelversen ansprechen, sondern suchen die roten Fäden und das „große Bild"?

Gebet: *Herr, ich möchte dein Wort nicht bloß als Buch lesen, sondern innerlich verdauen, zu einem Stück von mir machen. Lass dein Wort in seinem ganzen Reichtum in mir wohnen, damit ich in deiner Weisheit mich und meine Lieben recht führen kann (Kolosser 3,16). Tu dies um Jesu willen, der das Fleisch gewordene Wort ist. Amen.*

24. Januar

Halte dich nicht selbst für weise, sondern hab Ehrfurcht vor dem HERRN und meide das Böse. Das ist gut für deine Gesundheit und gibt Kraft wie ein erfrischendes Getränk. (3,7-8)

Sei lernfähig. Das dritte Kennzeichen der Weisheit ist die Bereitschaft, sich etwas sagen zu lassen. Der Tor hält sich selber für weise. Manche Menschen lassen sich gar nichts sagen. Andere hören nur auf ganz bestimmte Ratgeber. Teenager z. B. sind allergisch gegen den Rat Älterer; für sie gilt nur das, was ihre Clique sagt. Viele von uns hören nur auf Menschen unserer eigenen Klasse, Nationalität oder politischen Überzeugung.

Weisheit heißt, die Dinge durch so viele andere Augen zu sehen wie möglich: durch das Wort Gottes, die Augen meiner Freunde, die Augen von Menschen anderer Hautfarbe, aus anderen Schichten und mit anderen politischen Überzeugungen, ja durch die Augen meiner Kritiker. Weise Männer und Frauen umgeben sich mit Ratgebern – mit Mentoren, Freunden und anderen Menschen, bei denen sie eine „zweite Meinung" einholen können. Nichts hilft uns so gut dazu, uns etwas sagen zu lassen, wie das Evangelium. Es zeigt uns, dass wir Sünder sind, und versichert uns gleichzeitig zutiefst der grenzenlosen Liebe, die Gott zu uns in Christus hat, womit es uns in die Lage versetzt, unseren Fehlern und Sünden ungeschönt ins Auge zu sehen.

Gibt es vielleicht einen Menschen (oder eine Personengruppe), deren Meinung Sie hören sollten, das bisher aber vermieden haben?

Gebet: *Herr, ich habe ein Herz, das sich nicht gerne korrigieren lässt, und lebe in einer Gesellschaft, die mich anweist, nur meinen eigenen Gefühlen zu trauen. Alles in mir und außerhalb von mir scheint sich gegen meine Versuche, ein lernbereiter Schüler deines Wortes und des Lebens zu werden, verschworen zu haben. Gib mir ein bußfertiges, zerschlagenes Herz. Amen.*

25. Januar

Erweise dem HERRN Ehre mit deinem Besitz, überlass ihm die besten Früchte deiner Ernte. Dann werden deine Vorratskammern reichlich gefüllt sein, und der Most in deinen Fässern wird überfließen. (3,9-10)

Sei großzügig. Das vierte große Kennzeichen der Weisheit ist die Großzügigkeit. Die Liebe zum Geld und das Vertrauen auf seine Macht machen blind, und die beste Methode, seine Macht über uns zu brechen, ist, es reichlich zu verschenken. Die besten Früchte (wörtlich: Erstlingsfrüchte) der Ernte gehörten bei den alten Hebräern Gott und den Armen – egal, wie groß die Ernte war.

Ein Bauer eröffnete seinem Pastor, dass eine seiner Kühe zwei Kälber auf einmal geboren hatte. „Wenn ich die verkauft habe, spende ich den Erlös für das eine der Gemeinde." Ein paar Tage später meldete der Bauer: „Tut mir echt leid, Herr Pastor, aber das Kalb des Herrn ist gestorben." Für viele von uns ist es immer Gottes Kalb, das stirbt. Wir spenden nicht regelmäßig und diszipliniert, sondern warten ab, ob wir genügend Geld für uns und unsere Pläne haben, und geben Gott dann vielleicht etwas von den Überschüssen. Jesus, der unendlich reich war, hat nicht nur etwas von seinen Überschüssen gegeben, sondern seinen ganzen Reichtum, ja sein Leben, um uns zu erretten (2. Korinther 8,9).[32]

Wie wäre es mit einem Plan, wie Sie den prozentualen Anteil Ihres Einkommens, den Sie in den nächsten drei Jahren verschenken oder spenden werden, erhöhen?

Gebet: *Vater, hilf mir, zu überlegen, wie ich mit meinem Geld das Prinzip der „Erstlingsfrüchte" praktizieren kann. Hilf mir, planmäßig zu spenden und nicht impulsiv, reichlich und nicht symbolisch. Und lass es mich gerne tun, nicht widerwillig, im Gedächtnis daran, wie Jesus nicht nur seinen Besitz, sondern sein eigenes Blut dahingab. Amen.*

26. Januar

Mein Sohn, wehre dich nicht, wenn der HERR dich streng erzieht! Sei nicht aufgebracht, wenn er dich zurechtweist. Denn wen der HERR liebt, den erzieht er mit der nötigen Strenge, so wie ein Vater seinen Sohn, den er gernhat. (3,11-12)

Lerne aus Leiden. Das fünfte Kennzeichen der Weisheit hat mit den Missgeschicken und Nöten in unserem Leben zu tun. Ein großzügiges Herz führt oft zu wachsendem Wohlstand (3,10), aber die Verse 11-12 zeigen uns, dass dies kein universal gültiges Gesetz ist. Die Welt ist „voller böser Dinge, Geheimnisse und Nöte, die wir Menschen nicht begreifen und nicht beseitigen können".[33] Der Weise bereitet sich auf Leiden vor. Wenn Sie das nicht tun, leben Sie nicht realistisch. Aber das Leiden ist auch eine *Disziplin*, die uns an Weisheit zunehmen lässt. Es bringt uns entweder näher zu Gott und vergrößert unsere Liebe und Kraft oder es treibt uns von Gott weg und verhärtet unser Herz.

Leiden ist unvermeidlich und es macht uns entweder weiser oder törichter. Also können wir unsere Schwierigkeiten als Mittel zum geistlichen Wachstum und Teil des Planes unseres liebenden himmlischen Vaters annehmen. Wenn ich nichts anderes tun kann, *eines* ist immer möglich: in meinem Leiden Gott dadurch verherrlichen, dass ich ihm vertraue und nicht bitter werde. Und das schaffe ich am besten dadurch, dass ich auf den Sohn Gottes schaue, der so unendlich für mich gelitten hat. Das wird mir helfen, ihm in meinem eigenen Leiden zu vertrauen.

Sind Sie vorbereitet auf Leiden und Nöte? Warum bzw. warum nicht?

Gebet: *Herr, wenn das Leben es schlecht mit mir meint, ist das Letzte, was ich will, dass ich einfach bete und dir vertraue. Aber ich habe gemerkt: Wenn ich mich in den Stürmen im Gebet an dir festhalte, werde ich innerlich stärker und nicht schwächer. Bitte erinnere mich an das, was ich da gerade sage, wenn die nächste Krise kommt! Amen.*

27. Januar

Verweigere niemand, der ein Anrecht darauf hat, deine Unterstützung, wenn du etwas für ihn tun kannst. Sag nicht zu deinem Mitmenschen: „Geh und komm später wieder – ich werde es dir morgen geben!“, wenn du sofort helfen kannst. (3,27-28)

Übe Gerechtigkeit. Das sechste große Markenzeichen der Weisheit in Sprüche 3 ist das Bemühen um Gerechtigkeit. Die *Unterstützung*, von der hier die Rede ist, ist praktische Hilfe in einer ökonomischen oder sonstigen äußeren Notlage. Und man höre und staune: Dies ist nicht bloß eine Sache der allgemeinen Nächstenliebe, sondern mein Nächster hat ein *Anrecht* darauf. Das heißt: Ihm meine Hilfe zu verweigern, ist nicht nur ein Mangel an Nächstenliebe, es ist Ungerechtigkeit.[34] Platt ausgedrückt: Wenn Sie Dinge haben, die Ihr Nächster nicht hat, teilen Sie sie mit ihm, denn er hat ein Anrecht auf die Dinge in der Welt, über die Gott Sie vorübergehend zum Verwalter eingesetzt hat.

Johannes Calvin fordert, „dass wir nicht auf das zu achten haben, was die Menschen aus sich selber verdienen, sondern dass wir unser Augenmerk bei allen Menschen auf das Ebenbild Gottes zu richten haben, dem wir alle Ehre und Liebe zu erweisen schuldig sind … Du magst wohl sagen: Er hat an mir ganz etwas anderes verdient! Aber was hat denn der Herr verdient?“ [35] Vers 28 geht noch weiter und fordert uns auf, das Tun des Guten nicht aufzuschieben. Jesu Gleichnis vom barmherzigen Samariter (Lukas 10,29-37) definiert unseren „Nächsten“ als jeden, dem wir begegnen und der in Not ist.

Sie werden weiser, wenn Sie etwas für Ihre bedürftigen Mitmenschen tun. Ist das bei Ihnen der Fall?

Gebet: *Vater, ich lebe in der egoistischsten Gesellschaft, die es je gab, und starre darauf, was den Leuten „zusteht“. Lass mich daran denken, dass jeder Mensch, selbst der kaputteste, für dich von unermesslichem Wert ist. Lass mich die Klischees überwinden und meine Nächsten wahrhaftig lieben, mit dem, was ich an Gütern habe. Amen.*

28. Januar

Weisheit ist das Allerwichtigste. Deshalb erwirb Weisheit, und erwirb Verstand mit allen Mitteln. Achte die Weisheit hoch, dann verschafft sie dir Ansehen. Sie bringt dich zu Ehren, wenn du sie umarmst. (4,7-8)

Fang einfach an! Das 4. Kapitel der Sprüche fordert wiederholt dazu auf, die Weisheit nicht zu „verlassen". Die Botschaft ist klar: Höre nicht auf, der Weisheit nachzujagen! Tu alles, um sie zu bekommen, was es auch kostet. Warum das? Weil es noch mehr kostet, keine Weisheit zu haben. Ohne sie taumeln wir in unseren Entscheidungen von einer Katastrophe zur nächsten. Also: Ran an die Weisheit!

Wir haben schon einiges von dem, was das bedeutet, gesehen: Wir müssen unsere Götzen erkennen, uns in Gottes Wort vertiefen und darin leben, uns von Freunden etwas sagen lassen, in Not geduldig an Gott festhalten und uns persönlich für Bedürftige einsetzen. Lauter Dinge, die man geduldig praktizieren und einüben muss, am besten in einer Gemeinschaft von Menschen, die auf demselben Weg sind. Dinge, die uns Gott, uns selber, das menschliche Herz und die rechte Zeit besser kennenlernen lassen, sodass unsere Entscheidungen und Handlungen weiser werden. Man könnte Vers 7 auch so formulieren: „Willst du weise werden? Fang einfach damit an!" Die Weisheit kommt nicht zu den Glückspilzen oder den Cleveren, sondern zu denen, die sich entschlossen nach ihr ausstrecken.

Mal ganz ehrlich: Wie entschlossen sind Sie, weise zu werden?

Gebet: *Herr, ich möchte so gerne weiser werden, aber wenn ich ehrlich bin, war es mit meiner Konsequenz oft nicht weit her. Mein Wille ist schwach. Bitte hilf mir, die Weisheit echt zu suchen! Fessele mein Herz mit dem Bild Jesu, wie er sich entschlossen auf den Weg nach Jerusalem macht, um dort für mich zu sterben (Jesaja 50,7; Lukas 9.31.53). Amen.*

29. Januar

„Ihr Männer, zu euch spreche ich und richte meine Stimme an alle Menschen. Ihr Unerfahrenen, begreift, was Klugheit ist, und ihr Eingebildeten, nehmt Vernunft an." (8,4-5)

Für jeden. Sprüche 8 ist ein gewaltiges Plädoyer für die Weisheit, die von Gott kommt. Der Ruf der wahren Weisheit ergeht an *alle* (Vers 4), auch an die *Unerfahrenen*, also die Menschen ohne Durchblick (Vers 5). Niemand muss ein Tor bleiben.

Die vielleicht größte Ermutigung in diesem Abschnitt wird leicht übersehen. Die Weisheit sucht uns, sie geht uns nach. Sprüche 8 schildert sie als richtige Person, „damit unsere eigene, ernste Suche … eine Antwort ist und nicht ein Stochern im Nebel."[36] Wer ist diese Person? Nach dem Neuen Testament kein anderer als Jesus selber, der „Gottes Kraft und Gottes Weisheit" ist (1. Korinther 1,24). Die griechischen Philosophen glaubten, dass hinter dem Universum ein kosmisches Prinzip steckte, der *Logos*, das nur die Gebildeten entdecken konnten. Das Johannesevangelium zeigt uns, dass dieser Logos Jesus ist – eine kosmische Person, die man kennenlernen und lieben kann. Der beste Weg zur Weisheit ist, dass ich eine persönliche Beziehung mit Jesus pflege und mein Herz auf ihn ausrichte. Und das kann jeder tun, egal was sein Status oder seine Bildung ist.

Wie können Sie Ihre Beziehung zu Jesus Christus weniger formal und mehr persönlich machen?

Gebet: *Herr, danke, dass du ein Gott für alle bist. Deine Weisheit ist nicht nur für die Mystiker und Philosophen da, sondern für jeden, der an Jesus Christus glauben kann. „Ich preise dich, … dass du das alles den Weisen und Klugen verborgen, den Unmündigen aber offenbart hast" (Matthäus 11,25). Amen.*

30. Januar

„Ich bin die Weisheit, eng verwandt mit der Klugheit. Ich finde heraus, wie man am klügsten handelt. Ehrfurcht vor dem HERRN heißt, das Unrecht hassen: Ich hasse Unrecht, Stolz, unrechtes Verhalten und Lügengeschwätz.“ (8,12-13)

Der Sicherungsbügel. Weise sein, heißt wissen, wie man am klügsten handelt, sodass man im Leben Erfolg hat. Und gleich darauf kommt die Aufforderung, Unrecht und Stolz zu hassen. Wir dürfen Vers 12 und 13 nie auseinanderreißen. Warum? David A. Hubbard sagt, dass Arroganz und Einbildung vor allem Fehler der „Klugen und Gescheiten“ sind.[37] Ohne Staunen und Ehrfurcht (eben die Gottesfurcht) steigen uns Erfolge leicht in den Kopf, und eine unheilvolle Spirale beginnt: Der Stolz führt zu Torheit (z. B. ein maßloses Vertrauen auf meine angeblich unfehlbare Intuition) und die Torheit zu Fehlentscheidungen, die einen ruinieren können.

Moralische Charakterstärke ist für den Erfolg das, was der Sicherungsbügel für eine Pistole ist; sie verhindert, dass wir uns selber ins Bein schießen. „Echte Weisheit ist klug und erfinderisch“, schreibt Kidner, und deshalb kann nur „die feste Verankerung in der Gottesfurcht“ Sie „frei machen von den Fehlern der weltlichen Weisheit“.[38] Man beachte auch, dass in unserem Vers zwei Mal das Wort *hassen* gebraucht wird, das zweite Mal von der Weisheit persönlich. „Was der Frömmigkeit zuwider ist, ist auch der Weisheit zuwider; es gibt hier keinen Konflikt.“[39]

Haben Sie im Leben schon Erfolg gehabt? Haben Sie sich heimlich selber dafür auf die Schulter geklopft? Oder sehen Sie Erfolg als das, was er ist – ein Geschenk Gottes?

Gebet: *Herr, mein Herz hat Angst, dass ich dann, wenn ich gütig und nicht rücksichtslos bin, keinen Erfolg haben werde. Aber dein Wort sagt mir, dass Güte und Demut den längeren Atem haben, weil man damit auf dem Weg geht, den auch Jesus ging, der durch Dienen und Lieben triumphierte. Amen.*

31. Januar

„Ich weiß guten Rat und schenke Gelingen, ich bin die Einsicht, ich habe Kraft … Mit meiner Hilfe herrschen Fürsten und Würdenträger, ja, alle, die gerechte Entscheidungen treffen … Bei mir erwarten euch Reichtum und Ehre, bleibender Besitz und Gerechtigkeit. Was ich austeile, ist besser als Gold oder Feingold und besser als das reinste Silber." (8,14.16.18-19)

Nebenprodukte. All die Dinge, die Erfolg ausmachen – der rechte Plan (*Rat*), die strategische Kreativität zu seiner Ausführung (*Gelingen*) und die Energie, ihn durchzuziehen (*Kraft*) –, gehören zur Weisheit (V. 14). Jede Leistung, die nicht auf reinem Glück beruht, gründet in den Eigenschaften der Weisheit.[40]

Die Weisen denken praktisch. Aber echte Weisheit sieht Erfolg lediglich als Nebenprodukt und nicht als das Hauptziel. Weisheit bringt *bleibenden Besitz*; das hebräische Wort bedeutet einen inneren Schatz der Freude und göttlichen Güte, der besser ist als das feinste Gold (V. 19). Vielleicht drückt man es am besten so aus, dass echte Weisheit dazu neigt, zu Wohlergehen zu führen, aber dass das Wohlergehen an sich nie das Endziel des Weisen ist. Er tut das, was er tut, nicht, weil es ihn befriedigt oder funktioniert, sondern weil es das Rechte, Liebevolle gegenüber Gott und seiner Schöpfung ist. Der Erfolg mag eintreten oder auch nicht – das ist nicht das Wichtigste. Wenn Sie Erfolg als mögliches Nebenprodukt der Weisheit sehen und nicht als ihr Hauptziel, sind Sie wirklich weise, und es gilt: „dass Eure Hände überfließen sollen von Gold und doch das Gold über Euch keine Macht haben wird."[41]

Sind Ihnen Ergebnisse und Erfolg im Allgemeinen eher zu wichtig oder nicht wichtig genug?

Gebet: *Herr, ich bete für meine Stadt, mein Land und meine Gesellschaft. Es gibt kein gelingendes Gemeinwesen ohne deine Weisheit, und dies gilt auch für die, die nicht an dich glauben. Gib uns Obrigkeiten, die weise und nicht töricht sind. Gib uns Frieden, damit wir dir und unserem Nächsten „in Gottesfurcht und Frieden"[42] dienen. Amen.*

1. Februar

„Ich war da, als Gott den Himmel ausspannte und den Kreis des Horizonts über dem Ozean zeichnete. Ich war dabei, als er oben die Wolken befestigte und aus der Tiefe die Quellen hervorbrechen ließ, als er dem Meer eine Grenze setzte und das Wasser seine Anordnung nicht übertrat, als er das Fundament der Erde legte …“ (8,27-29)

Fundamente. Die Wahrheit war bei Gott, als er das *Fundament* der Welt legte. Das Neue Testament lehrt, dass der Schöpfer Jesus selber war, das ewige Wort und die Weisheit Gottes (Johannes 1,1-14; Hebräer 1,1-4).

Weil die Bibel das Wort unseres Schöpfers ist, ist sie gleichsam das „Benutzerhandbuch“ unserer Seele. Das, was sie uns befiehlt, ist das, wozu Gott uns erschaffen hat. Echte Weisheit bekommen wir dadurch, dass wir Gott nicht bloß als „den da oben“ betrachten, sondern als unseren Schöpfer (vgl. 22. Februar). Aber wenn Gottes Weisheit Jesus ist, müssen wir, um weise zu werden, auch das Evangelium verstehen (1. Korinther 1,24). Die Logik des Evangeliums – dass ich gleichzeitig ein elender Sünder und ein bedingungslos geliebtes Kind Gottes bin – bringt eine einzigartige Mischung aus Demut und Zuversicht mit sich, die mich so weise macht, wie nichts anderes das tun kann (9. Februar). Biblische Weisheit führt uns also zurück bis zu dem *Fundament der Erde*. Die einzige Weisheit, die alltagstauglich ist, ist dieselbe, die die Welt erschaffen hat und sie erlösen wird.

Wie kann das Verständnis der Bibel als „Benutzerhandbuch“ des Lebens“ dazu helfen, sie mehr zu akzeptieren und besser zu benutzen?

Gebet: *Herr, die Sprüche rufen mich dazu auf, mich nicht selber für weise zu halten – und gleichzeitig, dem Leben voller Zuversicht entgegenzutreten. Wie passt das zusammen? Aber das Evangelium ist die Antwort: Ich bin ein geliebter Versager, ein gerecht gesprochener Sünder. Das ist wirklich der Anfang der Weisheit. Amen.*

2. Februar

„… da war ich als Kind an seiner Seite. Er hatte Tag für Tag Freude an mir, und ich spielte immerzu in seiner Gegenwart. Ich spielte auf seiner weiten Erde und hatte meine Freude an den Menschen.“ (8,30-31)

Die Freude der Weisheit. Der Vater und der Sohn hatten Wohlgefallen an der Welt, die sie erschaffen hatten, und an uns. Wir erleben die Dinge dann als schön, wenn sie in der rechten Beziehung zueinander stehen.[43] So ist ein Torbogen für uns schöner als ein Steinhaufen und Liebe schöner als Hass. Je mehr wir erkennen, wie die verschiedenen Teile eines Musikstücks oder einer Blume zusammenpassen, desto mehr Freude haben wir an der Musik oder der Blume. Wir freuen uns dabei nicht über das, was diese Dinge uns „bringen“, sondern über das, was sie in sich selber, als Teil von Gottes Schöpfung, sind. Weisheit erkennt und gestaltet die richtigen Beziehungen und *freut* sich über sie.[44]

Gott hat uns aus reiner Freude und Liebe erschaffen. Er liebt uns nicht, weil wir ihm etwas bieten könnten, sondern einfach so. Entsprechend ist es der Gipfel der Weisheit, Gott um seiner selbst willen zu lieben und Menschen nicht danach zu bewerten, was sie uns „bringen“, sondern sie als Wesen zu schätzen, die das Bild ihres Schöpfers widerspiegeln (1. Mose 1,26-27).

Wenn das nächste Mal eines Ihrer Gebete nicht erhört wird, fragen Sie sich: Liebe ich Gott um seiner selbst willen oder nur wegen der Dinge, die er mir gibt?

Gebet: *Herr, dass das Herz der Weisheit die Freude an den Dingen um ihrer selbst willen ist, erstaunt mich. Als moderner Mensch bin ich zu beschäftigt, um so lange über „das Werk deiner Hände“ nachzusinnen, bis ich meinen Schöpfer und Erlöser anbete. Gib, dass ich mir mehr Zeit für das Schöne nehme. Amen.*

3. Februar

Ihre Dienerinnen hat sie losgeschickt, damit sie von der Stadtmauer herab die Einladung zum Festmahl ausrufen. „Wer einfältig und unerfahren ist, soll herkommen!" Die Unverständigen lädt sie ein: „Kommt, esst von meinem Brot und trinkt von dem Wein, den ich gemischt habe! Wendet euch von der Unvernunft ab, dann werdet ihr leben. Geht geradeaus auf dem Weg der Einsicht." (9,3-6)

Das Festmahl der Weisheit. Frau Weisheit lädt uns in ihr Haus ein, wo ein Festmahl auf uns wartet. Das köstliche Essen steht für die Sehnsüchte und Wünsche unseres Herzens. „Im Laufe der Zeit nehmen wir zu an Weisheit oder Torheit, je nachdem, was unsere tiefsten Vorlieben und Ziele sind."[45] Wir können nicht frei werden von der Arbeitssucht, wenn wir Geld und Status zu sehr lieben. Wir können unsere Verbitterung oder unsere üble Nachrede nicht überwinden, wenn unser Ruf uns zu wichtig ist. Weise werden ist nicht nur Willenssache; es geht um neue Prioritäten bei unseren Wünschen.

Der Weg der Weisheit ist kein Weg der Schnellschüsse. Er erfordert den langen Atem des Lernens und der Disziplin – der Disziplin nicht nur des Denkens und Wollens, sondern auch des Herzens. Glaube nicht nur an die Güte Gottes, genieße sie in Gottesdienst und Gebet. Christen wissen, dass das endgültige Festmahl der Seele die Hochzeit des Lammes sein wird (Offenbarung 19,6-9), wo Jesus, der Herr des Festes, uns mit dem „besseren Wein" seiner rettenden Liebe laben wird (Johannes 2,1-11). Schon die Vorgeschmäcker, die wir jetzt darauf bekommen, heilen unsere Unruhe und machen uns dadurch weise. „Der Berg von Zion gibt uns tausend Süßigkeiten, noch eh' wir durch die goldenen Gassen geh'n."[46]

Gehört zu Ihrem Gebetsleben die Freude an Jesus, oder ist es eher eine lange Wunschliste?

Gebet: *Vater, ich habe viele falsche Entscheidungen getroffen. Im Nachhinein erkenne ich, dass sie weniger aus Unkenntnis als vielmehr aus einem leeren Herzen entsprangen. Gieße durch den Heiligen Geist deine Liebe in mein Herz hinein (Römer 5,5). Amen.*

4. Februar

Wer einen Spötter zurechtweist, wird von ihm nur beschimpft, und wer einen Gottlosen tadelt, zieht sich selbst Schaden zu. Rüge keinen Spötter, damit er dich nicht hasst! Ermahne lieber einen weisen Menschen, denn der wird dich dafür lieben. Belehre einen Klugen, dann wird er noch klüger, unterweise einen Rechtschaffenen, dann lernt er dazu. (9,7-9)

Der Weg der Weisheit. Das Leben *tadelt* uns durch allerlei Prüfungen und Nöte, die uns unsere Schwächen und unsere Torheit zeigen, und Freunde helfen uns zum Wachsen durch die herbe Liebe der Korrektur. Dies sind die beiden Varianten der Hauptlehrmethode der Weisheit – dass wir „die Quittung kriegen".[47]

Je weiter man auf dem Weg der Torheit geht, desto mehr fühlt man sich durch alles, was einem widerfährt, bestätigt, und wenn das Leben schiefgeht, sind natürlich die Umstände oder die anderen schuld. Das verhärtet das Herz und macht immun gegen guten Rat. *Belehre einen Klugen, dann wird er noch klüger*, aber bei dem Spötter ist Hopfen und Malz verloren. Jesus formuliert dieses Prinzip, wenn er sagt: „Denn wer hat, dem wird gegeben" (Matthäus 13,12-16). Je mehr Weisheit wir haben, umso mehr werden wir auf jeder Biegung unserer Lebensstraße dazubekommen. Und je weniger wir haben, desto weniger lernfähig werden wir. Also: Lernen Sie aus Ihren Fehlern und aus der Kritik der anderen, egal, was es kostet!

Wann haben Sie sich das letzte Mal in einer wichtigen Sache von jemand oder etwas korrigieren lassen?

Gebet: *Herr, wenn ich Probleme habe oder Mist baue, hilf mir, alle Ausreden und Schuldverschiebespiele, diese Tricks der Toren, sein zu lassen. Lass mich ehrlich zu dir sagen: „Ich habe keine Entschuldigung!" und lernen, was ich lernen muss. Lass mich mit dem anfangen, was gestern war. Amen.*

5. Februar

Wenn du weise bist, kommt es dir selbst zugute, und wenn du ein hochmütiger Spötter bist, musst du die Folgen allein tragen. (9,12)

Die Gesellschaft der Weisheit. Die Alten lernten, dass es einem gut ging, wenn man die Bedürfnisse seiner Familie und Gesellschaft über die eigenen stellte. Nichts könnte unserer modernen Kultur ferner liegen. „Sei du selber", heißt es, und: „Mach dein Ding!" Sollen die Verwandten und die Gesellschaft sehen, wie sie damit zurechtkommen ... Heute opfern wir das Allgemeinwohl bedenkenlos auf dem Altar der absoluten Freiheit des Einzelnen. Das Ergebnis sind immer mehr Menschen, die entwurzelt und einsam sind.

Der Spötter verachtet die Werte und den Glauben der verschiedenen Gruppen und Gemeinschaften. Damit aber hat er keine wirklichen Freunde, sodass er am Ende *allein* vor sich hin leidet. Christen setzen weder den Willen des Einzelnen noch den der Gruppe oder Gesellschaft absolut, sondern den Willen Gottes. Wenn wir zum Glauben an das Evangelium kommen, fallen die Barrieren des Stolzes, die uns getrennt haben (Epheser 2,14-16), und die Einsamen werden in eine Familie aufgenommen (Psalm 68,7; Johannes 1,12-13). Die Erlösung bringt uns neue und tiefere Beziehungen; die Sünde dagegen macht einsam.

Werden Ihre Freundschaften gerade mehr und besser, oder lassen Sie sich in den Strudel der Geschäftigkeit und der Mobilität des modernen Lebens reißen?

Gebet: *Herr, ich danke dir, dass du mich in ein neues Volk und eine neue Familie hineingeholt hast. Es ist nicht einfach, offen zu sein und sich die Zeit zur Beziehungspflege zu nehmen. Aber ich muss dies tun – um dich, meinen Vater, zu ehren, aber auch damit ich nie mehr alleine leiden muss. Amen.*

6. Februar

[Frau Torheit] sitzt vor der Tür ihres Hauses in einem Sessel an der Stadtmauer, um alle einzuladen, die vorübergehen und bisher einen geraden Weg verfolgten: „Wer einfältig und unerfahren ist, soll herkommen!" Den Unverständigen lockt sie: „Gestohlenes Wasser schmeckt süß, und heimlich gegessenes Brot ist köstlich!" (9,14-17)

Die Torheit bietet nur Diebesgut. Wie die Weisheit bietet auch die Frau Torheit Essen und Trinken an – aber es ist *gestohlen*. „Torheit und Sünde sind immer Parasiten des Guten, das Gott in seiner Weisheit erschaffen hat. Die Torheit nimmt die guten Dinge und verdirbt sie, indem sie sie aus ihrem angestammten Ort in der Ordnung der Dinge herausreißt … Die Torheit hat ihr Haus nicht erbaut, sondern gestohlen."[48]

Viele junge Erwachsene heute sind unreligiös und relativistisch; für sie hat jeder das gute Recht, sich seine eigenen Werte zu schaffen, und sie lassen sich von niemandem Vorschriften machen. Doch dieselben Leute haben tiefe „antirassistische" und „antisexistische" Überzeugungen, die sie für allgemeingültig halten.[49] Diese „absoluten" moralischen Werte sind Diebesgut; sie sind völlig sinnlos, wenn es keinen Gott gibt und alle Moral kulturell relativ ist. Das Festmahl der Weisheit bietet uns alle Güter, die ein Mensch braucht – Sinn, Erfüllung, Freiheit, Identität und Hoffnung. Und sie sind nicht gestohlen, sondern das natürliche Ergebnis einer lebendigen Beziehung zu Gott.

Haben Sie Freunde, die ein relativistisches Weltbild mit gestohlenen absoluten Werten anreichern? Wie können Sie mit ihnen darüber ins Gespräch kommen?

Gebet: *Herr, ich habe viele Freunde, die nicht an dich glauben, dafür aber an die „Menschenrechte" und die „Solidarität" mit den „Unterdrückten". Sie merken nicht, dass diese Werte Diebesgut sind. Hilf mir, ihnen das zu zeigen, ohne beleidigend zu werden. Öffne ihre Herzen, damit sie einsehen, dass sie dich brauchen. Amen.*

7. Februar

„Gestohlenes Wasser schmeckt süß, und heimlich gegessenes Brot ist köstlich!" Und er merkt nicht, dass in ihrem Haus die Geister der Toten wohnen. Ihre Gäste begeben sich in die Tiefen des Totenreichs. (9,17-18)

Die wandelnden Toten. In den Sprüchen lernen wir, dass Gerechtigkeit Leben bringt und Bosheit den Tod. Dies kann im wörtlichen Sinne wahr sein; viele der in den Sprüchen empfohlenen Verhaltensweisen (Ehe, Arbeit, Besonnenheit, Selbstbeherrschung etc.) fördern ein längeres Leben. „Höre auf das, was ich dir sage! Dann wirst du lange leben" (4,10). Doch meistens sind mit „Leben" und „Tod" nicht so sehr die Länge, sondern die Qualität des Lebens gemeint.[50] Manchmal meint „Leben" liebevolle Beziehungen (15,27) oder ein „zufriedenes Herz" (14,30). Oder das erfüllte geistliche Leben der Gemeinschaft mit Gott (21,21).

Das wahre Leben zu verpassen bedeutet, bereits vor dem Ende meines irdischen Lebens das Totenreich zu betreten. Ein Leben ohne Gott macht mich innerlich immer blinder, spröder und verhärteter, bis ich geistlich eine Leiche bin. Ja, die Gäste der Torheit *begeben sich in die Tiefen des Totenreichs.* Lasst uns lieber das Leben wählen (5. Mose 30,19)!

Ist Ihnen klar, dass es bei der Frage, ob wir im biblischen Sinne weise sind, um Leben oder Tod geht?

***Gebet:** Vater, als ich noch nicht an Jesus glaubte, war ich äußerlich lebendig, aber innerlich tot in meinen Sünden (Epheser 2,1). Jetzt werde ich, auch wenn ich körperlich schwach bin, innerlich immer lebendiger (2. Korinther 4,16). Hilf mir, nicht zu vergessen, was es eigentlich heißt, lebendig oder tot zu sein, vor allem, wenn Alter und Krankheit mich einschränken. Amen.*

Die Ehrfurcht vor dem Herrn

8. Februar

Ehrfurcht vor dem Herrn ist der Anfang jeder Erkenntnis, nur törichte Menschen verachten Weisheit und Erziehung. (1,7)

Auf Gott ausgerichtet. *Ehrfurcht vor dem Herrn ist der Anfang jeder Erkenntnis*, so wie das Alphabet der Anfang des Lesens ist. Ohne Gottesfurcht keine Weisheit. Aber was ist Gottesfurcht? Es gibt eine Furcht, die lediglich die Angst vor Strafe ist (Josua 2,14). Aber es gibt auch Furcht im Sinne von Ehrfurcht (Josua 4,24); man scheut sich, etwas zu tun, was die Person, die man da „fürchtet", betrüben oder ihr Unehre machen würde. In diesem zweiten Sinne haben wir die echte Gottesfurcht zu verstehen; sie wird umso größer, je mehr wir Gott bewundern und preisen (1. Chronik 16,25).

Es gibt letztlich nur zwei Arten, zu leben. Ich mache entweder Gott zur Mitte meines Lebens und Quelle meiner Ehrfurcht (vgl. Jesaja 8,13), oder etwas anderes wird seinen Platz einnehmen. Entweder Gottes Wort ist mein Maßstab für Wahrheit oder etwas anderes übernimmt diese Funktion (die öffentliche Meinung, meine Gefühle, die Wissenschaft). Entweder Gott und meine Beziehung zu ihm ist das, was ich am meisten schätze und was der Maßstab für alles andere ist, oder etwas anderes (z. B. das Geld) wird meine Realität definieren.

Folgen Sie noch der Weisheit der Welt – vor allem der Ansicht, dass wir die Welt und uns selber ohne den Bezug auf Gott und sein Wort verstehen können? Oder haben Sie sich bewusst davon gelöst?

Gebet: *Herr, ich möchte dich zu dem machen, was ich „fürchte", und nicht die Dinge in dieser Welt, die deiner Macht und Herrlichkeit nicht das Wasser reichen können. Werde du zu einer lebendigen, hellen Realität in meinem Herzen. Amen.*

9. Februar

Ehrfurcht vor dem Herrn ist der Anfang jeder Erkenntnis, nur törichte Menschen verachten Weisheit und Erziehung. (1,7)

Auf die Gnade antworten. Erstaunlich, aber wahr: Die *Ehrfurcht vor dem Herrn* wird umso größer, je mehr wir seine Gnade und Vergebung erfahren (Psalm 32,2-3; 130,4). Dies ist der Schlüssel zum Buch der Sprüche. All die Ratschläge für das tägliche Leben gehen von einem Gott aus, der heilig ist, aber durch Gnade erlöst. Ein Gott, der nur die Allerbesten und Anständigen annimmt, versetzt uns in eine sklavische Angst vor Strafe. Einen Gott, der alle annimmt und immer Fünfe gerade sein lässt, nimmt man freundlich achselzuckend zur Kenntnis. Allein der Glaube, dass wir verlorene Sünder sind, die Gott aus reiner Gnade erlöst hat, bringt uns eine freudig-ehrfürchtige Gewissheit der rettenden Liebe Gottes.

Dies ist der *Anfang* der Weisheit, ihre Grundvoraussetzung. Der tiefe Trost der Gnade Gottes heilt unser Herz von Arroganz, Verletztheit, Neid, Selbstmitleid und Angst (einschließlich der Angst vor der Zukunft) – lauter Varianten des Kreisens um sich selber, das zu schlechten Entscheidungen und Einstellungen führt. Und die Ehrfurcht bezieht sich auf den „Herrn“, Jahwe, den Namen, mit dem Gott sich Mose in dem brennenden Busch offenbarte. Weisheit kommt also nicht von irgendeinem Gott, sondern von dem Glauben an den Gott der Bibel, der uns in seiner Macht und Gnade durch den größeren Mose, Jesus Christus, aus der Knechtschaft herausgeführt hat (Hebräer 3,1-6).

Könnte es sein, dass manche oder sogar viele Ihrer Probleme daher kommen, dass Sie nicht an Gottes Gnade glauben?

***Gebet:** Herr, du hast Mose deine brennende, unendliche Schönheit und Herrlichkeit an einem einfachen Wüstenstrauch gezeigt. Ich bitte dich, dass du durch die Gnade Jesu anfängst, dein heiliges Wesen in mich hineinzugeben, indem du mein Herz in heiliger Ehrfurcht vor dir, meinem lebendigen Gott, brennen lässt. Amen.*

10. Februar

Ehrfurcht vor dem HERRN ist der Anfang jeder Erkenntnis, nur törichte Menschen verachten Weisheit und Erziehung. (1,7)

Tief greifende Veränderung. Der Glaube an Jesus führt uns von der Angst, bestraft zu werden, zu der Ehrfurcht vor Gott, die der Anfang der Weisheit ist. In Christus haben wir keine Angst mehr vor Gottes Richterspruch (Römer 8,1.15). Aber die Weisheit erfordert einen echten Hass auf alles verwerfliche Verhalten, der mehr ist als ein kalkuliertes Meiden des Bösen aus Eigeninteresse. Die Angst vor Strafe lässt uns nur noch mehr um uns selber kreisen.[51] Die echte *Ehrfurcht vor dem HERRN* dient Gott aus Freude und weil er der ist, der er ist. Calvin schreibt: „Gäbe es auch keine Hölle, so scheute er [der Christ] sich doch, ihn [Gott] zu kränken."[52]

Der Unterschied zwischen sklavischer, nur sich selber sehender Angst und der echten Ehrfurcht vor Gott ist der Unterschied zwischen dem bloßen Moralisten und einem echten Christen. Es gibt kein Leben in Weisheit, solange wir keine Beziehung zu Gott haben, in der wir ihm aus Liebe und Wertschätzung gehorchen. Allein das Ergreifen von Jesu aufopfernder Liebe zu uns mit den Armen des Glaubens kann uns gleichzeitig demütig machen und die freudige Ehrfurcht vor Gott in uns entzünden.[53]

Warum hüten Sie sich vor dem Sündigen? Vor allem aus Angst vor den Folgen? Oder weil Sie wissen, dass die Sünden Gott betrüben würden, was Sie nicht wollen?

Gebet: *Herr, „richte mein Herz auf eines aus: deinem Namen in Ehrfurcht zu begegnen" (Psalm 86,11). Jawohl, wenn ich Böses tue, muss ich die Folgen tragen, und das mag ich nicht. Aber werde du mir so groß und so wirklich, dass ich den Wunsch bekomme, das Rechte zu tun und heilig zu leben, um dir Freude zu machen. Dann werde ich dich wahrhaftig fürchten und in der Weisheit leben. Amen.*

11. Februar

Ehrfurcht vor dem Herrn führt zum Leben, man geht gut gesättigt schlafen, und kein Unglück droht. (19,23)

In Gott ruhen. Menschen, die Ehrfurcht vor Gott haben, werden in Gott satt – so satt, dass sie *gut gesättigt schlafen*. Gott ist ein sicherer Hafen in den Stürmen des Lebens.

Wie ist es möglich, so zu leben, dass *kein Unglück droht*? Der Satz bedeutet nicht, dass wir nie Probleme haben werden, sondern dass diese unsere innere Zufriedenheit nicht zunichtemachen können. Das Unglück kann mir alles wegnehmen, nur eines nicht: Gott. Und wenn Gott mir mehr Sicherheit und Hoffnung gibt als alles andere in der Welt, brauche ich vor keinem Unglück Angst zu haben. Aber aufgepasst: In Nöten auf Gott zu vertrauen ist eine geistliche Fertigkeit, die man nur *in* Nöten lernen kann. Unsere Probleme nehmen uns unsere irdischen Sicherheiten weg, und dann treibt es uns im Gebet und im Nachdenken über Gottes Wort näher zu Gott, sodass wir seinen tiefen Trost bekommen. Dies ist ein langer und oft schmerzlicher Prozess, doch die Frucht ist eine innere Festigkeit, die kein Problem der Welt erschüttern kann. Jesus hat sie allen seinen Jüngern versprochen (Matthäus 11,28-30).

Wann sind Sie das letzte Mal eine echt schwierige Wegstrecke gegangen? Hat dies Ihre Gemeinschaft mit Gott gestärkt oder geschwächt? Sind Sie heute besser für Probleme gerüstet oder schlechter?

Gebet: *Herr, Augustinus hat gesagt, dass unser Herz so lange ruhelos ist, bis es seine Ruhe in dir findet. Aber ich muss gestehen: Obwohl ich an dich glaube, bin ich oft unzufrieden. Gib, dass deine Eigenschaften – Liebe, Geduld, Macht, Gerechtigkeit, Barmherzigkeit – für mich keine bloßen Begriffe sind, sondern echter Trost. Werde du durch deinen Geist in meinem Herzen lebendig. Amen.*

12. Februar

Wer Ehrfurcht vor dem Herrn hat, lebt mit einem starken Vertrauen, und auch seine Kinder finden darin eine Zuflucht. (14,26)

Auf Gott vertrauen. Am 23. Januar sahen wir, dass „Gottvertrauen" bedeutet, Gottes Willen zu gehorchen, ob dieser uns passt oder nicht. Doch Gottvertrauen hat noch einen zweiten Aspekt: dass wir das, was Gott uns in unserem Leben schickt, akzeptieren, ob wir es verstehen oder nicht. Wer Gott vertraut, geht davon aus, dass alles, was geschieht, zu seinem Besten dient (vgl. Römer 8,28), auch wenn wir Gottes Plan nicht überblicken.

Ein solches Gottvertrauen ist eine starke *Zuflucht*, wie eine sichere Burg. Andere Menschen verlassen sich vielleicht lieber auf ihren eigenen Verstand, um das Leben zu bewältigen. Oder sie erwarten alles von irgendeinem großen Führer oder Guru (das kann auch ein Verwandter sein). Das Problem ist, dass diese „Burgen" leicht eingenommen werden. Meine Intelligenz und Voraussicht sind begrenzt, der Onkel, der immer Rat wusste, stirbt eines Tages – und was dann? Aber wenn unsere größte *Ehrfurcht* und unsere tiefste Hoffnung Gott und seinem liebevollen, weisen Plan gelten, dann kann uns nichts aus der Bahn werfen.

Gibt es in Ihrem Leben gerade irgendein Problem, das Sie nicht als etwas in sich Gutes, aber als Teil von Gottes weisem Plan für Ihr Leben annehmen können?

***Gebet:** Herr, wenn in meinem Leben etwas danebengeht, werde ich oft so wütend auf dich. Ich verstehe gar nicht, warum du den schönen Plan, den ich mir da gemacht hatte, nicht unterstützt! Aber wer bin ich, dass ich mir einbilde, dass mein Plan klüger oder liebevoller sein könnte als deiner? Herr, ich tue Buße. Amen.*

13. Februar

Wer Ehrfurcht vor dem HERRN hat, lebt mit einem starken Vertrauen, und auch seine Kinder finden darin eine Zuflucht. Ehrfurcht vor dem HERRN ist eine Quelle, die Leben spendet, sodass man den Fallen des Todes entgeht. (14,26-27)

Sich an Gott freuen. Gott ist sowohl eine *Zuflucht* als auch eine *Quelle*, denn „das Böse greift uns nicht nur an, es zieht uns an.“[54] Wir erleben die Versuchung, zu lügen, rücksichtlos zu sein, andere niederzumachen – aus Angst davor, im Leben den Anschluss zu verlieren, wenn wir gar zu tugendhaft sind. Aber auch Gier, Lust und Völlerei sind Versuchungen für uns – weil wir Angst haben, zu wenig Spaß zu haben und etwas zu verpassen, wenn wir gar zu anständig leben. Das aber heißt: Wir müssen nicht nur lernen, Gott als einer *Zuflucht* und festen Burg zu vertrauen, sondern auch seine Gegenwart und Liebe als eine *Quelle* zu genießen. Manche Varianten des Christentums betonen unseren Willen und unser Tun, andere die Gefühle und den Lobpreis. Die Bibel stellt an keiner Stelle das Erste über das Zweite (oder umgekehrt) und sie betrachtet diese Aspekte auch nicht als Konkurrenten.

Wenn unsere Mitmenschen (und dazu gehören auch unsere Kinder!) es erleben, wie wir Gott vertrauen und angesichts der Nöte des Lebens nicht panisch werden und wie wir uns über ihn freuen und nicht bloß verbissen unsere Pflicht tun, kann dies eine echte Zuflucht für sie sein, die ihnen Mut macht, selber eine Beziehung zu Gott aufzubauen.

Wenn Menschen, die Sie gut kennen, Sie beobachten, wenn Sie unter Druck stehen, was sehen sie?

Gebet: *Herr, ich freue mich über deine Gerechtigkeit, die meine Burg ist, und über deine Liebe, die meine Freude ist. Was würde ich machen ohne „dein Recht, wie die Berge zum Himmel erhöht, deine Liebe und Güte, die stets auf mich fließt“?*[55] *Amen.*

14. Februar

Ohren zum Hören und Augen zum Sehen – der HERR hat sie beide geschaffen. (20,12)

Radikale Gnade. Weisheit braucht praktische Erfahrung, aber Erfahrung führt nicht notwendig zu Weisheit. Der Tor sieht und hört, aber seine *Augen* und *Ohren* nehmen die Dinge nicht richtig auf (17,24; 23,9). Dieser Spruch besagt, dass wir nur mit Gottes Hilfe richtig sehen und hören können. Wir haben gesehen, dass Gott uns aus Gnade seine Erlösung anbietet. Jetzt erfahren wir, dass wir ohne seine gnädige Hilfe noch nicht einmal diese Erlösung wollen oder in Empfang nehmen können.

Auf sich gestellt, verzerrt das menschliche Herz das, was es sieht und hört. Jedes Auge und Ohr, das die Realität richtig deutet, kann dies nur mit Gottes Hilfe. Gott schärft unser Hören und Sehen nicht nur, er hat es *geschaffen*. Wie Paulus in Römer 3,11 sagt: „Keiner ist klug, keiner fragt nach Gott." Solange nicht Gott selber durch seine unverdiente Gnade unsere Augen und Ohren öffnet, können wir nichts tun. Die Sprüche zeigen uns, wie man weise lebt, aber sie sind nicht moralistisch. Sie lehren nicht, dass wir uns Gottes Segen durch Wohlverhalten verdienen können. Sie gehen vielmehr davon aus (wie in diesem Vers), dass wir ohne Gottes Gnade rein nichts tun können.

Sie wollen Ihren Glauben mit einem Freund oder Verwandten teilen? Wie gibt Gottes radikale Gnade Ihnen Hoffnung, dass buchstäblich *jeder* zum Glauben finden kann?

***Gebet:** Herr, aus mir selber bin ich zu nichts, was vor dir gut ist, fähig – und bereits diese Erkenntnis kommt nur von dir. Von A bis Z ist es alles Gnade! Durch deine Gnade bin ich, was ich bin (1. Korinther 15,10). Gesegnet sei dein Name für deine unverdiente Gnade! Amen.*

15. Februar

Glücklich zu preisen ist der Mensch, der beständig in Ehrfurcht vor Gott lebt. Wer jedoch starrsinnig ist, stürzt ins Unglück. (28,14)

Gottes Gegenwart praktizieren. *Beständig in Ehrfurcht vor Gott leben* – das meint existenziell, in jedem Augenblick meines Lebens, in der Gegenwart Gottes leben. Es geht darum, dass ich Gott den ganzen Tag lang im Bewusstsein habe. Ich werde nie auf jemanden wütend, ohne daran zu denken, dass Gott ja da ist – der Gott, der vom Himmel herabgekommen ist, um mir zu vergeben, ja der am Kreuz seinen Feinden vergab. In dem Maße, wie ich mir dieser Dinge bewusst bin, werde ich gegenüber denen, die mir Böses tun, ein weiches Herz haben, und nicht ein hartes.

Möglicherweise dachte Jesus an diesen Spruch, als er das Gleichnis von dem unbarmherzigen Diener erzählte (Matthäus 18,21-35). Sein Herr hatte ihm eine astronomisch hohe Schuld erlassen, aber dem Mitknecht, der ihm einen vergleichsweise läppischen Betrag schuldete, begegnete er mit voller Härte. Wenn ich Menschen, die mir Unrecht getan haben, nicht vergebe, zeigt dies, dass ich vergessen habe, wie viel Gott mir vergeben hat und was Jesus das kostete (Philipper 2,6-8).

Was können Sie heute konkret tun, um in der Gegenwart Gottes zu leben?

Gebet: *Herr, es kann keine praktischere geistliche Disziplin geben, als dich allezeit vor Augen zu haben (Psalm 16,8). Lass mich daran denken, bei allem, was ich sage und tue. Das ist wahre Weisheit. Amen.*

16. Februar

Durch Gottes Liebe und Treue wird Schuld gesühnt, doch wer Ehrfurcht vor dem HERRN hat, hält sich vom Bösen fern. (16,6)

Glaube und Werke. Durch Gottes Bundesliebe (hebräisch *chesedh*) wird Sünde *gesühnt*. Unsere Erlösung kommt also nicht durch *unsere*, sondern durch Gottes Liebe und Treue. Doch Vers 6b informiert uns, dass die Gottesfurcht, zu der diese Erlösung führt, uns das Böse meiden lässt. Das Gleiche sehen wir im Neuen Testament. Die Reformatoren haben diese biblische Lehre über die Erlösung durch Christus auf den Punkt gebracht: Sie verneinen, dass wir uns unsere Erlösung durch den Glauben an Christus *und* das Meiden des Bösen verdienen können; sie verneinen aber ebenso, dass echter Glaube an Christus zu einer Erlösung führt, bei der die Erlösten sich nicht vom Bösen fernhalten.

Die Reformation lehrt, dass wir allein durch den Glauben erlöst werden – aber dass dieser Glaube nicht allein (d. h. ohne Werke) bleibt. Wir werden durch den Sühnetod Christi erlöst, ohne jeden eigenen Verdienst, aber ein echter Glaube an Christus führt immer zu einer dankbaren Freude, die das Leben verändert. Gerechtigkeit und Relativismus sind beide töricht; allein das Evangelium ist echte Weisheit.

Hat Ihr Glaube Ihr Leben verändert? Würden die Menschen, die Sie am besten kennen, sagen, dass Sie z. B. im Laufe der letzten beiden Jahre liebevoller, freudiger, friedlicher, geduldiger, freundlicher, demütiger und selbstbeherrschter geworden sind?

Gebet: *Herr, in den Augen der Welt ist das Evangelium töricht (1. Korinther 1,18-25), aber in Wirklichkeit ist es die tiefste Weisheit. Ich preise dich, dass du uns so einen starken Anreiz gegeben hast, dir zu dienen, ohne unter der Last unseres Gewissens zu zerbrechen. Dies ist so viel weiser als der Muff des Moralismus und die Orientierungslosigkeit des Relativismus. Amen.*

17. Februar

Der HERR verabscheut das Opfer der Gottlosen, aber das Gebet der Aufrichtigen bereitet ihm Freude … Der HERR ist den Gottlosen fern, aber er hört das Gebet der Rechtschaffenen. (15,8.29)

Opfer, die Gott verabscheut. Im Alten Testament war ein *Opfer* eine Opfergabe, die der Gläubige zu Gottes Altar zu bringen hatte. Im Neuen Testament sind „Opfer" finanzielle Gaben, die z. B. im Gottesdienst gesammelt werden, sowie die Fürsorge für die Armen (Philipper 4,18; Hebräer 13,16). Unsere beiden Sprüche erinnern an die Lehre der Propheten (Jesaja 58,1-14), dass Gott es *verabscheut*, wenn jemand viel Geld für die Gemeinde und soziale Projekte spendet, aber ansonsten gottlos lebt. Wer großzügig spendet, aber in seinem Alltag andere übervorteilt, um seine Taschen zu füllen, ist ein Heuchler.

Die Geschichte ist voll von Persönlichkeiten, die durch die Ausbeutung anderer reich wurden, um sich anschließend als öffentliche Wohltäter einen Namen zu machen. Dazu sagt Gott Nein. Der knallharte Geschäftsmann, der andere ruiniert, kann dies nicht durch Religion oder Philanthropie wiedergutmachen. Diese beiden Verse zeigen uns, wie ernst Gott unser soziales und ökonomisches Verhalten im realen Alltag nimmt.

Sind Sie in Ihrer Arbeit bzw. Firma großzügig gegenüber Kunden und Angestellten? Oder ist die Firma, für die Sie arbeiten, ausbeuterisch?

Gebet: *Herr, wie die meisten Menschen halte ich mich für einen anständigen Menschen, aber könnte es sein, dass ich gewohnheitsmäßig meine Mitmenschen ausnutze? Wenn ich mein Leben durch die Brille dieses biblischen Maßstabs betrachte, sehe ich, dass ich ihn nicht erfülle. Bitte vergib mir und hilf mir, so zu leben, dass mein Leben und Gebet dir gefallen. Amen.*

18. Februar

Vertraue dem Herrn an, was du vorhast, dann werden deine Pläne gelingen. (16,3)

Alle Bereiche des Lebens. Gott vertrauen heißt: ihm gehorchen in allem, was er sagt (22. Januar), und sich seinem Willen fügen in allem, was er schickt (12. Februar). Hier werden wir dazu aufgefordert, dies in allen Bereichen unseres Lebens zu tun – in allem, was wir vorhaben. Dazu gehören unsere Arbeit und Freizeit, unser Denken und unsere Fantasie, unsere Gesundheit und wie wir mit unserem Körper umgehen, Freundschaften, Ehe und Beziehungen, Geld und Besitz, die Beziehung zur Gemeinde und anderen Christen, unser Gefühlsleben und unsere persönliche Identität. Gott anvertrauen, was ich vorhabe, das bedeutet, dass ich ganz bewusst jeden dieser Bereiche durchgehe und mir überlege, was es heißt und was es braucht, in ihm Gott zu vertrauen und zu gehorchen. Und anschließend bitte ich Gott um seine Hilfe, dies in die Tat umzusetzen.

Die zweite Hälfte des Verses sagt: Wenn wir Gott unser Leben anvertrauen, wird er selber sich um unsere *Pläne* kümmern. Dies bedeutet nicht, dass Gott uns alle unsere Wünsche erfüllt – das zeigt der Rest der Bibel uns. Der Weise akzeptiert es, dass „dann, wenn unsere menschlichen Pläne sich zerschlagen, wir einen tieferen Plan in unserem Leben erkennen“, nämlich den weisen und guten Willen Gottes (Römer 8,28).[56]

Befehlen Sie konsequent alles, was Sie tun, Gott an?

***Gebet:** Herr, ich verstehe nicht alles, was du mir in deinem Wort sagst, aber ich will ihm gehorchen. Ich verstehe nicht alles, was du in mein Leben schickst, aber ich will deinen Plan akzeptieren und von ihm lernen. Was ich gerade gesagt habe, ist ein gewaltiges Versprechen, das mir Angst macht. Gib mir die Kraft, mein Ein und Alles in dir zu finden. Amen.*

19. Februar

Wenn man Recht und Gerechtigkeit übt, ist das dem HERRN lieber als Opfergaben … Wenn einer sein Ohr verschließt und nicht auf Gottes Weisung hört, dann verabscheut Gott auch seine Gebete. (21,3; 28,9)

Gott kann man nicht bestechen. 21,3 bestätigt, was wir schon am 17. Februar sahen: Gott verabscheut Opfer, hinter denen kein gerechtes Leben steht. 28,9 geht noch tiefer: Auch noch so inbrünstig klingende Gebete *verabscheut Gott*, wenn hinter ihnen kein demütiger Geist steckt, der sich etwas sagen lässt. In 2. Könige 5 sucht der Syrer Naaman beim Gott Israels Heilung von seinem Aussatz. Also begibt er sich mit einem Empfehlungsschreiben des syrischen Königs und großen Geschenken zum König von Israel, der doch wohl der Chef der Propheten ist. Doch der König von Israel zerreißt seine Kleider und sagt praktisch: „Bei uns sagt nicht der König den Propheten, was sie tun sollen, sondern es ist gerade umgekehrt. Gottes Gunst kann man nicht mit Opfern und Gebeten kaufen."

Gott ist nicht ein kosmisches Prinzip, sondern eine Person, mit der man keine „subpersonalen Transaktionen" machen kann.[57] Gott muss man von ganzem Herzen lieben und gerne auf ihn hören. Nur dann, wenn wir wissen, dass wir uns mit unseren Gebeten und Gaben nichts erkaufen können, haben sie in Gottes Augen einen Wert.

Denken Sie einmal an Ihre letzte große Enttäuschung zurück. Fanden Sie, dass Gott Ihnen etwas schuldig war? Warum?

Gebet: *Vater, vor Kurzem ist es gar nicht gut gelaufen bei mir, und ich habe mich bei dem Gedanken erwischt: „Was bringt all das Beten und Bibellesen, wenn Gott mich so behandelt?" Jetzt sehe ich, wie dumm und schlecht es ist, zu denken, dass du mein Schuldner bist. Bitte vergib mir und verändere mich. Amen.*

20. Februar

Alle Worte Gottes sind geläutert und rein. Er ist ein Schutzschild für alle, die bei ihm Zuflucht suchen. Füge seinen Worten nichts hinzu, sonst weist er dich zurecht und du stehst als Lügner da! (30,5-6)

Gottes Wort. Der Anfang aller Weisheit ist die „Ehrfurcht vor dem HERRN“. Aber woran merken wir es, dass wir es mit dem wahren Gott zu tun haben? Die Antwort: Wir können Gott nur durch sein Wort wirklich erkennen, anderenfalls basteln wir uns einen Fantasiegott. Die Sprüche gehen davon aus, dass die Bibel wahr ist, und hier beschreiben sie Gottes Wort als *geläutert und rein*, d. h. als vollkommen, genügend und irrtumslos. Der Autor Agur denkt hier natürlich nur an die Prophezeiungen und sonstigen Texte, die zu seiner Zeit vorlagen. Aber ganz am Ende der Bibel (Offenbarung 22,18-19) finden wir eine ähnliche Warnung, nichts zu Gottes Worten hinzuzufügen.

Sprüche 30,5-6 nimmt zwei entgegengesetzte Irrtümer aufs Korn: Gottes Worte als altmodisch und überholt zu betrachten oder meine persönlichen „Offenbarungen“ der Bibel gleichzusetzen. Der moderne Skeptiker macht den ersten Fehler, viele Christen den zweiten, indem sie ihre religiösen Traditionen, kulturellen Präferenzen oder inneren Gefühle als Offenbarungen und gleichwertig mit der Bibel betrachten. Wir sollten uns vor beidem hüten.

Sind Sie wirklich von der Autorität der Bibel überzeugt – der ganzen Bibel? Oder sind Sie einem der erwähnten Irrtümer aufgesessen?

Gebet: *Herr, in Psalm 119,99 heißt es: „Ich bin verständiger als alle meine Lehrer, weil ich immer wieder nachsinne über das, was du bezeugst.“ Ich kenne „ungebildete“ Menschen, die aufgrund ihrer Bibelkenntnis weiser sind als weltliche Experten. Lass dein Wort auch meinen Weg erleuchten. Amen.*

21. Februar

Ein Habgieriger erregt Streit, wer jedoch auf den HERRN vertraut, erntet Zufriedenheit. (28,25)

Alles andere. Auf Gott vertrauen bedeutet mindestens Folgendes: Ich werde nicht lügen, selbst wenn ich wüsste, dass ich mit der Lüge eine Menge Geld machen könnte. Aber der *Habgierige* tut alles, wenn er damit reich werden kann. Doch dieser Vers sagt, dass der Habgierige *Streit* erntet und der, der auf den HERRN vertraut, *Zufriedenheit*. Jesus hat gesagt: „Es soll euch zuerst um Gottes Reich und Gottes Gerechtigkeit gehen, dann wird euch das Übrige alles dazugegeben" (Matthäus 6,33).

Wie ist das zu verstehen? Jesus hat ja auch gesagt: „In der Welt werdet ihr hart bedrängt" (Johannes 16,33), sodass er in Matthäus 6 nicht verspricht, dass Christen immer ein behagliches Leben haben werden. Wer Status, Reichtum und Beliebtheit zum Wichtigsten in seinem Leben macht, wird oft erleben, wie er genau diese Dinge verliert. Sind Sie nicht auch in der Schule den Kindern, die sich am meisten bei allen beliebt machen wollten, eher aus dem Weg gegangen? Aber wenn wir Gott zum höchsten Gut unseres Lebens machen, hat dies auch in diesem Leben viele positive Auswirkungen. Vertrauen Sie Gott, und Sie werden bekommen, was Sie brauchen.

Haben Sie das bei sich selbst oder anderen auch schon gesehen – dass der, der materiellen Reichtum und Sicherheit zu sehr sucht, sie gerade verliert?

Gebet: *Herr, es ist eines, mit dem Kopf an dich zu glauben – zu glauben, dass es dich gibt und dass du uns durch Jesus retten kannst. Es ist etwas ganz anderes, dir existenziell zu vertrauen, jeden Augenblick, im ganz normalen Alltag. Hilf mir durch deinen Geist, vom bloßen Für-wahr-Halten zum Vertrauen zu gelangen. Amen.*

22. Februar

Keine Weisheit, keine Einsicht und kein menschlicher Rat können gegenüber dem HERRN bestehen. (21,30)

Die Souveränität Gottes. Auf einer Ebene besagt dieser Spruch, dass jemand, der sich erdreistet, Gottes Willen zu trotzen, am Ende nur mithelfen wird, diesen Willen zu verwirklichen, wie dies zur Zeit des Mose beim Pharao geschah und später bei den Menschen, die Jesus ans Kreuz brachten (Apostelgeschichte 2,23).

Auf einer anderen Ebene zeigt dieser Vers sozusagen die andere Seite der Münze des großen Grundprinzips des Buchs der Sprüche, dass die Ehrfurcht vor Gott der Anfang der Weisheit ist. „Es ist keine echte Synthese (*Weisheit*), Analyse … (*Einsicht*) oder Strategie (*Rat*) möglich, wenn man sich gegen Gott stellt."[58] Das heißt: Ohne den Glauben an Gott wird selbst der klügste und gründlichste Denker zu viel von der Realität übersehen, um das Leben wirklich zu verstehen. Niemand würde einem Chirurgen vertrauen, der keine Ausbildung hat, oder einer Köchin, die Zucker nicht von Salz unterscheiden kann. Warum sollten wir dann unseren eigenen Gedanken und Ahnungen trauen, wenn sie den, der das Universum geschaffen hat und jeden Tag erhält, auslassen?

Wenn Sie sich das nächste Mal Sorgen machen, fragen Sie sich, ob diese nicht daher kommen, dass Sie Ihre eigenen Pläne für weiser halten als die Gottes.

Gebet: *Herr, ich bitte dich um Gnade für meine Freunde, die dich in ihrem Leben und Planen außen vor lassen. Niemand ist weiser oder gerechter als du und ich habe kein Recht, dir Vorschriften zu machen. Aber du fragst mich, was meine Wünsche und Sehnsüchte sind. Nun, ich möchte so gerne, dass du die Augen und Herzen meiner Freunde für deine Wahrheit öffnest. Amen.*

23. Februar

Alles hat der Herr zu einem bestimmten Zweck geschaffen, so auch den Gottlosen dazu, dass ihn eines Tages das Unglück trifft. (16,4)

Keine losen Fäden. Dieser Vers zeigt uns eine weitere Art Gottvertrauen. Wir können darauf vertrauen, dass er der souveräne Richter aller Menschen ist – was uns davon befreit, selber Richter sein zu müssen. Der Theologe Miroslav Volf schreibt, dass „die Praxis der Gewaltlosigkeit einen Glauben an Gottes Vergeltung erfordert".[59] Er fährt fort, dass es so gut wie unmöglich ist, dass jemand, der das Opfer einer Gewalttat geworden ist, nicht eine Waffe nimmt und versucht, sich zu rächen – es sei denn, er hat den starken Glauben, dass eines Tages Gott jedes Unrecht richten wird.

Entweder Jesus zahlt für meine Sünden, wenn ich glaube, dass er sie alle am Kreuz bezahlt hat, oder ich muss eines Tages selber zahlen. Das Gleiche gilt für jeden, der mir ein Unrecht getan hat. Das aber bedeutet, dass wir alle Dinge in Gottes Hand lassen können. Wir haben weder das nötige Wissen noch das Recht oder die Macht, andere für ihre Sünden zu richten. Ein Kernbestandteil eines weisen Lebens ist die Überzeugung, dass Gott alles zu seinem guten Ende bringen wird und *den Gottlosen dazu, dass ihn eines Tages das Unglück trifft*.

Gibt es in Ihrem Leben jemanden, dem Sie schwer vergeben können? Lassen Sie sich von dem, was Sie gerade gelesen haben, helfen.

***Gebet:** Herr, ich preise dich, wenn auch mit Furcht und Zittern, dass du der Richter der ganzen Erde bist. Befreie mich von der Versuchung, selber über gewisse Menschen zu Gericht zu sitzen. Ich kann nicht genügend tief in die Herzen und die Vergangenheit der Menschen schauen, um zu wissen, was sie verdienen. Hilf mir, diese Dinge in deine Hand zu legen. Amen.*

24. Februar

Weisheit beginnt mit der Ehrfurcht vor dem HERRN, den Heiligen zu erkennen ist wahre Einsicht. (9,10)

Der Heilige. Das Thema von Sprüche 1,7 wird hier wiederholt. Die Weisheit jedes Menschen – also die Art, wie er die Welt versteht und deutet – *beginnt* mit der Sicht, die er von Gott hat. Was ist eine Katze? Das kommt darauf an: Befinden wir uns in einem Universum ohne Gott, sodass jedes Lebewesen nur das Ergebnis eines gewalttätigen Überlebenskampfes ist? Oder ist Gott der unpersönliche Weltgeist, sodass alles in der physischen Welt im Grunde eine Illusion ist? Oder ist Gott unser Schöpfer, der uns in diese Welt hineingestellt hat, um ihr Verwalter zu sein (auch was die Tiere betrifft, 1. Mose 1,26)? Jede dieser Weltanschauungen betrachtet eine Katze anders und wird sie möglicherweise auch anders behandeln.

Unser Vers fährt fort, dass der, vor dem wir *Ehrfurcht* haben sollen, der *Heilige* ist.[60] Es gibt keine Eigenschaft Gottes, die für uns bedrohlicher ist. Das Licht seiner Heiligkeit lässt uns unsere Sünde unheimlich klar erkennen. Allein das Blut von Jesus bedeckt unsere Sünde und öffnet uns einen sicheren Zugang zur Gegenwart des heiligen Gottes (Hebräer 10,19-22). Wenn wir an Jesus glauben, macht das Nachsinnen über Gottes Heiligkeit unsere Freude nur größer. Dass wir die Liebe eines heiligen Gottes empfangen, es ist ein Wunder der Gnade.

Meditieren Sie über die Heiligkeit Gottes.[61] Den heiligen Gott zu lieben, wird Sie unendlich viel demütiger und glücklicher machen.

***Gebet:** Herr, du bist so heilig, dass in deiner Gegenwart Männer wie Jesaja und Mose erzitterten. Aber durch Jesus bist du mein heiliger Vater geworden (Johannes 17,11). Nichts verändert mich so sehr wie das direkte Nachdenken über deine Heiligkeit und der Hass auf alles, was Sünde ist. Gib mir dazu durch deinen Geist die innere Kraft. Amen.*

25. Februar

Der HERR hat mit Weisheit das Fundament der Erde gelegt und den Himmel mit Verstand ausgespannt. Durch seine Erkenntnis brachen unterirdische Quellen hervor, und aus den Wolken träufelte der Regen. (3,19-20)

So wie die Dinge sind. Gott hat die Welt mit seinem Wort und seiner *Weisheit* erschaffen (1. Februar), und wir sollten unser tägliches Leben an diesem Wort und dieser Weisheit orientieren. Warum? Weil „die einzige Weisheit, durch die wir mit den Dingen des Alltags so umgehen können, wie es ihrem Wesen entspricht, die Weisheit ist, durch die Gott sie erschaffen und geordnet hat."[62] Die gleiche Weisheit, die in Gottes Wort zu mir spricht, war die Grundlage zur Erschaffung der Welt.

Es gibt also ein „Gegebensein" der Dinge – physisch, sozial, ethisch und geistlich –, das in die Schöpfung eingebaut ist. Wie weiter oben (7. Januar) ausgeführt, können wir unseren Körper nicht beliebig behandeln, ohne dass das Folgen hat. Wir können unsere Mitmenschen nicht beliebig behandeln, wenn wir gute Freunde und eine stabile Familie haben wollen. Wir können nicht als Erzegoisten leben und erwarten, dass unsere Beziehungen intakt bleiben. Und es gibt auch eine geistliche Ordnung. Wenn wir versuchen, unser Leben auf etwas anderes als auf Gott auszurichten, bekommen wir eine labile Identität und psychische Probleme. Es ist das Wesen der Weisheit, diese göttliche Ordnung zu erkennen und mein Leben auf sie auszurichten.

In welchen der oben genannten Bereiche verstoßen Sie womöglich gerade gegen Gottes Schöpfungsordnungen?

Gebet: *Vater, wenn ich versucht bin, etwas Unrechtes zu tun, tue ich gerne so, als ob ich damit durchkommen werde. Aber am Ende holt die Sünde jeden ein. Brenne diese Wahrheit in mein Herz hinein, damit ich nicht gegen dich sündige. Amen.*

26. Februar

Mein Sohn, vergiss meine Weisung nicht, bewahre meine Gebote im Gedächtnis. Dann werden dir erfüllte Tage und viele Lebensjahre geschenkt, und es wird dir gutgehen … Der HERR verabscheut alle Hochmütigen. Verlasst euch darauf: Keiner von ihnen kommt ungestraft davon … Ihre Gewalttätigkeit reißt die Gottlosen mit ins Verderben, denn sie wollen sich nicht an das Recht halten. (3,1-2; 16,5; 21,7)

Vergeltung. In der Bedienungsanleitung (vgl. 1. Februar) Ihres Autos steht, wann ein Ölwechsel fällig ist und welchen Kraftstoff Sie tanken müssen. Wer die Bedienungsanleitung (die von den Konstrukteuren des Wagens verfasst ist) ignoriert und dem Auto Dinge zumutet, für die es nicht gebaut ist, darf sich über nichts wundern. Da muss niemand kommen und uns ein Bußgeld aufbrummen. Die Strafe kommt von alleine: Wir ruinieren unser Auto.

Durch die Schöpfung ist in die Welt ein Prinzip der „natürlichen Vergeltung“ eingebaut. Wer richtig lebt, wird belohnt (3,1-2), wer Böses tut, bestraft (16,5). Man beachte, dass hier nicht steht, wie das genau geschehen wird. 21,7 lässt auf einen natürlichen Bumerangeffekt des Bösen schließen, aber 16,5 deutet an, dass letztlich hinter allem Gott steht. Kurz: Unsere Taten tragen ihre Folgen in sich selber.[63] Was wir säen, werden wir ernten (Galater 6,7; 4. Mose 32,23). Verhaltensweisen, die Gottes Wort verletzen, verletzen auch die Art, wie er uns erschaffen hat, und damit schädigen wir uns selber. Richtig zu leben dagegen heißt, der Art, wie Gott uns erschaffen hat, Ehre zu machen. Und das bringt Segen (vgl. 27. Februar).

Wann haben Sie das letzte Mal das geerntet, was Sie gesät hatten?

***Gebet:** Herr, meine Kultur trichtert mir ein, dass ich selber entscheiden kann, wer oder was ich bin, doch dein Wort und die Erfahrung zeigen mir, dass das nicht stimmt. Mein Körper, meine Talente, mein Platz in der Welt, sie alle setzen mir Grenzen und sind Berufungen von dir. Hilf mir, die Person zu werden, als die du mich erschaffen hast. Amen.*

27. Februar

Wer guten Rat beachtet, dem wird Gutes widerfahren, glücklich zu preisen ist, wer dem HERRN vertraut! (16,20)

Gesegnet. Die Bibel ist voll von Segensverheißungen. Das hebräische Wort für „Segen“ (oder „Glück“) bedeutet viel mehr, als dass man sich glücklich fühlt. Es bedeutet Wohlergehen auf vielen Ebenen. In 1. Mose 3 sehen wir, wie der Sündenfall uns in eine Lage gebracht hat, in der wir uns im Widerstreit mit Gott, mit uns selber, unseren Mitmenschen, ja sogar der Natur befinden.[64] Wir sind aus der Schöpfungsordnung in all ihren Dimensionen herausgefallen, und so ist der normale Zustand des Menschen einer der inneren Leere, der Angst und der Identitätskrisen, der Konflikte zwischen Nationen, Klassen und Rassen und der Zerstörung unserer Umwelt.

Gesegnet bzw. glücklich sein bedeutet, dass wir auf jedem dieser Gebiete eine nicht vollständige, aber spürbare Heilung erfahren, weil Gott unsere Herzen und unser Verhalten gleichsam repariert. Geistlich werden wir mit Gott versöhnt und kommen ihm näher. Psychologisch erkennen wir uns selbst, und unser Fühlen und Handeln kommt zunehmend unter die Herrschaft des Heiligen Geistes. Unsere Beziehungen werden tiefer, weil jetzt die Dimension des gemeinsamen Glaubens hinzukommt. In unserem sozialen Verhalten beginnen wir, unserem Nächsten und unserer Gesellschaft zu dienen, und wir werden frei von politischen Ideologien. Erlösung ist mehr als Vergebung der Sünden und Zugang zum Himmel; sie bedeutet die *Heilung* meines Lebens – langsam, aber sicher und in all seinen Bereichen.

Danken Sie Gott für den Bereich in Ihrem Leben, in welchem er Sie in der letzten Zeit besonders gesegnet hat.

Gebet: *Herr, wir Christen reden so leicht von „Segnungen“. Wenn ich über die biblische Verheißung nachdenke, bekomme ich einen richtigen Hunger auf ein gesegnetes Leben. Aber lass mich nie vergessen: „Glücklich zu preisen sind die, die nach der Gerechtigkeit hungern und dürsten“ (Matthäus 5,6). Amen.*

28. Februar

Der HERR lässt den Hunger eines Menschen, der nach ihm fragt, nicht ungestillt, aber die Gier der Gottlosen weist er ab. Wer schlecht und langsam arbeitet, wird arm, fleißiges Arbeiten dagegen macht reich. (10,3-4)

Verschiedene Ebenen. Es gibt eine Ordnung in der Schöpfung, und es gehört zum Leben dazu, dass unser Verhalten Folgen hat. Aber führt gutes bzw. böses Verhalten *immer* zu entsprechenden Folgen? Die meisten würden antworten: „Oft, aber nicht immer." Was machen wir dann mit Aussagen wie denen in 10,3-4? Derek Kidner behauptet, dass sie auf vier Ebenen wahr sind – der „logischen", der „fügungsmäßigen", der „geistlichen" und der „ewigen" Ebene.[65]

Erstens „strapaziert die Sünde das Leben auf eine Art, die nur zum Kollaps führen kann." Ein egoistischer Lebensstil kann sich toll anfühlen, aber fordert seinen gesundheitlichen, beziehungsmäßigen und seelischen Tribut. Zweitens: „Gott hat uns immer an der Leine, egal wie lang er sie lässt." Er ließ Schlimmes in Josefs Leben zu, aber es hatte alles seinen Sinn (1. Mose 50,20). Drittens: „Egal, was ihr Status in der Welt ist, die Gerechten sind die wahrhaft Reichen." Selbst im Leiden sind Christen vor Gott gerecht gesprochen und seine Kinder, sie haben den Heiligen Geist und ihre garantierte Wohnung in der neuen Schöpfung. Und viertens „wird in der neuen Welt völlige Gerechtigkeit herrschen".[66]

Gibt es etwas, das Sie richtig gemacht haben, das aber menschlich gesprochen unbelohnt geblieben ist? Wie hilft Ihnen das, was Sie gerade gelesen haben, damit umzugehen?

Gebet: *Herr, ich preise dich, dass du wie ein weiser Vater schmerzliche Dinge in unserem Leben zulässt, die uns zum Lernen und Wachsen helfen müssen (Hebräer 12,11). Und wir werden reifer, wenn wir erkennen, dass wir ja schon unseren wahren Reichtum haben – in deiner Liebe. Amen.*

1. März

Ein guter Ruf ist kostbarer als großer Reichtum, und Ansehen ist besser als Silber und Gold. (22,1)

Die gestörte Ordnung. Die Sprüche sagen uns, dass Fleiß und Ehrlichkeit zu Wohlstand und Glück führen. Doch hier lernen wir, dass Tugend *kostbarer* ist als Reichtum. Was offensichtlich bedeutet, dass es Situationen gibt, wo wir uns zwischen Reichtum und Integrität entscheiden müssen.[67] Es gibt also eine Ordnung in der Schöpfung, die jedoch durch die Sünde beeinträchtigt ist. Gottes Welt „funktioniert nach wie vor mit einer gewissen Verlässlichkeit", sodass Ehrlichkeit und Fleiß zu finanziellem Gewinn führen können, aber sie tun das nicht immer.[68] Im Allgemeinen führt Arbeit zu Wohlstand (10,4), doch manchmal fällt ihre Frucht der Ungerechtigkeit zum Opfer (13,23; 28,6).

Das Buch der Sprüche betont, dass diese Ordnung nach wie vor da ist, während der Prediger Salomo mehr ihre Störung und Zerbrochenheit betont und das Buch Hiob, dass sie oft verborgen ist.[69] Um weise zu sein, müssen wir dieses ganze Bild sehen. Es ist töricht, zu denken, dass harte Arbeit immer zu Reichtum führt, aber auch, dass sie sich nie lohnt. Wir finden diese Weisheit im Evangelium von Jesus. Es bewahrt uns vor der naiven Annahme, dass wir uns mit unseren guten Werken ein gutes Leben verdienen können, und es bewahrt uns davor, die Flinte ins Korn zu werfen, denn es zeigt uns, dass der Herr des Universums unser lieber Vater ist.

Sind Sie eher zu optimistisch und blauäugig, wenn es darum geht, ob Fleiß und Anstand sich auszahlen, oder diesbezüglich eher von Pessimismus und Zynismus geprägt ?

Gebet: *Herr, wie so viele habe ich mir das Leben zu einfach vorgestellt. Ich konnte mir nicht vorstellen, dass ich mich je entscheiden müsste zwischen dem, was angenehm ist, und dem, was richtig ist. Aber so ist die Welt, in der wir leben. Lass mich so von dir begeistert sein, dass ich immer den richtigen Weg wähle und nicht den, den alle gehen. Amen.*

2. März

Die Wege, die sie [die Weisheit] dich führt, sind angenehm, und jeden ihrer Pfade kann man in Frieden gehen. Für alle, die sie ergreifen, ist sie ein Baum des Lebens, und glücklich zu preisen ist, wer an ihr festhält. (3,17-18)

Die wiederhergestellte Ordnung. Die Weisheit wird in den Sprüchen als ein *Baum des Lebens* dargestellt (3,18; 11,30; 13,12; 15,4). Der Baum des Lebens stand im Garten Eden, aber wird auch in Offenbarung 22,2 erwähnt, wo er in der Mitte der neuen Schöpfung, des wiedergefundenen Paradieses, wächst. In 1. Mose 3,14-19 sagt Gott den Zerbruch der Schöpfungsordnung voraus; unter der Herrschaft der Sünde werden Arbeit und Leben voller Schmerz und Sinnlosigkeit sein. Paulus schreibt, dass die zerbrochene, „frustrierte" Schöpfung einst wiederhergestellt werden wird – wenn Christus wiederkommt, um die Seinen herrlich und vollkommen zu machen (Römer 8,19-22).

Bis dahin – so versichert uns dieser Spruch – bekommen wir, wenn wir unser Leben von Gottes Wort und Weisheit bestimmen lassen, einen Vorgeschmack auf diesen Baum des Lebens, also auf die Fülle des Lebens, die wir am jüngsten Tag wiederbekommen werden. Wir haben nur deswegen Zugang zum Baum des Lebens, weil Jesus an einem Todesbaum gekreuzigt wurde (Galater 3,13). Wie George Herbert Jesus in einem Gedicht sagen lässt: „Die Frucht stahlt ihr, drum muss ich auf den Baum, der allen Leben bringt, doch mir den Tod."[70]

Heben Sie Ihren Blick jemals hoch genug, um den fernen Horizont zu sehen – das zukünftige Leben, das Jesus für Sie so unendlich teuer erkauft hat?

***Gebet:** Herr, die Rebellion von Adam und Eva hat uns dem Tod unterworfen, und ich muss gestehen, dass ich jeden Tag aufs Neue dieser Rebellion durch meine Sünden neue Nahrung gebe. Ich danke dir, dass du für mich den Tod geschmeckt hast, damit ich Zugang zum Baum des Lebens habe. Amen.*

3. März

Da dachte ich in meinem Herzen: Wenn es denn mir geht wie dem Toren, warum hab ich dann nach Weisheit getrachtet? Da sprach ich in meinem Herzen: Auch das ist eitel. Denn man gedenkt des Weisen nicht für immer, ebenso wenig wie des Toren, und in künftigen Tagen ist alles vergessen. Wie stirbt doch der Weise samt dem Toren! (Prediger 2,15-16, LUT)

Gefallene Welt. Kein Buch der Bibel gibt uns das ganze Bild von Gottes Erlösung und Wahrheit. Die Sprüche argumentieren, dass, da Gott der Schöpfer ist, weises Verhalten in der Regel zu guten Ergebnissen führt. Aber nur in der Regel! Vieles in unserer Welt folgt nicht den Regeln; es gibt reiche Nichtstuer und fleißige Arme. Die Beziehung zwischen Verhalten und Folgen ist nicht immer, aber doch oft gestört.

Man kann die Sprüche in der Richtung missverstehen, dass grundsätzlich „guten Menschen Gutes widerfährt und bösen Menschen Böses."[71] Bereits die Sprüche *erwähnen*, dass die natürliche Ordnung gestört werden kann; der Prediger Salomo und das Buch Hiob (die ebenfalls zur Weisheitsliteratur gehören) untersuchen dies in der Tiefe. Laut den Sprüchen wird der Gottlose, nicht aber der Fromme schnell vergessen (10,7) – aber hier, im Prediger, erfahren wir, dass der Weise oft nicht mehr Achtung erfährt als ein *Tor*. Wer Weisheit lernen will, der muss die Sprüche zusammen mit dem Prediger und Hiob lesen.

Überrascht es Sie, dass in unserer gefallenen Welt gutes Verhalten nicht immer gute Folgen mit sich bringt? Geben Sie manchmal Gott die Schuld dafür? Oder sind Sie dabei, zu lernen, auch in einer gefallenen Welt weise zu sein?

Gebet: *Herr, ich lebe in einer Welt, die du gut erschaffen hast, aber die beschädigt ist. Es ist falsch, dir die Schuld zu geben, wenn in meinem Leben etwas nicht „klappt"! Hilf mir, dir zu vertrauen und geduldig zu sein, „bis die Welt geheilt wird."[72] Amen.*

4. März

Es ist alles ganz eitel, sprach der Prediger, es ist alles ganz eitel. Was hat der Mensch für Gewinn von all seiner Mühe, die er hat unter der Sonne? (Prediger 1,2-3, LUT)

Eitelkeit. Modernere Bibelübersetzungen geben „eitel" mit „sinnlos" oder „unnütz" wieder, aber vielleicht ist die alte Formulierung immer noch die beste. Der Autor sagt, dass wir nur wenige unserer Ziele erreichen und dass die Ziele, die wir erreichen, nicht halb so viel Befriedigung bringen, wie wir dachten. Es scheint einfach nichts herauszukommen bei all unserem Mühen. Es ist eine Aussage, die so trostlos ist, dass viele fragen, was sie in der Bibel zu suchen hat.

Die Antwort liegt in den Worten *unter der Sonne*. Der Autor macht ein Gedankenexperiment, wie man das heute nennen würde. Er fordert uns auf, uns vorzustellen, dass wir nur unter der Sonne leben – ohne Gott und ohne Ewigkeit. Hat unser Leben einen Sinn, wenn diese irdische Welt alles ist? Das Experiment bringt uns zweierlei. Erstens zeigt es uns, dass diese Welt durch die Sünde der Menschen in der Tat zum Teil von Gott getrennt ist, sodass sie nicht so funktioniert, wie Gott sie erschaffen hat, und selbst gottesfürchtige Menschen in ihrem Leben viel „Eitelkeit" erfahren. Und zweitens zeigt es, dass der, der nichts von Gott wissen will, diese Sinnlosigkeit noch verschärft.

Was ist in *Ihrem* Leben eitel oder sinnlos? Wie würde sich das ändern, wenn Sie Gott in die Situation hereinholten?

Gebet: *Herr, wenn die Sinnlosigkeit in meinem Leben mich übermannen will, merke ich, dass das nur deswegen so ist, weil ich nur auf das schaue, was „unter der Sonne" ist, und nicht auf die Herrlichkeit, die du für mich gerade vorbereitest (2. Korinther 4,17). Hilf mir, meinen Blick nicht auf das zu richten, „was wir sehen, sondern auf das, was jetzt noch unsichtbar ist" (2. Korinther 4,18). Amen.*

5. März

Was geschehen ist, eben das wird hernach sein. Was man getan hat, eben das tut man hernach wieder, und es geschieht nichts Neues unter der Sonne. Geschieht etwas, von dem man sagen könnte: „Sieh, das ist neu!" – Es ist längst zuvor auch geschehen in den Zeiten, die vor uns gewesen sind. Man gedenkt derer nicht, die früher gewesen sind, und derer, die hernach kommen; man wird auch ihrer nicht gedenken bei denen, die noch später sein werden. (Prediger 1,9-11, LUT)

Bedeutungslosigkeit. Der Prediger fragt uns, wie es in diesem Leben so etwas wie Erfüllung geben kann, wenn das, was wir in der Welt sehen, „alles ist, was es gibt oder je gegeben hat oder je geben wird."[73] Wenn das so ist, wird man sich am Ende an nichts erinnern. Wenn diese Welt alles ist, was es gibt, wird eines Tages die Sonne sterben und alles menschliche Leben vom Sand der Zeit erstickt werden, und es wird niemand mehr da sein, der sich an irgendetwas erinnern kann.

Dies ist eine niederschmetternde Botschaft. Wenn das Leben unter der Sonne alles ist, was es gibt, dann macht es am Ende überhaupt keinen Unterschied, ob ich dieses Leben damit verbracht habe, anderen Menschen zu helfen oder sie zu töten. Wenn die Menschen am Ende tatsächlich zu nichts werden, dann hat letztlich nichts, was wir tun, einen Sinn. Heute sind selbst viele Christen geprägt von der totalen Betonung des Glücklichwerdens hier und jetzt, die unsere säkulare Kultur bestimmt. Doch dies ist ein Fehler. Die vergänglichen Freuden dieses Lebens sind völlig sinn- und nutzlos, wenn wir versuchen, ohne Gott und die Dankbarkeit zu ihm zu leben.

Was für Dinge in diesem Leben *unter der Sonne* würden Ihnen Erfüllung geben, wenn Sie sie hätten? Sind Sie sich da ganz sicher?

***Gebet:** Herr, das, was ich für dich tue, ist nicht vergeblich (vgl. 1. Korinther 15,58). Weil Jesus auferstanden ist, weiß ich, dass auch ich auferstehen werde; es ist nicht mein Status in dieser irdischen Welt, der mich definiert, sondern mein Status in der künftigen Welt. Ich danke dir dafür und preise dich. Amen.*

6. März

Da wandte ich mich dahin, dass ich mein Herz verzweifeln ließ an allem, um das ich mich mühte unter der Sonne. Denn es muss ein Mensch, der seine Arbeit mit Weisheit, Verstand und Geschicklichkeit mühsam getan hat, es einem andern zum Erbteil überlassen, der sich nicht darum gemüht hat. Das ist auch eitel und ein großes Unglück. Denn was kriegt der Mensch von aller seiner Mühe und dem Streben seines Herzens, womit er sich abmüht unter der Sonne? Alle seine Tage sind voller Schmerzen, und voll Kummer ist sein Mühen, dass auch sein Herz des Nachts nicht Ruhe findet. Das ist auch eitel. (Prediger 2,20-23, LUT)

Die Eitelkeit des Erfolgs. *Unter der Sonne* sind Arbeit und Erfolg letztlich nichts. Erstens bestehen sie nicht den objektiven Test: Unter dem Strich hinterlässt all unser Arbeiten kein bleibendes Ergebnis. Mal langsamer, mal schneller verschluckt die Geschichte die Ergebnisse unseres Mühens. Die Person, die meine Arbeit „erbt“, wird sie möglicherweise zunichtemachen (2,21). Und zweitens bestehen Arbeit und Erfolg nicht den subjektiven Test: Sie bringen nie wirkliche Befriedigung. Unser Arbeiten bringt *Schmerzen* und *Kummer.* Da steht einer mit den Vögeln auf und geht erst spätabends schlafen, nur um dann womöglich wach zu liegen und darüber nachzugrübeln, ob er seine Arbeit auch wirklich gut gemacht hat.

Die Sprüche erzählen von der Befriedigung, die Arbeit bringen kann; der Prediger erinnert uns daran, dass wir oft die „Dornen und Disteln“ erleben, die bohrende Frustration, die in einer gefallenen Welt wie ein Fluch auf der Arbeit liegt (1. Mose 3,17-19). Ohne den Frieden Gottes in unserem Leben, den sein Geist uns gibt, werden Arbeit und Erfolg uns nie zufriedenstellen. Wir brauchen den Gott, dessen Arbeit zu echter Ruhe führte (1. Mose 2,2), den Erlöser, der mitten im Sturm schlafen konnte (Markus 4,38).

Haben Sie schon einmal ein Ziel erreicht, nur um zu merken, dass Ihnen das keine Erfüllung brachte? Was für Ziele bleiben länger als die Sonne? Machen Sie sich eine Liste.

***Gebet:** Vater, hilf mir, das Evangelium als Therapie gegen den Perfektionismus einzusetzen, der meine Arbeit zur Last macht. Gib mir die tiefe Ruhe in die Seele, die dann kommt, wenn ich daran denke, dass ich ja durch den Glauben an Jesus erlöst bin und nicht durch die Qualität meiner Arbeit. Amen.*

7. März

Ich sprach in meinem Herzen: Auf denn, versuche es mit der Freude und genieße das Gute! Aber siehe, auch das ist Nichtigkeit. Zum Lachen sprach ich: Unsinnig ist es! – und zur Freude: Was schafft die? … Und siehe, das alles war Nichtigkeit und ein Haschen nach Wind. (Prediger 2,1.2.11, ELB)

Die Eitelkeit des Vergnügens. Als Nächstes prüft der Prediger den Weg des Hedonismus und der Selbstverwirklichung als mögliche Lösung der Eitelkeit des Lebens. *Lachen* meint die Hochgestimmtheit, die man z. B. auf einer Sportveranstaltung oder auf einer Party mit gutem Essen und Trinken und Freunden erlebt. *Freude* (hebräisch *simha*) ist ein nachdenklicheres Genießen der Schönheit oder Vorzüglichkeit einer Sache. Aber am Ende sind sie beide sinnlos und nichtig und bewähren sich nicht.

Warum nicht? Unter anderem deswegen, weil Freude nichts *schafft* (bewirkt). Die Suche nach Freude und Vergnügen kann enorme Ressourcen an Zeit und Geld verbrauchen, bis mir irgendwann dämmert, dass es ja alles nichts bringt. Und zweitens ist die Suche nach Vergnügen ein *Haschen nach Wind*, d. h., man versucht, etwas zu packen, was sich nicht packen lässt. Die Freuden dieser Welt sind flüchtig. Je mehr man von den Dingen dieser Welt erwartet, dass sie einem tiefste Befriedigung und Freude geben, desto mehr wird man enttäuscht. Ein Leben, das man dem Vergnügen weiht, ist überhaupt nicht vergnüglich.

Von was für Freuden erwarten Sie Erholung und Erfrischung? Finden Sie dieselbe Erholung in der Gegenwart Gottes in seinem Wort? Warum nicht?

Gebet: *Herr, gib, dass „in dem Gewimmele der Welt" mein Herz „dort seinen sicheren Anker findet, wo wahre Freude ist"*[74] *– in Jesus Christus, unserem Herrn. Amen.*

8. März

Und ich richtete mein Herz darauf, in Weisheit alles zu erforschen und zu erkunden, was unter dem Himmel getan wird. Ein übles Geschäft hat Gott da den Menschenkindern gegeben, sich darin abzumühen. Ich sah all die Taten, die unter der Sonne getan werden, und siehe, alles ist Nichtigkeit und ein Haschen nach Wind. Gekrümmtes kann nicht gerade werden, und Fehlendes kann nicht gezählt werden. Ich sprach in meinem Herzen und sagte: Ich nun, siehe, ich habe die Weisheit vergrößert und vermehrt, mehr als jeder, der vor mir über Jerusalem war, und mein Herz hat in Fülle Weisheit und Erkenntnis geschaut ... Denn wo viel Weisheit ist, ist viel Verdruss, und wer Erkenntnis mehrt, mehrt Kummer. (Prediger 1,13-16.18, ELB)

Die Eitelkeit des Wissens. Im Buch des Predigers geht es um „den Versuch, die sichtbare, materielle Welt zu verstehen. Der Autor möchte dies unter der Sonne tun, d. h. die Welt aus sich selber heraus verstehen."[75] Dies kann fast nur das Unternehmen „Wissenschaft" meinen, also den Versuch, für absolut alles und jedes eine natürliche (und nicht übernatürliche) Ursache zu finden. Doch der Prediger erklärt dieses Projekt für zum Scheitern verurteilt. Wir können die Probleme der Menschheit nicht durch bloße Technologie und Wissen lösen. *Gekrümmtes kann nicht gerade werden* (1,15). Alle Wissenschaft der Welt kann unser Herz nicht verändern. Wir können Rassismus, Verbrechen und Armut studieren und hier und da Fortschritte erzielen. Aber dass alle Phänomene eine natürliche Ursache und daher eine technologische Lösung haben, es funktioniert nicht, weil es schlicht nicht stimmt.

Es gibt übernatürliche, geistliche Probleme, für die es übernatürliche, geistliche Lösungen braucht. Je mehr wir wissen, desto deutlicher merken wir, wie wenig wir wissen. Dies kann ein Gefühl der Hilflosigkeit erzeugen – *wer Erkenntnis mehrt, mehrt Kummer*. Der menschliche Verstand alleine, ohne Gottes Offenbarung, wird uns nie das ganze Bild geben.

Was für Probleme gibt es in Ihrem Leben, oder in dem Ihrer Mitmenschen, die geistliche Lösungen erfordern? Wie kommen Sie zu diesen Lösungen?

***Gebet:** Herr, unsere Gesellschaft setzt ihre ganze Hoffnung auf Wissenschaft und Technologie. Aber das reicht nicht! Bitte bewahre mit deiner Gnade unsere sozialen Ordnungen und gib, dass unser Land dich wieder kennenlernt! Amen.*

9. März

Es begegnet dasselbe Geschick dem einen wie dem andern: dem Gerechten wie dem Gottlosen, dem Guten und Reinen wie dem Unreinen; dem, der opfert, wie dem, der nicht opfert. Wie es dem Guten geht, so geht's auch dem Sünder. Wie es dem geht, der schwört, so geht's auch dem, der den Eid scheut. Das ist das Unglück bei allem, was unter der Sonne geschieht, dass es dem einen geht wie dem andern. Und dazu ist das Herz der Menschen voll Bosheit, und Torheit ist in ihrem Herzen, solange sie leben; danach müssen sie sterben. (Prediger 9,2-3, LUT)

Die Eitelkeit der Moralität. Prediger 9,2 beschreibt die Guten und die Bösen, die Frommen und die Gottlosen – und kommt zu dem (ganz richtigen) Schluss, dass *es dem einen geht wie dem andern.* Wenn diese Welt alles ist, was es gibt, verwesen wir nach unserem Tod, und wenn der Letzte, der uns kannte, gestorben ist, denkt keiner mehr an uns.

Sinclair Ferguson schreibt, dass das „Gedankenexperiment" des Autors des Buchs des Predigers uns zu einer Schlussfolgerung treibt. Wie der Rest der Bibel (Jesaja 22,13; 1. Korinther 15,32) sieht auch er, „dass es nur *eine* logische Schlussfolgerung gibt, wenn es keine Hoffnung auf ein Weiterleben nach dem Tod gibt, keine Verheißung einer Auferstehung: Lasst uns essen, trinken und uns amüsieren, denn morgen sterben wir. Dies zu erkennen ist … nicht mehr als Ehrlichkeit im Denken."[76] *Und dazu ist das Herz der Menschen voll Bosheit.* Die sündige Menschheit hat die Welt, die sie verdient und in der Gut und Böse nicht angemessen belohnt werden.

Wir haben bereits ein Stück weit die Erneuerung unseres Lebens durch das, was Christus am Kreuz getan hat, und das Wirken des Heiligen Geistes erfahren. Machen Sie eine Liste all der Bereiche des Todes, des Verfalls und des Bösen in Ihrem Herzen, die Gott noch ändern muss.

Gebet: *Herr, das Buch des Predigers reibt mir schmerzlich unter die Nase, dass du meine einzige Hoffnung bist. Hilf mir, meine Augen „über die Sonne" zu heben und nie zu vergessen, dass du eines Tages alles in Ordnung bringen wirst, aber dass bis dahin nichts ganz in Ordnung sein wird. Amen.*

10. März

Denn wenn ein Mensch viele Jahre lebt, so sei er fröhlich in ihnen allen und denke an die finstern Tage, dass es viele sein werden; denn alles, was kommt, ist eitel. So freue dich, Jüngling, in deiner Jugend und lass dein Herz guter Dinge sein in deinen jungen Tagen. Tu, was dein Herz gelüstet und deinen Augen gefällt, und wisse, dass dich Gott um das alles vor Gericht ziehen wird. Lass Unmut fern sein von deinem Herzen und halte das Übel fern von deinem Leibe; denn Jugend und dunkles Haar sind eitel. (Prediger 11,8-10, LUT)

Freut euch des Lebens: Teil 1. Am Ende des Buchs beendet der Prediger sein „Gedankenexperiment" und holt Gott zurück in das Bild. Aber er fährt fort, uns daran zu erinnern, wie zerbrochen und durcheinandergeraten die Welt ist. In diesen Versen gibt er praktische Tipps, wie man trotz allem das Leben genießen kann. *Wenn ein Mensch viele Jahre lebt, so sei er fröhlich in ihnen allen.* Wie macht man das? Erstens: Sei realistisch. *Denke an die finstern Tage, dass es viele sein werden.* Wir sollten nicht nur schwere Zeiten erwarten, sondern auch, dass selbst für den, der an Gott glaubt, das Leben manchmal sinnlos erscheint – auch für den Christen (vgl. Römer 8,18ff.). Wir sind nicht für eine Welt des Todes, des Liebesverlustes, der Gewalt und der Einsamkeit geschaffen worden. Solange der Himmel und das Gericht noch nicht da sind, wird uns vieles im Leben eitel und sinnlos erscheinen. Der erste Rat lautet also: Lass dich von den dunklen Tagen nicht fertigmachen. Diese Welt ist nicht ewig.

Wie benutzen Sie die dunklen Zeiten in Ihrem Leben? Als Hilfen, im Glauben zu wachsen, oder lassen Sie sie einfach über sich ergehen, bis sie vorbei sind?

Gebet: *Herr, ich weiß nicht, warum mich das Leiden immer wieder überrascht. Dein Wort und der gesunde Menschenverstand sagen mir doch, dass es selbst in guten Tagen auf der Lauer liegt. Lass die dunklen Tage mein Herz nicht finster machen, sondern weiser. Amen.*

11. März

Denn wenn ein Mensch viele Jahre lebt, so sei er fröhlich in ihnen allen und denke an die finstern Tage, dass es viele sein werden; denn alles, was kommt, ist eitel. So freue dich, Jüngling, in deiner Jugend und lass dein Herz guter Dinge sein in deinen jungen Tagen. Tu, was dein Herz gelüstet und deinen Augen gefällt, und wisse, dass dich Gott um das alles vor Gericht ziehen wird. Lass Unmut fern sein von deinem Herzen und halte das Übel fern von deinem Leibe; denn Jugend und dunkles Haar sind eitel. (Prediger 11,8-10, LUT)

Freut euch des Lebens: Teil II. Der Autor sagt nicht nur, dass wir nicht überrascht sein sollten, wenn dunkle Tage kommen (10. März), wir sollen auch an diese Tage *denken* und begreifen, dass die Dinge dieser Welt uns bis zu einem gewissen Grade enttäuschen werden. „Wir müssen uns dieser Tatsache stellen, oder sie macht uns kaputt."[77] Die Freude des Christen muss in etwas gründen, dass den „finstern Tagen", die diese gefallene Welt uns unweigerlich bringt, trotzen kann. Eines dieser Dinge ist ein gutes Gewissen, und dies bedeutet: Wir dürfen Gottes *Gericht* nicht vergessen. Also: Genieße das Leben, aber tue nichts, was nicht vor Gott bestehen kann. Freue dich deines Lebens, aber halte dein Gewissen rein.

Und schließlich: Trauere nicht deiner Jugend nach. „Es ist verheerend, die Jugend zu vergöttern und ihren Verlust zu fürchten; es lässt die Gabe in unserer Hand verderben."[78]

Manche Gedichte haben den Refrain: *Timor mortis conturbat* („Die Angst vor dem Tod quält mich"). Haben Sie Angst vor Alter, Krankheit und Tod? Werden Sie ihnen alleine gegenübertreten oder mit Jesus an Ihrer Seite?

Gebet: *Vater, wenn das Leben rau wird, ist mein größter Feind das Selbstmitleid. Es flüstert mir zu, dass mir, weil es mir so schlecht geht, Dinge zustehen, die nicht gut sind. Befreie mich vom Selbstmitleid, indem du mir Jesus vor Augen hältst, der so treu für mich litt. Amen.*

12. März

„Es ist alles ganz eitel, sprach der Prediger, es ist alles ganz eitel." (Prediger 1,2, LUT)

Gegen drei Uhr schrie Jesus laut: „Eli, Eli, lema sabachtani?" (Das bedeutet: „Mein Gott, mein Gott, warum hast du mich verlassen?") (Matthäus 27,46)

Nicht nur Argumente. Je mehr wir Gott aus dem Bild herauslassen, desto sinnloser (*eitel*) erscheint uns das Leben. 1. Mose 3,16-19 informiert uns, dass Unzufriedenheit und Langeweile ein Teil der Strafe für den Sündenfall sind, und der Rest der Bibel sagt uns, dass der Mensch, der in der Entfremdung von Gott stirbt, für immer die totale Sinnlosigkeit und einen durch nichts zu stillenden inneren Durst erleben wird (Lukas 16,22-25).

Was können wir da noch hoffen? Der Prediger provoziert uns mit philosophischen Argumenten. Gott tut mehr. Als Jesus am Kreuz ausrief: „Mein Gott, mein Gott, warum hast du mich verlassen?", durchlitt er die kosmische Sinnlosigkeit, die der erlebt, der keinen Gott in seinem Leben hat. Damit nahm er unseren Sündenfall-Fluch auf sich, die unendliche Sinnlosigkeit, die wir verdient haben, damit Gott uns vergeben und uns in seine Arme schließen konnte. Durch den Glauben an Jesus können Sie ein Leben führen, bei dem Gott im Mittelpunkt steht. Sie können wissen, dass all Ihr Tun der Ehre Gottes dient und jedes Ereignis ein Teil seines guten Planes für Sie ist. Es gibt nichts mehr, das nicht wichtig wäre.

Jesus hat sich als den Guten Hirten bezeichnet. Durch was für „finstere Täler" (Psalm 23,4) gehen Sie gerade, wo Sie ihn an Ihrer Seite brauchen?

Gebet: *Herr, du hast für mich die Finsternis durchlitten, damit ich im Licht leben kann. Du hast die kosmische Sinnlosigkeit erlebt, damit das, was ich tue, für immer zählt. Wie kann ich dich genug lieben und preisen? Ich kann es nicht – aber hilf mir, anzufangen. Amen.*

13. März

Der Satan antwortete dem HERRN und sprach: „Meinst du, dass Hiob Gott umsonst fürchtet? Hast du doch ihn, sein Haus und alles, was er hat, ringsumher bewahrt. Du hast das Werk seiner Hände gesegnet, und sein Besitz hat sich ausgebreitet im Lande. Aber strecke deine Hand aus und taste alles an, was er hat: Was gilt's, er wird dir ins Angesicht fluchen!" Der HERR sprach zum Satan: „Siehe, alles, was er hat, sei in deiner Hand; nur an ihn selbst lege deine Hand nicht." Da ging der Satan hinaus von dem HERRN. (Hiob 1,9-12, LUT)

Der verborgene Gott: Teil 1. Gott erlaubt dem Satan, Hiob anzugreifen – einen Mann, der es absolut nicht verdient hat, mehr als das übliche Quantum Leiden in seinem Leben zu erfahren. Viele moderne Leser sind entsetzt über diese Geschichte, aber sie illustriert in Gestalt einer Erzählung die asymmetrische Beziehung des biblischen Gottes zum Leiden. Man beachte erstens, dass alles Böse, das Hiob widerfährt, die Idee des Satans ist. Gott hat nicht die Welt der Krankheit, des Unglücks und des Todes erschaffen. Die chaotischen Mächte des Bösen wurden entfesselt, als die Menschen sich von Gott abwandten und das Gefüge der Welt erschüttert wurde (1. Mose 3,17-19). Und zweitens sitzt Gott nach wie vor im Sattel. In seiner Allmacht setzt er dem Leiden Grenzen: „*Nur an ihn selbst lege deine Hand nicht.*"

Diese beiden Wahrheiten brauchen wir, um an den Nöten dieser Welt nicht irrezuwerden. Wir brauchen das Wissen, dass Gott nicht schadenfroh danebensteht, wenn wir leiden. Und das Wissen, dass hinter allem ein guter Plan steckt.

Passiert es manchmal, dass Leiden Sie an Gottes Güte irrewerden lässt? Warum?

Gebet: *Herr, manchmal bin ich versucht, zu denken, dass du grausam bist. Oder dass das Leben macht, was es will. Diese Dinge sind kein Trost, sondern eine Plage. Du liebst mich doch und du hast letztlich alles im Griff. Nur diese beiden Wahrheiten zusammen bringen mich durch. Hilf mir, sie im Glauben zu ergreifen. Amen.*

14. März

Der Satan antwortete dem HERRN und sprach: „Meinst du, dass Hiob Gott umsonst fürchtet? Hast du doch ihn, sein Haus und alles, was er hat, ringsumher bewahrt. Du hast das Werk seiner Hände gesegnet, und sein Besitz hat sich ausgebreitet im Lande. Aber strecke deine Hand aus und taste alles an, was er hat: Was gilt's, er wird dir ins Angesicht fluchen!" Der HERR sprach zum Satan: „Siehe, alles, was er hat, sei in deiner Hand; nur an ihn selbst lege deine Hand nicht." Da ging der Satan hinaus von dem HERRN. (Hiob 1,9-12, LUT)

Der verborgene Gott: Teil 2. Gott gibt dem Satan genau so viel Spielraum, dass dieser das genaue Gegenteil von dem erreicht, was er wollte. Der Satan dreht sich letztlich seinen eigenen Strick. Sein Ziel ist, Hiob als religiösen Schwindler zu entlarven – und was passiert? Hiob wird zu einer der berühmtesten Persönlichkeiten der Geschichte. Millionen Menschen haben seine Geschichte gelesen und sich von seinem Beispiel inspirieren und helfen lassen.

Gott hasst das Böse und lässt in Hiobs Leben nur das Böse zu, das die Pläne des Satans total zunichtemachen wird. Aber Hiob erfährt das nie. Bis zum Schluss weiß er nicht, warum er so leiden musste. Was bedeutet das? Gott hasst das Böse und das Leiden und hat einen Plan, um es zu besiegen, aber dieser Plan ist uns verborgen. Er ist so versteckt, dass wir ihn kaum erahnen können. Die Menschen, die am Kreuz von Jesus standen, schüttelten auch ihre Köpfe und sagten: „Was soll denn *daraus* Gutes kommen?"

Wenn Sie wüssten, dass Ihr Leiden Gott vor den Engeln, Dämonen und Mächten und Gewalten der Welt verherrlicht, würde das Ihre Einstellung gegenüber dem Leiden verändern? Wenn ja, wie?

***Gebet:** Herr, mein menschlicher Stolz sagt mir, dass dann, wenn ich mit meinem Verstand keinen guten Grund für dieses Leiden erkennen kann, es keinen gibt. Gib mir die Demut, die mir den Frieden bringt, den der bekommt, der dir vertraut. Amen.*

15. März

Der Satan antwortete dem HERRN und sprach: „Meinst du, dass Hiob Gott umsonst fürchtet? Hast du doch ihn, sein Haus und alles, was er hat, ringsumher bewahrt. Du hast das Werk seiner Hände gesegnet, und sein Besitz hat sich ausgebreitet im Lande. Aber strecke deine Hand aus und taste alles an, was er hat: Was gilt's, er wird dir ins Angesicht fluchen!" Der HERR sprach zum Satan: „Siehe, alles, was er hat, sei in deiner Hand; nur an ihn selbst lege deine Hand nicht." Da ging der Satan hinaus von dem HERRN. (Hiob 1,9-12, LUT)

Der verborgene Gott: Teil 3. Die Geschichte Hiobs zeigt uns, was echte Weisheit ist, wenn es um den Umgang mit dem Leiden geht. Echte Weisheit vermeidet die billigen Antworten des *Moralisten* und des *Zynikers*. Der Moralist sagt dem Leidenden: „In deinem Leben sind irgendwelche verborgenen Sünden. Bring sie vor Gott! Lebe gut, dann geht dir's auch gut." Der Zyniker sagt: „Das Leben wird dich nicht zufriedenstellen, und zum Schluss stirbst du. Gott kannst du vergessen, du bist ihm nichts schuldig."

Beide Antworten sind töricht und unausgegoren. Für den Moralisten ist der Sinn des Leidens ganz einfach: Es soll uns zurück zu Gott bringen. Das mag manchmal stimmen, aber nicht immer (16. März). Für den Zyniker ist der Sinn des Leidens auch einfach: Es gibt ihn nicht! Echte Weisheit weiß, dass Gott immer einen Plan hat, der uns aber verborgen ist. Dieses Wissen bewahrt uns vor der Selbstgefälligkeit des Moralisten und der Härte des Zynikers – und der Verzweiflung, die beide dem Leidenden bringen.

Haben Sie in Ihrem Leben den Punkt erreicht, wo das Leiden keine Fragezeichen mehr hinter Gott setzt? Vertrauen Sie ihm trotz Schmerz und Enttäuschung?

Gebet: *Herr, ich bekenne: Als ich jünger war, war ich viel moralistischer, und jetzt, wo ich älter bin, werde ich nur zu leicht zynisch. Und so vielen meiner Freunde geht es ähnlich. Hole mich raus aus dieser Sackgasse! Amen.*

16. März

„Bedenke doch: Wo ist ein Unschuldiger umgekommen? Oder wo wurden die Gerechten je vertilgt? Wohl aber habe ich gesehen: Die da Frevel pflügten und Unheil säten, ernteten es auch ein.“ (Hiob 4,7-8, LUT)

Moralismus. Hiob hat praktisch alles verloren, und jetzt erklärt sein „Freund“ Elifas ihm, dass gute Menschen Segen und böse Menschen Fluch ernten. Kurz: Hiob muss selber schuld an seinem Leiden sein. Elifas klingt gerade so wie die Sprüche, denn es stimmt ja, dass es eine moralische Ordnung gibt, die normalerweise Gutes belohnt und Böses bestraft. Aber Elifas ist ein Moralist, für den nichts ein Geschenk, sondern alles verdient ist. Er sieht die Welt geradezu als eine Maschine, die ich mit meinem moralischen Verhalten steuern kann. Doch wer so denkt, wird von den Stürmen in seinem Leben nicht nur geschüttelt, sondern umgeworfen, weil er meint, dass er an allem selber schuld ist.

Es gibt drei Dinge, um die wir wissen müssen. Erstens: Wir alle haben Gottes Verdammungsurteil verdient (Römer 3,10-12.20.23) und sind ganz auf seine Gnade angewiesen. Zweitens: Leiden *kann* den Sinn haben, uns zu korrigieren oder aufzuwecken, aber das ist nicht immer so. Alles, was wir wissen, ist, dass Gott seine Ziele hat, die verborgen, aber gut sind. Und drittens: Das Gute wird belohnt und das Böse bestraft werden, aber endgültig und vollständig erst an dem Tag, „an dem Gott durch Jesus Christus auch über die verborgensten Dinge im Leben der Menschen sein Urteil sprechen wird“ (Römer 2,16).

Können Sie Gott vertrauen, auch wenn Sie ihm nicht in die Karten schauen können?

Gebet: *Herr, wenn ich die richtige Perspektive und das richtige innere Augenmaß hätte, würde ich merken, dass alles, was mir widerfährt und das besser als die Hölle ist, ein reines Gnadengeschenk von dir ist. Diese Wahrheit ist zuerst ein Schock und dann ein tiefer Trost. Heile meine Perspektive durch deinen Geist. Amen.*

17. März

Sondern der Mensch wird zur Mühsal geboren, wie die Funken des Feuers emporfliegen. (Hiob 5,7 LUT)

Keine Überraschung. Dass *die Funken des Feuers emporfliegen*, ist das Natürlichste von der Welt; genauso unvermeidlich ist das Leiden. Gott selber hat uns dies in 1. Mose 3,17-19 vorhergesagt, sodass Leid uns nicht schockieren sollte. Der moderne westliche Mensch wird durch Leiden mehr traumatisiert als andere Menschen. Unser Glaube an unsere Technologie und unsere demokratischen Institutionen ist zu groß, und eine säkulare, materialistische Kultur hat uns so programmiert, dass wir unser Glück fast ganz in so vergänglichen Dingen wie einem guten Aussehen, Reichtum und Vergnügen suchen.

Doch es ist nur weise, auf Leiden vorbereitet zu sein. Oft ist für den, der plötzlich von Leid und Schicksalsschlägen getroffen wird, das Schlimmste vor allem der ungläubige Schock, dass er – ja, er! – leiden muss, denn damit hatte er im Leben nicht gerechnet. Selbst viele Christen leben in dem guten Glauben, dass Gott ihnen nichts wirklich Böses widerfahren lassen wird. Der beste Gegenbeweis ist Jesus. Wenn Gott es zuließ, dass ein vollkommener Mensch leiden musste, damit etwas großes Gutes geschehen konnte, warum soll uns das nicht auch passieren können? Petrus schreibt: „Liebe Freunde, wundert euch nicht über die Nöte, die wie ein Feuersturm über euch hereingebrochen sind …; denkt nicht, dass euch damit etwas Ungewöhnliches zustößt" (1. Petrus 4,12).

Wie können Sie in Ihrem Leiden Gemeinschaft mit Jesus haben?

***Gebet:** Herr, wenn ich in den Evangelien dein Leben studiere, finde ich auf jeder Seite Schmerz und Zurückweisung. Aber irgendwie bilde ich mir ein, dass ich ein besseres Leben verdient habe als du! Mein Herz ist so töricht, wenn es ans Leiden geht. Mache mich bereit, zu leiden. Amen.*

18. März

Ich wünschte, du würdest mich bei den Toten verbergen und mich dort aufbewahren, bis dein Zorn verraucht ist, du würdest mir eine Frist setzen und dich dann wieder an mich erinnern. Wenn ein Mensch stirbt, kann er dann ins Leben zurückkehren? Wenn es so wäre, würde ich jeden Tag, an dem ich hier kämpfe, sehnsüchtig auf meine Ablösung warten. Du würdest rufen und ich würde antworten, und du hättest Sehnsucht nach mir, denn du hast mich geschaffen. (Hiob 14,13-15, NLB)

Vertrauen. Anders als unter seinen Zeitgenossen üblich, hofft Hiob auf eine Auferstehung. *Wenn ein Mensch stirbt, kann er dann ins Leben zurückkehren?* Er bittet Gott darum, sich wieder an ihn zu *erinnern*, nachdem er ihn ins Grab gebracht hat, und ihm die *Ablösung* zu gewähren. Woher hat Hiob diese Hoffnung? Die Antwort ist: *Du hättest Sehnsucht nach mir, denn du hast mich geschaffen.* Das Wort *Sehnsucht* bedeutet: sich in Liebe nach jemand ausstrecken. Hiob sagt hier: „Ich weiß, dass du mich liebst, und ich glaube, deine Liebe ist so intensiv, dass du mich nicht im Grab lassen wirst. Das ist meine Hoffnung."

Wenn schon Hiob genug über Gottes Liebe wusste, um ihm im Leiden zu vertrauen, wie viel mehr sollten wir Gott vertrauen? Wir wissen doch, dass Jesus selbst den Tod und die Hölle nicht zwischen ihm und uns stehen ließ, obwohl er dafür unendliches Leiden auf sich nehmen musste. Und wir haben die ausdrückliche Verheißung der Auferstehung. Wir wissen, dass Jesus uns sehnsuchtsvoll liebt und dass er allmächtig ist. Wir können ihm vertrauen.

Glauben Sie, dass Jesus Sie entweder von Ihrem Leiden in dieser Welt erlösen oder Sie jenseits des Grabes durch die Auferstehung erlösen wird?

***Gebet:** Herr, wenn ich in deinem Wort höre, dass du Sehnsucht nach mir hast, sehne auch ich mich nach dir. Du sehntest dich so nach mir, dass du bereit warst, für mich in den Abgrund des Todes zu gehen, damit ich leben kann. Wenn ich das weiß, kann ich ohne Klage alles erdulden, was ich für dich erdulden muss. Amen.*

19. März

Woher kommt denn die Weisheit? Und wo ist die Stätte der Einsicht? Sie ist verhüllt vor den Augen aller Lebendigen, auch verborgen den Vögeln unter dem Himmel. Der Abgrund und der Tod sprechen: „Wir haben mit unsern Ohren nur ein Gerücht von ihr gehört." Gott weiß den Weg zu ihr, er allein kennt ihre Stätte. Denn er sieht die Enden der Erde und schaut alles, was unter dem Himmel ist ... und sprach zum Menschen: Siehe, die Furcht des Herrn, das ist Weisheit, und meiden das Böse, das ist Einsicht." (Hiob 28,20-24.28, LUT)

Keine einfachen Antworten. Echte Weisheit – die Fähigkeit, wirklich zu verstehen, warum etwas geschieht und was es bedeutet – ist *verborgen*. Nur Gott sieht alles. Es ist der Gipfel der Weisheit, einzusehen, dass ich echte Weisheit nicht erreichen kann. Der Moralist ist sicher, dass gute Menschen nicht leiden müssen, und wenn sie es dann doch tun, ist er fassungslos. Und der Zyniker wappnet sich gegen das Leid, indem er behauptet, dass letztlich doch alles sinnlos sei.

Aber der Glaube, dass alles sinnlos ist, ist gerade so töricht wie der Glaube, dass man den Sinn erkennen kann, wenn man sich nur genug Mühe gibt. Der Weise ist nicht naiv. „Echte Weisheit ... sagt Nein zu allen einfachen Antworten, die suggerieren, dass wir alles wissen oder dass wir gar nichts wissen können."[79] Aber auch wenn wir die letzte Weisheit nie haben können, praktische Lebensweisheit steht uns offen – durch *die Furcht des Herrn*. Sie gibt uns Grundantworten auf die Sinnfrage, allgemeine moralische Lebensprinzipien und vor allem die Gegenwart Gottes als Begleiter durch mein Leben.

Wenn Sie Jesus und seinen liebevollen Blick haben, was brauchen Sie sonst noch, um zufrieden zu sein? Zählen Sie es auf, und dann bitten Sie Gott um Vergebung, dass Sie so sehr darauf gesetzt haben.

Gebet: *Herr, wenn ich Trauernde oder Leidende besuche, bin ich versucht, sie mit religiösen Phrasen abzuspeisen. Lehre mich, andere so zu trösten, wie Jesus mich tröstet – nicht mit klugen Antworten auf jede Frage, sondern mit seiner Gegenwart. Amen.*

20. März

Man schreit, dass viel Gewalt geschieht, und ruft um Hilfe vor dem Arm der Großen; aber man fragt nicht: „Wo ist Gott, mein Schöpfer, der Lobgesänge gibt in der Nacht, der uns klüger macht als die Tiere auf Erden und weiser als die Vögel unter dem Himmel?“ (Hiob 35,9-11, LUT)

Lobgesänge in der Nacht. Ein junger Mann namens Elihu steht auf und rügt Hiob und seine Freunde. Er sagt, dass Gott uns durch Leiden *weiser als die Vögel unter dem Himmel* machen kann. Leiden zerbricht unser Selbstvertrauen. Es zeigt uns, dass wir ja immer schon hilflos und auf Gott angewiesen waren; wir hatten es bis jetzt nur noch nicht gesehen. Es zeigt uns unsere dunklen Flecken, für die wir bisher blind waren. Es macht uns barmherziger und verständnisvoller gegenüber unseren Mitmenschen. Und es kann uns lehren, Gott selber zu lieben und nicht nur die Dinge, die er uns schenkt.

Das alles kann das Leiden uns geben. Es kann uns aber auch verbittert und kaputt machen. Was entscheidet darüber, wie es bei uns wird? Die *Lobgesänge in der Nacht*, die ich *Gott, meinem Schöpfer* singe. Wenn es dunkel wird, hören Sie nicht auf, zu Gott zu singen. Rühmen Sie ihn für das, was er ist, danken Sie ihm für die guten Gaben, die Sie von ihm bekommen haben (z. B. Ihre Erlösung) und die Ihnen keiner nehmen kann. Loben Sie Gott, und „Gott wird dich aus der Höhle, da dich der Kummer plagt, mit großen Gnaden rücken; erwarte nur die Zeit, so wirst du schon erblicken die Sonn der schönsten Freud.“[80]

Denken Sie an all das Gute, das Sie erfahren haben. Warum hat Gott es Ihnen geschenkt? Danken Sie ihm für die Liebe, die er Ihnen erwiesen hat.

***Gebet:** Vater, egal, wie dick es kommt. Ich will dir danken für das Gute, das du mir in der Vergangenheit gegeben hast, für deine Gegenwart und für die gewaltige Zukunft, die du mir verheißen hast. Lass mich singen, „dass uns werde klein das Kleine und das Große groß erscheine. Sel'ge Ewigkeit.“[81] Amen.*

21. März

Er aber kennt meinen Weg gut. Er prüfe mich, so will ich befunden werden wie das Gold. (Hiob 23,10 Luther 2017)

Reines Gold. Hiob ist durch tiefe, dunkle Täler gegangen, in denen sein Reden nicht viel mehr als ein Schmerzgestöhne war. Diese finsteren Täler der Seele bleiben selbst den glaubensstärksten Menschen nicht erspart. Vergessen wir hier nicht: Auch wo Hiob Dinge sagt, die er später lieber nicht gesagt hätte, ist er ein Beter. Ja, er klagt und schreit – aber zu Gott. Lassen Sie sich durch Ihr Leiden nie vom Beten und Anbeten abhalten!

Warum? Weil Hiob in seinen besten Augenblicken (wie hier in 23,10) erkennt, dass sein Leiden ja nicht Strafe, sondern Läuterung ist und dass er, wenn er Gott nicht loslässt, wie reines *Gold* werden wird. Hiob sagt: „Gott weiß, was er macht; ich nicht. Aber wenn ich mich an ihn klammere, wird er mich verwandeln und zu etwas wirklich Wertvollem machen, wie Gold, das im Feuer geläutert wird." Vorher hatte Hiob das Leiden als sinnlos empfunden. Jetzt merkt er, dass es ihn zu dem machen kann, was er schon immer vor Gott sein wollte. „Hiob sagt hier, dass er Gott kostbar ist. Nur Edelmetalle läutert man im Feuer."[82]

Ist Ihr Bild von Gott groß genug, dass Sie sich von ihm reinigen lassen als Ausdruck seiner Liebe?

***Gebet:** Herr, wenn ich nicht weiß, was ich dir sagen soll, muss ich dir doch wenigstens das sagen: Bewahre mich davor, mich im finsteren Tal in mich selbst zurückzuziehen und nur mit mir selber zu reden. Bitte mache mich zu einem Beter. Gib mir das Verlangen, zu beten, und zeige mir dein Angesicht. Amen.*

22. März

Ich hatte von dir nur vom Hörensagen vernommen; aber nun hat mein Auge dich gesehen. Darum gebe ich auf und bereue in Staub und Asche. (Hiob 42,5-6, LUT)

Der Teufel ist besiegt. Endlich erscheint Gott und redet. Er erklärt schlicht, dass er, und nur er, alle Dinge erschaffen hat und kennt. Hiob erwartet eine Erklärung, seine Freunde eine Verurteilung, aber Gott liefert keines von beiden. Den Moralisten ist der Mund gestopft, aber auch den Zynikern, die behauptet hatten, Gott kümmere sich nicht um uns. Dass Gott Hiob nicht an den Pranger stellt, beweist, dass Hiobs Leiden keine Strafe waren. Und dass Gott erscheint und Hiob trotzdem nicht tot umfällt, beweist, dass Hiobs Glaube ihm eine gesunde Beziehung zu Gott gegeben hat.

Hiob *bereut* – aber nicht seine Sünden, die nie das Thema waren, sondern er gibt sein Selbstrechtfertigungsprojekt auf und zieht seine Forderung nach einer Erklärung Gottes zurück. Hätte Gott ihm eine gegeben, könnte Hiob versucht sein, Gott zu dienen, weil er so ein berühmter Mann geworden ist. Stattdessen sagt er: „Gott, ich diene dir, weil du bist.“ Hiob liebt Gott um seiner selbst willen, und damit ist der Satan besiegt.

Wenn Sie durch sein Wort und seinen Geist den lebendigen Gott der Bibel kennenlernen, verstummt jede Ausrede, jede Forderung und jede Klage in Ihrem Herzen. Gott ist Gott. Er liebt Sie. Ist Ihr Bild von Gott zu klein? Dann bitten Sie ihn, es größer zu machen.

Gebet: *Vater, was ich am meisten brauche, sind nicht Gründe und Erklärungen, sondern dass ich dich sehe – in deiner ganzen Heiligkeit, Majestät und Herrlichkeit. Öffne die Augen meines Herzens, dass ich im Glauben deine Herrlichkeit sehen kann. Mehr brauche ich nicht. Amen.*

23. März

Bedenke doch: Wo ist ein Unschuldiger umgekommen? Oder wo wurden die Gerechten je vertilgt? (Hiob 4,7, LUT)

Aber er ist um unsrer Missetat willen verwundet und um unsrer Sünde willen zerschlagen. Die Strafe liegt auf ihm, auf dass wir Frieden hätten, und durch seine Wunden sind wir geheilt … wiewohl er niemand Unrecht getan hat und kein Betrug in seinem Munde gewesen ist. (Jesaja 53,5.9, LUT)

Der letzte Hiob. Wie Hiob bekommen auch wir keine volle Erklärung für unser Leiden. Aber wir wissen etwas, was Hiob nicht wusste: dass Gott in unsere Dunkelheit hineingekommen ist und dass er, der wahrhaft und perfekt Unschuldige, dort starb. Auch Jesus durchlebte die Trennung von Gott, den Verrat der Freunde, körperliche Qualen und Nacktheit. In Gethsemane sah er, dass er dann, wenn er Gott total gehorchte, absolut verlassen und in der Hölle wäre. Kein anderer hat je vor solch einer Wahl gestanden.

Das Böse, das Jesus angriff, besiegte letztlich sich selber. Das stellvertretende Sterben Jesu für unsere Sünden bedeutet, dass Gott eines Tages alles Böse und Leiden in der Welt richten und vernichten kann, ohne *uns* zu vernichten. „Dies ist die letzte Antwort an Hiob, ja an alle Hiobs der Menschheit.“[83] Wenn Sie leiden, dürfen Sie wissen, dass Sie den gleichen Weg gehen, den einst Jesus ging. Sie sind *nicht* allein – und der Weg führt zu Jesus.

Wollen Sie Gott erst dann voll vertrauen, wenn er Ihnen etwas Schlimmes, das Ihnen widerfahren ist, erklärt hat? Bedenken Sie, dass Jesus willig für Sie gelitten hat, obwohl Sie das nicht verdient hatten. Sind Sie bereit, Ihre Bedingung fahren zu lassen, und Ihr Leben Gott anzubefehlen?

***Gebet:** Herr, so wie Schadrach, Meschach und Abed-Nego nicht allein in dem Feuerofen waren, weil du bei ihnen warst (Daniel 3,25), so lass mich dann, wenn ich im Feuer der Läuterung bin, deine Gegenwart spüren. Amen.*

Das eigene Herz erkennen

Das Herz verstehen

24. März

Geh nicht denselben Weg wie die Gottlosen, meide den Weg der Übeltäter. Lass ihn links liegen, betritt ihn auf keinen Fall, mach einen großen Bogen um ihn! Denn die Übeltäter können nicht einschlafen, wenn sie nichts Böses getan haben, sie kommen erst zur Ruhe, wenn sie jemand zu Fall gebracht haben. (Sprüche 4,14-16)

Was du tust, das wirst du. Jeder *Weg* hat sein Ziel. Das Leben wird hier mit einem Weg verglichen, weil jede Handlung mich irgendwohin führt. Sie verändert mich, sie macht es einfacher, dass ich sie wiederhole. Irgendwann sind mir Grausamkeit und Egoismus so natürlich, dass ich *nicht einschlafen* kann, ohne etwas Böses getan zu haben. „Säe einen Gedanken, ernte eine Tat. Säe eine Tat, ernte eine Gewohnheit. Säe eine Gewohnheit, ernte einen Charakter. Säe einen Charakter, ernte ein Schicksal.“[84]

Der moderne Mensch glaubt, dass unsere Gefühle unser Tun bestimmen und dass es Heuchelei ist, Liebe zu praktizieren, wenn man keine spürt. Die Sprüche zeigen uns, dass es umgekehrt ist: Unser Tun bestimmt unsere Gefühle. Also: Wenn Sie für einen Menschen keine Liebe spüren, tun Sie trotzdem die Taten der Liebe, und oft werden die Gefühle folgen. Wenn Jesus uns zur Feindesliebe aufruft (Matthäus 5,43-48), meint er damit keine schönen Gefühle, sondern dass wir das Beste unserer Widersacher suchen, auch wenn uns das etwas kostet. Also: Fangen Sie an, Taten der Liebe zu tun – betreten Sie diesen Weg –, und Ihr Herz wird sich verändern.

Gibt es einen Menschen, den Sie partout nicht lieben können? Was könnten Sie ganz praktisch tun, um ihn mehr zu lieben?

Gebet: *Herr, die Gefühle meines Herzens sind so störrisch. Lehre mich, mein Herz zu ermahnen, anstatt immer nur auf es zu hören (Psalm 42,6; 103,1-5). Und hilf mir auch, es zu verändern, indem ich deine Gebote liebe und befolge. Amen.*

25. März

Aber der Weg aufrichtiger Menschen gleicht dem ersten Licht am Morgen: stetig nimmt es zu, bis es heller Tag geworden ist. Der Weg der Gottlosen gleicht tiefer Dunkelheit – sie kommen zu Fall und wissen noch nicht einmal wodurch. (4,18-19)

Augenöffner. Der Weg der Liebe und der Weg der Selbstsucht führen zu zwei ganz unterschiedlichen Zielen. Aber auch ihr Verlauf ist unterschiedlich; der eine Weg wird langsam immer heller, der andere immer dunkler. Die Dunkelheit steht für die wachsende Selbsttäuschung. Wir sagen: „Ich bin nicht stolz, ich habe ein gesundes Selbstvertrauen. Ich bin nicht grob, nur direkt. Ich bin nicht gierig, sondern ein guter Geschäftsmann." Je mehr wir dem Weg des Ichs folgen, desto mehr verdrängen wir die Realität, und wenn uns unser Leben um die Ohren fliegt, wissen wir nicht, warum. Selbsttäuschung ist nicht das Schlimmste, was ein Mensch haben kann, aber durch sie tun wir die schlimmsten Dinge. Die Sünde, die Ihr Leben gerade am meisten entstellt, ist die, die Sie nicht sehen können.

Die dagegen, die in der Gnade wachsen (2. Petrus 3,18), folgen dem Weg des zunehmenden Lichtes. Sie sehen immer mehr Dinge über Gott und sich selber, die sie verdrängt hatten. Warum? Weil das Evangelium uns so der Liebe Gottes versichert, dass wir bereit werden, in den Spiegel zu schauen und uns so zu sehen, wie wir sind. Gottes Liebe, die sich auf das Werk Christi gründet und nicht auf das, was wir zu bieten haben, gibt uns die nötige Freiheit dazu.

Fragen Sie zwei oder drei gute Freunde: „Was für einen Charakterfehler habe ich, den die anderen sehen können, aber ich nicht?"

***Gebet:** Herr, es gibt keine wichtigere Bitte als diese: Zeige mir meine verborgenen Fehler. Amen.*

26. März

Mehr als auf alles andere aber achte auf dein Herz, denn es bestimmt, wie du dein Leben führst. Meide jede Form der Lüge und lass kein verkehrtes Wort über deine Lippen kommen. Deine Augen sollen immer auf das Ziel schauen, und dein Blick soll auf das gerichtet sein, was vor dir liegt. Überlege genau, welchen Weg du einschlägst, und dann geh ihn mit festem Schritt. (4,23-26)

Unser Herz bestimmt unser Tun. In der Bibel ist das Herz nicht so sehr der Sitz der Gefühle, im Gegensatz zum Kopf als Sitz des Verstandes. Das Herz ist der Ort, wo unser Vertrauen, Engagement und unsere Liebe sitzen; der Ort, der *bestimmt, wie du dein Leben führst*. Was das Herz am meisten liebt und bejaht, findet der Verstand vernünftig, das Gefühl wünschenswert und der Wille machbar.

Wie *achtet* man auf sein Herz? Unser Text deutet an, dass das Herz zwar die Kommandozentrale ist, aber dass es von unseren Worten, Augen und Füßen beeinflusst werden kann. Wenn wir etwas lange genug sehnsüchtig anschauen, kann es über unsere Fantasie unser Herz fesseln (wie bei Achan in Josua 7, der etwas von dem gebannten Beutegut ansah, begehrte und schließlich stahl). Wenn wir bitter über jemanden reden, kann das unser Herz für ihn verschließen. Die beste Methode, auf unser Herz zu achten und es weise zu machen, ist ein Gottesdienst, in dem unser Mund, Verstand, Fantasie und selbst der Körper alle auf Gott ausgerichtet sind.

Achten Sie gerade nicht genug auf Ihr Herz? Gibt es Dinge, die Sie sehen oder tun, die womöglich dabei sind, Ihr Herz von Gott wegzuziehen?

Gebet: *Herr, hilf mir, auf mein Herz zu achten. So wie ich meinem Magen nichts Giftiges zuführen möchte, gib mir die Weisheit und Selbstbeherrschung, keine vergifteten Bilder oder Gedanken in mein Herz aufzunehmen. Amen.*

27. März

Alles, was einer tut, erscheint ihm selber unschuldig und rein, der HERR jedoch prüft die wahren Absichten und Beweggründe. (16,2)

Gott und das Herz. Wir kennen uns nur dann, wenn wir wissen, dass unsere Motive nie *unschuldig und rein* sind und dass Gott, der sie *prüft*, sie für weniger gut befinden wird, als wir es tun. Dies hat tief greifende Folgen für unsere Entscheidungen und Beziehungen. Wer sich immer der Reinheit seiner Motive sicher ist, neigt zu unüberlegten „Schnellschüssen"; die einen Optionen schließt er von vornherein aus, an anderen hält er stur fest.

Meinem Herzen nicht zu trauen, verhindert zwei entgegengesetzte Fehler. Auf der einen Seite kann ein gutes Gewissen trügerisch sein. „Mein Gewissen ist zwar rein, doch das ist nicht entscheidend" (1. Korinther 4,4, NLB). Folgen Sie Gottes Wort und nicht Ihren Gefühlen. Wenn die Bibel sagt, dass etwas falsch ist, dann *ist* es falsch. Doch unser Herz kann auch zu hart zu uns sein, und wenn es uns verurteilt, ist Gott manchmal größer als unser Herz (vgl. 1. Johannes 3,20). Folgen Sie dem Evangelium und nicht Ihren Gefühlen. Gott liebt Sie um Christi willen, und nicht, weil Ihr Herz und Ihr Leben vollkommen wären. Wenn Gottes Wort der Gnade uns nicht im Glauben fest macht (Apostelgeschichte 20,32), fallen wir in ein falsches schlechtes oder gutes Gewissen.

Welcher dieser beiden Fehler ist bei Ihnen wahrscheinlicher? Was können Sie hier tun?

***Gebet:** Herr, das übersensible wie das abgestumpfte Gewissen sind Varianten des Selbsterlösungsprojektes meines Herzens. Beide Male weigere ich mich, zu glauben, dass ich allein durch Jesus und durch Gnade erlöst bin. Präge durch die Kraft deines Geistes das Evangelium in mein Herz hinein. Amen.*

28. März

Wer kann schon von sich sagen: „Ich habe ein gutes Gewissen und bin rein von Schuld“? (20,9)

Keiner. Man kann das Buch der Sprüche so (miss)verstehen, dass wir uns zu guten Menschen machen können, wenn wir uns nur genug anstrengen. Doch an strategischen Stellen erinnert das Buch uns daran, dass Weisheit eine Gnadengabe ist. So auch hier. Niemand kann aus sich selber heraus gut werden. „Keiner ist gerecht, auch nicht einer“ (Römer 3,10). „Wenn du, HERR, die Sünden anrechnen willst – wer kann dann noch vor dir bestehen, o Herr?“ (Psalm 130,3).

Wie kann diese Wahrheit uns weise machen? Nun, erstens bedeutet sie, dass jeder verloren ist. Wer *gut* und *rein* ist, ist vor Gott angenehm – aber niemand ist gut und rein. Niemand kann vor Gott *bestehen* (Psalm 130,3). Der Weise teilt die Welt nicht in „die Guten“ und „die Bösen“ ein. Die Hochmoralischen und die Unmoralischen sind beide von Gott getrennt, nur auf verschiedene Weise. Und zweitens bedeutet diese Wahrheit, dass Gott uns durch Gnade retten muss. Bei den Weisen ist der „Treibstoff“ für ein gottgefälliges Leben die Freude und Dankbarkeit über die vollbrachte Erlösung, die sie in Christus haben. Sie sind frei von der endlosen Plackerei des Versuches, sich die Erlösung durch eigene Gerechtigkeit zu verdienen.

Neigen Sie auch dazu, die Welt in „die Guten“ und „die Bösen“ einzuteilen? Inwieweit widerspricht dies einer gesunden Lehre von der Sünde?

Gebet: *Herr, eigentlich sollte ich nicht enttäuscht sein, dass die Menschen so schlecht sind, wie sie sind, sondern darüber staunen, dass so viele durch deine Gnade so gut sind. Lass mich den Sündern so freundlich begegnen, wie du das tust. Amen.*

29. März

Wer seine Verfehlungen geheim hält, wird keinen Erfolg haben. Aber wer sie bekennt und in Zukunft unterlässt, wird Barmherzigkeit erfahren. (28,13)

Sünde bekennen. Wenn wir versuchen, unsere Sünde zu verbergen, deckt Gott sie auf. Wenn wir sie offenlegen, deckt er sie mit dem Mantel seiner *Barmherzigkeit* zu. Wie verstecken wir unsere Sünden vor unseren Mitmenschen? Wir lügen. Wir schieben die Schuld auf andere und erfinden Ausreden. Wir fordern die anderen auf, sich an die eigene Nase zu packen, und betonen, was wir alles Gutes getan haben. Wir erklären eifrig, dass unsere Motive doch edel waren oder dass doch alles ganz legal war.

Und wir verstecken unsere Sünden auch vor uns selber. Wir bekennen sie vielleicht mit den Lippen, aber wir lassen sie nicht. Sooo schlimm bin ich doch gar nicht … Doch trotz aller Kniffe und Manöver – tief drinnen wissen wir sehr wohl, dass wir Sünder sind, dass etwas fundamental nicht stimmt bei uns. Dies wirft unsere Psyche aus dem Gleichgewicht. Zahlreiche Störungen und Krankheiten können die Folge sein: Essstörungen, Angst, Alkohol- und Medikamentenmissbrauch, Überarbeitung, Wutausbrüche. Oder wir haben solch ein Bedürfnis danach, bejaht zu werden, dass wir in den falschen Beziehungen bleiben, ja womöglich Missbrauchsopfer werden. Die Lösung? „Doch wenn wir unsere Sünden bekennen, … haben wir einen Anwalt, der beim Vater für uns eintritt: Jesus Christus, den Gerechten. Er … ist durch seinen Tod zum Sühneopfer für unsere Sünden geworden" (1. Johannes 1,9; 2,1-2).

Was ist Ihre typischste Strategie zum Vertuschen Ihrer Sünde (vor den Mitmenschen und vor Ihnen selber)?

Gebet: *Herr, ich will und ich brauche ein reines Gewissen, aber dazu muss ich zuerst ohne Wenn und Aber zugeben, wo ich überall ein schlechtes habe. Zeige mir, wo ich meine Sünde verstecke, damit ich sie bekennen und von dir, und dir allein, mit deiner unendlichen Gnade bedecken lassen kann. Amen.*

30. März

Das Herz eines Verständigen sucht Erkenntnis, aber unverbesserliche Dummköpfe wiederkäuen nur Unsinn. (15,14)

Das verständige Herz. Fast könnte man sagen, dass der Tor nur aus seinem Mund besteht; ständig redet er irgendeinen Unsinn. Der Weise dagegen ist lauter Herz, und mit jeder neuen Erfahrung wird sein Herz *verständiger*.

In einer Verfilmung eines Krimis von Agathe Christie erklärt ein pensionierter Scotland-Yard-Inspektor seinem staunenden Freund, dass Miss Marple die größte Kriminalexpertin von England ist. „Da sitzt sie in ihrem Sessel, eine alte Jungfer, die kein Wässerchen trüben kann. Denkt man. Aber ihr Gehirn hat alle Tiefen des menschlichen Bösen erforscht, als sei das nichts Besonderes. Sie hat ihr ganzes Leben auf dem Dorf verbracht, in St. Mary Mead. Es ist verrückt! Sie kennt die Welt nur durch die Brille von diesem Kaff und seinen Menschen, aber man hat den Eindruck, dass sie die ganze Welt kennt, weil sie ihr Dorf in- und auswendig kennt."[85] Wie Jesus, der größte der Weisen, liebt Miss Marple die Menschen, aber traut dem Menschenherzen nicht (Johannes 2,23-25). Die Geheimnisse der Weisheit stecken in unserem ganz normalen Alltag, wenn wir nur von ihm zu lernen wissen. Bitten Sie Gott, Ihnen zu helfen, ein *verständiges* Herz zu bekommen!

Wo oder wie hat Gott Ihnen im vergangenen Jahr geholfen, verständiger zu werden?

Gebet: *Herr, du bist der größte Weisheitslehrer. Du hast deine Jünger durch Gleichnisse gelehrt. Bitte hilf jetzt mir, aus meiner Erfahrung weise zu werden. Ich möchte mehr Zeit in das Gebet, das Bibellesen und die Stille investieren, damit du das tun kannst. Amen.*

31. März

Wie das Gesicht im Wasser, so spiegelt sich ein Mensch in seinen Gedanken und Gefühlen. (27,19)

Introvertiert oder extrovertiert? Wie eine Wasseroberfläche uns unser Gesicht zeigt, so spiegelt sich in unserem Leben unser Herz. Aber wessen Herz und wessen Leben ist gemeint? Sollen wir die Geschichte unseres eigenen Lebens studieren, um zu verstehen, was in unserem Herzen ist, wie Augustinus das in seinen *Bekenntnissen* tat? Oder lernen wir unser eigenes Herz kennen, wenn wir das Leben anderer Menschen studieren? Es gibt z. B. keine bessere Methode, zu erkennen, was man in seiner eigenen Ehe alles falsch macht, als die Eheberatung für Freunde, deren Ehe gerade durch stürmische Zeiten geht.

Diese Unklarheit dieses Spruches dürfte absichtlich sein. Um zu einer weisen Selbsterkenntnis zu kommen, muss man beide Wege gehen. Der Introvertierte neigt mehr dazu, sein eigenes Leben zu analysieren, der Extrovertierte dazu, sich mit dem Leben anderer zu beschäftigen. Aber nötig ist beides. Introvertierte Menschen sollten mehr unter die Leute gehen, extrovertierte mehr die Stille suchen.

Sind Sie eher introvertiert oder extrovertiert? Was können Sie tun, um den Weg zur Weisheit mehr zu benutzen, den Sie von Natur aus links liegen lassen?

***Gebet:** Herr, „Wer aber kann erkennen, ob er nicht doch vom rechten Weg abkommt? Vergib mir die Verfehlungen, die mir selbst nicht bewusst sind! Bewahre mich vor mutwilligen Sünden und lass nicht zu, dass sie Macht über mich gewinnen (Psalm 19,13-14, HfA). Zeige mir, was ich selber tun muss, um bei der Erhörung dieses Gebets mit dir zusammenzuarbeiten. Amen.*

1. April

Mit Silberglasur überzogenes Tongeschirr, so sind schmeichelnde Worte mit bösen Hintergedanken! Ein hasserfüllter Mensch verstellt sich mit dem, was er sagt, doch insgeheim trachtet er nach Verrat. Mag er auch mit freundlicher Stimme sprechen: Traue ihm nicht. Denn in seinem Herzen hegt er alle erdenklichen abscheulichen Pläne. (26,23-25)

Innen und außen. Vers 23 spricht von einem Gefäß, das wie reines Silber aussieht, aber in Wirklichkeit bloß dünn *mit Silberglasur überzogen* ist. Diese Unterscheidung zwischen innen und außen ist für die biblische Weisheit zentral. In dem Märchen *Die Prinzessin und Curdie* von George MacDonald hat der Held die Gabe, das wahre Wesen eines Menschen zu spüren, wenn er seine Hand berührt. Er schüttelt z. B. die Hand einer schönen Frau und spürt die Klaue eines Aasgeiers oder er nimmt die Tatze eines Ungeheuers und spürt die Hand eines lieben Kindes. Klar, dass diese Fähigkeit ihm den Sieg garantiert.

Je mehr Sie an geistlicher Weisheit zunehmen, umso mehr bekommen Sie denselben Durchblick. „Weise Menschen durchschauen die Fassade der Heuchelei, vertrauen nicht blind und nehmen das Wort des Lügners nicht für bare Münze."[86] In unserer heutigen Kultur der Selbstvermarktung, Fake News, alternativen Fakten und Abschaffung der Vernunft ist diese Fähigkeit, das als Gutes verkleidete Böse zu erkennen, wichtiger denn je.

Ist es Ihnen schon einmal passiert, dass Sie den Charakter und die Absichten eines Menschen total falsch eingeschätzt haben, vielleicht weil er äußerlich so attraktiv war? Wie hoch ist das Risiko, dass Sie denselben Fehler noch einmal machen werden?

Gebet: *Herr, ich lebe in einer Kultur, in der Image und Schönheit alles sind. Lass mich nicht dem Schein erliegen und die Menschen nach ihrem Äußeren beurteilen. Lass mich nicht vergessen, dass die schönste Seele aller Zeiten nicht schön anzusehen war (Jesaja 53,2). Amen.*

2. April

Die Pläne, die ein Mensch im Herzen bewegt, sind wie tiefe Wasser, aber ein Verständiger kann sie hervorholen. (20,5)

Tiefe Wasser. Eine gute Methode, etwas zu verstecken, ist, es in tiefes Wasser zu werfen. Ähnlich versteckt können die Motive unseres Herzens sein. Aber „ein Weiser kann das, was jemand im Sinn hat, ans Tageslicht holen, allen Verschleierungsversuchen des anderen zum Trotz."[87] Der Weise kann Motivationen erkennen – seine eigenen und die der anderen. Wir bilden uns z. B. ein, dass wir aus edlen Beweggründen die Wahrheit sagen – aber in Wirklichkeit sind wir womöglich nur verunsichert oder nachtragend. Oder ein Bekannter versichert uns, dass er auf unserer Seite ist – aber vielleicht benutzt er uns nur für seine eigenen Zwecke.

Man kann natürlich auch hinter jedem Busch den Teufel sehen (28,1) oder schlicht unbarmherzig sein (1. Korinther 13,7) – beides genauso schlechte Ratgeber wie Naivität. Da Einsicht und Urteilsvermögen eine Gabe Gottes ist (2,6; 9,10), sollten wir diese Fähigkeit, das Herz zu erkennen, nicht als Technik betrachten, sondern als eine Geistesgabe von dem, der auf den Grund jedes Herzens schauen kann (16,2). Suchen Sie nicht nach den sieben unfehlbaren Lügenzeichen. Urteilsvermögen kommt dadurch, dass wir in der Gnade und der damit zusammenhängenden Selbsterkenntnis wachsen. „Mein eigenes Herz" – wir brauchen kein anderes – „zeigt mir die Bosheit der Gottlosen" (Psalm 36,2).[88]

Wie leichtgläubig sind Sie?

Gebet: *Herr, ich möchte so gerne klug sein und habe mich so oft hereinlegen lassen. Aber der ewige Skeptiker möchte ich auch nicht sein; das wäre genauso falsch. Gib mir die rechte Einsicht in die Herzen der Menschen, damit ich denen vertraue, denen ich vertrauen sollte, und mich vor denen hüte, vor denen ich mich hüten sollte. Amen.*

3. April

Genau das, was der Gottlose fürchtet, wird ihn treffen, und was aufrichtige Menschen sich wünschen, das bekommen sie auch … Aufrichtige Menschen werden durch ihre Rechtschaffenheit gerettet, aber Betrüger verfangen sich in ihrer Gier … Blinder Eifer ist nicht gut, und wer es zu eilig hat, begeht schnell einen Fehltritt. (10,24; 11,6; 19,2)

Von Wünschen gefangen. Das „Herz" ist nicht nur der Sitz unserer Gefühle, sondern der unseres tiefsten Vertrauens und unserer tiefsten Liebe (26. März). Die heutige Gesellschaft jedoch identifiziert unsere stärksten Gefühle als das „wahre Ich", das wir gefälligst auszuleben haben. Die Weisheit weiß, dass unsere Wünsche uns versklaven können (11,6). Sie können auch von außen manipuliert werden. Der moderne Konsumkapitalismus impft uns das Verlangen ein, materielle Güter anzuhäufen, die uns angeblich Status und Identität verschaffen, und eine falsche Erziehung kann Kinder so süchtig nach Anerkennung machen, dass sie in unglücklichen Beziehungen bleiben oder Workaholics werden.

Weise Menschen betrachten ihre Wünsche nicht als Schicksal, das sie zu erfüllen haben. Sie ordnen vielmehr, Augustinus' Rat folgend, im Licht der Wahrheit die Hierarchie ihrer Wünsche neu. Das Problem des Arbeitssüchtigen z. B. ist nicht, dass er die Arbeit zu sehr liebt, sondern dass er Gott zu wenig liebt. Was die Gerechten wollen, ist letztlich Gott selber. „Ich aber werde dein Angesicht sehen … darf … mich satt sehen an deiner Gestalt" (Psalm 17,15). Nur wenn wir unsere Beziehung zu Gott pflegen und uns nach ihm sehnen, werden wir nicht zu Sklaven unserer Wünsche.

Was für Wünsche und Vorlieben haben Sie, die unmäßig sind und Gott vom ersten Platz verdrängen?

Gebet: *Herr, eigentlich liebe ich nicht meine Arbeit, meinen Lebensstil oder meine Familie zu viel, sondern dich zu wenig. Nur wenn du meine größte Liebe bist, kann ich all das andere recht lieben. Erobere mein Herz! Amen.*

4. April

Es ist erfreulich, wenn ein Wunsch in Erfüllung geht. Dummköpfen ist es zuwider, wenn sie Böses meiden sollen … Ereifere dich nicht über Menschen, die sich von Gott abwenden, sondern setze dich den ganzen Tag eifrig dafür ein, dass du selber in Ehrfurcht vor dem HERRN lebst. Denn es gibt ganz gewiss eine Zukunft, und deine Hoffnung wird nicht enttäuscht. (13,19; 23,17-18)

Wünsche neu ordnen. Die Seele hat Hunger. Es zieht uns zu Dingen, die Erfüllung schenken. Aber das Einzige in unserem Leben, das nicht verhandelbar ist, sollte Gott sein. Jedes andere Gut birgt das Risiko, dass wir es an die Stelle Gottes setzen. „In dem Maße, wie ich mein Herz an etwas hänge, mindere ich meine Fähigkeit, es zu beurteilen. Ich *muss* es haben, um jeden Preis, nicht wegen seines Wertes, sondern weil ich es mir versprochen habe.“[89]

Aber wie macht man das – Gott über alles lieben und suchen? Plato hat gesagt, dass unsere Taten aus unserem Denken fließen, und Aristoteles, dass unser Denken von unseren Taten geprägt wird. Das Buch der Sprüche gibt beiden recht. Meditieren Sie über 23,17-18. Fragen Sie mit Ihrem Verstand: Was sind die Dinge, die bleiben? (*Denn es gibt ganz gewiss eine Zukunft.*) Richten Sie Ihr Herz im Gebet auf Gott aus, bis Sie nicht nur theoretisch glauben, sondern Ehrfurcht und Staunen spüren (*eifrig … in Ehrfurcht*). Und machen Sie Ihren Willen Gott gehorsam. Schauen Sie nicht auf das, was die Sünder tun, sondern auf das, was Sie selber tun sollten. Mit diesen Schritten werden Sie Ihre Wünsche neu ordnen.

Wie wollen Sie diese Schritte diese Woche konkret umsetzen? Ein Beispiel finden Sie in dem folgenden Gebet.

Gebet: *Herr, ich verbringe viel mehr Zeit damit, dir meine Wünsche vorzutragen, als deine Größe zu preisen. Kein Wunder, dass ich mich mehr nach den Dingen dieses Lebens sehne als nach dir. Wie wunderbar, dass das, was dir am meisten Ehre macht, mich am meisten verwandelt. Ich möchte dir ab jetzt jeden Tag diese Ehre geben. Amen.*

5. April

Sei nicht neidisch auf böse Menschen und wünsche dir nicht, mit ihnen zusammen zu sein. Denn sie haben nur Gewalt im Sinn, und über ihre Lippen kommen Worte, die Unheil anrichten. (24,1-2)

Die Soziologie des Verlangens. Die Soziologen sagen uns, dass wir am bereitwilligsten das Denken der Menschen aufnehmen, mit denen wir am meisten Zeit verbringen und die wir am meisten bewundern. Wer den „Umgang mit den Spöttern pflegt" (Psalm 1,1) oder mit Menschen, die *nur Gewalt im Sinn* haben, wird am Ende so werden wie sie. Es ist leicht, *neidisch* auf die Bösen und Grausamen zu werden, denn oft sind gerade sie die Erfolgreichen im Leben.

Der moderne Mensch glaubt, dass er sich durch seine freien Entscheidungen seine Identität selber schaffen kann. Wir glauben, dass wir „uns selber treu sind", wenn wir die traditionellen Werte und Moral abschütteln, doch in Wirklichkeit lassen wir uns von einer neuen Gesellschaft vorschreiben, wer wir sind. „Die Frage der persönlichen Identität ist immer auch eine gesellschaftliche Frage, von der Familie und Gemeinde über Schule und Geschäft bis hinauf zu Nation und Staat. Die gesellschaftlichen Gruppen bahnen die Wege, auf denen wir gehen."[90]

Warum haben Sie die Freunde, die Sie haben? Könnte es sein, dass Ihre Entscheidungen von dem Wunsch geleitet sind, so zu sein wie die Menschen, mit denen Sie am meisten zusammen sind?

Gebet: *Herr, weil ich zu beschäftigt bin, um meine Zeit mit anderen Christen zu verbringen, werde ich, ohne es zu merken, von anderen Gruppen geprägt – durch die Medien, durch das Internet und den breiten Strom der Werbung und Wurfsendungen, mit denen ich täglich bombardiert werde. Motiviere mich, Freunde zu suchen, die Christen sind, und hilf mir, sie zu finden. Amen.*

6. April

Menschenfurcht stellt eine Falle; wer aber auf den HERRN vertraut, ist in Sicherheit. (29,25 ELB)

Anerkennung. Wenn wir unsere Wünsche wieder neu zu Gott hin orientieren wollen, müssen wir zunächst einmal nachschauen, an was wir bisher unser Herz gehängt haben. Die nächsten vier Tage werden wir uns vier typische Ersatzgötter in unserem Leben anschauen. Der erste heißt Anerkennung. Wer Menschen fürchtet, tappt in eine *Falle*. Wenn wir unseren Wert an Menschen und nicht an Gott hängen, werden wir Sklaven der Angst. Wir wollen es ja mit niemand verderben und sind unfähig, aus ungesunden Beziehungen auszubrechen oder uns Kritik anzuhören, und wir trauen uns nicht, andere zu konfrontieren. Unsere Gefühle werden allzu leicht verletzt, und wir werden übereifrige Mitmacher, damit die anderen uns annehmen.

Das Elend der Menschenfurcht hat viele Gesichter. Da sind die Eltern, die sich nicht trauen, ihre Kinder konsequent zu erziehen, und die Mitarbeiter, die vor der Korruption in ihrer Firma tapfer die Augen verschließen. Doch wir müssen Gott mehr gehorchen als den Menschen (Apostelgeschichte 5,29). Das einzige Heilmittel gegen die Menschenfurcht ist eine tiefe Liebesbeziehung zu Gott (1. Johannes 4,18). Dann können wir sagen: „Der Herr ist mein Helfer, deshalb fürchte ich mich nicht. Was kann ein Mensch mir anhaben?“ (Hebräer 13,6.)

Wessen Anerkennung ist Ihnen in Ihrem realen Alltag wichtiger als die Gottes?

***Gebet:** Herr Jesus, du hast gesagt, dass du uns frei machst (Johannes 8,36). Bitte befreie mich von meiner Sklaverei unter der Menschenfurcht. Mir ist viel zu wichtig, was andere von mir denken. Was soll ich ängstlich darauf schauen, was andere sagen, wenn der König aller Könige zu mir steht? Lass mich das nie vergessen. Amen.*

7. April

Liebe nicht den Schlaf, damit du nicht verarmst, mach deine Augen früh genug auf, dann hast du reichlich Brot zu essen … Wer gerne rauschende Feste feiert, wird Mangel leiden, in Wein und Öl schwelgen hat noch keinen reich gemacht. (20,13; 21,17)

Vergnügen. Ein zweiter Ersatzgott ist ein übermäßiges Verlangen nach Vergnügen und Annehmlichkeiten. Es geht um die Freude, die aus der Befriedigung körperlicher Bedürfnisse kommt. *Wein* wirkt anregend, und Öl wurde damals in der Kosmetik benutzt und steht für Schönheit und sinnliches Behagen.[91] Die Bibel ist nicht gegen Vergnügen an sich. Wein erfreut das Herz des Menschen, und Öl lässt sein Gesicht glänzen (Psalm 104,15). Und das übermäßige Verlangen nach sinnlichen Genüssen ist nicht schlimmer als das Verlangen nach Entbehrungen. Schlafen, wenn man arbeiten sollte (20,13), und arbeiten, wenn man schlafen sollte (Psalm 127,2), sind beide falsch.

Aber wenn wir nur an unser Vergnügen denken und Gott uns egal ist (2. Timotheus 3,4), führt das in die Katastrophe – nicht nur finanziell, sondern auch emotional und geistlich. Es kann uns zum einen beziehungsunfähig machen; wir vermeiden es, anderen zu nahe zu kommen, damit sie nicht unsere Zeit strapazieren und unsere Bequemlichkeit stören. Es kann uns aber auch buchstäblich süchtig machen, z. B. nach Alkohol oder bestimmten sexuellen Praktiken. Der Götzendienst hat viele Gesichter, und weise ist der Mensch, der das, was da Gottes Platz einnehmen will, rechtzeitig erkennen und neutralisieren kann.

Was für schöne Dinge sind Ihnen zu wichtig, weil sie Ihnen eine Erfüllung geben, die nur Gott geben sollte?

Gebet: *Herr Jesus, du hast die unaussprechlichen Freuden des Himmels gegen ein mühevolles Leben hier auf der Erde getauscht – für mich. Einst werde auch ich im Himmel wohnen. Doch bis es so weit ist, lass mich mein Herz nicht auf Annehmlichkeiten, Vergnügen und Nervenkitzel ausrichten, sondern dir in deinen Fußstapfen folgen. Amen.*

8. April

Eine liebenswürdige Frau bringt es zu Ansehen, rücksichtslose Männer bringen es bestenfalls zu Reichtum ... Ein weiser Mann zeigt Stärke, und ein verständiger Mensch setzt Kräfte frei. (11,16; 24,5)

Macht. Ein drittes Verlangen, das zum Götzen werden kann, ist der Wille zur Macht. Das in 11,16 mit *bringt ... zu* übersetzte Wort bedeutet, etwas durch schiere Kraft zu ergreifen oder festzuhalten. So lebt der Rücksichtslose. Die liebenswürdige Frau dagegen ist „eine Person, die Anmut hat ..., eine, die etwas für andere tut, ohne einen Lohn zu erwarten."[92] Während sie auf Macht verzichtet, um anderen zu dienen, lebt der Rücksichtslose nur für seine Machtgelüste, die viele Formen annehmen können. Da ist der Karrieremensch, der Geld scheffeln will, um Macht auszuüben. Aber der Machtsüchtige kann auch jemand sein, der immer recht haben muss, nicht zuhören kann, fanatisch für etwas kämpft, unbelehrbar ist und es nicht zugeben kann, wenn er sich geirrt hat.

So wie die Frau in 11,16 paradoxerweise Ehre erlangt, indem sie *keine* Ehre sucht, erlangte Jesus echte Macht, indem er nicht die Macht suchte, sondern den Dienst. „Wer ist denn höhergestellt – der, der am Tisch sitzt, oder der, der ihn bedient? ... Ich aber bin unter euch als der, der dient!" (Lukas 22,27). Und 24,5 zeigt uns, dass echte Weisheit – also dass ich mich nicht selber für weise halte, Gott liebe und für andere auf Privilegien verzichte – am Ende die größte *Stärke* und *Kraft* ist, die es gibt.

Wann haben Sie das letzte Mal ein echtes Stück Macht aufgegeben, um jemand anderem zu dienen?

***Gebet:** Herr, nichts ist verführerischer als Macht. Wenn ich ehrlich bin, muss ich zugeben, dass ich viele Situationen und Beziehungen vor allem wegen der Macht genieße, die sie mir geben. Hilf mir, die Machtlüsternheit in meinem Herzen abzutöten. Amen.*

9. April

Brüste dich nicht mit dem, was morgen sein wird, denn du weißt nie, was ein Tag mit sich bringt. (27,1)

Kontrolle. Der größte Albtraum des Anerkennungssüchtigen ist es, abgelehnt zu werden. Der Albtraum des Machtsüchtigen ist die Demütigung, der des Genusssüchtigen das Leiden und der des Kontrollsüchtigen die Ungewissheit. Der Faule weigert sich, vorzusorgen (20,4), aber das andere Extrem ist der Glaube, die Zukunft, ja das ganze Leben durch Planen und Management beherrschen zu können. Wer glaubt, er könne die Ungewissheit abschaffen, *brüstet* sich *mit dem, was morgen sein wird*, weil er meint, für jeden möglichen Fall vorgesorgt zu haben. Der Kontrollsüchtige will seine Macht mit niemand teilen, kann nicht delegieren und neigt dazu, andere zu manipulieren und mit Schuldgefühlen und Druck dahin zu bringen, dass sie das tun, was er will.

Aber *du weißt nie*, was kommen wird. Die Zukunft ist ganz in Gottes Hand (16,1.3.9). Nur der Weise kann mit Zuversicht in die Zukunft blicken, doch diese Zuversicht gründet nicht in seinen eigenen Fähigkeiten; sie muss „realistisch, bescheiden und in der Furcht des Herrn gegründet“ sein.[93] Der Kontrollsüchtige wird in seinem Leben unweigerlich von der Sünde des Sichsorgens verfolgt (Matthäus 6,19-34), so wie der Machtsüchtige von der Sünde der Wut verfolgt wird, der Anerkennungssüchtige von der Menschenfurcht und Feigheit und der Genusssüchtige von der großen Langeweile.

Werden Sie manchmal richtig nervös, wenn Sie die direkte Kontrolle über eine Beziehung oder Situation verlieren?

***Gebet:** Herr, du bist Gott, und ich finde nirgends Ruhe als in deinem Willen. Und „dieser Wille ist unendlich, unermesslich und unsagbar größer als meine größten Begriffe davon, was du vorhast.“[94] Amen.*

10. April

Jetzt zog sie den jungen Mann an sich und küsste ihn, sah ihn herausfordernd an und sagte: „Ich hatte Gott ein Schlachtopfer versprochen, das habe ich heute dargebracht, und nun gibt es Fleisch für ein Opfermahl." (7,13-14)

Magisches Denken. Sprüche 7 ist eine dramatische Schilderung eines Ehebruchs, die uns zeigt, wie Versuchung und Verführung funktioniert. Zu Beginn des Rendezvous versichert die Frau ihrem Liebhaber, dass sie ihren religiösen Pflichten durch ein Opfer im Tempel nachgekommen ist. Gemeint ist das Dankopfer in 3. Mose 3, das mit einer Opfermahlzeit verbunden war, zu der viele Gäste kommen konnten. Die Frau sagt praktisch: „Ich habe gebetet und Gott geopfert. Nun komm bitte zu mir nach Hause, um das Ritual zu beenden. Und da mein Mann gerade auf einer Geschäftsreise ist (7,19), können wir es uns anschließend schön machen." Kurz gefasst: „Erst machen wir Andacht, dann begehen wir Ehebruch!"

Diese Diskrepanz zwischen Frömmigkeit und Privatleben ist erstaunlich, aber nur zu häufig. Diese Frau hat ein Leben der Nachfolge gegen ein magisches Gottesbild eingetauscht, bei dem Gott mehr wie ein Götze ist, den man durch die richtigen Riten besänftigen kann. Hier müssen wir lernen, dass im Lichte dessen, was Gott durch die Schöpfung und Erlösung für uns getan hat, das einzige vernünftige Opfer der bedingungslose Gehorsam zu ihm ist (Römer 12,1-2).

Gibt es in Ihrem Leben Bereiche, wo Ihre Frömmigkeit und Ihr Privatleben sich beißen?

Gebet: *Herr, ich habe gemerkt (oder gebe es endlich zu), dass es in meinem Leben Bereiche gibt, die ich von meinem Glauben an dich abgekoppelt habe. Ich verhalte mich so, als ob du in diesen Bereichen nicht existierst. Ich bekenne meine Schuld und bitte um deine Hilfe, diese Dinge zu ändern. Amen.*

11. April

„Deshalb bin ich dir entgegengegangen, habe dich gesucht – und jetzt habe ich dich gefunden! Auf meiner Liege habe ich weiche Decken und bunte Tücher aus ägyptischem Leinen ausgebreitet. Mein Bett habe ich mit Parfüm aus Myrrhe, Adlerholz und Zimt besprengt. Komm, wir wollen uns dem Liebesrausch hingeben bis zum Morgen und in Lust schwelgen." (7,15-18)

Hereinspaziert! Die Verführung hat verschiedene Stufen. Zuerst kommt das Rationalisieren (7,14), das hier die Form einer gemeinsamen Opfermahlzeit annimmt. Die beiden müssen eine Brücke zwischen dem Ehebruch und ihrem Selbstbild als immer noch anständige und gute Menschen finden. Es gibt viele solche Brücken. Da ist der überarbeitete, sich selbst bemitleidende Ehemann, der eine Frau begehrt, die nicht die seine ist, und sich sagt: „Ich habe mich so aufgeopfert, da hab ich mir das verdient."

Die zweite Stufe ist das Glauben von unrealistischen Versprechen. In V. 15 sagt die Verführerin wörtlich: „Ich habe *nur* dich gesucht", will sagen: „Du bist der eine, den ich mein ganzes Leben lang gesucht habe." Was hier versprochen wird, ist eine Art kosmische Erfüllung, die kein sexuelles Erlebnis der Welt uns geben kann. Die dritte Stufe ist das Kitzeln der Sinne – die Gerüche, die Bilder, die Erregung (das *Parfüm*, der *Liebesrausch*). Jetzt ist es kaum noch möglich, Nein zu sagen. Wir können in unserem Leben der Versuchung nicht völlig entgehen. Aber wie Martin Luther gesagt haben soll: „Du kannst es nicht hindern, dass die Vögel über deinen Kopf fliegen, wohl aber, dass sie Nester auf ihm bauen." Also: Treten Sie auf die Bremse, bevor es zu spät ist.

Haben Sie diese Stufen der Versuchung schon einmal in Ihrem Leben erfahren?

Gebet: *Herr, in Gethsemane hast du deine Jünger aufgefordert, gegen die Versuchung zu wachen und zu beten, aber sie haben es nicht getan. Ich möchte so gerne anders sein. Hilf mir, die frühen Phasen der Versuchung zu Lust, Stolz, Wut oder Gier zu erkennen, damit ich die Sünde vermeiden kann, bevor ich die Kontrolle verliere. Amen.*

12. April

„Der Hausherr ist nicht da, er ist unterwegs auf einer weiten Reise. Er hat viel Geld mitgenommen und kommt erst Mitte des Monats wieder heim." Durch ihre Überredungskunst reißt sie ihn mit und verführt ihn mit ihrer Schmeichelei. Er folgt ihr kurz entschlossen – wie ein Rindvieh zur Schlachtung geht und ein Hirsch sich in der Schlinge verfängt, bis ein Pfeil seine Leber spaltet. Er verhält sich wie ein Vogel, der in die Falle fliegt und nicht merkt, dass es um sein Leben geht. (7,19-23)

Zu leicht – zu schwer. Manchmal gibt es bei der Versuchung noch eine weitere Stufe: Man redet sich ein, dass das Fehlverhalten keine Folgen haben wird. *Der Hausherr ist nicht da … und kommt erst Mitte des Monats wieder heim* (V. 19-20). Versuchungen haben eine ungeheure Macht, wenn wir glauben, dass „keiner davon erfahren wird". Doch in der Realität ist immer ein hoher Preis zu zahlen (V. 23) für die Missachtung von Gottes geistlicher und moralischer Ordnung. Im Falle des Ehebruchs kann das z. B. die innere oder äußere Schande sein oder die Gefahr für Geldbeutel, Leib und Leben, die der Zorn des betrogenen Ehemannes mit sich bringen kann (6,33-35). Und Gott weiß natürlich sowieso immer, was wir da gemacht haben.

Der Puritaner Thomas Brooks (17. Jahrhundert) erklärt in seinem Buch *Precious Remedies Against Satan's Devices* [„Kostbare Heilmittel gegen die Ränke des Teufels"], dass der Teufel uns einredet, dass wir ja später immer noch Buße tun können. „Aber der, der dich jetzt zur Sünde versuchen will unter dem Vorwand, dass Buße einfach sei, wird dich über kurz oder lang in die Verzweiflung führen und deine Seele für immer zerstören [und] die Buße als das schwierigste Werk der Welt darstellen."[95]

Haben Sie diese Ränke, die Listen und Lügen des Teufels schon erlebt? Wann und wie?

Gebet: *Herr, ich kenne diese dämonische Lüge – dass ich jetzt sündigen und später um Vergebung bitten kann. Immer wenn ich diesen Weg gegangen bin, habe ich zum Schluss entdeckt, dass mein Herz zu verhärtet oder zu verzweifelt geworden war, um Buße zu tun. Danke für diese deine Erinnerung an diesen Trick des Teufels. Lass mich wieder daran denken, wenn er es das nächste Mal versucht. Amen.*

13. April

Darum hört nun auf mich, ihr Söhne, und achtet genau auf das, was ich euch zu sagen habe: Lass dich von einer solchen Frau nicht verführen, verirr dich nicht auf die Wege, die sie einschlägt. Denn viele hat sie schon ins Verderben gestürzt, gewaltig ist die Zahl derer, die sie getötet hat. In ihrem Haus öffnen sich Wege ins Totenreich: Sie führen direkt ins Grab. (7,24-27)

Was tun? Wie können wir uns verteidigen gegen die vielen Versuchungen, ob sie nun Sex, Macht, Geld oder etwas anderes betreffen? Erstens, indem wir nicht auf sie eingehen. Die Versuchung beginnt immer in unserem Herzen, unseren innersten Gedanken. Wir können den Gedanken nicht verbieten, zu kommen, aber wir müssen sie nicht noch füttern. Gedankenspiele machen, Entschuldigungen entwerfen, den möglichen Folgen nachgehen – das sind lauter Einfallstore für die Versuchung. Zweitens: *Verirr dich nicht auf die Wege …* (V. 25b). Orte, Situationen und Personen, die uns auf den falschen Weg locken wollen, müssen wir konsequent meiden.

Und drittens sollten wir uns den geistlichen Schaden klarmachen, in den der falsche Weg uns unweigerlich führen wird (*Wege ins Totenreich … direkt ins Grab*, V. 27). Schauen Sie auf das Ende des Weges und erkennen Sie, wie er Gott betrübt und dem Opfer, das er in Jesus Christus für unsere Erlösung brachte, Hohn spricht.

Haben Sie es schon konkret erlebt, wie diese drei Strategien Ihnen geholfen haben, im Kampf gegen die Versuchung die Oberhand zu behalten?

Gebet: *Herr, meine beste Verteidigung gegen die Verlockungen der Sünde ist, dass ich mir vor Augen halte, dass die Sünde dich ans Kreuz gebracht hat. Du bist gestorben und hast alles drangegeben, um mich frei von der Sünde zu machen. Wie kann ich dann auf dieser Liebe herumtrampeln, indem ich der Sünde nachgebe? Lass mich das nie vergessen. Amen.*

14. April

Ein zufriedenes Herz belebt den Körper, aber Eifersucht ist wie Fäulnis in den Knochen … Ein fröhliches Herz erhält einen bei guter Gesundheit, aber ein niedergeschlagenes Gemüt zehrt die Kräfte auf. (14,30; 17,22)

Der ganze Mensch. Schon lange vor der modernen Medizin und Psychologie lehrten die Sprüche den inneren Zusammenhang zwischen emotionaler und körperlicher Gesundheit. *Eifersucht ist wie Fäulnis in den Knochen*, aber *ein zufriedenes Herz belebt den Körper.* Aber die heute grassierende Spezialisierung und Bürokratisierung bedeutet, dass Ärzte, Psychiater, Sozialarbeiter und Geistliche oft jeder nur einen Aspekt der Person behandeln, ohne einander zu konsultieren oder die Person als Ganze zu sehen.

Bereits im 17. Jahrhundert wusste der puritanische Pastor Richard Baxter, dass Depressionen körperlich, emotional, durch Schuld oder den geistlichen Kampf mit Mächten des Bösen verursacht sein können.[96] Baxter kannte die moderne Wissenschaft nicht. Sein Wissen kam aus der Bibel allgemein und dem Buch der Sprüche im Besonderen. Weisheit, die von Gott kommt, führt z. B. Depressionen nicht auf eine einzige Ursache zurück. Sie bietet nicht bloß ein Medikament oder einen Rat oder einen Bibelvers. Meist sind alle Dimensionen unseres Wesens beteiligt. Der Satz „Nimm deine Tabletten" kann genauso falsch sein wie „Du musst halt Buße tun."

Haben Sie schon einmal ein Problem vereinfacht, das in Wirklichkeit gleichzeitig körperlich, emotional und geistlich war?

Gebet: *Herr, als moderner Mensch suche ich gerne im Internet nach der schnellen Lösung. Aber die Welt, die du gemacht hast, hat mehr Dimensionen, als man sich vorstellen kann. Lass mich geduldig sein, viel Rat suchen und meine Probleme dir anbefehlen. Amen.*

15. April

Sorge im Herzen bedrückt den Menschen; aber ein freundliches Wort erfreut ihn. (12,25 Luther 2017)

Sorgen. Das hier mit *Sorge* übersetzte hebräische Wort (andere Übersetzung: *Kummer*) meint den emotionalen Schmerz, den man erlebt, wenn etwas Lebensnotwendiges bedroht wird.[97] Der Schlüssel zum rechten Umgang mit Sorgen ist, dass ich mir überlege, wie mein Herz zu dem, was da bedroht wird, steht. Es gibt vieles, was heute als wichtig für eine hohe Lebensqualität gilt, aber wie wir bereits sahen: Wenn wir vor allem auf Gott setzen, wird alles andere weniger wichtig für unser Leben und sein Mangel mithin weniger bedrohlich.

Wir können die Sorgen nicht vollständig abschaffen. Paulus liebte seine jungen Gemeinden und sorgte sich entsprechend um sie (2. Korinther 11,28), aber er rät uns, dem Klammergriff der Sorge zu entgehen, indem wir unser Herz auf Gott und nicht auf irgendwelche anderen Dinge ausrichten (Philipper 4,6-9). In Sprüche 12,25 nun erfahren wir, dass wir unsere Sorgen nicht alleine angehen sollten; wir brauchen *ein freundliches Wort* von anderen. Wir brauchen Menschen, die uns bestätigen, uns von ihren eigenen Erfahrungen berichten und auf Gott weisen. Oder die einfach da sind, damit wir uns nicht so allein fühlen.

Was hilft Ihnen in Ihren Sorgen am meisten? Nutzen Sie all die geistlichen Hilfen, die Sie für den Umgang mit den Sorgen haben?

Gebet: *Herr, du sagst mir, dass ich den Sorgen unter anderem mit Danken begegnen soll (Philipper 4,6-9). Ich danke dir für all deine Fürsorge und Hilfe in der Vergangenheit. Und ich danke dir im Voraus für das, was du in der Zukunft für mich tun wirst, denn ich weiß, es wird gut und weise sein. Amen.*

16. April

Lange vergeblich auf etwas zu warten, macht das Herz krank. Aber ein Wunsch, der sich erfüllt, ist wie ein Leben spendender Baum. (13,12)

Hoffnung. Im Herzen des Menschen wohnen nicht nur Gefühle, sondern auch Hoffnungen – Dinge, auf die wir warten und vertrauen, um glücklich zu werden. Zu lange *auf etwas warten* müssen macht das Herz krank.

Es ist weise, zu erkennen, dass es in diesem Leben immer Hoffnungen geben wird, die sich nicht erfüllen wollen. Der Hebräerbrief vergleicht das Christenleben mit der Wüstenwanderung der Israeliten, als diese zwar aus der Sklaverei befreit, aber noch nicht im Land der Verheißung angekommen waren (Hebräer 11,13-14). In der zweiten Hälfte von Sprüche 13,12 erfahren wir, dass dann, wenn unser Sehnen erfüllt wird, das Leben kurz aufblüht, wie damals im Paradies, wo wir den Baum des Lebens hatten (1. Mose 2,9). Doch das Neue Testament informiert uns, dass wir die ganze Erfüllung erst in dem neuen Himmel und auf der neuen Erde haben werden (Offenbarung 22,2), die wir nicht durch unser eigenes Mühen, sondern allein durch das Werk Jesu Christi bekommen. Sein Kreuz wurde, wie wir sahen, für ihn ein Todesbaum, damit wir durch den Glauben Zugang zum Baum des Lebens bekommen können. Und so meistern wir Enttäuschungen dadurch, dass wir uns an die Zukunft erinnern, die das Opfer Christi uns garantiert.

Mal ganz ehrlich: Was sind Ihre größten Hoffnungen? Warten Sie vergeblich auf sie? Wie können Sie die geistlichen Ressourcen, die Ihnen zur Verfügung stehen, nutzen, um Ihrem kranken Herzen zu helfen?

Gebet: *Herr, so oft ist mein Herz krank von vergeblichem Warten! Hilf mir, es zu stärken, auf zweierlei Art: Erinnere mich durch dein Wort daran, dass wir ja noch in der Wüste sind und nicht im verheißenen Land. Und werde du selber meine liebste Hoffnung – weil ich dich jetzt schon haben kann! Amen.*

17. April

Das Herz allein kennt die eigene Bitterkeit, und auch an seiner Freude nimmt niemand anders direkt teil. (14,10)

Allein. Niemand kann die Freuden und Leiden eines anderen Menschen wirklich teilen und verstehen. Niemand hat das Leben genau so erlebt, wie Sie das getan haben. Dies hat viele Folgen für das Thema „Weisheit“. Zunächst für die „Außensicht“: Wir können nie sicher sein, dass wir das Verhalten eines anderen Menschen absolut vorhersagen oder verstehen können. Wir glauben, zu wissen, was er denkt, was ihn motiviert und warum manche seiner Gefühle so stark sind? Kann gut sein, dass wir uns irren.

Und jetzt zur „Innensicht“: Niemand kann Ihre Gedanken lesen. Wenn Sie nicht einsam sein wollen, müssen Sie Ihr Herz öffnen und sich den anderen zeigen. Und schließlich: Letztlich kennt nur Gott selber alle Gedanken des Herzens (1. Korinther 2,11), ja er kennt sie besser als wir selber (Jeremia 17,9-10; Sprüche 21,2). Jesus ist für uns durch den Tod gegangen, und nur er selber kann uns an die Hand nehmen, wenn wir durch das finsterste aller Täler gehen, die Tür des Todes (Psalm 23,4).

Wir alle brauchen Freunde, aber kein Freund ist so wichtig wie Gott. Können Sie von sich sagen, dass Gott Ihr Freund ist? Warum bzw. warum nicht?

Gebet: *Herr, ich habe tolle Freunde und liebe Verwandte, aber nur du bist wirklich immer bei mir. Wenn ich nicht einsam sein will, gibt es nur eines: dass ich immer mehr Zeit mit dir verbringe. Lass es nicht zu, dass die Welt mir diese Zeit wegnimmt. Amen.*

18. April

Auch beim Lachen kann einem schmerzlich zumute sein, und wenn die Freude vorbei ist, bleibt Traurigkeit zurück. (14,13)

Tiefer schauen. Erfahrene Seelsorger sind mit den Wahrheiten hinter diesem Spruch wohlvertraut, aber jeder, der weise leben will, sollte sie auch kennen.

Erstens: Es liegt eine Traurigkeit im Leben, der wir nicht entfliehen können, egal wie viel wir feiern oder wie glücklich wir sind. Es gibt Wunden, die heilen nie ganz. Die festliche Freude, die Jesus bringt, ist in diesem Leben immer nur Stückwerk. Jesus selber hat viel geweint – nicht, weil er depressiv gewesen wäre, sondern weil sein vollkommenes, liebendes Herz logischerweise angerührt wurde von der Traurigkeit des menschlichen Lebens. So wird es auch bei uns sein. Und zweitens sind „unsere Stimmungen nur selten ungefärbt von ihrem Gegensatz, und alle sind sie nur vorübergehend".[98] Vielleicht die einfachste Lektion ist, dass wir lernen sollten, uns nicht blenden zu lassen von „Danke, mir geht's gut" oder von Menschen, die immer der Mittelpunkt der Party sind, sondern genauer hinzuhören, um zu erkennen, wie es unserem Gegenüber *wirklich* geht.

Neigen Sie dazu, alles auf die leichte Schulter zu nehmen? Manche mögen das vielleicht, aber ist es nicht eigentlich ein Ausweichen vor dem Traurigen im Leben?

***Gebet:** Herr, in dieser Welt steckt selbst in dem größten Glück ein Stück Traurigkeit. Aber das wird aufgewogen dadurch, dass wir deine Verheißungen kennen. So steckt selbst in den traurigsten Stunden ein Stück Glück. Unsere Nöte und Probleme machen uns stärker abhängig von dir und lassen uns im Gebet mehr von deiner Liebe suchen. Du lässt „meinen Kummer singen".[99] Amen.*

19. April

Ein strahlender Blick erfreut das Herz, und eine gute Nachricht stärkt die Glieder. (15,30)

Freude. Wenn der Vers vom 18. April uns aufgefordert hat, genauer hinzuschauen, wie es dem anderen geht, so fordert uns der heutige Vers auf, auf die Augen unserer Mitmenschen zu achten. Wir sagen, dass jemand leuchtende Augen hat oder strahlt, und meinen damit nicht, dass in den Augen buchstäblich ein Licht ist. Aufmerksame Menschen wissen, dass dann, wenn jemand etwas Positives sagt, der Mangel an Licht in seinen Augen verraten kann, dass er eigentlich traurig ist. Und wenn hier steht, dass eine *gute Nachricht* mit einem *strahlenden Blick* verbunden ist, dann erkennen wir, wie wichtig Beziehungen für ein Leben der Freude sind.

Für Freude im Herzen braucht es Menschen mit Licht in den Augen. Aber woher kommt dieses Licht? Paulus sagt den Christen, dass sie eine Freude haben können, die völlig unabhängig von den Umständen ist; jeder kann sie bekommen, der darüber nachdenkt, was Gott alles für uns getan hat und noch tun wird (Philipper 4,4.11-13). Es gibt eine Freude, die eine Folge der ultimativen Freudenbotschaft ist – des Evangeliums, also wörtlich der „Botschaft, die Freude bringt". Wer an Jesus glaubt, hat wahrlich „ein großes Licht" gesehen (Matthäus 4,16), und seine Augen werden dieses Licht unweigerlich widerspiegeln.

Gibt es Menschen, die über Sie sagen würden, dass Ihre Freude und Glück ihnen das Herz warm macht?

Gebet: *Herr, gib mir die Freude, die ich für heute brauche. Ich habe zu wenig Freude, weil ich mir zu wenig Zeit nehme für das Danken für all deine irdischen und geistlichen Gaben und Segnungen. Und ich freue mich zu selten darüber, dass ich einfach in deiner Gegenwart sein darf. Lass mich die Dinge tun, die deine Freude in mein Leben bringen. Amen.*

20. April

Der Schuldige ist immer auf der Flucht, auch wenn niemand ihn verfolgt, der Redliche dagegen fühlt sich sicher wie ein junger Löwe. (28,1)

Das schlechte Gewissen. Hinter der inneren Unsicherheit, die viele Menschen plagt, steckt ein schlechtes Gewissen. Je mehr jemand lügt und betrügt, desto mehr hat er Angst davor, dass alles auffliegt, bis er ständig auf der Flucht ist, *auch wenn niemand ihn verfolgt*. Es geht hier nicht nur um die Reue für vergangene Missetaten. Selbst in unserer modernen relativistischen Kultur finden wir „dieses hartnäckige schlechte Gewissen".[100] Das Gefühl plagt uns, dass etwas bei uns nicht stimmt, dass wir nicht so sind, wie wir sein sollten. Die Bibel klärt uns auf, dass dies das verdrängte Wissen darum ist, dass wir Sünder sind (Römer 1,18).

Wer ein reines Gewissen vor Gott hat, muss nicht ständig über seine Schulter blicken. Er kann *sicher wie ein junger Löwe* sein. Warum das? Nun, wenn meine Sünden von Gottes Gnade bedeckt sind (Psalm 32,1), dann werde ich nicht mehr von meiner Vergangenheit verfolgt (4. Mose 32,23), sondern nur noch von Gottes Güte und Gnade (Psalm 23,6).[101] Lady Macbeth konnte das Blut an ihren Händen nicht abwaschen, aber Jesus ist der Bote des neuen Bundes (Maleachi 3,1-4), der uns von aller Schuld reinwaschen kann (1. Johannes 1,7).

Haben Sie gerade irgendwo ein schlechtes Gewissen?

Gebet: *Vater, wenn ich das, was ich Böses getan habe, nicht bekenne, flüchte ich mich in Arbeit und Ämter. Jetzt erkenne ich, dass ich das ja deswegen mache, um selber meine Sünden zu sühnen. Aber das gelingt mir nicht. Lass mich in dem Opfer deines Sohnes Ruhe finden. Amen.*

21. April

Jeder hält das, was er tut, für richtig, der Herr aber prüft die Herzen. (21,2)

Gottes Waage. In 16,2 hieß es, dass wir unsere Motive für rein halten, obwohl sie es nicht sind (27. März). 21,2 spricht etwas anderes an: Wir denken, wir könnten bestimmen, was recht und wahr ist, aber das kann kein Mensch, das kann nur Gott.[102] In unserer Zeit will man uns einreden: „Niemand hat das Recht, einem anderen vorzuschreiben, wie er zu leben hat." Angeblich kann jeder definieren, was *für ihn* richtig und falsch ist. Doch dieses Kulturklischee steckt voller Widersprüche, denn im nächsten Atemzug wird zum Angriff geblasen auf Menschen, die angeblich ewiggestrig, gierig oder grausam sind. Die Gerechtigkeit hat nur *eine* Waage – die Gottes. Er allein *prüft die Herzen.*

Vertrauen Sie also nicht zu sehr auf Ihre moralischen Instinkte und Motive. Da konfrontieren wir jemanden, weil wir „es gut mit ihm meinen" – aber eigentlich wollen wir ihn nur fertigmachen. Oder es heißt: „Ich liebe diese Frau" – aber könnte es sein, dass ihre Schönheit und Figur lediglich mein Ich kitzelt? Lassen Sie Ihre Instinkte und Motive von Gottes Wort auf Herz und Nieren prüfen; lesen Sie die Bibel, gehen Sie ins Gebet.

Sind Sie zu schnell dabei, Ihre Motive für edel zu erklären? Haben Sie sich schon einmal selber betrogen, als es darum ging, warum Sie etwas machten?

Gebet: *Herr, ich schwanke hin und her zwischen zu viel und zu wenig Selbstprüfung. Heile mich durch das Evangelium. Deine bedingungslose Liebe in Christus bewahrt mich davor, deine Liebe durch moralische Nabelschau verdienen zu wollen – und davor, nie über mich nachzudenken. Amen.*

22. April

Ein starkes Gemüt hält körperliche Krankheit aus, aber wer erträgt ein niedergeschlagenes Gemüt? (18,14)

Das niedergeschlagene Gemüt. Wie wir sahen, weiß das Buch der Sprüche, dass innere und äußere Gesundheit zusammenhängen und beide wichtig sind. Dieser Vers führt dies weiter aus. Er zeigt uns, dass ohne körperliche Gesundheit das Leben hart ist, aber ohne Freude vollkommen unerträglich.[103]

Was heißt das für uns? Es gibt nichts, was wichtiger wäre, als unser inneres, geistliches Leben zu pflegen. Mit einem angeschlagenen Körper kann ein starkes Gemüt zur Not fertigwerden, aber ein niedergeschlagenes Gemüt ist selbst für einen körperlich Kerngesunden zu viel. Die Welt redet uns ein, dass unser Glück von solchen äußeren Dingen wie Schönheit, Gesundheit, Geld und Status abhängt. Dieser Vers sagt uns: „Nein, es hat nichts mit deinen äußeren Umständen zu tun. Wie glücklich du bist, hängt davon ab, wie du deine äußeren Umstände innerlich verarbeitest, wie du sie betrachtest und wie du mit ihnen umgehst."

Gibt es gerade etwas, was Ihr Gemüt niederdrückt?

Gebet: *Herr, wenn ich unglücklich bin, schiebe ich die Schuld dafür auf meine Umstände – und damit indirekt auf dich. Aber meine Freude hängt doch viel mehr davon ab, woran ich mein Herz hänge. Befreie mich von der Sklaverei unter die Umstände. Lass mich meine Hoffnung und mein Herz auf dich ausrichten. Amen.*

23. April

Freude im Herzen äußert sich in einem freundlichen Gesicht, aber Kummer im Herzen bedrückt das Gemüt. Das Herz eines Verständigen sucht Erkenntnis, aber unverbesserliche Dummköpfe wiederkäuen nur Unsinn. (15,13-14)

Freude kann man wählen. Wir erinnern uns: Das „Herz" ist in der Bibel nicht so sehr der Sitz der Gefühle als vielmehr unseres Vertrauens und unserer Einstellung. Das Herz, das *Freude* hat, ist das *verständige* Herz, das Herz, das auf Weisheit setzt. Ein weises Herz führt zu positiven Gefühlen, ein törichtes Herz dagegen zu einem bedrückten Gemüt. Wir sehen hier eine Gesetzmäßigkeit, die nicht offensichtlich, aber wichtig ist: Freude ist letztlich etwas, das man wählen kann. Unsere „Gedanken und Einstellungen ... sind entscheidend, und nicht die [äußeren] Umstände."[104]

Wir sind im Buch der Sprüche schon weit genug gekommen, um zu sehen, dass es hier nicht um bloßen Stoizismus geht, um das Ausschalten der Gefühle durch unsere Willenskraft. Das „Herz", das sind unsere Einstellungen gegenüber dem Leben. Wir haben es in der Hand, wie wir mit unserem Verstand denken und wie wir unsere Fantasie durch Kunst, Musik und Anbetung so füttern, dass die Wahrheiten und Realitäten Gottes und seiner Gnade und Verheißungen uns groß werden.

Was macht Sie gerade unglücklich? Wie können diese Verse Ihnen heute helfen?

Gebet: *Herr, ich bin geistlich so schwach, dass ich, um so zu leben, wie ich sollte, sowohl ein Gehirn brauche, das sich durch solide Argumente überzeugen lässt, als auch eine Fantasie, die sich von der Schönheit deines Wesens und deiner Taten beflügeln lässt. Zeige mir, wie ich beides in mein Leben hineinbekomme. Amen.*

24. April

Besser ein Geduldiger als ein Krieger, sich selbst beherrschen ist besser als eine Stadt erobern. (16,32)

Selbstbeherrschung: Warum sie so wichtig ist. Ein *Krieger* weiß, wie man eine ganze Stadt erobert. Aber noch *besser* – so dieser Spruch – ist der geduldige, selbstbeherrschte Mensch, der weiß, wie er sich selber in den Griff bekommt. Es ist schwieriger, sich selbst zu beherrschen, als andere, ja als eine ganze Nation zu beherrschen. Es gibt zu viele Beispiele für Menschen, die große Auszeichnungen gewannen oder buchstäblich Länder eroberten, aber die es nicht schafften, ihre Launen, ihre Zunge oder ihre Gefühle im Zaum zu halten.

In der Antike waren die Umsichtigen und Selbstbeherrschten höher geachtet als die, die ihren Launen und Leidenschaften folgten. Heute dagegen gilt Selbstbeherrschung oft als ungesund. In der Welt der kreativen Köpfe und der intellektuellen Eliten ist es schick, seinen Leidenschaften zu folgen, seine Wut rauszulassen und schön spontan zu sein. Aber wie viele unserer größten Stars, die dieses Rezept befolgt haben, haben damit ihr Leben an die Wand gefahren! Die biblische Weisheit schätzt, wie wir gesehen haben, die Emotionen sehr hoch, aber Gottes Wort, nicht unsere Intuitionen und unsere Gefühle, muss letztlich den Ausschlag geben.

Wo ist Ihr Leben durch zu wenig Selbstbeherrschung ins Schleudern gekommen?

Gebet: *Herr, die letzte der „Früchte des Geistes“ in Galater 5,22-23, die Selbstbeherrschung, scheint die zu sein, die am meisten Zeit braucht, um in mir zu wachsen. Eher kann ich liebevoll, ja sogar demütig sein, als dass ich meine Zunge und mein Verhalten beherrsche. Ich tue Buße und bitte dich, mir den Weg zur Besserung zu zeigen. Amen.*

25. April

So schutzlos wie eine offene Stadt ohne Stadtmauer ist ein Mann ohne Selbstbeherrschung. (25,28)

Selbstbeherrschung: Das Problem. Ohne Stadtmauern waren die antiken Städte leichte Beute für Räuberbanden, für fremde Armeen, ja selbst für wilde Tiere. Ähnlich schutzlos ist ein Mensch *ohne Selbstbeherrschung*. Wenn Sie Ihren Appetit nicht zügeln können, werden Sie Ihren Körper ruinieren. Wenn Sie Ihre Zunge nicht im Zaum halten können, werden Sie Dinge sagen, die sich nicht mehr zurücknehmen lassen. Wenn Sie Ihren Sexualtrieb nicht beherrschen können, werden Sie Ihre Beziehungen ruinieren. Wenn Sie impulsiv und unbesonnen sind, werden Sie überstürzte Entscheidungen treffen. Wenn Sie nicht „Nein" sagen können, werden Sie den anderen zu viel versprechen und entweder eines Tages ausgebrannt sein oder eine Spur enttäuschter Menschen und zerbrochener Beziehungen hinterlassen.

Eine Stadt muss nicht ganz und gar ohne Mauer sein, um geplündert zu werden; es reicht, dass die Mauer irgendwo eine Bresche aufweist, durch die der Feind hineinkann. Bereits ein Mangel an Selbstbeherrschung in nur *einem* Bereich Ihres Lebens ist ein Problem, das Ihr ganzes Leben bedrohen kann.

Wo ist Ihre „Stadtmauer" lückenhaft oder besonders gefährdet? Auf welchem Gebiet Ihres Lebens brauchen Sie am meisten Selbstbeherrschung?

Gebet: *Herr, lass mich mein Leben inspizieren, wie die Soldaten einer Stadt früher die Stadtmauer inspizierten. Zeige mir, wo ich meine Selbstbeherrschung besonders verstärken muss. Ich habe da eine Idee, aber ich möchte mir die Zeit nehmen, mich mit deiner Hilfe zu prüfen. Amen.*

26. April

Der Name des Herrn gleicht einem starken Turm, der Rechtschaffene läuft dorthin und ist in Sicherheit. Der Reiche meint, sein Besitz biete ihm Schutz wie eine befestigte Stadt und wie eine hohe Mauer – doch das bildet er sich nur ein. (18,10-11)

Selbstbeherrschung: Die Lösung. In der Antike war eine Mauer ein sicherer Ort, wenn der Feind angriff, aber noch besser war ein befestigter *Turm.* Diese beiden Verse zeigen uns, dass jeder Mensch seinen Ort der absoluten Sicherheit hat, eine „Befestigung", etwas, von dem er sagt: „Wenn ich *das* habe, kann mir nichts passieren." Die Reichen, die Mächtigen, die Schönen, sie alle denken, dass diese Dinge ihre „Türme" sind.

Doch der Weise sucht seine Zuflucht im *Namen des Herrn.* In der Bibel steht der „Name" Gottes für sein Wesen und seine Eigenschaften. Dorthin laufen heißt, sich bewusst vor Augen zu führen, wer Gott ist. In dem Sturm auf dem See fragt Jesus seine verängstigten Jünger: „Wo bleibt euer Glaube?" (Lukas 8,25). Er rügt sie, dass sie glatt vergessen haben, was er alles getan hat. Der Christ, der in Panik gerät, hat Gottes Macht, Weisheit und Liebe vergessen; er „läuft" nicht mehr dorthin. In jeder Lage selbstbeherrscht zu sein, ist die Fähigkeit, angesichts des Dringenden zu erkennen, was das Wichtige ist – und dann dieses (und nicht das Dringende) zu wählen. Und das Allerwichtigste ist immer, dass wir Gott ehren, vertrauen und gefallen.

Vor welchen Schwierigkeiten stehen Sie gerade? Was für eine Eigenschaft Gottes haben Sie vielleicht gerade vergessen – aber könnten Sie dringend gebrauchen?

Gebet: *Herr, je mehr du in meinen Gedanken und Gefühlen zum Randsiedler wirst, umso weniger Selbstbeherrschung habe ich. Und je mehr du in der Mitte stehst, deutlich sichtbar für die Augen meines Herzens, umso besser habe ich mich im Zaum. Herr, fessele meine Aufmerksamkeit, jeden Augenblick neu, damit ich so leben kann, wie es richtig ist. Amen.*

27. April

Durch sein Verbrechen stellt ein böser Mann sich selbst eine Falle, aber ein Rechtschaffener jubelt und ist fröhlich. (29,6)

Grund zum Jubeln. Weil Gottes Schöpfung eine eingebaute Ordnung hat, fallen böse Menschen irgendwann in die Grube, die sie sich selber gegraben haben. Aber das kann dauern. Eine Zeit lang kann Sünde einem Wohlergehen bringen, während der Gerechte leidet. Tatsache ist: Erst in der Ewigkeit wird die Sünde ihre volle Strafe und das rechte Verhalten seinen vollen Lohn bekommen.

Es kann also durchaus sein, dass die Falle für den Bösen lange nicht zuschnappt. Aber es gibt keinen Grund dafür, dass die Gottesfürchtigen mit dem Jubeln und Fröhlichsein warten, bis das Leben vorbei ist. Jeder, der sein Leben weise führt, erlebt seine Augenblicke des Jubelns und Lachens, welchen Schwierigkeiten er zwangsläufig auch begegnen wird. Bei seinem allerersten Wunder, auf der Hochzeit zu Kana, erwies Jesus sich als der Herr des Festes, der gekommen ist, um uns Freude zu bringen (Johannes 2,1-11). Bei jeder Abendmahlsfeier bekommen wir buchstäblich einen Vorgeschmack auf jenes endgültige, endlose, unvergleichliche Fest, für das Jesu Tod und Auferstehung die Garanten sind (Jesaja 25,6-8; Offenbarung 19,6-8). *Das* ist die Freude, zu der wir jederzeit schon hier und jetzt Zugang haben.

Wie lange ist es her, dass Sie das letzte Mal vor Freude laut gejubelt haben, als Sie an Gott dachten? Vielleicht zu lange?

Gebet: *Herr, auf dem Hochzeitsfest in Kana saßest du unter den Fröhlichen und dachtest an das Leiden, das vor dir lag. Aber du gingst ans Kreuz, damit wir, die wir im Schatten des Leidens sitzen, schon etwas von der kommenden Freude schmecken können. Ich preise dich für deine große Erlösung! Amen.*

28. April

Ein Geduldiger hat viel Verstand, Jähzorn dagegen ist der Gipfel der Dummheit ... Ein Jähzorniger erregt Streit, aber ein Geduldiger schlichtet ihn ... Ein Dummkopf lässt seiner ganzen Wut einfach freien Lauf, aber ein Weiser besänftigt sie schließlich ... Ein zorniger Mensch erregt Streit, und ein Jähzorniger macht sich vieler Vergehen schuldig. (14,29; 15,18; 29,11.22)

Vorsicht: Wut! Diese Texte sind eine ausführliche Liste der Gefahren des Zorns. Ein weiser Mensch hat Geduld mit den anderen und achtet auf mildernde Umstände und legitime Gründe für ihr Verhalten. Der *Jähzornige* dagegen ersetzt Nachdenken durch Impulsivität; für ihn ist alles entweder schwarz oder weiß (14,29). Wut verschärft Konflikte und torpediert das Gute, das Kooperation und Kompromiss bringen können (15,18). Zorn ist zwar nicht per se eine Sünde, aber er sollte immer etwas Vorübergehendes sein, nicht überschießen und am Ende zurück zum Frieden führen (29,11). So ist es auch bei Gott: „Einen Augenblick dauert sein Zorn, aber ein Leben lang seine Güte“ (Psalm 30,6). Bedenken Sie, dass zügellose Wut eine „Einstiegsdroge“ zu vielen anderen Sünden ist (29,22). Kein anderes sündiges Gefühl hat zu so viel Gewalt und buchstäblich Mord und Totschlag geführt.

Denken Sie an die Handlungen und Worte zurück, die Ihnen heute am meisten leidtun. Wie viele von ihnen geschahen im Zorn?

Gebet: *Vater, ich habe es erlebt, wie der Zorn Beziehungen und Leben unwiederbringlich zerstört hat. Aber verdrängte Wut kann genauso destruktiv sein. Ich bekenne, dass ich meinen Zorn oft nicht wahrhaben will. Dein Zorn auf mich war voll berechtigt, aber du hast ihn durch Jesus abgetan. Zeige mir, wie auch ich meinen Zorn durch Jesus loswerden kann. Amen.*

29. April

Wer jähzornig ist, muss seine Strafe dafür bekommen; wenn du für ihn Partei ergreifst, machst du es nur noch schlimmer. (19,19)

Der sich selber am meisten schadet. Der erste Teilsatz besagt im hebräischen Original, dass der Jähzornige „die Strafe mit sich herumträgt." Es ist gar nicht nötig, ihm eine Geldstrafe abzuknöpfen. Seine Wutausbrüche tragen in sich selber Konsequenzen, denen er nicht entgehen kann – zum Beispiel, dass die, die so einen Ausbruch miterleben, dem Jähzornigen anschließend weniger vertrauen.

Aber ein jähzorniger Mensch muss nicht jemand sein, der pausenlos an die Decke geht. Es gibt eine Sorte Christen, die ständig harsch, kritisch und kleinlich gegenüber ihren Mitmenschen sind. Sie sind selten positiv und meist undiplomatisch. Ihre Sprache und Humor sind oft verletzend, und wehe, jemand widerspricht ihnen. Was steckt hinter diesem abstoßenden Verhalten? Ein unterschwelliger Zorn, der wie ein unterirdischer Fluss dahinströmt. Dieser Zorn tritt nicht offen zutage, sodass jeder es merken könnte.

Der zweite Teilsatz informiert uns, dass der chronisch wütende Mensch sich ständig in die nächste Krise hineinreitet. Sein schlimmster Feind ist – er selber.

Hat der offene oder verdeckte Zorn auch in Ihrem Leben sein Unwesen getrieben? Inwiefern?

Gebet: *Herr, ich weiß: Wut ist nicht immer falsch, aber in meinem Leben ist sie selten richtig. Zeige mir, wo sie in meinem Alltag ihr Unwesen treibt. Wenn mein Zorn verschwinden soll, brauche ich sowohl deine Gnade, die mich demütiger macht, als auch deine Liebe, die Ja zu mir sagt. Bitte gib mir beides. Amen.*

30. April

Reichtum ist nutzlos, wenn Gottes Zorn losbricht, aber Redlichkeit rettet vor dem Tod … Der Mund von fremden Frauen ist eine tiefe Grube – derjenige, auf den der HERR zornig ist, fällt hinein. (11,4; 22,14)

Wenn Zorn etwas Gutes ist. Gott selber ist ein Gott des Zorns. Und wenn Paulus uns anweist, uns nicht zu versündigen, wenn wir zornig sind (Epheser 4,26), bedeutet dies, dass der Zorn seinen legitimen Ort hat. Zorn ist also nicht per se etwas Böses, aber in unserem Herzen degeneriert er sehr leicht.

Zorn ist Energie, die man zur Verteidigung von etwas mobilisiert, das man liebt. Gott ist zornig auf das Böse, das seine Ehre angreift, und das, was er liebt, zerstört. Aber das Problem mit dem Zorn von uns Menschen ist Folgendes: Wir neigen dazu, die falschen Dinge über alles zu lieben. Es ist nichts Böses, wenn jemand seinen guten Ruf wertschätzt, aber wenn er ihn zu sehr schätzt, kommt es zu übermäßiger Wut, die letztlich eine Verteidigung des eigenen Ichs ist. Da sind Eltern außer sich vor Zorn, weil ihr Kind sie vor anderen Menschen in Verlegenheit gebracht hat. Wenn wir mit unserem Zorn (der eigentlich etwas Gutes ist) so oft Schaden anrichten, liegt das daran, dass unsere Liebe aus dem Lot geraten ist. Wir müssen es lernen, auf den zu schauen, dessen Zorn nie seiner Eigenliebe entsprang, sondern seiner Liebe zu uns (Markus 3,5; Johannes 2,14-17).

Wann waren Sie das letzte Mal so richtig wütend? Was haben Sie damals verteidigt?

Gebet: *Herr, es ist Sünde, wenn ich nicht wütend werde, wenn anderen Böses getan wird. Aber ich werde immer dann wütend, wenn mein Eigenwille angegriffen wird. Lass mich lernen, zornig auf die Sünde zu sein und nicht auf die Sünder – auf die Probleme und nicht auf die Personen. Amen.*

1. Mai

Eine freundliche Antwort wendet Zorn ab, aber ein kränkendes Wort heizt ihn an. (15,1)

Dem Zornigen helfen. Die erste Methode, einem Zornigen zu helfen, besteht darin, ihm freundlich und nicht zornig zu begegnen. Aggressive Worte verschlimmern Wut nur noch. Ein einziges *kränkendes Wort* kann wie ein Funke sein, der einen Wald in Brand setzt. Das Wort *kränkend* bedeutet etwas, das wehtut. Wenn wir uns streiten, können unsere Worte zwei ganz unterschiedliche Zwecke erfüllen. Wir können versuchen, die Wahrheit deutlich zu machen (die durchaus hart sein kann), oder wir können darauf aus sein, dem anderen wehzutun, indem wir ihn als den Dummen oder Bösen dastehen lassen. Wir beteuern natürlich gerne, dass wir, bitte schön, nur das Erste im Sinn haben, aber meistens ist es das Zweite. Ein einziges Wort, dass den anderen gezielt verletzt, kann eine Beziehung ruinieren und eine Mauer der Verbitterung aufbauen, die Jahre, ja ein ganzes Leben lang halten kann.

Die *freundliche Antwort* dagegen – das ist ein Reden, das geduldig und zurückhaltend ist, so positiv wie möglich und immer ruhig. Eine der besten Methoden, einem wütenden Menschen Geduld beizubringen, besteht darin, ihn mit geduldigen Menschen zu umgeben. Die freundliche Antwort hat wahrhaftig zu sein (Epheser 4,15), aber sie muss auf den anderen zugehen und darf nicht nachtragend sein.

Wann haben Sie sich das letzte Mal mit jemandem gestritten? Was waren Ihre Motive? Waren Ihre Worte freundlich?

Gebet: *Herr, als deine Jünger dich in der Stunde deiner größten Not im Garten Gethsemane so enttäuschten, waren deine Worte sanft (Matthäus 26,41) und ohne Bitterkeit. Und selbst wenn du streng zu mir wirst, überwältigst du mich mit Liebe. Lass auch mich so zu den Menschen sein. Amen.*

2. Mai

Sag nicht: „Ich will Böses heimzahlen!" Warte auf den HERRN, dann wird er dir helfen. (20,22)

Die rechte Perspektive. Die zweite Methode, dem Zornigen zu helfen, besteht darin, ihm eine neue Perspektive zum Thema „Vergeltung" zu geben. Der Zornige will jemandem etwas heimzahlen, das dieser entweder ihm oder einem anderen angetan hat. Dazu muss er sich moralisch auf das hohe Ross setzen: „Was dieser Mensch da mit mir gemacht hat, würde *ich* niemals tun …" Und von dieser moralischen Höhe aus glaubt er, das gute Recht zu haben, den anderen zu beleidigen oder zu verletzen.

Wer so denkt, den klärt 20,22 darüber auf, dass allein Gott moralisch so hoch steht, dass er zur Vergeltung berechtigt ist. Gott weiß genau, wie es in dem Herzen des anderen aussieht und was er verdient hat; ich weiß es nicht. Allein Gott ist heilig; allein er „würde so etwas niemals tun" und hat daher das Recht, sich zum Richter zu erheben. Und er hat auch die Macht, dies zu einem Zeitpunkt und auf eine Art zu tun, die den Betroffenen zur Einsicht und Umkehr führt (Römer 2,4); ich habe diese Macht nicht. Wenn mir wirklich jemand etwas Böses getan hat, dann wird *Gott* mir helfen; ich muss mich nicht selber rächen.

Gibt es in Ihrem Leben jemanden, dem Sie nicht leicht vergeben können? Könnte das daran liegen, dass Sie auf dem moralischen hohen Ross sitzen?

Gebet: *Herr, ich erkenne, dass ich nur dann längere Zeit auf jemand wütend sein kann, wenn ich auf dem moralischen hohen Ross sitze. Wie kann es sein, dass dies einem begnadigten Sünder wie mir passiert? Wenn du mir alles heimzahlen würdest, was ich dir getan habe, wo wäre ich dann? Hilf mir, mich an diese Wahrheiten zu erinnern, wenn ich das nächste Mal aus der Haut fahren möchte. Amen.*

3. Mai

Wenn dein Feind fällt, sei nicht schadenfroh, und wenn er stürzt, dann juble nicht in deinem Herzen. Sonst sieht es der HERR und es missfällt ihm, sodass er seinen Zorn von deinem Feind abwendet. (24,17-18)

Wider die Schadenfreude. Sogar im englischen Sprachraum wird das deutsche Wort „Schadenfreude" verwendet. Es bedeutet, sich über das Elend oder die Schande eines Mitmenschen zu freuen. Wenn jemand mit anderen Sichtweisen oder religiösen Überzeugungen plötzlich in einen saftigen Skandal verwickelt wird oder sich als Heuchler erweist, lästern wir gerne und sagen: „Ha! Ich hab's doch immer schon gewusst!" Wenn jemand, der uns schlecht behandelt hat, Probleme mit der Polizei bekommt, rufen wir: „Jawohl!" Schadenfreude ist Wut, die auf ihre Stunde gewartet hat und sie jetzt so richtig genießt.

Doch 24,17 fordert uns auf, nicht schadenfroh zu sein, wenn unser Gegner gefallen ist. Und Vers 18 zeigt, dass Vers 17 mehr als eine bloße Empfehlung ist. „Es könnte sein, dass deine Schadenfreude [in Gottes Augen] eine schlimmere Sünde ist als all die Schuld deines Feindes."[105] Der Sturz unseres Gegners sollte vielmehr Anlass zur Selbstprüfung sein: „Wer also meint, er stehe fest und sicher, der gebe Acht, dass er nicht zu Fall kommt" (1. Korinther 10,12). Und immer sollten wir auf den schauen, der sich nicht über unser Elend freute, sondern uns am Kreuz von Golgatha durch *sein* Elend Freude brachte (Jesaja 53,4).

Haben Sie sich schon einmal klammheimlich gefreut, als sie von dem Missgeschick der und der Person erfuhren? Warum?

Gebet: *Herr Jesus, als du die Zerstörung der Stadt vorhersagtest, die dich töten würde, hast du dich nicht gefreut, sondern geweint (Lukas 19,41-44). Gib auch mir diese Gesinnung. Amen.*

4. Mai

Hass verursacht Streit, Liebe aber vergibt [wörtlich: bedeckt] alle Vergehen ... Ein Dummkopf zeigt sofort, wenn er sich ärgert, ein Kluger jedoch lässt sich nichts anmerken, wenn er beleidigt wird. (10,12; 12,16)

Mensch, ärgere dich nicht. Das Wort *Streit* (hebräisch *madon*) meint in den Sprüchen nicht, dass ich eine andere Position vertrete oder höflich diskutiere. Streit ist etwas, das Gott hasst (6,19), und im Herzen des Streites steht die Wut, die den anderen verachtet und die ihn nicht ehrlich überzeugen, sondern schlechtmachen will.

Die Lösung heißt *Liebe* (V. 12), und damit sind nicht in erster Linie schöne Gefühle gemeint und auch nicht der Verzicht auf Korrektur, wo sie nötig ist (27,5-6). In 10,12 heißt es wörtlich, dass Liebe die Vergehen *bedeckt*. Der Zorn dagegen will sie aufdecken; der Übeltäter soll nackt dastehen in seiner ganzen Hässlichkeit. Liebe verzichtet auf Vergeltung und versucht, den anderen im bestmöglichen Licht zu sehen. Sie sucht zuerst *sein* Bestes, damit er sich vielleicht ändern kann. Wir erinnern uns: Wut ist ein Energieausbruch zur Verteidigung von etwas, das mir wichtig ist. Hören Sie auf, im Streit Ihre Wut gegen die Person des anderen zu richten, um Ihr Ego zu schützen; richten Sie sie stattdessen gegen das Problem, das zwischen Ihnen steht.

Ist Ihr Reden abwertend und niedermachend (ob nun persönlich oder im Internet)? Versuchen Sie, den Widersacher bloßzustellen oder seine Fehler mit Liebe zu bedecken?

Gebet: *Vater, du schüttest deinen Zorn über die Sünde und das Böse aus und hast ihn durch Jesus Christus gestillt. Und ich? Ich ärgere mich pausenlos über meine Mitmenschen und verachte sie. Gib mir ein liebevolleres Herz, das Kränkungen übersieht und den Gegner im bestmöglichen Licht sieht. Amen.*

5. Mai

Wenn dein Feind Hunger hat, dann gib ihm zu essen, und wenn er Durst hat, dann gib ihm zu trinken. Denn dadurch wirst du ihn zutiefst beschämen, und dich wird der HERR belohnen. (25,21-22)

Meinen Feind lieben. Der Todesstoß gegen unmäßigen Zorn geht noch über den Verzicht auf Vergeltung hinaus: Ich tue dem Menschen, der mir Böses getan hat, ganz bewusst Gutes. Christen sollen nicht nur nicht verfluchen, sondern segnen (Römer 12,14), nicht nur Böses nicht mit Bösem vergelten (Römer 12,17), sondern Böses mit Gutem überwinden (Römer 12,21).

Für *zutiefst beschämen* steht im Urtext die Formulierung *Glühende Kohlen wirst du auf seinen Kopf häufen.* Unsere Widersacher können unsere Freundlichkeit als etwas Schmerzliches empfinden, so wie Javert in dem Roman *Les Misérables* es schier nicht ertragen kann, dass Valjean ihm vergibt. Sie wollen doch eine Bestätigung dafür, dass ihr Hass auf uns gerechtfertigt ist, und unser freundliches Verhalten macht das unmöglich. Aber es sollte nie unser Motiv sein, ihnen ein schlechtes Gewissen zu machen. Seien Sie nie freundlich aus der Motivation heraus, dem anderen zu zeigen, dass Sie etwas Besseres sind als er; so etwas ist nicht Liebe, sondern verkleidete Rache. Soweit es an Ihnen liegt, tun Sie Ihrem Gegner Gutes, auch wenn er dies vielleicht nicht will (Römer 12,18).

Gibt es Menschen, denen Sie vielleicht nichts Böses tun, aber von denen Sie Abstand halten? Wie könnten Sie anfangen, ihnen Gutes zu tun?

Gebet: *Herr, ich muss gestehen, dass dies eine der radikalsten und härtesten Aufforderungen ist, die es in deinem Wort gibt. Da bin ich stolz darauf, dass ich es jemandem nicht heimzahle – und jetzt sagst du mir, ich soll ihm regelrecht Gutes tun! Herr, lass mich damit anfangen, dass ich für ihn bete. Amen.*

6. Mai

Ein zufriedenes Herz belebt den Körper, aber Eifersucht ist wie Fäulnis in den Knochen. (14,30)

Die Macht von Eifersucht und Neid. In der Bibel erfahren wir, dass Gott „ein eifersüchtiger Gott" ist (2. Mose 34,14 EIN). Aber bei Gott ist dies eine Eifersucht *für* etwas. Eifersucht ist „das Nichtdulden einer Einmischung von außen und damit ein Kennzeichen von Liebe (als Gegensatz der Gleichgültigkeit)."[106] Eifersucht ist im Kern die Festlegung auf eine bestimmte Beziehung, und sie wird aktiv, wenn es darum geht, Schaden von einer Beziehung abzuwenden bzw. eine zerbrochene Beziehung wiederherzustellen. Paulus spricht von seinem Eifer, dass die Korinther sich ganz Gott hingeben mögen; seine deutlichen Worte sind dazu geeignet, seine Leser wachzurütteln (2. Korinther 11,2ff.).[107]

Sündige Eifersucht ist nicht der Eifer *für* jemanden, sondern der Neid *auf* jemanden. Der Neidische will das Leben des anderen haben. Ich sehe, dass er etwas Besseres hat als ich, und anstatt mich darüber zu freuen, jammere ich darüber, dass *ich* das nicht habe. So eine Einstellung ist *wie Fäulnis in den Knochen*. Sie kann mich buchstäblich auffressen – äußerlich wie innerlich.

Seien Sie ehrlich: Wessen Leben hätten Sie am liebsten selber? Wie kann Ihr Glaube an das Evangelium (also an das, was Sie in Christus haben) dem Neid die Spitze abbrechen?

Gebet: *Herr, ich gestehe: Ich beneide andere Menschen um ihren Körper, ihr Bankkonto, ihre Beziehungen und noch vieles andere. Ich halte diesen Neid unter Verschluss, sogar gegenüber mir selber, weil er etwas so Peinliches ist. Aber er nimmt mir meine Freude und dir deine rechtmäßige Ehre. Hilf mir, ihn aus meinem Herzen auszureißen. Amen.*

7. Mai

Wut ist schrecklich, und Zorn ist wie eine Flut, die alles überschwemmt. Aber noch verheerender ist Eifersucht – wer könnte ihr standhalten? (27,4)

Das Übel des Neides. Eifersucht bzw. Neid kann also schlimmer sein als Wut. Wie das? Der Neidische möchte das Leben eines anderen haben (6. Mai). Aber es geht noch weiter: Er gönnt dem anderen dieses Leben nicht. Wer lobt, erkennt, dass der andere besser ist als er selber – und freut sich darüber. Der Neidische dagegen erkennt, dass der andere mehr hat – und vergeht schier vor Gram. John Gielgud, der große britische Schauspieler, schreibt in seiner Autobiografie: „Als im Jahre 1948 Sir Laurence Olivier den Hamlet spielte und die Kritiker sich vor Begeisterung nicht fassen konnten, weinte ich.“[108]

Der Neidische ist unglücklich über das Glück anderer Menschen. Er weint, wenn sie sich freuen, und freut sich, wenn sie weinen. Es ist das genaue Gegenteil einer gesunden Einstellung, wie Römer 12,15 sie beschreibt, und die beste Methode, davon frei zu werden, besteht darin, auf Jesus zu schauen, über den man mit Recht sagen konnte: „In all ihren Bedrängnissen fühlte er sich selbst bedrängt“ (Jesaja 63,9 NLB).

Gibt es jemanden, von dem Sie glauben, dass er das Leben hat, dass eigentlich Sie verdient hätten? Hindern dieser Glaube und dieses Gefühl Sie daran, richtig glücklich zu sein? Wie können Sie das ändern?

Gebet: *Vater, ich brauche die Fähigkeit, mich über Menschen zu freuen, die das haben, wonach ich mich sehne. Ich bin zu dieser Liebe nicht fähig, aber ich brauche sie, um leben zu können. Ich will nicht länger in Neid und Verbitterung leben. Hilf mir, Herr! Amen.*

8. Mai

Ereifere dich nicht über Menschen, die sich von Gott abwenden, sondern setze dich den ganzen Tag dafür ein, dass du selber in Ehrfurcht vor dem HERRN lebst. Denn es gibt ganz gewiss eine Zukunft, und deine Hoffnung wird nicht enttäuscht … Entrüste dich nicht über Leute, die Böses tun, sei nicht neidisch auf die Gottlosen. Denn ein böser Mensch hat keine Zukunft, die Gottlosen sind wie eine verlöschende Lampe. (23,17-18; 24,19-20)

Das Gegenmittel gegen Neid. Neid und Eifersucht haben zwei Wurzeln. Erstens sind wir besessen von dem, was wir angeblich verdienen. Unser Herz hat Gottes Gnade vergessen und denkt nur noch an das, was wir verdient haben. Und zweitens leben wir nur in der Gegenwart. Die Lösung? Schau nach vorne, auf Gott (23,17b) und auf deine *Hoffnung* (23,18). Es gilt, zu erkennen, dass unser wahrer Lohn aus Gottes Gnade kommt. Und nicht zu vergessen, dass es den Gläubigen am Ende an nichts mangeln wird (vgl. Psalm 17,15).

Christen können auf eine Art „nach oben schauen", die die Sprüche noch nicht bieten. Jesus klagte nicht, als er in den Tod ging, obwohl er das Leben verdient hatte – damit wir das Leben haben konnten, als wir den Tod verdienten. Jesus war der neidloseste Mensch, der je gelebt hat. Wenn Sie begreifen, was er für Sie tat, wird Ihr Neid seine Kraft verlieren. Wenn er nicht klagte, als er ein Leben bekam, das unendlich schlechter war als das, was er verdient hatte, wie können wir dann klagen, die wir alle ein Leben bekommen, das unendlich besser ist als das, was wir verdient haben?

Sehen Sie, wie Ihr ständiges Kreisen um das, was Sie verdient haben, Ihnen die Lebensfreude nimmt? Wie können Sie das Evangelium (das Vorbild Jesu) benutzen, um damit Schluss zu machen?

***Gebet:** Herr Jesus, du hattest den Tod, den du erlittest, nicht verdient, aber du wurdest nicht böse deswegen. Ich habe die Erlösung, die dein Leiden mir gebracht hat, nicht verdient, aber du missgönnst sie mir nicht. Ich rühme dein großes Herz und bitte dich, mir auch solch ein Herz zu geben. Amen.*

9. Mai

Was ist das nur für eine Brut, die ihren Vater verflucht und ihre Mutter verächtlich behandelt! Was ist das nur für eine Brut, die sich für rein und unschuldig hält, obwohl nicht einmal der gröbste Dreck abgewaschen ist! Was ist das nur für eine Brut, die mit hochmütigem Blick und hochgezogenen Augenbrauen auf andere herabsieht! Was ist das nur für eine Brut, die Schwerter als Zähne hat und Messer als Gebiss, um damit die Armen im Lande und die Schwachen unter den Menschen aufzufressen! (30,11-14)

Gesichter des Stolzes. Jeder dieser Verse beschreibt eine andere Art Menschen. Menschen, die den Aufstand gegen ihre Eltern proben (V. 11), sind nicht dasselbe wie Menschen, die die Armen bedrücken (V. 14). Und doch haben sie etwas gemeinsam: Es geht um die verschiedenen Gesichter des Stolzes, der hier als der große Beziehungsfeind gesehen wird.

Der Stolz lässt uns erstens alle Autorität hassen (V. 11) – auch unsere Eltern, die ersten Autoritätspersonen in unserem Leben. Zweitens macht er uns blind für unsere Fehler, unseren *Dreck* (V. 12), und somit unfähig zur Selbstkorrektur. Er macht uns drittens *hochmütig* und verächtlich gegenüber unseren Mitmenschen (V. 13) und schließlich gnadenlos und ungerecht gegenüber denen, die sozial schwächer sind als wir (V. 14). Der Stolz ist ein Übel aller Übel. „Unkeuschheit, Wut, Gier, Alkoholismus usw. sind im Vergleich dazu bloße Lappalien. Durch den Stolz wurde der Teufel zum Teufel. Der Stolz ist das Tor zu allen anderen Lastern; er ist die Gottlosigkeit in Perfektion.“[109] Er ist der totale Gegensatz zu der Mentalität Christi (vgl. Philipper 2,1-5), der sagte: „Ich suche nicht meine Ehre“ (Johannes 8,50 LÜ).

Was richtet der Stolz in *Ihren* Beziehungen an?

Gebet: *Herr, ich bin zu stolz, um zuzugeben, wie stolz ich bin. Erst wenn ich in den Evangelien von deiner großen Demut lese, sehe ich, dass ich ja keine habe. Zeige mir mehr von dieser schmerzlichen Wahrheit, damit ich freier werde vom Gift des Stolzes. Amen.*

10. Mai

Wer über seinen Mitmenschen spottet, dem fehlt es an Verstand, ein vernünftiger Mann schweigt. (11,12)

Auf andere herabsehen. Die Sprüche verbieten es uns, auf andere herabzusehen und sie als unwichtig zu behandeln. Als Ursache dieser Neigung sieht die Bibel den Stolz (Psalm 123,4). Aber was genau ist die Sünde des Stolzes? Es ist eines, auf seine Arbeit oder seinen Besitz stolz zu sein. Doch Stolz, der Sünde ist, freut sich nicht darüber, dass er etwas hat, sondern dass er mehr davon hat als sein Nächster. Der Stolze findet es nicht toll, dass er erfolgreich, intelligent oder gut aussehend ist, sondern dass er reicher, klüger oder schöner als seine Mitmenschen ist. Das Herz des Stolzes ist der Vergleich mit den anderen: Ich bin besser als ihr, ihr könnt mir nicht das Wasser reichen …[110]

In der Bergpredigt hat Jesus ausdrücklich verboten, Mitmenschen verächtlich zu machen (Matthäus 5,22), und obwohl er göttlichen Wesens war und dies auch offen sagte, war sein Verhalten freundlich und demütig. Er gab sich mit Menschen ab, von denen die „anständigen Leute" nichts wissen wollten. Er schaute auf niemanden herab; wie können wir dann auf andere herabschauen?

Mal ehrlich: Welchen Menschen bzw. welche Sorte Menschen verachten Sie? Wie können Sie das ändern?

Gebet: *Herr, du hast mit Zolleinnehmern gegessen (also mit Kollaborateuren der römischen Besatzer). Und mit Prostituierten und anderen Sündern. Als du hier auf der Erde warst, hast du niemanden verachtet. Sogar mit den Pharisäern hast du gegessen; du hast die Bornierten nicht borniert behandelt. Verändere mein Herz, damit ich in deinen Fußstapfen gehen kann. Amen.*

11. Mai

Das Haus der Hochmütigen reißt der HERR nieder, aber die Grundstücksgrenzen der Witwe richtet er auf. (15,25)

Falsche Majestät. Der Stolze schaut nicht nur auf andere herab, er vergisst es auch, nach oben zu schauen. Er verweigert Gott den ihm gebührenden Platz in seinem Leben. Das hebräische Wort für „stolz“ ist *ge'eh*. Auf Gott angewendet bedeutet es allerhöchste Majestät; die Anwendung auf Menschen ist also ebenso ironisch wie vielsagend. Wir wollen unsere eigenen Erlöser und Herren sein. Wir wollen unser eigenes Ding machen, selber unsere Sporen verdienen, selber entscheiden, was (für uns) recht und was unrecht ist.

Lewis Smedes schreibt: „Stolz im religiösen Sinne ist die Weigerung, Gott Gott sein zu lassen. Wir wollen selber Gott spielen … Stolz ist das Ausschlagen von Gottes Einladung, ein Geschöpf in seinem Garten zu sein, und der verbissene Wunsch, selber der Schöpfer zu sein, unabhängig und mit unseren eigenen Mitteln … Stolz ist die große Illusion, die Fantasie aller Fantasien, das kosmische So-tun-als-ob.“[111] Stolz macht uns selbstsicher und realitätsfremd, und damit macht er uns dumm. Und er führt auch, wie dieser Vers zeigt, zu sozialer Ungerechtigkeit. Aber der Stolze, der auf dem Hilflosen herumtrampelt, bringt Gott selber gegen sich auf.

Wie weigern wir uns, Gott in unserem Leben Gott sein zu lassen? Nennen Sie Beispiele!

Gebet: *Herr, manche Dinge in der Bibel gefallen mir gar nicht. Auch nicht, wie du manchmal mein Leben führst. Wenn ich ehrlich sein soll, dann mag ich auch nicht die Lehre von der Gnade; ich würde mir meine Erlösung lieber selber verdienen, damit du mein Schuldner wirst. Und so weigere ich mich, dich Gott sein zu lassen. Bitte vergib mir. Amen.*

12. Mai

Was ist das nur für eine Brut, die sich für rein und unschuldig hält, obwohl nicht einmal der gröbste Dreck abgewaschen ist! Was ist das nur für eine Brut, die mit hochmütigem Blick und hochgezogenen Augenbrauen auf andere herabsieht! (30,12-13)

Kein Mitgefühl. Die Augen der Stolzen sind *hochmütig*; sie ziehen buchstäblich ihre Augenbrauen hoch. Sie begegnen ihren Mitmenschen nicht auf Augenhöhe, betrachten sie nicht als gleichwertig. Sie schauen an ihnen vorbei, hin zu ihren Zielen, für die die anderen bloße Mittel zum Zweck sind,[112] Statisten, die dazu da sind, ihnen Beifall zu klatschen, sie zu bewundern und allgemein ihr Selbstbild zu heben. Stolz macht Mitgefühl nahezu unmöglich. Er lässt es nicht zu, dass wir die Menschen wirklich beachten, uns an ihre Stelle setzen, es merken, wenn das Leben ihnen wehtut. Er fixiert uns auf unsere eigenen Bedürfnisse und Pläne. Der Stolze, der das Leiden seines Mitmenschen mitbekommt, denkt entweder, dass *ihm* so etwas aber nicht passieren kann, oder er ist zu sehr im Selbstmitleid wegen seiner eigenen Probleme gefangen, um sich um die Not eines anderen kümmern zu können.

Wie ganz anders war da Jesus! Er seufzte, als er vor dem Taubstummen stand (Markus 7,34), er weinte am Grab des Lazarus (Johannes 11,35), und er ist unser Hoherpriester, der mit uns mitfühlen kann (Hebräer 4,14-16). Er schaut uns an als jemand, der sich nicht scheut, in unserem Elend an unserer Seite zu stehen.

Kommen die Menschen zu Ihnen, um über ihre Probleme zu reden? Nein? Könnte das daran liegen, dass Sie kein sehr mitfühlender Mensch sind?

Gebet: *Herr, ich bekenne dir, dass mein Selbstmitleid und mein Kreisen um mich selber mich ungeduldig machen gegenüber Menschen, die Probleme haben. Ich versuche, mich mit möglichst „pflegeleichten" Menschen zu umgeben. Wo wäre ich, wenn du das auch gemacht hättest? Schenke mir dein mitfühlendes Herz! Amen.*

13. Mai

Ein kluger Mensch kann sich beherrschen, und es ehrt ihn, dass er Fehler übergehen kann. (19,11)

Empfindlich. Ein Körperteil, der verletzt oder entzündet ist, zuckt bei Berührung unwillkürlich zurück. Das mit *sich beherrschen* wiedergegebene hebräische Wort bedeutet wörtlich ein Gesicht, das entspannt ist und sich nicht bei jedem Problem sofort verzerrt. Jemand sagt etwas, was Ihnen nicht gefällt; schießen Sie sofort zurück? Oder nehmen Sie sich Zeit für Ihre Reaktion, sodass sie wohlüberlegt und nicht ein bloßer Reflex ist?

Was ist es, das uns so empfindlich macht? Wir glauben, unsere Ehre oder unseren guten Ruf verteidigen zu müssen. Es ist unser Ich, das so empfindlich ist.

Hier können wir etwas lernen. Wir nehmen unseren Körper in der Regel erst dann zur Kenntnis, wenn es Probleme gibt. Wir sagen nicht: „Meine Ellbogen funktionieren heute prima!" Aber unser Ich meldet sich pausenlos. Das ist so, weil die Sünde unsere Identität, die Art, wie wir uns wahrnehmen, verzerrt hat. Wir brauchen Gottes erlösende, reparierende Gnade. Wenn unser Ich richtig funktionierte, dann wüssten wir, dass wahre Ehre darin besteht, eine kränkende oder ärgerliche Bemerkung zu überhören, ohne gleich zurückzuschießen. „Vater, vergib ihnen, denn sie wissen nicht, was sie tun" (Lukas 23,34) – *das* ist wahre Ehre!

Fühlen Sie sich leicht verletzt oder angegriffen? Ist es für Sie eine Katastrophe, wenn jemand Sie kritisiert?

Gebet: *Herr, gestern habe ich sehr empfindlich auf eine Bemerkung reagiert. Gut, ich war müde und mit den Nerven fertig. Aber du standest unter viel größerem Stress und hast doch nie jemand angefahren. Lass mich lobend staunen über deine große Geduld, bis sie auch in mir wächst. Amen.*

14. Mai

Der HERR verabscheut alle Hochmütigen. Verlasst euch darauf: Keiner von ihnen kommt ungestraft davon … Erst ist man überheblich, dann am Boden zerstört, Hochmut kommt vor dem Fall. (16,5.18)

Stolz macht blind. Die Bibel sagt nicht, dass Hochmut unter Umständen vor dem Fall kommt; er *kommt* vor dem Fall, Punkt. Das liegt schlicht daran, dass Stolz es schwierig macht, Rat oder Kritik anzunehmen. Der Stolze kann nicht aus seinen Fehlern lernen und seine Schwächen zugeben; immer müssen die anderen schuld sein. Das Selbstbild des grenzenlos Kompetenten, der besser ist als die anderen, es will um jeden Preis verteidigt werden. Stolz trübt unseren Realitätssinn, sodass wir die schlimmsten Fehler machen.

In Shakespeares Drama *Troilus und Cressida* sagt der große Krieger Ajax: „Wie ich die Stolzen hasse!", worauf eine andere Figur ins Publikum hineinraunt: „Sich selber liebt er, ist das nicht famos?" Ajax ist total blind für das, was jeder andere sehen kann – er ist ungeheuer stolz. So stolz, dass er sich schließlich vor Gram tötet, als nicht er, sondern Odysseus die Rüstung des Achilles erhält. Wie eine andere Figur in dem Stück es ausdrückt: „Der Stolze frisst sich selber auf."[113] Wohl wahr.

Was für ganz praktische negative Folgen des Stolzes haben Sie in der letzten Zeit bei sich oder bei anderen erlebt?

Gebet: *Herr, mal macht mein Stolz mich klein und mickrig, mal bläst er mich auf. Mal macht er mich überängstlich, mal leichtsinnig. Er schadet mir auf tausend Arten. Herr, gib, dass seine Macht über mein Leben kleiner wird, egal, was es kostet! Amen.*

15. Mai

Überheblichkeit führt nur zu Streit, Weisheit aber ist bei denen zu finden, die sich etwas sagen lassen … In des Toren Mund ist die Rute für seinen Hochmut; aber die Weisen bewahrt ihr Mund. (13,10; 14,3 LUT)

Stolz macht Zoff. Ein zweiter praktischer Grund dafür, dass Hochmut vor dem Fall kommt, ist, dass er immer wieder zu *Streit* führt. 14,3 besagt, dass die Worte des Stolzen wie eine Rute sind – aber eine Rute, die ihn selber schlägt, während die Worte des Weisen diesen vor Schaden schützen.

Bruce Waltke schreibt, dass das hier verwendete Bild das eines Mannes bzw. einer Frau ist, die sich selber mit einer Rute oder Peitsche schlagen. Wie machen arrogante Worte das? Nun, „das taktlose, beleidigende Gerede", das so typisch für den Angeber und den Überempfindlichen ist, „lässt andere mit Zorn, Spott, Verachtung und Rache reagieren."[114] Der Stolze gerät ständig in Streit, und früher oder später wird er sich mit jemandem anlegen, dem er nicht gewachsen ist. Leise, vorsichtige, zurückhaltende Worte dagegen wirken entwaffnend auf die anderen und sind ein guter Schutz vor den sinnlosen Materialschlachten des Streites. Das beste Beispiel dafür ist Jesus selber, der, anstatt Freunde zu Feinden zu machen, sein Leben der Aufgabe widmete, Feinde zu Freunden zu machen (Römer 5,10).

Gibt es jemanden, der gegen Sie ist oder Sie kritisiert? Wie könnten Sie versuchen, seine Feindseligkeit abzustellen und ihn zu einem Freund zu machen?

Gebet: *Herr, ich brauche Hilfe für meine Zunge. So oft galoppiert sie mir davon, und danach bereue ich, was ich da gesagt habe. Es gibt diverse Beziehungen, die durch meine unüberlegten Worte Schaden genommen haben. Zeige mir, wie ich Friedensfühler ausstrecken und aus potenziellen Feinden Freunde machen kann. Amen.*

16. Mai

Es ist besser, bescheiden bei den Demütigen zu bleiben, als Beute mit Überheblichen zu teilen. (16,19)

Gott hasst die Stolzen. Es gibt ganz praktische Gründe dafür, dass Hochmut vor dem Fall kommt, aber es gibt auch, wie man es nennen könnte, kosmische Gründe. Gott liebt die *Demütigen* – die Witwen, die Waisen, die Machtlosen. Warum tut er das?

In dem einen Wesen des dreieinigen Gottes gibt es drei Personen, die einander von Ewigkeit zu Ewigkeit lieben und ehren (Johannes 17,1-6); es ist eine Liebe, die auf den anderen hin orientiert ist.[115] Das aber heißt: Wenn ich Ehre und Anerkennung für mich selber suche, anstatt sie anderen zu geben und ihnen zu dienen, gehe ich sozusagen gegen den Strich des Universums. Das Leben des Dieners, das Jesus geführt hat, ist eine Offenbarung des Wesens Gottes und des Kerns des Seins. Und der Stolze befindet sich auch auf Kollisionskurs mit der Zukunft Gottes, denn die Bibel versichert uns, dass der Tag kommt, wo er die Demütigen emporheben und die Stolzen stürzen wird. Wenn es Gottes ausdrücklicher Wille ist, dass wir uns mit den Demütigen identifizieren, warum ist es uns dann so zuwider, wenn wir nicht die Anerkennung und die Behandlung bekommen, die wir unseres Erachtens verdient haben?

Ist es für Sie etwas Schlimmes, wenn andere Sie brüskieren oder ignorieren?

Gebet: *Herr Jesus, ich hätte nach wie vor gerne Ehre und Ruhm, aber eigentlich weiß ich, dass ich dienen sollte, ohne einen Lohn dafür zu erwarten. Das ist alles so schwer! Mache mir deine selbstlose Liebe so groß, dass es mir egal wird, was die anderen von mir denken. Amen.*

17. Mai

Ehrfurcht vor dem HERRN erzieht zur Weisheit, und der Ehre geht Bescheidenheit voraus. (15,33)

Das große Paradox. Die Demütigen suchen nicht ihre eigene Ehre, aber sie sind die, die Ehre bekommen. (*Der Ehre geht Bescheidenheit voraus* = Bescheidenheit führt zu Ehre.) Dieses Paradox ist das Herz der biblischen Botschaft. Im Alten Testament bringt Gott seine Erlösung durch Sara und nicht Hagar, Lea und nicht Rahel, Jakob und nicht Esau, David und nicht seine älteren, präsentableren Brüder in die Welt. In jeder Generation neu wirkt Gott durch das Mädchen, das keiner will, und den Jungen, den alle übersehen.

Und als Gott selber in die Welt kam, kam er nicht als Feldherr oder König, sondern als einfacher Zimmermann. Er ergriff nicht die Macht, sondern verlor sie und starb, aber dieses Opfer war die Erlösung der Welt. Die Schande des Kreuzes hat uns Ruhm und Ehre gebracht. Und heute – bringt die Demut der Buße und des schlichten Glaubens an Christus die unvorstellbare Ehre, in Christus Gottes Adoptivkind zu werden. Der Mächtigste im ganzen Universum bewies, dass er stark genug war, um schwach zu werden (Philipper 2,5-8). Demut ist der einzige Weg heraus aus der Torheit und hinein in die Ehre.

Wann haben Sie das letzte Mal dieses biblische Paradox in Ihrem Leben oder in dem eines Bekannten erlebt?

***Gebet:** Herr, ich lasse mir von Titeln und Äußerlichkeiten imponieren. Du nicht. Wenn du mich nach solchen Dingen beurteilen wolltest, wäre ich erledigt. Halte meine Augen klar, dass sie sich nicht blenden lassen von Glamour und schönem Schein. Amen.*

18. Mai

Spiel dich in Gegenwart des Königs nicht in den Vordergrund und stell dich nicht an denselben Platz wie die Würdenträger. Denn besser, man fordert dich auf: „Komm, nimm den Platz hier oben ein!“, als dass man dich in Gegenwart eines Vornehmen herabsetzt. (25,6-7)

Wahre und falsche Bescheidenheit. Wie zeigt Demut sich im Alltag unseres Lebens? Unter anderem durch Bescheidenheit. Der Unbescheidene spielt sich auf hundert Arten auf. Er tut dies im Gespräch; routinemäßig unterbricht er andere, im festen Glauben, dass das, was *er* zu sagen hat, wichtiger und tiefschürfender ist. Er tut es am Arbeitsplatz, indem er gerne die Leistungen anderer sich selbst zuschreibt (aber natürlich nicht deren Fehlleistungen). Heute tut er es auch im Internet, das er als Plattform für seine Selbstvermarktung benutzt. Die Selbstvermarktung kann auch schädlichere Formen annehmen, wie Rechtsverdreherei, rücksichtslose Machtspiele und andere Arten, auf dem Rücken der anderen die Erfolgsleiter hinaufzusteigen. Doch 25,7 zeigt uns, dass es nichts an sich Böses ist, Ehre zu bekommen. Was bedeutet, dass es auch eine falsche Bescheidenheit gibt – eine gar nicht so subtile Art, sich selbst als besonders demütig hinzustellen …

Jesus hat die Warnung der Sprüche, sich selber – für alle gut sichtbar – auf der sozialen Leiter ein paar Stufen höher zu stellen, auf das ganze Leben verallgemeinert (Lukas 14,7-11). Echte Bescheidenheit bedeutet nicht, schlechter von sich zu denken, sondern weniger an sich zu denken. Wir sollten gar nicht darauf achten, wo wir in der Hackordnung stehen, sondern einfach das Beste unserer Mitmenschen suchen.

Gebet: *Herr, die Demut ist so ein schwieriges Thema! Selbst wenn ich um sie bete, spüre ich, wie ich mir klammheimlich zu meiner Bescheidenheit gratuliere. Im Grunde kann ich nur sagen: Gott, sei mir Sünder gnädig und lass mich nie vergessen, dass ich nur das bin: ein geliebter Sünder. Amen.*

19. Mai

„Ich habe mich abgemüht, Gott, ich habe mich abgemüht und bin am Ende meiner Kraft. Ich bin dümmer als jeder andere, ein Mensch ohne Verstand. Ich habe keine Weisheit erlernt und kann daher den heiligen Gott nicht erkennen." (30,1-3)

Sehnsucht nach Gott. Der Sprecher sagt, dass er rein nichts über das Leben und über Gott weiß; er ist *ein Mensch ohne Verstand.* Ist das eine Übertreibung? Ja, aber eine gesunde, paradoxe. Die Behauptung, dass er *den heiligen Gott nicht erkennen* kann, ist ja gerade ein Zeichen dafür, dass er eine geistliche Antenne hat. Die, die sicher sind, Gott zu kennen, kennen ihn nicht. Die, die klagen, dass sie ihn nicht kennen, haben damit angefangen, ihn zu kennen. Manchmal ist das schmerzliche Bewusstsein von Gottes Abwesenheit ein Zeichen dafür, dass er dabei ist, uns näher zu sich zu ziehen.

Der Mann, der ausrief: „Ich glaube! Hilf mir heraus aus meinem Unglauben!", setzte gerade damit sein Vertrauen auf Jesus (Markus 9,24). Der erste Schritt heraus aus meiner geistlichen Unwissenheit besteht darin, ihr ins Auge zu sehen. C.S. Lewis schreibt: „Sie möchten gerne demütig werden? Dann kann ich Ihnen den ersten Schritt dazu nennen … Wenn Sie meinen, dass *Sie* aber gar nicht eingebildet sind, dann sind Sie sogar sehr eingebildet."[116] Der Weise in 30,1-3 hat diesen ersten Schritt getan: Er erkennt die unendliche Kluft zwischen Gott und dem menschlichen Verstand, die nur durch Gottes Selbstoffenbarung überbrückt werden kann. Der nächste Schritt besteht dann darin, auf das Wort Gottes zu hören und zuzugeben, dass wir Sünder sind, die Gnade brauchen.

Können Sie ehrlich sagen, dass Sie einen Hunger nach Gott haben?

***Gebet:** Herr, lehre mich die absolut notwendige geistliche Disziplin der bußfertigen Selbstprüfung. Und hilf mir, dabei nicht in die Falle des morbiden Kreisens um mich selber zu fallen. Amen.*

20. Mai

Es ist ehrenwert, wenn man vom Streit Abstand nimmt, jeder gedankenlose Schwätzer dagegen platzt sofort los ... Hochmut bringt einen Menschen zu Fall, aber ein Bescheidener gewinnt Ansehen. (20,3; 29,23)

Selbstverleugnung. Im Jahre 2006 verübte in den USA ein Amokschütze ein Massaker in einer Schule der Amischen, bevor er sich selber erschoss. In anderen Fällen erhielten nach solch einer Tat die Verwandten des Mörders Todesdrohungen und ihre Häuser wurden verwüstet. Die Amischen vergaben dem Mörder und begegneten seiner Familie mit Liebe. Es gab damals Stimmen, die hofften, dass dieses Beispiel zum Nachahmen anregen würde.

Aber Vergebung, so gesund sie auch sozial wie emotional ist, ist eine Form der Selbstverleugnung, und wir leben in einer Kultur, die die Selbst*behauptung* hochhält. Wenn wir nicht so respektvoll behandelt werden, wie wir das für richtig halten, protestieren wir lautstark; so haben wir es gelernt, und unser Zorn gilt als Ausdruck gesunder Selbstachtung. Unsere Gesellschaft bringt keine Menschen hervor, die vergeben, sondern solche, die *sofort losplatzen* und auf ihre Ehre pochen. Wir sind eine *Streit*gesellschaft geworden, Tendenz: wachsend.[117] „Die meisten von uns sind von einer Kultur geprägt, in der Rache süß und Gnade lächerlich ist."[118] Wieder sehen wir, dass unsere Würde dort am größten wird, wo wir nicht auf ihr bestehen. Der Mensch, der sich ständig verteidigt, kommt uns ironischerweise nicht stark, sondern eher schwach vor.

Wann verspürten Sie das letzte Mal das Bedürfnis, sich zu verteidigen? Waren Sie zu vorschnell?

Gebet: *Vater, dein Sohn ist mein großer Fürsprecher geworden (1. Johannes 2,1). Sein vergossenes Blut schützt mich vor der Strafe des ewigen Moralgesetzes. In ihm nimmst du mich als dein Kind an. Warum glaube ich dann dauernd, mich verteidigen zu müssen? Befreie mich von dieser Sucht, indem du mich an meinen wunderbaren Hohepriester erinnerst. Amen.*

21. Mai

Armut und Schande treffen den, der Zurechtweisung in den Wind schlägt. Wer jedoch Ermahnungen beachtet, der kommt zu Ehren. (13,18)

Korrektur. Stolz, der *Zurechtweisung* hasst, führt ironischerweise am Ende immer zu Skandalen, die *Schande* bringen (das hebräische Wort bedeutet „etwas, das kein Gewicht hat"). Menschliche Arroganz trägt also ihren größten Albtraum in sich selber. Was kann man machen gegen den Stolz?

Hier eine Methode: Systematisch die Korrektur durch andere Menschen suchen. Wer nicht ein moralisches Leichtgewicht werden will, sondern ein ehrenhafter Mensch, der muss die Unterordnung seines Ichs unter ein anderes Ich pflegen.[119] Um die rechte Würde zu finden, muss ich meinen Stolz aufgeben. Dies kann in der Gemeinde geschehen, wenn wir uns fest vornehmen, den Rat und die Weisung weiser Leiter anzunehmen. Oder in einer Ehe, wenn wir unserem Partner die Sicherheit geben, dass er uns korrigieren darf. Oder wenn wir Freunde, die Christen sind, dazu ermächtigen, uns regelmäßig auf unsere Fehler und Sünden anzusprechen (Hebräer 3,13). Es ist möglich – aber nur, wenn wir uns entscheiden, dass Korrektur ein Teil unseres Lebens sein soll.

Gehören Sie zu einer christlichen Gemeinde, in der man in vertrauten Beziehungen voreinander Rechenschaft ablegen kann? Haben Sie in der letzten Zeit solche Korrektur erlebt?

Gebet: *Herr, es gibt nicht genügend Menschen in meinem Leben, von denen ich mir auf den Zahn fühlen lasse. Ich brauche die Geduld und die Beharrlichkeit, Beziehungen zu solchen Menschen aufzubauen, und den Mut, mich ihnen zu öffnen. Gib mir beides! Amen.*

22. Mai

Wenn jemand einsichtig ist, wird er entsprechend gelobt, aber jemand mit unvernünftigen Gedanken wird ausgelacht ... Überlass es einem anderen, dich zu loben, und tue es nicht selbst. Von einem Fremden soll das Lob kommen und nicht aus deinem eigenen Mund. (12,8; 27,2)

Lob. Das Selbstlob aus dem *eigenen Mund* geht fast immer nach hinten los; meine Mitmenschen werden weniger bereit, mir zu glauben. „Der Stolz ... ist seine eigene Posaune", schreibt Shakespeare, „und was in seinem Tun sich selber lobt, zerstört mit eben diesem Lob die Tat."[120] Aber, wie 27,2 impliziert und 12,8 feststellt, Gemeinden sollten Wege zum regelmäßigen Ausdruck der gegenseitigen Wertschätzung finden, denn echtes Lob brauchen wir alle. So lobt in 31,10-31 ein Ehemann in aller Ausführlichkeit die Tugenden seiner Frau.

Die Kirche sollte der Ort sein, wo die Menschen einander loben und nicht sich selber. Die Ehre, die wir in Christus haben (Epheser 1,19; Johannes 17,23; vgl. Johannes 12,43), bedeutet, dass wir nicht mehr darauf starren müssen, wie viel Aufmerksamkeit wir von den anderen bekommen, und stattdessen darangehen können, unsere Mitmenschen aufzubauen (Römer 12,10). „Allein Gottes Lob [in Christus] ist etwas, nach dem man nicht angeln muss und das einen nicht verderben kann."[121] Wenn wir im Evangelium die Zusage haben, dass Gott in Christus Ja zu uns sagt, brauchen wir nicht ständig das Lob von Menschen, werden nicht böse, wenn es nicht kommt, und nicht aufgeblasen, wenn es kommt. Und wir können großzügige Lobende werden – es sind die Demütigsten, die andere am meisten loben.[122]

Sind Sie schnell dabei, andere zu loben? Fragen Sie jemanden, der Sie gut kennt!

***Gebet:** Herr, es ist erstaunlich: Obwohl ich ein Sünder bin, freust du dich in Christus über mich (Römer 2,29; Zefanja 3,17). Lass das meiner Seele genügen, sodass ich bereitwillig meinen Mitmenschen meinen Dank und mein Lob gönne. Amen.*

23. Mai

Für den Redlichen ist es eine Freude, dem Recht Geltung zu verschaffen, doch für die Übeltäter ist das der Untergang … Wer gerne rauschende Feste feiert, wird Mangel leiden, in Wein und Öl schwelgen hat noch keinen reich gemacht … Wo ein Weiser wohnt, da gibt es kostbare Güter und Öl, aber ein dummer Mensch verprasst alles. (21,15.17.20)

Genusssüchtig. *Wein und Öl* (Olivenöl) wurden bei Festen genossen und waren ein großes Gut (Psalm 104,15). Aber wo die Liebe zum Genuss übermächtig wird, wird sie zur Todsünde der „Unmäßigkeit" (auch: „Völlerei"). Heute verbindet man damit vor allem zu viel essen, aber traditionell ist es die Unfähigkeit, Genüsse aufzuschieben. „Völlerei bietet einen Wirbel von Tanzen, Essen, Sport und der Raserei von einem Ort zum anderen, um sich etwas Schönes anzusehen …"[123] Unmäßigkeit kann buchstäblich süchtig auf bestimmte Speisen, Getränke oder Drogen machen, die man nur noch *verprasst*, und immer lautet ihre Parole: Ich will Spaß und ich will ihn sofort!

Die Weisen finden ihre Freude im *Recht* (21,15), und nicht im Vergnügen. Der Einsatz für das Recht bedeutet oft einen Verzicht auf Vergnügen und Annehmlichkeiten. Das Geld, das ich den Armen gegeben habe, habe ich nicht mehr für mich selber. Aber der Verzicht um Gottes und des Nächsten willen führt zu einer Freude, die tiefer ist als die des Genießens. Der große Fehler des Unmäßigen ist, dass er das Glücklichsein an sich sucht und nicht als Nebenprodukt eines richtig und gut geführten Lebens. „Der Genusssüchtige sucht die Freude *als solche* und findet Armut (V. 17)."[124]

Nennen Sie ein Beispiel dafür, wie der Verzicht auf sofortigen Genuss am Ende zu tieferer Befriedigung führt.

Gebet: *Herr, noch nie gab es eine Gesellschaft wie meine, wo Medien, Werbung und Kultur mich täglich auf den großen Vergnügungstrip schicken. Als du starbst, besaßest du nur deine Kleider. Bitte mache mich weise, dass ich mich weder gesetzlich kasteie noch alles Mühevolle scheue. Amen.*

24. Mai

Erweise dem HERRN Ehre mit deinem Besitz, überlass ihm die besten Früchte deiner Ernte. Dann werden deine Vorratskammern reichlich gefüllt sein, und der Most in deinen Fässern wird überfließen ... Wein macht zum Spötter und Bier zum Krakeeler, wer davon betrunken umherschwankt, kann nicht weise sein. (3,9-10; 20,1)

Alkohol. Alkoholmissbrauch führt in den Ruin. Die Sprüche warnen eindringlich vor der Trunkenheit, einem Zustand, in dem man nicht mehr Herr über sich selber ist. Den Stress des Lebens mit zu viel Alkohol betäuben kann einen in eine unsichere finanzielle Lage bringen (21,17; 23,19-21), ja zu Missbrauch und Ungerechtigkeit führen (31,4-5). Aber wie 3,9-10 zeigt, predigen die Sprüche auch nicht die totale Abstinenz, denn der Wein ist grundsätzlich eine gute Gabe Gottes (1. Mose 27,28; 5. Mose 14,26). Jesus selber hat den Wein zu einem der beiden Elemente des Abendmahls gemacht (Matthäus 26,27-29).

Aber wenn Amtsinhaber wichtige Entscheidungen treffen (31,4-5) oder Gläubige ein besonderes Gelübde vor Gott ablegen (4. Mose 6,3), sind Wein und Bier verboten. Der Weise erkennt, dass „diese beiden Aspekte des Weins ... sein Segen und sein Fluch, Gottes Ja und Gottes Nein zu ihm, im Alten Testament unauflöslich miteinander verwoben sind, sodass der Wein das Herz des Menschen erfreut (Psalm 104,15), aber auch seinen Geist in die Irre gehen lässt (Sprüche 28,7).“[125]

Teilen Sie das vorsichtige „Ja, aber“ der Sprüche gegenüber dem Alkoholkonsum? Was tun Sie, um sich vor den Gefahren des Alkohols zu schützen?

Gebet: *Herr, so viele Dinge sind weder an sich gut noch böse, sondern wollen mit Verstand benutzt werden. Der Weise weiß, was sie sind und wie er recht mit ihnen umgeht. Viele, die das nicht getan haben, haben ihr Leben ruiniert. Bewahre mich und meine Lieben vor Dummheiten beim Essen und Trinken. Amen.*

25. Mai

Wer klagt über Katzenjammer? Wer hat Streit, wer macht sich Sorgen? Wer zieht sich unnötige Verletzungen zu? Wer hat trübe Augen? Die bis spät in der Nacht beim Wein sitzen bleiben, die sich treffen, um den gewürzten Wein zu kosten. Lass dich vom Wein nicht verlocken! Er schimmert rot und blinkt im Becher. Leicht und angenehm fließt er durch die Kehle. Doch am Ende beißt er zu wie eine Schlange und spritzt Gift wie eine Viper. Deine Augen sehen dann seltsame Dinge, und du redest wirres Zeug. Du fühlst dich wie ein Seekranker auf hoher See und wie einer, der ganz oben im schwankenden Mastkorb liegt. Und du denkst: „Man hat mich wohl geschlagen, aber ich spüre keinen Schmerz, man hat mich verprügelt, aber ich habe es noch nicht einmal bemerkt. Wann werde ich wieder nüchtern sein? Ich will doch weitertrinken!" (23,29-35)

Ganz unten. Der Betrunkene ist eine beliebte Witzfigur. *„Man hat mich wohl geschlagen, aber ich spüre keinen Schmerz …"* Aber die Alkoholsucht ist kein Witz, sondern eine Tragödie. Das Delirium tremens (23,33), die Blessuren durch Stürze und Handgemenge (23,29), sie werden hier in ihrem ganzen Elend beschrieben. Alle Alkoholiker beginnen mit „nur einem Gläschen"; wie kann jemand, der Alkohol trinkt, dann die Falle vermeiden?

Wenn Wein nicht mehr nur ein gutes Getränk ist, sondern etwas, nach dem man sich sehnsüchtig die Zunge leckt, bekommt er eine fast schon erotische Anziehungskraft. Der Drang wird immer stärker, doch der Süchtige ist hilflos. *Ich will doch weitertrinken!* Von Süchten frei werden ist nie einfach und kann das ganze Leben dauern. Paulus hat völlig recht, wenn er uns den eigentlichen Tröster zeigt, den wir brauchen: „Und trinkt euch keinen Rausch an … Lasst euch vielmehr vom Geist Gottes erfüllen" (Epheser 5,18). Mit dem Geist erfüllt werden heißt Christus sehen, voller Realität und Freude (Johannes 15,26; 16,14). *Das* ist die Freude, die uns in den Stand setzt, andere „Tröster" links liegen zu lassen.

Die Sucht kann viele Gestalten annehmen. Was tun Sie, um mit Stress, Sorgen und Traurigkeit fertigzuwerden?

***Gebet:** Herr, lass mich meine Sorgen und meinen Kummer vor dich bringen und nicht vor den Kuchenteller, die Bierflasche, den Pornofilm, das Videospiel oder die lange Videonacht. „Hier ist Gottes Angesicht, hier ist lauter Trost und Licht."*[126] *Amen.*

26. Mai

Dem Faulen wird seine Trägheit zum Verhängnis, denn er weigert sich, mit seinen Händen zu arbeiten. Ein gieriger Mensch will ständig immer mehr für sich haben, ein Rechtschaffener dagegen gibt gern und ist dabei nicht geizig. (21,25-26)

Der Träge liebt nichts. Träge Menschen haben ein übersteigertes Verlangen nach Behaglichkeit, Bequemlichkeit und Zerstreuung.[127] Sie gehen chronisch unzufrieden durchs Leben, weil sie nicht unzufrieden genug mit ihm sind. Dorothy Sayers definiert die Trägheit als „die Sünde, die an nichts glaubt, sich um nichts kümmert, nichts zu wissen sucht, sich in nichts einmischt, nichts liebt, nichts hasst, in nichts einen Sinn erblickt, für nichts lebt und nur am Leben bleibt, weil es nichts gibt, wofür sie sterben würde."[128]

Der Träge liebt das Leben nicht genug, um hart zu arbeiten, damit er mehr von ihm hat, und er liebt die Menschen nicht genug, um hart zu arbeiten, damit er gern geben kann, ohne dabei geizig zu sein (21,26). Was tun gegen die Trägheit? „Unseren Blick auf Jesus richten, den Wegbereiter des Glaubens, der uns ans Ziel vorausgegangen ist. Weil Jesus wusste, welche Freude auf ihn wartete, nahm er den Tod am Kreuz auf sich …" (Hebräer 12,2). Erdrückende Lasten trug er mit Freude, weil er uns genug liebte, um uns zu erlösen. Da sollten wir ihn doch genug lieben, um unser Tagwerk zu tun!

Tun Sie Ihre Arbeit nur aus Pflichtgefühl oder um Dinge, die Sie lieben, zu erwerben oder zu pflegen? Wie könnte eine Veränderung bei Ihren Motiven die Art, wie Sie arbeiten, ändern?

Gebet: *Herr, schenke mir die rechten Motive für die Bitte, die ich jetzt vor dich bringe. Lass mich genug verdienen und genug haben, um vielen Menschen helfen zu können, ohne geizig zu sein. Amen.*

27. Mai

Wer träge ist, wird sich nie ein Wildbret braten, aber ein fleißiger Mensch besitzt wertvolle Dinge … Der Faule hat zwar seine Hand noch in die Schüssel gesteckt, aber zum Mund bringt er sie schon nicht mehr! (12,27; 19,24)

Der Träge bringt nichts zu Ende. Wenn wir an einen faulen Menschen denken, denken wir an jemanden, der nie etwas anfängt. Aber es gibt auch den Typus des Menschen, der ständig Pläne macht und etwas Neues anfängt, aber kein Projekt fertig bekommt. Er bleibt nie lange auf derselben Arbeitsstelle – und schuld daran ist natürlich die Arbeit und nicht er selber! Entweder er verliert das Interesse, weil er sich für nichts begeistern kann (26. Mai), oder er hat die Kosten nicht überschlagen und jetzt wird es ihm zu viel.

Und so erlegt er auf der Jagd kein einziges Stück Wild (12,27), und sein Essen wird vor seinen Augen kalt (19,24). Sind Sie auch jemand, der nie etwas zu Ende bringt? Dann denken Sie an den, der Sie bis in den Tod geliebt hat (Johannes 13,1) und nicht aufgab, bis er sagen konnte: „Es ist vollbracht“ (Johannes 19,30).

Gibt es bei Ihnen ein Projekt, das liegen geblieben ist? Mobilisieren Sie die Liebe zu den Menschen, die von ihm profitieren werden, schauen Sie auf den „Vollender“ unseres Glaubens (Hebräer 12,2, LUT) und bringen Sie es zu Ende.

Gebet: *Herr, du liebtest die Deinen „bis ans Ende“ (Johannes 13,1, LUT). Mache mich dir ähnlicher, Herr Jesus. Mache mich zu einem Menschen, der hält, was er verspricht, und zu Ende führt, was er begonnen hat. Amen.*

28. Mai

Der Faule behauptet: „Ein Löwe steht mir im Weg, ein gefährlicher Löwe lauert in den Straßen!“ Die Tür dreht sich in ihrer Angel – und der Faule in seinem Bett. Der Faule hat zwar seine Hand noch in die Schüssel gesteckt, aber sie zum Mund zu führen, ist ihm zu beschwerlich! Der Faule hält sich selbst für weiser als sieben andere, die kluge Antworten geben. (26,13-16)

Der Träge stellt sich nicht der Realität. Dieses Porträt des trägen Menschen ist eine Satire. Er übertreibt die Risiken des Arbeitens: *Ein Löwe steht mir im Weg!* Er ist mit seiner Bequemlichkeit so fest verbunden wie eine Tür mit ihren Angeln. Das Essen ist für ihn solch eine Arbeit, dass er es nicht fertig bekommt.

Aber durch all diese Beispiele zieht sich als roter Faden eine tragische Blindheit. Diese Verse malen die Eigenschaften des Faulen deshalb mit so breiten Strichen, um zu zeigen, dass er sie selber nicht sehen kann. „Er ist nicht ein Drückeberger, sondern ein ‚Realist‘ (V. 13), er lässt sich nicht gehen, sondern ‚ist halt kein Frühaufsteher‘ (V. 14), er ‚lässt sich nicht gerne treiben‘ (V. 15), und seine geistige Trägheit deutet er als ‚Prinzipientreue‘ (V. 16).“[129] Seine Ausreden findet jeder lächerlich (V. 13) – außer er selber (V. 16). Wie alle anderen Toren ist auch der Träge ein Verdränger, denn er hält sich selbst für weise. Er kann den Dingen nicht ins Auge sehen – vor allem nicht dem, was er geworden ist.

Was sind Ihre Ausreden, wenn Sie schlicht keine Lust haben, etwas Schwieriges anzupacken?

Gebet: *Herr, diese Verse übertreiben die Ausreden des Faulen, aber ich entdecke bei mir selber mildere Varianten, wenn ich schwierigen Dingen aus dem Weg gehe. Es ist mir peinlich, an diese Strategien zu denken, aber es wird nicht einfach sein, sie aufzugeben, weil sie mir Schutz zu geben scheinen. Gib mir den Mut, sie endlich abzulegen. Amen.*

29. Mai

Im Herbst und Winter will der Faule nicht pflügen, sucht er dann zur Erntezeit nach dem Ertrag, so ist nichts da. (20,4)

Der Träge verpasst seine Gelegenheiten. In der Antike musste der Bauer das Wetter genau beobachten und zur rechten Zeit aufs Feld gehen. Eines der Merkmale des Faulen ist, dass er auf seinem eigenen Zeitplan beharrt. Er ist zu sehr mit sich selber beschäftigt, um Startfenster zu bemerken, die, einmal geschlossen, sich nie mehr öffnen werden.

Im Prediger Salomo lesen wir: „Suchen hat seine Zeit, Verlieren hat seine Zeit; Behalten hat seine Zeit, Wegwerfen hat seine Zeit; Zerreißen hat seine Zeit, Zunähen hat seine Zeit“ (Prediger 3,6-7). Es ist nichts Tröstliches daran, dass alles in dieser Welt veränderlich und vergänglich ist. Da Gott die Ewigkeit in das Herz der Menschen gelegt hat (vgl. Prediger 3,11), tut es uns weh, wenn nichts bleibt, wie es war. Doch das träge Herz will davon nichts wissen und weigert sich, im rechten Augenblick zu arbeiten (oder auszuruhen). Der Faule muss lernen, dass wir erst in Gottes endgültiger Zukunft vollkommene Ruhe und *Schalom* erfahren werden, durch den Schalom-Fürsten Jesus Christus (Jesaja 9,5). Bis dahin gibt es Arbeit für uns.

Denken Sie an Ihre verpassten Gelegenheiten. Warum haben Sie sie verpasst? Wie können Sie weiser werden, sodass Sie sie künftig nicht mehr verpassen?

***Gebet:** Herr, du kamst, „als die Zeit dafür gekommen war“ (Galater 4,4). Selbst du hast auf die rechte Gelegenheit und Zeit geachtet! Ich bekenne, dass ich oft versuche, die Welt an meinen Zeitplan anzupassen, statt mich an die Realität anzupassen. Gib mir eine Flexibilität, die auf deine Stimme hört und deinem Plan mehr vertraut als meinem! Amen.*

30. Mai

Wer nachlässig arbeitet, macht im Grunde nichts anderes als einer, der alles zerstört. (18,9)

Trägheit zerstört. Faulheit *zerstört.* Wir haben bereits gesehen, dass sie uns selber schadet, aber sie ruiniert auch das Wohl unserer Mitmenschen. Wie macht sie das? Unter anderem dadurch, dass der Träge in Familie und Gesellschaft nicht „seinen Beitrag leistet" und damit den anderen mehr Arbeit aufbürdet. Aber auch dadurch, dass der Faule immer zuerst an sich selber denkt, selbst bei seiner Arbeit und Berufswahl. Er sucht sich seine Tätigkeiten danach aus, was *er* von ihnen hat, und nicht danach, was sie den Mitmenschen oder der Gesellschaft bringen.

Dorothy Sayers beobachtete, dass im Zweiten Weltkrieg viele Soldaten die Arbeit beim Militär sehr viel befriedigender fanden als das, was sie als Zivilisten gemacht hatten. Warum? Weil „sie dort zum ersten Mal in ihrem Leben etwas nicht um der Bezahlung (die lächerlich gering ist)" und auch nicht um des Status willen (sie waren aus allen Schichten zusammengewürfelt), „sondern um der Sache willen" taten, zum Wohl der Nation.[130] Der soziale Zusammenhalt wurde gestärkt und die Männer wurden psychisch gesünder. Das ist wahre Weisheit – für andere arbeiten, und nicht für die eigene Karriere. Sowohl Faulheit als auch eine Arbeit, die ich nur für mich selber tue, wirken zerstörend auf Gemeinschaft und Gesellschaft.

Seien Sie ganz ehrlich: Sind auch Sie einer, der *nachlässig arbeitet*?

Gebet: *Herr, das ganze Buch der Sprüche steht gegen mein individualistisches Denken. Ich mag den Gedanken nicht, dass die Menschen um mich herum irgendwelche Ansprüche auf mein Geld, meine Zeit, ja meine Berufswahl haben. Gib mir die Gesinnung Christi (Philipper 2,3-5), durch dein Wort und deinen Geist. Amen.*

31. Mai

Faulheit ruft bleierne Müdigkeit hervor, und wer träge ist, muss hungern. (19,15)

Trägheit ist eine Krankheit, die fortschreitet. Erst bleierne Müdigkeit, dann Hunger. Mit anderen Worten: Trägheit lässt die Fähigkeit, echt zu arbeiten, immer mehr zurückgehen. So wie jemand, der keine Kondition mehr hat, nicht plötzlich einen Marathon laufen kann, so ist der Faule immer weniger fähig, längere Zeit zu arbeiten – ob körperlich oder geistig. Es kann zu einem allmählichen, aber unwiderruflichen Verlust der Grundeinstellungen und Gewohnheiten kommen, die es für gutes Arbeiten braucht. Das sind solche Dinge wie das Halten von Versprechen, das Einhalten von Terminen, das Vermeiden von Ablenkungen, die Fähigkeit, selbstständig zu arbeiten, ohne zum Arbeiten angehalten werden zu müssen, und der Stolz auf die Qualität der geleisteten Arbeit. Sind diese Dinge erst einmal weg (falls sie denn überhaupt da waren), ist es äußerst schwierig, sie wiederaufzubauen.

Der Verlauf der Trägheitskrankheit folgt den Gesetzen der Natur. Aber es gibt einen anderen allmählichen Prozess, den Prozess der „Heiligung", der übernatürlich ist und der den natürlichen Dekadenzprozess der Sünde überwinden kann. Unsere Heiligung wird in diesem Leben nie vollkommen werden (Philipper 3,12), aber sie ist real und besteht darin, dass wir Schritt für Schritt nach dem Bild Gottes bzw. Christi umgestaltet werden (Epheser 4,23-24).

Fragen Sie einen Freund oder jemanden, der Sie gut kennt: Habe ich heute mehr Selbstlosigkeit, inneren Frieden und Disziplin als vor ein paar Jahren?

Gebet: *Herr, was gibt es Größeres, um das ich bitten könnte, als die Heiligung? Erneuere mich durch deine Gnade in meinem ganzen Wesen so, dass ich Jesus ähnlicher werde, dass ich immer mehr der Sünde sterbe und in deiner Gerechtigkeit lebe!*[131] *Amen.*

1. Juni

Dem Faulen scheint es, als sei sein Weg mit Dornen überwuchert, die Tüchtigen aber gehen einen gut gebahnten Pfad. (15,19)

Trägheit bringt keine wirkliche Ruhe. Dem Trägen wird hier nicht der Fleißige gegenübergestellt, sondern der *Tüchtige* (LUT: der „Aufrechte“; vgl. Matthäus 25,26). Trägheit ist nicht so sehr eine Charaktereigenschaft, sondern ein moralisches Versagen. Sie liebt nicht, sondern kreist um sich selber. Sie ist auch unehrlich und „versucht, den Fakten und dem Anteil, den man leisten sollte, auszuweichen.“[132] Und sie ist äußerst töricht. Die Dornen, die den Weg des Faulen überwuchern, bedeuten, dass Faulheit letztlich nur zu noch mehr Arbeit führt. Wenn wir nicht täglich die Zähne putzen, kann dies teure und schmerzhafte Termine beim Zahnarzt bedeuten oder Infektionen, die den ganzen Körper schädigen.

Das Bild mit den Dornen erinnert uns aber auch daran, dass in einer gefallenen Welt alle Arbeit mühsam und schwierig ist. „Dornen und Disteln“ (1. Mose 3,18) kommen, wenn Menschen sich von Gott abwenden. In gewissem Maße ist heute jede Arbeit frustrierend und schwierig, selbst für die *Tüchtigen*. Aber am Kreuz hat Jesus unseren Fluch und die Dornenkrone auf sich genommen, damit die, die an ihn glauben, eines Tages in einer erneuerten, vollkommenen Welt leben werden. Er nahm die Dornen, damit wir unsere Lebensstraße gehen können.

Haben Sie es auch schon erlebt, dass Trägheit am Ende nur zu noch mehr Arbeit führt?

Gebet: *Herr, die Härte des Lebens will mich manchmal das Handtuch werfen lassen. Aber du hast deinem Volk Frieden versprochen (Psalm 85,9). Hilf mir, meinem Herzen zu sagen: „Sei still, mein Herz, was immer dir geschieht, trag mit Geduld des Lebens Kreuz und Leid. Gott ist ein Freund, der deine Drangsal sieht. Er bleibt dir treu im Wandel dieser Zeit.“*[133] *Amen.*

2. Juni

Wer einen Feigenbaum ausdauernd pflegt, kann seine Früchte genießen, und wer als Diener seinen Herrn umsorgt, erntet Anerkennung. (27,18)

Die Würde der Arbeit. Das Paradox in der zweiten Vershälfte ist, dass selbst die niedrigste Arbeit eines Dieners, der *seinen Herrn umsorgt*, gut getan zu Anerkennung führt. *Alle* gut gemachte Arbeit hat in Gottes Augen Würde (vgl. Epheser 6,5-8).

In dem babylonischen Schöpfungsmythos, dem *Enuma elisch*, werden die Menschen erschaffen, um die Arbeit zu tun, die unter der Würde der Götter ist. Im biblischen Schöpfungsbericht macht Gott sich buchstäblich die Hände schmutzig, als er den Menschen erschafft (1. Mose 2,7), und noch heute erneuert der Heilige Geist das Gesicht der Erde (Psalm 104,30). Als Gott ein Paradies für die Menschen erschuf, gab es auch darin Arbeit (1. Mose 2,15), und Jesus kam nicht als Müßiggänger auf die Erde, sondern als Zimmermann. Wenn Sie keine Arbeit tun, auf die Sie stolz sein können, sind Sie nur teilweise ein Mensch. Ihre Seele verkümmert, denn die Bibel sagt, dass Arbeit nicht ein notwendiges Übel ist, sondern ein Gut. Dabei braucht sie nichts Weltbewegendes zu sein; alle Arbeit, die anderen nützt und gut gemacht wird, verdient Ehre.

Sehen Sie auf ungelernte Fabrikarbeiter herab? Oder umgekehrt auf Menschen, die Berufe haben, die mehr Bildung erfordern, als Sie aufzuweisen haben?

Gebet: *Herr Jesus, ich lebe in einer Gesellschaft, wo die einen die Gutbezahlten und Gutausgebildeten vergöttern und die anderen ihnen nicht über den Weg trauen. Doch bei dir spielen diese Klassen- und Statusunterschiede keine Rolle. Gib, dass sie auch mir nicht wichtig sind. Amen.*

3. Juni

Wer unrechten Gewinn macht, stürzt sich und seine Familie ins Unglück, wer aber Bestechungsgeschenke ablehnt, bleibt am Leben. (15,27)

Habsucht ist tödlich. Wer *Bestechungsgeschenke ablehnt*, weigert sich, krumme Dinge zu machen, auch wenn dadurch das große Geld ausbleibt. Doch für den Habsüchtigen heiligt der Zweck die Mittel. Die Habsucht sagt: „Wenn ich viel Geld machen kann und dazu ein bisschen lügen oder bestechen muss, warum nicht?" Der Habsüchtige findet immer eine Ausrede für unehrliche Finanzgeschäfte, und eine der besten lautet, dass sie gut für die Familie sind.

Doch dies ist eine Illusion. Wenn die Tatsachenverdrehungen, Bestechungen und Lügen ans Licht kommen, stürzt der Habsüchtige die Seinen ins Unglück. Ja, wenn es in diesem Spruch heißt, dass die finanziell Ehrlichen am Leben bleiben, deutet dies an, dass aufgedeckte Korruption nicht nur zur ökonomischen Katastrophe führen kann, sondern unter Umständen zum Selbstmord. Jesus und Paulus fügen hinzu, dass Habsucht unsere Seele bedroht (Markus 8,37; Epheser 5,5). Selbst dann, wenn die Lügen oder Bestechungen nicht ans Licht kommen, wird ein Herz, das geldgierig ist, meinen Charakter vergiften und meine Familie schwächen. Aber der, dem Dienen und Integrität wichtiger sind als der Profit, wird leben.

Was für Rechtfertigungsversuche haben Sie bei sich selber oder anderen erlebt, wenn es darum ging, es in Finanzdingen mit der Moral nicht so genau zu nehmen?

***Gebet:** Herr, es gibt tausend kleine und große Methoden, gegenüber dem Arbeitgeber, Kunden, Käufer oder Verkäufer finanziell zu tricksen. Mache mich zu einem Menschen der absoluten Integrität in finanziellen Dingen. Amen.*

4. Juni

Wer sich auf seinen Reichtum verlässt, kommt zu Fall, aber alle, die Gottes Willen tun, grünen wie frisches Laub. (11,28)

Habsucht destabilisiert. Wie wir noch sehen werden, ist die Bibel nicht gegen Reichtum oder Profit an sich. Aber was ist dann Habsucht? Gestern sahen wir, dass es ein Merkmal eines habsüchtigen Herzens ist, dass es Reichtum über Moral stellt. Ein anderes Merkmal ist, dass es den Reichtum nicht nur genießt, sondern sich auf ihn *verlässt*. Kein Geringerer als Hiob nennt es eine schwere Sünde, zu Geld oder Gold zu sagen: „Du sicherst mir das Leben" (Hiob 31,24-28 HfA).

Manche glauben, dass Reichtum ihnen Sicherheit in dieser Welt gibt, andere, dass sie nur mit ihm etwas zählen und wert sind. Doch diese Dinge kann nur Gott uns geben. Das Ergebnis? Der Habsüchtige *kommt zu Fall*; das hebräische Wort bedeutet, tödlich zu stürzen. Warum? Wenn Gottes Liebe das Fundament meines Selbstbildes ist, werden die unvermeidlichen finanziellen Krisen in meinem Leben mich betrüben. Aber diese Krisen werden mich ganz anders und härter treffen, wenn mein Selbstbild von meinem materiellen Wohlstand abhängig ist. Habsucht destabilisiert das Leben. Allein auf Gott ist wirklich Verlass (22,19), und nur Jesus und die Erlösung, die er bringt, sind der wahre Schatz (Kolosser 2,3).

Was soll Ihr Geld Ihnen bringen? Sicherheit, Macht, Anerkennung, Kontrolle?

Gebet: *Herr, ich sehe Menschen, die dem Geld vertrauen, ohne es zu merken. Wie will ich dann sicher sein, dass ich nicht genauso bin? Hilf mir, mein Herz zu prüfen und mit meinen engsten Freunden zu reden, um herauszufinden, wie ich tief drinnen wirklich über das Geld denke. Amen.*

5. Juni

Besser sich in Ehrfurcht vor dem HERRN mit wenigem begnügen, als durch einen großen Schatz in Unruhe leben. Besser eine einfache Mahlzeit mit lieben Menschen als ein üppiger Braten in unangenehmer Gesellschaft. (15,16-17)

Habsucht bringt Hunger. Der üppige Braten stand im alten Israel für Wohlstand (1. Könige 4,20) und Feiern (Lukas 15,23). Aber wenn Liebe das Hauptgericht des Lebens ist, macht es nichts, wenn der Rest der Mahlzeit *einfach* ist. Und wenn Hass (die *unangenehme Gesellschaft*) das Hauptgericht ist, kann der schönste Braten es nicht aufwiegen. Die Habsucht, die sich die besten Speisen leisten kann, enthält der Seele des Menschen das vor, wonach sie am meisten hungert, denn Habsucht ist mit ihrem Egoismus das genaue Gegenteil sich selbst hingebender Liebe.

Diese Texte korrigieren das Klischee, dass Reichtum immer ein Zeichen des Segens Gottes und der Lohn für harte Arbeit ist. So sahen die Freunde Hiobs die Welt. Selbst die Jünger Jesu waren schockiert von seiner Lehre, dass Reichtum ein Hindernis (und nicht eine Hilfe) für geistliches Wachsen und Erlösung sein kann (Lukas 18,25-27). Aber unser Text beschreibt nicht so sehr das Problem des Reichtums als die Größe der Liebe. „In einer zerbrochenen Welt, in der manchmal Ungerechtigkeit und Absurdität herrschen …, kann der Glaube [hier vertreten durch die Liebe und die *Ehrfurcht vor dem HERRN*] ein schlichtes Essen in ein Festmahl verwandeln, das nicht mehr aufhört.“[134]

Haben Sie es schon einmal erlebt, wie eine Person oder Familie erst reicher wurde und dann unglücklicher und unzufriedener?

***Gebet:** Herr Jesus, manchmal lässt ein lukrativer Job oder ein gutes Geschäft uns weniger Zeit für Familie und Freunde. Oder wir sehen, dass wir mehr Geld verdienen könnten, aber auf Kosten eines anderen Menschen. Herr, du hast Macht aufgegeben, um deinen Plan der Liebe für uns durchzuführen. Lass mich nie das Geld über die Liebe setzen. Amen.*

6. Juni

Das Gebot leuchtet dir, wo immer du gehst, und die Weisung ist ein Licht auf deinem Weg. Strenge Erziehung ist der Weg zum Leben und bewahrt dich vor der boshaften Frau, vor der Unbekannten, die dich mit schmeichlerischen Worten umgarnen möchte. Lass dich von ihrer Schönheit nicht verführen und von ihrem Augenaufschlag nicht gefangen nehmen. (6,23-25)

Was ist Unkeuschheit? 6,25 warnt uns davor, nach der Schönheit eines anderen Menschen zu gieren. Es ist eines, körperliche Attraktivität anerkennend zur Kenntnis zu nehmen; es ist etwas ganz anderes, diesen schönen Körper gleichsam als sexuelle Trophäe besitzen zu wollen. Man hört oft, dass ein Sex-getriebener Mann „eine Frau will", aber, wie C.S. Lewis erklärt: „Streng genommen will er gar keine Frau. Er will ein Vergnügen, für welches eine [schöne] Frau halt als Zubehör notwendig ist."[135]

Echte Liebe heißt, dass wir uns vollkommen der bzw. dem Geliebten hingeben. Unkeuschheit funktioniert genau andersherum: Sie will aus dem anderen ein Lusterlebnis herausholen, das einen selber kitzelt und groß macht. Nach der biblischen Sicht ist der Sinn der Sexualität nicht die persönliche Selbstverwirklichung (um „glücklich" zu werden), sondern die Selbsthingabe, die zu dauerhafter Vereinigung und Leben führt (in Nachahmung dessen, was Christus getan hat, Epheser 5,22ff.). Sex ohne Selbsthingabe ist eine Ungeheuerlichkeit, so ähnlich wie ein Mensch, der ohne Kopf herumläuft. Lust und Sex ohne Ehe, das ist, als wenn man eine Speise kaut, ohne sie herunterzuschlucken und zu verdauen.[136]

Warum ist Pornografie so weit verbreitet? Was sind, im Lichte des oben Gesagten, ihre größten Gefahren?

Gebet: *Herr, Achan gelüstete es nach der Schönheit der erbeuteten Schätze, sodass er sie stahl (Josua 7,21). Wenn ich es mir erlaube, die Schönheit eines Menschen anzugaffen und zu begehren, stehe ich in Gefahr, sie ebenfalls zu stehlen. Hilf mir, mein Verlangen nach Intimität und Schönheit auf die Gemeinschaft mit dir zu richten, schönster Herr Jesus. Amen.*

7. Juni

Die Lippen der fremden Frau sind süß wie Honig, und was sie sagt, ist glatter als Öl. Doch letzten Endes schmeckt sie bitter wie Galle, sie ist gefährlich wie ein beidseitig geschärftes Schwert. Sie steigt hinab in den Tod, ihre Schritte führen direkt ins Totenreich. (5,3-5)

Süß wie Honig. Sünde ist immer süß im Mund und bitter und giftig im Magen. Immer „lässt sie uns den Köder sehen, aber nicht den Haken“,[137] wie ein guter Angler es mit dem Fisch macht, den er fangen und braten will. Alles, was gegen das Wort und den Willen Gottes geht, mag anfangs die Sinne oder das Portemonnaie kitzeln, aber am Ende kommt die große Enttäuschung.

Der *Honig* ist ein treffendes Bild für sexuelle Sünden, denn er kann elektrisierend süß und angenehm sein, ist aber alleine noch keine vollwertige Mahlzeit. Und zu viel Honig würde uns krank machen. Für die Bibel ist Sex außerhalb eines lebenslangen Ehebundes wie der Versuch, sich allein von Honig zu ernähren. Sex, der nicht auf die gegenseitige lebenslange Hingabe ausgerichtet ist, kann dazu führen, dass der eine Partner sich emotional viel stärker einbringt als der andere, und das Ergebnis kann eine Beziehungstragödie sein. Oder er lässt beide Partner das sexuelle Miteinander nur zum Vergnügen benutzen und nicht zur radikalen Selbsthingabe. In beiden Fällen folgt auf den Honig der Hunger.

Inwiefern ist Sex außerhalb eines lebenslangen Ehebundes wie der Verzehr von Honig anstelle einer richtigen Mahlzeit?

Gebet: *Herr, bewahre mich davor, auf das falsche Versprechen sexueller Freude und Intimität außerhalb der Ehe hereinzufallen. Diese Lüge hat so viele Menschen kaputtgemacht. Zeige mir, wie ich sexuelle Versuchungen abwehren kann. Amen.*

8. Juni

Trinke Wasser aus deiner eigenen Zisterne, Wasser, das aus deinem eigenen Brunnen kommt! Sollten deine Quellen etwa nach draußen fließen und sich auf öffentliche Plätze ergießen? Sie sind doch ganz allein für dich bestimmt und nicht für Fremde! (5,15-17)

Fremd. Im Hebräischen ist die Ehebrecherin wörtlich die *fremde Frau* (5,3). Der Sex in der Ehe wird mit erfrischendem Wasser aus einem Brunnen verglichen. Aber Sex mit *Fremden* – wozu soll das gut sein? Gemeint ist hier nicht, dass man nur Sex mit jemandem haben sollte, den man schon lange kennt, sondern dass außerehelicher Sex nicht unserem wahren Wesen entspricht. Stellen Sie sich vor, Sie fliegen in einem Raumschiff zur Venus. Sobald Sie aussteigen und die Venusatmosphäre einatmen, sterben Sie. Warum? Weil die Schwefelsäurewolken für Ihre Lunge etwas „Fremdes" sind.

„Letztlich können die Menschen genauso wenig außerhalb von Gottes moralischer Ordnung leben wie die … Fische … außerhalb von Gottes biologischer Ordnung. Außerhalb der Ordnungen Gottes finden wir nicht das Leben, sondern letztlich den Tod."[138] Wenn Gott sagt: „Du darfst dich nur jemandem sexuell hingeben, dem du dich ganz, juristisch und permanent in der Ehe gegeben hast", sagt er: „So passt es zu dir, so habe ich dich geschaffen." Sünde führt zur Entfremdung von mir selber und von Gottes Schöpfung, und das ist immer destruktiv.

Warum wird die christliche Sexualethik heute so kritisiert? Können Sie Antworten auf die Einwände gegen sie geben, oder glauben Sie manche dieser Einwände selber?

Gebet: *Herr, als die Kirche jung war, galt ihre Sexualethik als verrückt, eng und nicht tragbar. Fast zweitausend Jahre später ist es wieder so. Hilf mir, bei dem, was dein Wort über Sex sagt, genauso unverdrossen treu zu sein wie die große Wolke der Zeugen. Hilf mir, dein Wort zu verstehen, zu verteidigen und zu praktizieren. Amen.*

9. Juni

Deine Quelle soll gesegnet sein, freu dich an der Frau, die du in jungen Jahren geheiratet hast! Sie ist liebenswert wie ein Reh und anmutig wie eine Gazelle. Ihre Brüste sollen dir immer Lust und Freude bereiten, lass dich von ihrer Liebe immer wieder in den Bann ziehen. (5,18-19)

Liebe oder Ware? In einer Epoche, wo Eheschließungen meistens der Absicherung des sozialen Status dienten, werden Ehemänner aufgefordert, sich immer wieder von der Liebe ihrer Frau *in den Bann ziehen* zu lassen (LUT: sich an ihr zu „ergötzen"). (Vgl. 5. und 24. September.) Ehepartner sollten einander voll Freude hingeben. Wo Partner lediglich eine außereheliche Beziehung haben, aus der sie jederzeit ausbrechen können, wird Sex zu einer Ware oder Dienstleistung, bei der jeder letztlich selbstständig und für sich bleibt. Die sexuelle Vereinigung sollte immer und nur zwischen einem Ehemann und einer Ehefrau stattfinden, die verheiratet und damit auch in jeder anderen Hinsicht (juristisch, sozial, finanziell, persönlich) eins sind. Dann wird die sexuelle Beziehung ein Zeichen dieser Einheit und eine Methode zu ihrer Vertiefung. Wo zwei Menschen einen Bund geschlossen haben, in Reichtum und Armut, Freude und Leid, Gesundheit und Krankheit, Buße und Vergebung zusammenzuhalten, wird die sexuelle Intimität immer tiefer. Alles, was Ihr Ehepartner für Sie getan hat und Ihnen bedeutet, wird in das sexuelle Miteinander einbezogen, sodass Sie wahrlich „*ein* Fleisch" werden (1. Mose 2,24).

Inwiefern ist außerehelicher Sex anders als ehelicher?

Gebet: *Herr, du warst bereit, für mich zu sterben. Und niemand kann deine Liebe in sein Herz gegossen bekommen, wenn er nicht sein ganzes Leben dir gibt. Beschütze deine Leute vor dem tragischen Fehler, zu denken, dass Sex, der außerhalb des Ehebundes geschieht, in deinen Augen schon in Ordnung sein wird. Amen.*

10. Juni

Deine Quelle soll gesegnet sein, freu dich an der Frau, die du in jungen Jahren geheiratet hast! Sie ist liebenswert wie ein Reh und anmutig wie eine Gazelle. Ihre Brüste sollen dir immer Lust und Freude bereiten, lass dich von ihrer Liebe immer wieder in den Bann ziehen. Warum also willst du, mein Sohn, dich auf ein Abenteuer mit einer fremden Frau einlassen und dich einer Unbekannten in die Arme werfen? (5,18-20)

Echte oder Scheinintimität? Zu den ehelichen Freuden gehört das sexuelle Vergnügen (5,18-19), aber noch viel mehr. In der Bibel wird niemand mein *Segen* (V. 18) genannt, der nicht die Macht hat, mir wohlzutun, und mit mir in einer engen sozialen und glaubenden Beziehung verbunden ist.[139] Die Ehe macht ein Wachsen möglich, das außerhalb ihres Bundes und des Schutzes, den er gibt, unmöglich ist. Weil man eben nicht einfach weggehen kann, wenn der Weg rau wird, bringt sie eine Vertiefung in Selbsterkenntnis, Gefühlen und Spiritualität, tiefe gegenseitige Bejahung und Hilfe und jene unverwechselbare Freude, die man nur zusammen mit jemandem haben kann, mit dem man durch dick und dünn gegangen ist.

Außerehelicher Sex heißt, „echte Intimität durch ihre Parodie zu ersetzen."[140] Eine Parodie ist eine karikierende Imitation. Wenn ich mich durch die Ehe mit jemandem ganz verbunden habe und der andere das gleiche feierliche Versprechen gegeben hat, das man nicht ohne Weiteres brechen kann, bringt dies ein Maß an Vertrauen und damit Freiheit von Angst, das es jedem der Partner ermöglicht, buchstäblich in dieser Liebe aufzugehen (V. 19).[141] Wer dies nicht tut, wird in die Irre gehen.

Inwiefern vertieft das Vertrauen, das durch ein Ehegelöbnis entsteht, die Liebe und das geistliche Wachsen?

Gebet: *Herr, ich erkenne, dass echte Intimität zwischen zwei Menschen nicht auf der sexuellen oder sonstigen „Chemie" zwischen ihnen beruht, sondern auf verbindlicher Hingabe und Treue, die dem anderen hilft, ganz der zu werden, der er für den Partner sein sollte. Lass alle meine Beziehungen – nicht nur meine Ehe – diese Erkenntnis, die du mir gibst, widerspiegeln. Amen.*

11. Juni

Kann einer etwa unter seinem Gewand Feuer mit sich tragen, ohne sich die Kleidung zu versengen? Oder kann jemand über glühende Kohlen gehen, ohne sich die Füße zu verbrennen? So ergeht es auch dem, der sich mit der Frau eines anderen einlässt: keiner, der sie berührt, kommt ungestraft davon. (6,27-29)

Die Freiheit der Grenzen. Der Vergleich der sexuellen Untreue mit einem Feuer unter dem Gewand führt uns zu dem bekannten Thema der Schöpfungsordnung Gottes zurück. Die Begrenzung des Sex auf die Ehe kann man mit den Einschränkungen vergleichen, die wir uns durch die richtige Ernährung und Bewegung auferlegen und die uns in die Freiheit der Gesundheit führen. Der Freie ist der, der Gottes Vorgaben folgt. „Selbstbeschränkung … und bewusste Akzeptanz zwischenmenschlicher und kosmischer Grenzen sind fundamental für die biblische Weisheit. Wo Menschen beim … Sex, Essen und Trinken, Schlafen, Ausgleichssport, Arbeiten, Spielen und Reden Selbstdisziplin üben, fördert dies ihre Selbsterkenntnis, ihre Selbstbeherrschung und, so paradox es klingt, ihre Freiheit.“[142] Dietrich Bonhoeffer schrieb einmal: „Niemand erfährt das Geheimnis der Freiheit, es sei denn durch Zucht.“[143]

Wie akzeptieren wir die Freiheit der von Gott verordneten Grenzen? Indem wir darüber nachdenken, was wir von ihnen haben. Und so beten wir: „O Gott, der du der Urheber des Friedens bist und die Eintracht liebst, an dessen Erkenntnis unser ewiges Leben hängt und dem zu dienen vollkommene Freiheit ist …“[144] Aber die allerbeste Motivation ist letztlich das Aufschauen zu unserem großen Erlöser, der sich für uns so sehr eingeschränkt hat: „Den aller Welt Kreis nie beschloss, der liegt in Marien Schoß …“[145]

Denken Sie einmal darüber nach, wo Sie überall kleinere Freiheiten opfern, um dafür größere zu bekommen.

***Gebet:** Herr Jesus, du hast dich für mich nicht nur eingeschränkt, sondern buchstäblich zum Diener gemacht (vgl. Philipper 2,7). Wie kann ich dann deine Gebote zum Thema Sex, Geld und Macht als untragbare Lasten sehen? Lass mich deine wunderbaren Regeln nie als lästig empfinden. Amen.*

12. Juni

Schenk mir dein Herz, mein Sohn! Mögen deine Augen an meinen Wegen Gefallen finden. Denn die Hure ist wie eine tiefe Grube, und die fremde Frau wie ein enger Brunnenschacht. Sie lauert ihrer Beute auf wie ein Räuber und verführt immer mehr Menschen zur Untreue. (23,26-28)

Sex und Glaube. Der Ausdruck *tiefe Grube* meint eine Fallgrube. Aber er erinnert auch an *die* Grube in der Bibel – den Scheol, das Totenreich. Ehebruch führt nicht nur zu Problemen in meinem irdischen Leben, er ist auch gefährlich für mein Seelenheil. Warum? Nun, was wir glauben, prägt unser Verhalten, aber auch das Umgekehrte gilt: Unser Verhalten prägt unser Denken und Glauben. Viele Christen haben mir gesagt, dass, als sie gegen ihr Gewissen handelten, Gott weniger real für sie wurde. Ich habe mit Studenten aus christlichen Familien gesprochen, die sich von der christlichen Sexualmoral verabschiedet hatten, weil sie ihren christlichen Glauben verloren hatten, aber ich kenne genauso viele, die ihren Glauben verloren, nachdem sie sexuelle Beziehungen begonnen hatten.

Sexuelle Sünde kann also zum Unglauben führen. „Wer meint, so das Leben ausprobieren zu können, flirtet mit dem Tod. Dies ist kein Abstecher vom richtigen Weg, sondern eine potenziell tödliche Sackgasse.“[146] Der Vater, der hier seinen Sohn ermahnt, bittet diesen um sein Herz. Erst recht sollten wir Gott bitten: „Richte mein Herz auf eines aus: deinem Namen in Ehrfurcht zu begegnen“ (Psalm 86,11).

Wo haben Sie es bei sich oder jemand anderem erlebt, wie das Verhalten den Glauben veränderte?

Gebet: *Vater, wir leben, was wir glauben. Aber wir glauben auch, was wir leben. Wenn ich in Liebe und Treue zu dir lebe, spüre ich, wie deine Liebe zu mir und meine zu dir in meinem Herzen wachsen. Lass mich dir durch deinen Geist immer gehorchen und dienen, egal, was mein Verstand und meine Gefühle sagen. Amen.*

Freundschaft

13. Juni

Viele sogenannte Freunde schaden einem nur, doch mitunter gibt es einen Freund, der dir nähersteht als ein Bruder. (18,24)

Bewusste Pflege. Hier steht, dass ein Freund besser sein kann als ein Bruder oder eine Schwester – und das in einer Kultur, die viel familienorientierter war als die unsere. Wie das sein kann? Nun, Ihre Verwandten mögen für Sie da sein, aber vielleicht ist die Beziehung angespannt und Sie fühlen sich nicht wirklich verstanden. Und über lange Wegstrecken Ihres Lebens haben Sie vielleicht keinen Ehepartner bzw. leben in keiner Beziehung. Ein Freund kann uns im Laufe der Jahre *näherstehen als ein Bruder.*

In Ihren ersten Lebensjahren sind Sie vor allem von Ihrer Familie geprägt worden, aber für den Rest Ihres Lebens werden vor allem Ihre Freunde Sie prägen. Sie werden so wie die Menschen, mit denen Sie am meisten Zeit verbringen. Wie wir noch sehen werden, kann niemand ohne Freunde leben. Aber aufgepasst: Freundschaften muss man wollen. Die Verwandten und der geliebte Mensch lassen sich nicht leicht abwimmeln, aber Freundschaften muss man bewusst kultivieren, indem man sich Zeit für ihre Pflege nimmt, was in einer so beschäftigten Kultur wie der unseren leicht vergessen wird.

Wie haben Ihre besten Freunde Sie im Laufe der Jahre geprägt? Wer sind zurzeit Ihre besten Freunde?

Gebet: *Herr Jesus, du hast eine Handvoll Jünger zu deinen Freunden gemacht und durch diese Freundschaften die Welt verändert. Hilf mir, meine Freunde weise auszuwählen, mir Zeit für sie zu nehmen und das von ihnen zu lernen, was ich lernen soll, damit ich zu dem Menschen werde, zu dem du mich machen willst. Amen.*

14. Juni

Ein Freund handelt immer liebevoll, bist du in Schwierigkeiten, steht er dir bei wie ein Bruder! … Einen angesehenen Menschen umschmeicheln viele, und wer freigebig ist, hat jeden zum Freund. Der Arme wird von allen seinen Brüdern verachtet – und erst recht ziehen seine Freunde sich von ihm zurück! … Viele Menschen betonen, wie gütig sie sind – aber wer findet einen Menschen, der wirklich zuverlässig ist? (17,17; 19,6-7; 20,6)

Beständigkeit. Was sind die Kennzeichen eines Freundes? Das erste können wir Beständigkeit nennen. *Ein Freund handelt immer liebevoll*, in guten wie schlechten Zeiten. 19,6-7 erinnert uns an die schmerzliche Wahrheit, dass die meisten Beziehungen „Transaktionsbeziehungen" sind, d. h., man geht sie ein, um einen ökonomischen, sozialen oder emotionalen Vorteil zu erlangen. Wer plötzlich sein Geld oder seine guten Beziehungen verliert, wird von vielen seiner „Freunde" gemieden, und er erkennt, dass sie gar keine richtigen Freunde waren.

Ein echter Freund ist auch dann für mich da, wenn es mir schlecht geht und ich ihm wenig geben kann. Für einen Freund bin ich nicht Mittel zum Zweck, sondern einfach ich selber. Und Beständigkeit bedeutet auch Erreichbarkeit. Ein Freund hat immer für mich Zeit, auch wenn es ihm gerade nicht gut passt. Aber die Zeit jedes Menschen ist natürlich begrenzt, sodass, auch wenn ich theoretisch viele Freunde haben könnte, 20,6 realistisch ist. Gute Freunde wachsen nicht auf Bäumen, und sie sind nicht zahlreich. Gönnen Sie denen, die Sie haben, mehr Zeit.

Wie können Sie Ihre Freundschaften vertiefen und pflegen und sich mehr Zeit für sie nehmen?

Gebet: *Herr Jesus, du bist entschlossen nach Jerusalem gegangen, um dort zu sterben. Als du dort ankamst, brach die Hölle los, aber du bliebst fest – und das alles für mich. Wie kann ich dann nicht für meine Freunde da sein, wenn sie in Not sind? Mache mich zu einem großen Freund für andere Menschen, so wie du einer für mich warst. Amen.*

15. Juni

Offene Zurechtweisung ist besser als Liebe, die sich wohlwollend zurückhält. Ein Freund meint es ehrlich, auch wenn er einem wehtut, aber die überschwänglichen Küsse eines Feindes sind verlogen. (27,5-6)

Offenheit. Ein zweites Erfordernis für echte Freundschaft ist Offenheit. In der Lutherübersetzung lautet 27,6 so: „Die Schläge des Freundes meinen es gut." Schläge? Nun, der Satz bedeutet, dass ein echter Freund mir das sagt, was ich hören muss, auch wenn es mir wehtut. Wenn Sie sich nicht trauen, Ihrem Freund das zu sagen, was Sie ihm hier und jetzt sagen müssen, sind Sie eigentlich ein Feind seiner Seele.

Haben Sie schon einmal eine Tonaufnahme Ihrer Stimme gehört und gedacht: „Klinge ich wirklich *so*?" Doch, so klingen Sie; Sie stecken halt in Ihrem eigenen Körper und bekommen nicht mit, wie Ihre Stimme „von außen" klingt. Ähnlich können nur andere Menschen uns sagen, was unsere Stärken und Schwächen sind. Wenn Sie eine genügend hohe Position haben oder sich Ihre Freunde schlecht ausgesucht haben, kann es sein, dass Sie nur von Schmeichlern umgeben sind (29,5). Offenheit kann einem Angst machen, aber wir brauchen sie. Fassen Sie Mut, schauen Sie auf den, der sich so verletzbar für Sie machte, dass er ans Kreuz ging. Was für ein treuer Freund ist er Ihnen gewesen!

Wie viele wirkliche Freunde haben Sie – Freunde, die Ihnen in Liebe die Wahrheit sagen?

***Gebet:** Herr Jesus, du wurdest ein wehrloser Mensch, um uns die Wahrheit über uns zu zeigen. Du warst treu bis zum Tod am Kreuz. Herr, lass mich so werden wie du; lass mich anderen so ein Freund werden, wie du es für mich gewesen bist. Amen.*

16. Juni

Einem Menschen mit schwerem Herzen lustige Lieder vorsingen, das ist wie an einem kalten Tag die Jacke ausziehen oder Essig auf Natron gießen … Wenn jemand seinen Freund frühmorgens mit lauten Glückwünschen begrüßt, wird es ihm womöglich als Verwünschung ausgelegt. (25,20; 27,14)

Sensibilität. Ein drittes Kennzeichen echter Freundschaft ist Sensibilität und Takt. Warum geschieht es, dass jemand den anderen, der noch kaum aufgewacht ist, mit überschwänglicher Lebensenergie überschüttet (27,14)? Oder zur Unzeit einen Spaß macht (26,19)? Oder jemandem, der ein *schweres Herz* hat, mit fröhlicher Unbeschwertheit daherkommt (25,20)? Weil er emotional nicht mit dem anderen auf einer Wellenlänge ist. Er kennt die innere Landschaft des anderen nicht gut genug, um zu wissen, was ihm guttut und was ihn verletzt, was ihn begeistert und was ihn langweilt, was ihn stimuliert und was ihn irritiert.

Wenn ich mich wohlfühle, während du traurig bist, bin ich nicht dein Freund (25,20). Als Freund binde ich mein Herz freiwillig an deins. Mein Glück wird dein Glück, und ich werde mich nur dann wohlfühlen, wenn du dich wohlfühlst. Jesus hat sein Herz so fest an unseres gebunden, dass er mitten in seinem Leiden Freude verspürte, weil er uns die Erlösung brachte (Hebräer 12,2; vgl. Jesaja 53,11). Das seelische Band zwischen Freunden mag nicht so intensiv sein wie das zwischen zwei Verliebten und auch nicht immer so dauerhaft wie Familienbande (aber denken Sie an 18,24 am 13. Juni). Umso wertvoller ist eine echte Freundschaft, weil solch ein Band immer bewusst und freiwillig ist.

Wie viel Mühe geben Sie sich, jemand anderem ein echter Freund zu sein?

***Gebet:** Herr, unsere Sünde tut dir weh (1. Mose 6,6), und unsere zerbrochenen Herzen lassen dich an unsere Seite eilen (Psalm 34,19). Du liebst uns zärtlicher und inniger als eine stillende Mutter ihr kleines Kind (Jesaja 49,15). Lass mich von deiner Liebe zu mir so angerührt sein, dass ich eine Antenne dafür bekomme, was die Menschen um mich herum brauchen. Amen.*

17. Juni

Eisen schleift man mit Eisen, und einen Mann schleift der Umgang mit seinem Freund. (27,17)

Rat. Das vierte Kennzeichen eines echten Freundes ist, dass er ein guter Ratgeber ist. Freunde geben „guten Rat“ (27,9). Sie *schleifen* einander, wie man ein Eisen schleift. Sie lassen den anderen an sich heran und zeigen ihm, wo und wie er sich ändern sollte. Freunde haben regelmäßig konstruktive Auseinandersetzungen, die ihre Sicht von der Welt und von ihnen selber schärfen.

Therapeuten geben uns Ratschläge – aber nicht wir ihnen. Ein Supervisor kann uns kritisieren, aber es wäre nicht angemessen, ihn unsererseits zu kritisieren. Nur Freunde können einander raten und kritisieren – etwas, was eine Seltenheit ist, aber was jeder Mensch braucht. Manchmal ist dies ein wohltuendes Erlebnis (27,9 am 18. Juni), manchmal hart und möglicherweise schmerzlich (27,17). Echte Freundschaft ist beides: „Labsal und Herausforderung“.[147] Wenn sie diesen Austausch und dieses Wachsen in einer Liebes- oder Familienbeziehung haben, liegt das daran, dass Sie diesen Aspekt der Freundschaft in diese Beziehung integriert haben. Und ohne dieses gegenseitige *Schleifen* werden Sie nicht der Mensch werden, der Sie werden müssen oder können. Es verändert sie auf eine Art, wie nichts anderes das kann.

Mit wie vielen Menschen stehen Sie in einer Beziehung des gegenseitigen Ratens und Kritisierens?

***Gebet:** Herr, heute bedeutet „Freundschaft“, dass man alles an dem anderen mag. In meiner Kultur erwartet man nicht, Freunde zu haben, die etwas an einem schlecht finden und einem das sagen! Aber mein Herz weiß und dein Wort sagt, dass ich genau solche Freunde brauche. Führe sie zu mir und gib mir die Bereitschaft, mich ihnen zu öffnen. Amen.*

18. Juni

Öl und Weihrauch erfreuen das Herz, aber noch wohltuender ist ein Freund, der einen guten Rat gibt. (27,9)

Entdeckungen. Freundschaften sind *wohltuend* (wörtlich: süß). Als die Sprüche entstanden, konnte man die Süße in einem Lebensmittel nicht schaffen, sondern nur entdecken. Freundschaften sind ähnlich. Wir können an ihnen arbeiten und Beständigkeit, Offenheit, Sensibilität und Rat pflegen, aber sie beginnen mit einer Entdeckung. Wir müssen Menschen finden, die unsere Vorlieben und Visionen teilen. In den Worten von C.S. Lewis: „‚Erkennst du dieselbe Wahrheit?' Wo die ehrliche Antwort lauten würde: ‚Ich erkenne nichts, und die Wahrheit ist mir egal, aber ich will einen Freund', kann keine Freundschaft entstehen … Wer nichts hat, hat nichts zu teilen; wer kein Ziel hat, kann keine Reisegefährten haben."[148]

Der christliche Glaube kann eine tiefe Verbundenheit zwischen Menschen schaffen, die in jeder anderen Hinsicht verschieden sind. Darum können Freundschaften zwischen Christen unterschiedlicher ethnischer Herkunft solch eine Kraft haben. Sie gewinnen ihre Kraft aus dem Glauben an den größten Freund unserer Seelen (Johannes 15,13-15), dessen Beständigkeit, Offenheit und Liebe nicht zu überbieten sind.

Haben Sie christliche Freunde aus anderen Rassen oder Nationen? Wie könnten Sie diese Freundschaften noch vertiefen und neue aufbauen?

Gebet: *Herr, dein Evangelium reißt die Barrieren zwischen Menschen unterschiedlicher Kulturen und Ethnien nieder (Galater 3,26-28), aber ich gehe immer nur mit meinesgleichen um. Mache mich reicher und zeige der Welt die Kraft des Evangeliums, indem du mir zu Freundschaften mit Christen aus anderen Kulturen verhilfst. Amen.*

19. Juni

Manch ein Schwätzer ist verletzend wie ein Schwert, aber die Worte weiser Menschen heilen Wunden … Worte haben Macht über Leben und Tod, und wer achtsam mit ihnen umgeht, kann ihre guten Früchte genießen. (12,18; 18,21)

Worte töten. Wir sind erst dann weise, wenn uns die Macht der *Worte* klar wird. Manche sind *verletzend wie ein Schwert*; sie schneiden in Herz und Seele hinein. Wenn ich ein verletzendes Wort gesagt habe, kann ich nie mehr so tun, als sei es nie gefallen. Es ist wie bei einer Schwertwunde: Die Wunde verheilt vielleicht, aber der Körper wird nie mehr so sein, als wenn das Schwert ihn nie verletzt hätte; die Narbe bleibt.

Übereilte Worte können unseren Ruf so beschädigen, dass die Menschen nicht wissen, ob sie uns noch voll vertrauen können. 18,21 geht noch weiter: Worte können regelrecht töten. Worte sind Auslöser für Mordfälle, Selbstmorde, ja Kriege gewesen. Und sie töten auch psychologisch. Ein Kind, das vom Vater oder der Lehrerin gehört hat, dass es „dumm" ist oder dass aus ihm „nie etwas werden" wird, verbringt womöglich sein ganzes Leben im Kampf mit den Selbstzweifeln, die diese Worte ihm eingegeben haben. Verletzende Worte sind wie Umweltgifte, die, einmal in den Boden eingedrungen, alles verseuchen. Stöcke und Steine können nur unsere Knochen brechen; Worte können die Seele zerstören.

Haben Sie in Ihrem Leben oder dem anderer schon einmal die Macht übereilter Worte erlebt?

Gebet: *Vater, hilf mir, meine Zunge zu hüten, damit ich nicht jemanden mit übereilten Worten tief verletze. Ich möchte mich so in dein Wort vertiefen und was es mir darüber sagt, wer ich in Christus bin, dass die spitzen Worte anderer mich nicht verletzen. Amen.*

20. Juni

Wer Gutes ausspricht, bekommt Gutes zurück, der Mensch erntet den Lohn für seine Taten ... Heilsame Worte sind wie ein Leben spendender Baum, aber eine böse Zunge bricht den Lebensmut. (12,14; 15,4)

Worte bringen Leben. Worte können verletzen, aber auch heilen. Unsere Zunge kann *ein Leben spendender Baum* sein. Gute Worte sind wie Früchte oder Speisen; wir brauchen sie, um leben zu können. Wohl die meisten von uns erinnern sich noch an die Worte eines Freundes oder Lehrers oder in einem Buch, bei denen uns „ein Licht aufging" oder die uns etwas Neues zeigten, das wir nie mehr vergessen haben.

Wir brauchen auch Worte, die uns bejahen und bestätigen. Stellen Sie sich einen Maler vor, der an seinem neuesten Werk arbeitet. Wird er sagen: „Ist mir egal, ob alle anderen das scheußlich finden, Hauptsache, es gefällt *mir*"? Wenn er wirklich stolz auf sein Werk werden soll, braucht er das Lob eines anderen. Und das lebendigste Wort von allen ist das Wort Gottes, das die Kraft hat, uns zu seinen Kindern zu machen und Geist und Seele zu verändern (Hebräer 4,12; 1. Petrus 1,23). Wir leben nicht von Brot allein, sondern von guten Worten – vor allem solchen, die Gottes Wort widerspiegeln.

Ist Ihnen klar, was für eine Macht des Segens selbst in unseren nebenbei geäußerten Worten liegt? Wann haben Sie diese Macht das letzte Mal in Ihrem Leben oder im Leben anderer Menschen erlebt?

Gebet: *Herr, jeder von uns ist umzingelt von Menschen, die auf ein segnendes und aufbauendes Wort warten. Ich bin zu oft woanders mit meinen Gedanken, um die Menschen jeden Tag ganz bewusst zu loben und zu schätzen. Zeige mir, wie ich ihnen signalisieren kann: „Recht so, du guter und treuer Knecht" (Matthäus 25,23, LUT). Amen.*

21. Juni

Ein Mensch, der Tatsachen verdreht, zettelt Streit an, und ein Verleumder bringt Freunde auseinander. (16,28)

Worte trennen. Freundschaften leben, wie wir gesehen haben, von Worten. Aber boshafte und verletzende, unehrliche und trügerische, ja sogar unbeholfene und unangemessene Worte können einer Freundschaft einen Schlag versetzen, von dem sie sich womöglich nie wieder erholt.

Dieser Spruch nennt zwei Sorten Beziehungszerstörer. Die erste ist die Person, die *Streit anzettelt*. Wir haben gesehen, dass Ehrlichkeit etwas Gutes ist, auch wenn sie wehtun kann. Aber es gibt auch die Sorte Mensch, die sich mit Wonne streitet, vorschnell kritisiert und immer mit irgendjemandem im Streit zu sein scheint. Der zweite Beziehungszerstörer ist der *Verleumder*, der die Leute hinter ihrem Rücken kritisiert und schlechtmacht. (Mehr zu diesem Thema in dem Abschnitt „Klatsch und Tratsch" ab dem 13. Juli.) Bruce Waltke kommentiert, dass beide Beziehungszerstörer das Bedürfnis haben, andere schlechtzureden, damit sie selber besser dastehen.[149] So etwas macht echte Freundschaften unmöglich. Wir sollten uns den zum Vorbild nehmen, der nicht gestritten und gelärmt hat (Matthäus 12,19-20) und selbst dann noch gütige Worte für seine Freunde hatte, als sie ihn enttäuschten (Matthäus 26,41).

Wann haben Sie es das letzte Mal erlebt, wie Streit oder Verleumdungen eine Beziehung beschädigten?

Gebet: *Herr, lass mich ehrlich zu mir selber sein, was das Entzweiungspotenzial meiner Worte angeht. Oft rede ich mir ein, dass es mir doch nur um die Wahrheit geht. Zeige mir meine wahren Motive, damit ich es merke, wenn ich nur versuche, selber gut dazustehen. Ich mag gar nicht daran denken, wie oft mir das passiert. Amen.*

22. Juni

Durch eine falsche Zunge gerät man in eine böse Falle, wer aber Gott gehorcht, entgeht der Gefahr. Wer Gutes ausspricht, bekommt Gutes zurück, der Mensch erntet den Lohn für seine Taten. (12,13-14)

Worte prägen. Der Parallelismus in diesen Versen ist aufschlussreich. In Vers 14 bekommt der, der Gutes sagt, *Gutes zurück*. Folglich bekommt der, der Böses sagt, auch Böses zurück (V. 13). Und zwar nicht nur äußerlich, sondern vor allem innerlich. Worte sind Ausdruck von Gedanken, und sie verstärken Gedanken. Wenn Sie sagen: „Ich hasse dich! Ich wollte, du wärest tot!", sagen Sie das, weil Sie es fühlen – und anschließend fühlen Sie es noch mehr, weil Sie es gesagt haben. Was wir sagen, füllt unser Herz.

Dies bedeutet nicht, dass wir unsere Gefühle verdrängen sollen (vgl. 10,18). Aber wenn wir Hass in uns verspüren, sollten wir unsere Worte dazu benutzen, ihn zu bekennen, und nicht, ihn hinauszulassen. Sagen Sie ihn Gott oder einem Freund: „Ich habe gerade diese Wut, diese Enttäuschung, diese Versuchung." Ihre Worte machen Ihre Gedanken gleichsam sichtbar, sodass Sie sie sortieren und beurteilen und den törichten und sündigen leichter die Tür weisen können, weil Sie sie in Worte gefasst haben. Der Weg zur Selbstbeherrschung verläuft über die Beherrschung unserer Worte (vgl. Jakobus 3,2). Jesus war vollkommen, und daher war auch sein Reden vollkommen (Johannes 7,46).

Wo haben Sie die das Denken prägende Macht der Worte in Ihrem eigenen Leben erfahren?

Gebet: *„Stelle eine Wache vor meinen Mund, HERR, ja, achte auf die Worte, die über meine Lippen kommen" (Psalm 141,3). Herr, bitte tu du das gerade bei mir – vor allem um der Ehre deines Namens willen, aber auch, weil mein Herz durch böse Worte kaputtgeht. Amen.*

23. Juni

Wer den Mund hält, schützt sein Leben, wer das Maul aufreißt, dem droht Verderben. (13,3)

Worte legen bloß. Dieser Spruch warnt vor dem übereilten Reden. Ein solches Reden ist mehr als nur unbedacht. Das hebräische Wort, das hier benutzt wird, wird oft für sexuelle Promiskuität gebraucht, für das ans Licht zerren von Dingen, die man besser bedeckt lässt. Das Aufreißen des Maules ist ein Bild dafür, wie unsere Worte die tiefsten Winkel unseres Herzens enthüllen können. Falsches und törichtes Geschwätz kann uns nicht nur innerlich schaden (22. Juni), sondern auch äußerlich, indem es uns vor der Welt bloßstellt. Es gibt unzählige Beispiele dafür, wie Menschen, die den Mund zu weit aufrissen, für den Rest ihres Lebens Schaden an ihrem Ansehen nahmen.

Jesus hat gesagt, dass alle unsere Worte – die guten und die bösen – zeigen, wie es in unserem Herzen aussieht. „Denn wie der Mensch in seinem Herzen denkt, so redet er“ (Matthäus 12,34). Unsere Zunge verrät, was in unserem Innersten steckt (Jakobus 1,26). Harsche, lügnerische, törichte Worte zeigen, dass der Sprecher jemand ist, dessen Herz von Groll, Unehrlichkeit und Überheblichkeit erfüllt ist. Und das Ironische ist, dass meine Mitmenschen aufgrund meiner Worte besser in mein Herz hineinschauen können als ich selber.

Denken Sie an ein Beispiel, wo Ihre übereilten Worte Sie in echte Schwierigkeiten brachten. Was in Ihrem Herzen war der Grund dafür?

Gebet: *Herr, ich weiß, dass ich mein Herz ändern und seine sündigen Impulse abtöten muss (Römer 8,13). Ich lasse mir dazu viel Zeit, weil ich mir einbilde, dass außer dir und mir niemand all die Selbstsucht, Stolz und Sorgen meines Herzens sehen kann. Aber meine Zunge verrät mich. Herr, ich will es nicht länger aufschieben. Hilf mir, anders zu werden. Amen.*

24. Juni

Mit Verleumdung ist es wie mit leckerem Essen: Man schluckt sie genüsslich hinunter und nimmt sie in sich auf. (18,8)

Worte deuten. Verleumdungen lassen den Täter gut dastehen und das Opfer schlecht. Wir werden uns später noch genauer mit Verleumdung und Klatsch und Tratsch beschäftigen. Heute geht es um die allgemeinere Erkenntnis, dass Worte die Macht haben, die Realität zu definieren. Worte berichten nicht nur Fakten, sie erklären auch ihre Bedeutung, und dies entscheidet darüber, wie die Hörer die Welt sehen und in ihr leben.

Negative Worte über einen Menschen *schluckt* man *genüsslich hinunter*, d. h. hier: Sie bestimmen darüber, wie wir diese Person sehen. Gott will, dass in unserem Innersten Wahrheit ist (vgl. Psalm 51,8 ELB), aber es gibt vieles über uns und die Welt, das wir lieber glauben als die Wahrheit, und das macht Verleumdungen so *lecker*; sie sind enorm attraktiv. Worte schaffen und erhalten Vorurteile, schiefe Perspektiven und Ängste, die man fast nicht mehr loswird.

Jeremia gibt uns ein besseres Vorbild: Er aß Gottes Wort und genoss es (Jeremia 15,16; vgl. Kolosser 3,16). Wenn wir dies tun, werden Worte, die die Tatsachen verzerren, sich nicht in unserem Inneren festsetzen und ein falsches Weltbild schaffen.

Wie schaffen solche bekannten Redensarten wie „Man muss vor allem sich selber treu sein“ falsche Weltsichten, die die Menschen als selbstverständlich hinnehmen?

***Gebet:** Herr Jesus, die Worte, die ich täglich lese und höre, versuchen, die Realität neu zu definieren, indem sie dich aus ihr auslassen. Gib, dass ich mich so in dein Wort vertiefe, dass ich wie der Blinde bin, den du zwei Mal berührtest, damit er die Welt deutlich sehen konnte (Markus 8,25). Amen.*

25. Juni

Ein Mann, der seinem Freund schmeichelt, legt ihm einen Fallstrick in den Weg. (29,5)

Worte blasen auf. Unsere Worte sollten freundlich und positiv sein, aber hier hören wir eine Warnung vor der *Schmeichelei.* Der Schmeichler lobt den anderen – aber nicht, weil dieser etwas gut gemacht hat oder um ihn innerlich aufzubauen, sondern um einen Vorteil für sich selber herauszuholen (Judas 1,16). Mit diesem Motiv im Hinterkopf sind die Behauptungen des Schmeichlers oft unrealistisch. Sie übertreiben und beschönigen, um das Ich des anderen zu streicheln und Dankbarkeit zu wecken.

Aber inwiefern sind Schmeicheleien ein *Fallstrick*? Nun, anstatt dem Hörer zu einem realistischen Bild seiner Stärken und Schwächen zu verhelfen, präsentiert der Schmeichler ihm absichtlich ein aufgeblasenes, unrealistisches Bild. Aber der Inbegriff der Torheit ist, dass man sich selber nicht so sieht, wie man tatsächlich ist. Wie eine gut platzierte Falle tarnt die Schmeichelei sich, aber wenn sie dann zugeschnappt hat, ist das Opfer hilflos. Christen sollten sich nie der Schmeichelei bedienen – weder im Geschäftsleben, um Kunden oder Investoren zu ködern, noch beim Evangelisieren (1. Thessalonicher 2,4-6).

Gibt es Bereiche Ihres Lebens – Familie, Beruf oder andere –, wo Sie zur Schmeichelei greifen, um Ihre Ziele zu erreichen?

Gebet: *Herr, ich gebe zu, dass ich manchmal anderen schmeichele, um mit schwierigen Menschen zurechtzukommen oder eine wichtige Beziehung zu ölen. Ich bin erschrocken darüber, wie du diese Art von Unwahrhaftigkeit hasst (Psalm 12,3-4). Meine Schmeicheleien tun mir leid; bitte gib mir den Mut, anders zu werden. Amen.*

26. Juni

Ein nichtsnutziger Mensch holt Böses immer wieder hervor, es kommt über seine Lippen wie ein sengendes Feuer. (16,27)

Worte breiten sich aus. Die Sprüche untersuchen die vielen Facetten der Macht der Worte. Schon lange vor dem Internet hatten Worte eine bemerkenswerte Fähigkeit, sich auszubreiten. Mit den heutigen technischen Möglichkeiten können falsche Gerüchte und „Fake News“ sich buchstäblich in Sekundenschnelle verbreiten. Aber das Prinzip hat sich nicht geändert. Die Bewohner waldbrandgefährdeter Gebiete wissen, wie schnell ein kleines Lagerfeuer, das man vergessen hat, einen ganzen Wald vernichten kann. Falschmeldungen (und sogar wahre, aber nicht gut gemeinte Worte) hatten schon immer die Macht, sich *wie ein sengendes Feuer* auszubreiten, das Reputationen vernichtet und Menschen einander entfremdet.

Möglicherweise dachte Jakobus an diesen Spruch, als er schrieb: „Siehe, ein kleines Feuer, welch einen Wald zündet's an! Auch die Zunge ist ein Feuer“ (Jakobus 3,5b-6a, LUT). Und er fährt fort, dass falsche und unfreundliche Worte sich auch in unserem Inneren ausbreiten; die Zunge „setzt das ganze Leben in Brand“ (Jakobus 3,6, LUT).[150] Dagegen ist das Wort von der Königsherrschaft Jesu, das Evangelium, wie ein Sauerteig, der alles durchsäuert (vgl. Matthäus 13,33). Auch das Evangelium hat die Macht, sich auszubreiten und ein Menschenleben, eine Gruppe, ja eine ganze Gesellschaft zu durchdringen und den Menschen die Versöhnung mit Gott und miteinander zu bringen.

Wann haben Sie das letzte Mal erlebt, welchen Schaden falsche und lieblose Worte anrichten können, wenn sie sich ausbreiten?

Gebet: *Herr Jesus, bitte schütze mich vor der Ausbreitungsmacht böser Worte. Hilf, dass ich sie nicht selber sage und so den Menschen wehtue. Beschütze mich auch vor ihrer Macht, meine Beziehungen zu vergiften und meinen guten Ruf zu beschädigen. „Verschaffe mir Recht, o Gott, und führe du meinen Rechtsstreit …“ (Psalm 43,1). Sei du mein Fürsprecher. Amen.*

27. Juni

Wer die Wahrheit aussagt, verhilft der Gerechtigkeit zum Sieg, ein falscher Zeuge aber begeht Verrat … Eine klare und aufrichtige Antwort ist … wie ein Kuss auf die Lippen. (12,17; 24,26)

Wahrhaftige Worte. Was sind die Kennzeichen guter Worte? Das erste ist *Wahrheit.* 12,17 spricht von einer Zeugenaussage vor Gericht, die der Realität entspricht, ohne Fakten zu verändern oder zu beschönigen. Jesus hat von seinen Jüngern verlangt, bei jedem Wort der Wahrheit so treu zu sein, als ob sie unter Eid stünden und diesen Eid mit der Bibel in der Hand ablegen würden (Matthäus 5,33-37).

Ein *Kuss auf die Lippen* (24,26) war schon damals ein besonderes Zeichen der Intimität. Dieser Vers will sagen, dass Lügen im Kern ein Mangel an Liebe ist. Joy Davidman schreibt: „Da sind die Lügen des Lästerns … die uns zu Hassern machen, die Lügen der Werbung und geschulten Verkäufer, die uns das Geld aus der Tasche holen, die Lügen der Politiker, die uns für ihre Machtspiele brauchen."[151]

Einen Menschen zu belügen bedeutet ihn auszunutzen, anstatt ihn zu lieben. Indem ich ihm die Wahrheit vorenthalte, mache ich ihn abhängig und beute ihn aus. Es gibt keine harmlosen Lügen, und der Geist Gottes wird nie durch unehrliche Worte wirken, egal, was ich mir über meine Motive vormache.

Wann haben Sie das letzte Mal jemanden belogen? In was für Situationen neigen Sie dazu, die Wahrheit zu beschönigen?

Gebet: *Vater, Jesus hat die Wahrheit gesagt, obwohl er dafür getötet wurde. Und er tat das für mich. Wie kann ich mich dann scheuen, die volle, ganze Wahrheit zu sagen – auch dann, wenn mich das etwas kostet? Herr, stärke meinen Glauben an dich, damit ich wahrhaftig sein kann, egal, was die Folgen sind. Amen.*

28. Juni

Ein zuverlässiger Zeuge lügt nicht, wer Lügen verbreitet, ist ein falscher Zeuge … Ein Zeuge, der die Wahrheit sagt, rettet Menschenleben, wer aber Lügen verbreitet, begeht Verrat … Tritt nicht ohne Grund als Zeuge gegen deinen Mitmenschen auf. Oder willst du etwa Lügen verbreiten? (14,5.25, 24,28)

Nicht täuschen. Der Wahrhaftigkeit wird hier die Täuschung gegenübergestellt. Man sollte bei dem, was jemand sagt, nicht nur darauf achten, was gesagt wird, sondern auch, was damit bezweckt wird. Worte, die rein technisch den Tatsachen entsprechen, aber so geäußert werden, dass sie in die Irre führen, sind unehrlich – vielleicht sogar besonders unehrlich. Die effektivsten Lügen sind die, die einen möglichst großen Anteil Wahrheit enthalten, aber trotzdem täuschen. Um wahrhaftig zu sein, reicht es nicht aus, dass das, was ich sage, rein sachlich korrekt ist, sodass ich sagen kann: „Also bitte, ich habe doch nicht gelogen!" Ich darf den Fakten auch nicht jenen kleinen Extradrall geben, der mir nützt.

Sagen Sie immer die Wahrheit, die ganze Wahrheit und nur die Wahrheit. Übertreiben Sie nicht, frisieren Sie nichts, lassen Sie nicht wichtige Dinge aus, um besser dazustehen. „Haltet euch an die Wahrheit, wenn ihr miteinander redet" (Epheser 4,25). Schauen Sie auf den, der in die Welt kam, um für die Wahrheit Zeugnis zu geben (Johannes 18,37).

Wenn Sie eine Rede in der Öffentlichkeit halten, wenn Sie für ein Produkt werben, wenn Sie Ihren Investoren berichten oder einem Kunden Produktinformationen geben – wählen Sie dabei manchmal Formulierungen, die zwar sachlich korrekt sind, aber die Dinge in die gewünschte Richtung drücken?

Gebet: *Vater, ich bekenne, dass ich oft die Wahrheit frisiere, um besser dazustehen, auch wenn ich grobe Lügen meide. Bevor ich es merke, habe ich es schon getan. Hilf mir, damit aufzuhören. Lass mich nicht vergessen, dass ich mich einmal für jedes unnütze Wort vor dir werde verantworten müssen. Mache mich zu einem Menschen der Wahrheit. Amen.*

29. Juni

Aufrichtige Menschen lassen sich von ihrer Ehrlichkeit leiten, Betrüger dagegen kommen durch ihre Falschheit um. (11,3)

Integrität. Ein *aufrichtiger* oder integrer Mensch ist einer, der keine doppelten Spiele treibt. Er ist nicht in einer Art Situation so und in einer anderen Situation ganz anders. Gehen Sie sonntags in die Kirche und im Alltag sind Sie ein rücksichtloser Geschäftsmann? Reden Sie unter älteren Leuten konservativ und unter jüngeren liberal? Präsentieren Sie sich online als jemand, der Sie im wirklichen Leben gar nicht sind? Wir haben heute die technischen Möglichkeiten, uns zu vermarkten und das Image zu schaffen, das wir rüberbringen wollen. Wir peppen Lebensläufe auf, fälschen Forschungsergebnisse und Doktorarbeiten, tun, was nötig ist, um uns gut zu verkaufen.

Weise Menschen ticken anders. Sie sind integer und haben Charakter. Sie haben kein multiples „Selbst", Sie haben nicht neben ihrem eigentlichen Ich noch etliche Pseudo-Ichs. Sie haben nur ein Ich, und dieses Ich verstecken sie nicht; man sieht es in jeder Situation und jeder Rolle. Bei diesen Menschen weiß man, wo man dran ist.

Ist Ihnen das auch schon passiert – dass Sie in Ihrem Reden und Verhalten ein ganz unterschiedlicher Mensch sind, je nachdem, mit wem Sie es gerade zu tun haben? Wo mangelt es Ihnen an Integrität und Aufrichtigkeit?

Gebet: *Herr, ich bekenne, dass ich manchmal mein Fähnchen nach dem Wind hänge. Aber du siehst mich immer, du bist immer da. Deine Augen und deine Meinung sind das Einzige, die mir wichtig sein sollten. Lass mich mein Leben stets ganz bewusst vor deinem Angesicht führen; das wird mich zu einem redlicheren Menschen machen. Amen.*

30. Juni

Ein falscher Zeuge kommt nicht ungestraft davon, und wer Lügen verbreitet, für den gibt es kein Entrinnen. (19,5)

Lügen, lügen, lügen. Das Bild des Lügens mit buchstäblich jedem Atemzug erinnert uns daran, wie allgegenwärtig und verschiedenartig die Lüge sein kann.[152] Es gibt alle möglichen Arten von Lügen, und es ist möglich, den ganzen Tag lang zu lügen. Es gibt die höfliche Lüge: „Ich würde ja so gerne kommen, aber ich habe schon einen anderen Termin." Es gibt die Beschönigung; ein Verleger sagt: „Ihr Buch ist für unsere Leser zu hoch", wenn er in Wirklichkeit meint: „Sie können überhaupt nicht schreiben." Es gibt die Übertreibung; Ehepartner sagen gerne: „*Immer* bist du …" oder „Du machst *nie* …" – Aussagen, die nicht nur sachlich falsch, sondern als Tiefschläge gemeint sind.

Besonders unter Christen findet man die Inflation der Worte. „Das war ja solch ein Segen! Die Gegenwart des Herrn war richtig zu spüren." Manchmal war es wirklich ein Segen und Gott war da, aber wenn dies angeblich pausenlos so ist, führt dies zu Zynismus. Dann gibt es die Freundschaftslüge: Wir beschönigen immer wieder das Verhalten eines Freundes, mit dem wir eigentlich wegen seines Lebenswandels einmal offen reden sollten. Oder die routinemäßige Geschäftslüge; man sagt dem Kunden: „Bei uns steht Qualität an erster Stelle", und in Wirklichkeit beutet man seine Angestellten nur aus. Ja, wir lügen um die Wette.

Beobachten Sie sich einmal einen Tag lang. Wie oft haben Sie heute die Wahrheit beschönigt, verdreht, versteckt oder verdunkelt?

Gebet: *Herr, auf meiner Zunge sind so viele Sünden! Vor lauter Hochmut rede ich zu viel oder zu schroff und vor lauter Angst zu wenig oder unehrlich. Vergib mir und heile mich von den falschen Motiven, die mein Reden so ganz anders machen als deines. Amen.*

1. Juli

Wer vorschnell dem HERRN etwas weiht, und erst nach seinem Gelübde zu überlegen beginnt, sitzt in der Falle. (20,25)

Versprechen halten. Ein wichtiger Aspekt der Wahrhaftigkeit ist das Halten unserer *Gelübde* bzw. Versprechen (Psalm 15,4; Matthäus 5,33-37). Lewis Smedes berichtet: „Meine Frau hat seit unserer Heirat mit mindestens fünf verschiedenen Männern gelebt, und jeder der fünf war ich. Das Bindeglied zu meinem alten Ich war dabei immer die Erinnerung an den Namen, den ich bei unserer Trauung annahm: ‚Ich bin der, der für dich da sein wird.'"

Wie können wir unsere Versprechen halten? Schauen wir uns Jesus an. Um Gottes Versprechen, uns zu erlösen, zu halten (Hebräer 8,6), kam er auf die Erde und starb. Er konnte wahrlich von sich sagen: „Ich bin der, der für dich da sein wird." Das gesamte Leben eines Christen gründet mithin in einem Versprechen, das um einen hohen Preis gehalten wurde. „Wenn ich etwas verspreche, bezeuge ich damit, dass … ich nicht der Sklave eines Schicksals bin. Ich bin keine Marionette. Wenn ich jemandem etwas verspreche, erhebe ich mich über alles, was mich begrenzen will … Kein Computer hat mir je versprochen, durch dick und dünn mit mir zu gehen. Ein Versprechen abgeben kann nur eine Person, und wenn sie das tut, wird ihre Freiheit am größten."[153]

Wann haben Sie das letzte Mal ein Versprechen nicht gehalten? Gibt es Versprechen, die Sie eigentlich machen sollten, aber vor denen Sie Angst haben?

Gebet: *Herr, du gibst mir das Leben (2. Timotheus 1,1), den Geist (Galater 3,14) und die Gemeinschaft mit dir, und all dies aufgrund deiner „größten und kostbarsten Zusagen" (2. Petrus 1,4). Ich lebe aufgrund deiner Verheißungen! Mache mich zu einem Menschen meines Wortes, der keine Angst hat, etwas zuzusagen, und nicht zu schwach ist, seine Zusagen zu halten. Amen.*

2. Juli

Über genaue Waagen und richtig eingestellte Waagschalen bestimmt der Herr allein, alle Gewichte wurden von ihm festgelegt … Alle Worte Gottes sind geläutert und rein. Er ist ein Schutzschild für alle, die bei ihm Zuflucht suchen. (16,11; 30,5)

Der Gott der Wahrheit. Wahrhaftigkeit ist nicht nur klug, sie ist einfach das Richtige. Künftige Manager hören in ihren Ethikseminaren, dass auch im Geschäftsleben ehrlich am längsten währt. Aber Gott verlangt Ehrlichkeit im Geschäftsleben auch dann, wenn (wie hier) etwas Tricksen beim Wiegen einem eine Menge Geld bringen kann, ohne dass man auffliegt. Der Grund? Gott ist seinem Wesen nach wahrhaftig; alle seine Worte sind makellos und wahr. Gott, das ist die Realität und nicht die Fiktion, das Absolute und nicht das Relative, das Substanzielle und nicht das Flüchtige.

Wir sind aufgerufen, „den neuen Menschen anzuziehen, der nach Gottes Bild erschaffen ist“, was auch bedeutet: „Haltet euch an die Wahrheit, wenn ihr miteinander redet“ (Epheser 4,24-25). Wir müssen wahrhaftig sein, wenn wir diesem Bild entsprechen wollen, denn Gott lügt nicht (Titus 1,2; Hebräer 6,18), und was er verspricht, das hält er (2. Korinther 1,20). Was er sagt, das meint er auch, und was er meint, das sagt er; er kann sich nicht selbst widersprechen. Vor allem aber ist Jesus die Wahrheit in Person (Johannes 14,6). Er ist die perfekte Offenbarung Gottes, der höchsten Wahrheit (Johannes 1,18; Hebräer 1,3).

Was ist das Problematische an dem Denken, dass ehrlich am längsten währt und unter dem Strich halt das Vernünftigste ist?

Gebet: *Vater, wenn ich in deinem Wort lese, was für ein Gott der Wahrheit du bist, möchte ich viel vorsichtiger mit meinen Worten werden. Wie oft habe ich ungewollt eine Unwahrheit weitergegeben, weil mir die Wahrheit nicht wichtig genug war, um die Fakten zu prüfen. Lass mich in der Wahrheit leben, damit ich dir keine Unehre mache. Amen.*

3. Juli

Sorge im Herzen bedrückt den Menschen; aber ein freundliches Wort erfreut ihn. (12,25, LUT)

Freundliche Worte. Das zweite Grundkennzeichen guter Worte ist Freundlichkeit. Es reicht nicht, dass unser Reden wahrhaftig ist. Das mit *freundlich* übersetzte hebräische Wort bedeutet „persönlich und freundlich, angenehm und rein, zur rechten Zeit und überlegt".[154] Da unsere Worte Leben spenden sollen (15,4), dürfen wir die Wahrheit nie als Waffe benutzen. Fragen Sie sich: Warum sage ich die Wahrheit? Um eine Diskussion zu gewinnen? Um den anderen zu bestrafen oder es ihm heimzuzahlen? Um etwas Wahres, das er sagt, aber das ich nicht hören will, kleinzureden? Um meinen Stolz zu verteidigen? Um mich zu beschweren? Um gut dazustehen?

Für Paulus muss jedes Wort, das wir sagen, den folgenden Test bestehen: Es muss „gut, angemessen und hilfreich" sein (Epheser 4,29). Wenn wir die Wahrheit sagen, sollten wir dies immer als „Dienst" verstehen. Wir sollten den anderen nur konfrontieren, um ihm zu Erkenntnis zu verhelfen oder um Barrieren zwischen ihm und uns wegzuräumen und ihm näher zu kommen. Sagen Sie die Wahrheit, aber in Liebe (Epheser 4,15). So erreichen Sie sogar Herzen, die im Sumpf der Angst und der Sorgen stecken.

Wann mussten Sie das letzte Mal jemanden konfrontieren? Wollten Sie ihm dabei dienen? Waren Ihre Worte freundlich?

Gebet: *Vater, „du bist ein Geist der Liebe, ein Freund der Freundlichkeit."[155] Wenn ich nur durch die Liebe von Jesus lebe, wie kann ich dann lieblos sein? Mache durch deinen Geist deine Liebe so groß in mir, dass ich meinen Mitmenschen nicht mehr reizbar, ungeduldig oder gleichgültig begegne. Amen.*

4. Juli

Eine freundliche Antwort wendet Zorn ab, aber ein kränkendes Wort heizt ihn an. (15,1)

Sanfte Worte. Wenn die Sprüche von freundlichen Worten sprechen, sprechen sie von den Motiven unseres Redens, aber auch von seiner Form – seinem Ton. Freundlichkeit bedeutet nicht automatisch Zustimmung (6. August), aber sehr wohl Respekt und Gelassenheit. Wir sind aufgerufen, auch (oder gerade) in einer Konfrontation freundlich zu bleiben und nicht harte Worte mit ebenso harten (*kränkenden*) Worten zu kontern. In solchen Situationen freundlich zu reden, ist nicht zuletzt deswegen schwierig, weil wir nicht als Leute erscheinen wollen, die sich alles gefallen lassen. So gab Rehabeam aus lauter Angst um seine Königswürde den Boten, die zu ihm kamen, eine Antwort, die so hart war, dass sie sein Reich zerriss (1. Könige 12,1-16).

Flüche nicht mit Flüchen zu erwidern (vgl. Römer 12,14), wirkt entwaffnend und deeskalierend. Eine sanfte Antwort eröffnet die Chance, dass der Hörende sich sagt: „Ich will das eigentlich nicht hören, aber dieser Mensch gibt sich Mühe." Freundliche Worte können eher überzeugen als „Basta!"-Argumente. Harte Worte funktionieren dort, wo der Hörer sowieso meiner Meinung ist, aber sie taugen nicht zum Überzeugen und Verbreiten der Wahrheit. Folgen sie dem, der nicht zurückschimpfte (1. Petrus 2,23).

Wann haben Sie es das letzte Mal erlebt, wie jemand einen Streit mit freundlichen Worten deeskalierte?

Gebet: *Herr Jesus, du bist sanftmütig und doch hast du die Geldwechsler aus dem Tempel geworfen (Matthäus 21,5.12). Herr, mache mich dir ähnlicher – bestimmt, aber nicht aggressiv. Amen.*

5. Juli

Die Worte eines rechtschaffenen Menschen sind so wertvoll wie kostbares Silber, doch die Gedanken der Gottlosen haben keinen Wert ... Ein aufrichtiger Mensch weiß, wie man ansprechende Worte findet. Die Gottlosen hingegen verstehen sich auf lügnerisches Gerede ... Manch ein Schwätzer ist verletzend wie ein Schwert, aber die Worte weiser Menschen heilen Wunden. (10.20.32; 12,18)

Das rechte Wort. 12,18 mahnt uns, dass unsere Worte *wertvoll* (gut gewählt) sein sollten und nicht die von *Schwätzern* (gedankenlos und impulsiv). Wir sollten wissen, was *ansprechende* (also attraktive und überzeugende) Worte sind. Da unsere Worte auch wahrhaftig sein müssen, können sie manchmal wehtun, und es kann nötig sein, dass wir einen Freund aus Liebe konfrontieren (27,6). Ansprechende Worte zu wählen bedeutet also nicht, nie etwas Unangenehmes zu sagen. Es bedeutet vielmehr, dass wir unsere Worte auf die Situation, Fähigkeiten, Sensibilität, Temperament und Kultur des Hörers abstimmen, um sie so überzeugend, bewegend und attraktiv wie möglich zu machen.

„Eine Wahrheit, die abstrakt formuliert rein nichts bewirkt, kann sich unauslöschlich einprägen, wenn man sie mit den Umständen und dem, was sie in ihnen bewirken soll, verknüpft."[156] Sagen Sie nicht einfach: „Jetzt habe ich dir die Wahrheit gesagt." Wenn Ihnen die Wahrheit wichtig ist, wollen Sie, dass die Menschen sie glauben. Formulieren Sie sie also so gut wie möglich. Worte wollen gut gewählt sein. Wir brauchen Worte, die wahr sind, aber auch freundlich, passend und schön.

Achten Sie auf Ihre Worte oder schießen Sie einfach los, ohne nachzudenken?

***Gebet:** Vater, meine Worte sind oft so unausgegoren. Ich bin kein Prophet, aber kannst du bitte meine Worte so läutern, dass sie deutlich attraktiver und überzeugender werden, als sie es jetzt sind? Ich bitte dies um deiner und nicht meiner Ehre willen. Amen.*

6. Juli

Ein kluger Mensch hält sich mit seinem Wissen zurück, Dummköpfe dagegen posaunen ihre Dummheit laut hinaus ... Ein Mann freut sich, wenn ihm eine treffende Antwort gelingt, wie gut tut ein richtiges Wort zur rechten Zeit! ... Wie goldene Äpfel dargeboten in silbernen Schalen, so ist ein passendes Wort, das im richtigen Augenblick ausgesprochen wird. (12,23; 15,23; 25,11)

Das rechte Wort zur rechten Zeit. Unsere Worte wollen nicht nur passend, sondern auch *im richtigen Augenblick* gesprochen sein. Manchmal ist es am besten, zu schweigen (12,23). Es gibt Situationen, wo die meisten Worte alles nur noch schlimmer machen. Wenn wir jemanden besuchen, der gerade um einen lieben Menschen trauert, sollten wir sparsam mit unseren Worten sein.

Weitere Beispiele für Worte zur falschen Zeit: Jemanden kumpelhaft zu behandeln, der sich dadurch überfahren fühlt. Oder etwas öffentlich sagen, das man unter vier Augen hätte sagen sollen. Oder etwas sagen, das beim Hörer ein Wissen voraussetzt, das er nicht hat. Manchmal ist das Erste, was wir jemandem sagen, etwas, das wir erst an zweiter oder fünfter Stelle hätten sagen sollen. Das rechte Wort zur rechten Zeit ist eine große Kunst, weil wir von Natur aus meist dazu neigen, mit unseren Worten entweder zu schnell oder zu langsam zu sein. Beten Sie hier um Weisheit (Jakobus 1,5)! Und schauen Sie auf den, der nie ein Wort zur Unzeit sagte und von dem es hieß: „Noch nie hat ein Mensch so gesprochen wie dieser Mann“ (Johannes 7,46).

Wann haben Sie oder ein Bekannter das letzte Mal ein wahres Wort zur falschen Zeit gesagt?

***Gebet:** Herr, meine Worte kommen entweder zu früh (weil ich ungeduldig werde) oder zu spät (weil ich Angst habe). Hilf mir, dir so zu vertrauen, dass ich zufriedener und zuversichtlicher in meinem Leben werde. Dann werde ich meine Worte öfter zur rechten Zeit sagen. Amen.*

7. Juli

Ein Dummkopf hat keine Freude an der Einsicht, sondern will nur seine Meinung zum Besten geben ... Wer antwortet, bevor er überhaupt zugehört hat, zeigt damit seine Selbstgefälligkeit und erntet Schande. (18,2.13)

Voreingenommen. Antworten, bevor man zugehört hat, ist sowohl eine Praxis als auch eine Einstellung. Rein praktisch ist hier jemand gemeint, der ständig andere unterbricht. Der Unterbrecher sieht nicht ein, warum er jemanden ausreden lassen soll. Es geht ihm nicht um ein echtes Gespräch und er will auch nicht antworten. Er sieht die Situation als die nächste Gelegenheit, *seine Meinung zum Besten zu geben* (18,2).

Auf einer tieferen Ebene bedeutet antworten, bevor man zugehört hat, dass man voreingenommen ist; man beginnt mit einem Vor-Urteil, noch bevor man den anderen kennengelernt hat. „Das ist einer von *denen*, die kennt man doch ..." Wie der andere wirklich ist und was er da wirklich sagt, es interessiert einen nicht. Wir gehen routinemäßig davon aus, dass alle Menschen, die in Geschlecht, Rasse, Schicht, Beruf oder Kultur anders sind als wir, irgendwo alle gleich sind. Aber wehe, jemand dreht den Spieß um und behandelt *uns* so ... Voreingenommenheit ist eine Variante des Antwortens, bevor man zugehört hat. Denken wir an Jesus, der Vorurteile aufgrund von Rasse (Lukas 10,30-37), sozialer Schicht (Lukas 17,11-19; 18,22) und Geschlecht (Johannes 4,1-42) immer wieder hinterfragt hat.

Gibt es eine Sorte Menschen, die Ihnen schlicht zuwider ist und die Sie in eine bestimmte Schublade stecken, anstatt ihnen zuzuhören?

***Gebet:** Herr Jesus, wenn du voreingenommen wärst, du wärst nicht nur nicht für Menschen aus jeder Sprache, Stamm und Nation gestorben, du wärst gar nicht erst Mensch geworden! Wenn ich das nächste Mal versucht bin, auf „diesen Typ" herabzusehen, lass mich an deine freie, vorurteilslose Gnade denken, die du mir erwiesen hast. Amen.*

8. *Juli*

Der Kluge zügelt seine Zunge, und wer einen kühlen Kopf behält, ist ein besonnener Mann. (17,27)

Ruhige Worte. Ein *besonnener* Mensch behält einen *kühlen Kopf*. Der Hitzige regt sich leicht auf, ist ungeduldig und muss sofort seine Meinung loswerden. Der kühle Kopf ist ruhig und geduldig. Der Weise weiß, dass das, was er zu sagen hat, wahr und wichtig sein kann, aber auch, dass Gott im Sattel sitzt und dass nur er die Herzen öffnen kann (vgl. Apostelgeschichte 16,14; Johannes 6,44).

„Es gibt drei Gründe für dieses Lob der Besonnenheit. Erstens: Sie ermöglicht ein faires Anhören (Sprüche 18,13; vgl. V. 17). Zweitens: Sie lässt die Gemüter sich beruhigen (15,1: ‚eine freundliche Antwort'). Und drittens ist ihr Einfluss überaus stark: ‚Eine sanfte Zunge kann Knochen brechen' (25,15)."[157] Selbst als das Leiden am größten (Jesaja 53,7) und die Provokation am heftigsten war (1. Petrus 2,23), ließ Jesus sich nicht zu hitzigen oder unbesonnenen Worten hinreißen. Und vergessen wir nicht, dass Jesus uns nicht nur ein Vorbild ist, dem wir nacheifern sollen, sondern dass er als unser Erlöser uns seinen Heiligen Geist schicken kann, der uns eine tiefe Liebe zu ihm gibt und anfängt, uns in sein Ebenbild hinein zu verwandeln.

Sind Ihre Worte immer ruhig und besonnen? Wann waren sie es das letzte Mal nicht? Zu was führte das?

Gebet: *Vater, als Elia auf dich lauschte, warst du nicht in dem Erdbeben, dem Wind oder dem Feuer, sondern in dem „stillen, sanften Sausen" (1. Könige 19,12). Und obwohl du zu Recht über meine Sünde zürnen könntest, antwortest du mir nicht mit Zorn, sondern mit Gnade. Mache auch meine Worte ruhig und gnädig. Amen.*

9. Juli

Wer viele Worte macht, kann Fehler nicht vermeiden, wer aber seine Zunge im Zaum hält, der ist klug … Der Kluge zügelt seine Zunge, und wer einen kühlen Kopf behält, ist ein besonnener Mann. Sogar einen Dummkopf kann man für weise halten, wenn er schweigt; er wirkt verständig, solange er den Mund hält. (10,19; 17,27-28)

Weniger reden ist mehr. Der Weise *zügelt seine Zunge* und macht nicht viele Worte. „Die Sprüche lehren durchweg, dass wenige Worte besser sind als viele."[158] Warum? Je mehr ich sage, umso mehr kann gegen mich verwendet werden (10,14; 13,3), desto weniger Zeit habe ich zum Zuhören, sodass meine Worte entsprechend weniger fundiert sind (18,3), und desto weniger hören die anderen auf mich; es wird ihnen einfach zu viel. Und schließlich erweckt der Vielredner den Eindruck, dass es ihm mehr um ihn selber als um seine Zuhörer geht, was nicht selten stimmt.

Ein anderer Grund dafür, nicht zu viele Worte zu machen, ist dieser: Je besser ich über ein Thema Bescheid weiß, desto einfacher und klarer kann ich es erklären. Einfachheit ist das Endergebnis des Durcharbeitens eines Themas. Wer sich nicht kurz fassen kann, hat möglicherweise schlicht zu wenig Ahnung. Und schließlich ist das Beherrschen der Zunge ein Weg zur allgemeinen Selbstbeherrschung (Jakobus 3,1-2). Der, der die schwierige Aufgabe der Zügelung seines Drangs, sich über alles und jedes auszulassen, gemeistert hat, tut sich viel leichter mit der Selbstbeherrschung auf anderen Lebensgebieten.

Reden Sie zu viel? Bitten Sie mehrere Personen, die Sie gut kennen, um eine ehrliche Antwort.

***Gebet:** Herr, ich höre mich oft gerne selber reden. Manchmal finde ich kein Ende. Das finden die Leute vielleicht manchmal unterhaltsam, aber es baut sie nicht auf. Deine Worte sind vollkommen, kein einziges ist zu viel. So gut werde ich nie werden, aber bitte gib mir die Selbstbeherrschung und die Weisheit, dass ich jedes meiner Worte überlegt spreche. Amen.*

10. Juli

Wie ein goldener Ring und Schmuck aus feinem Gold, so ist eine weise Ermahnung für den, der ein offenes Ohr dafür hat … Wer einen Menschen zurechtweist, erntet letztendlich mehr Dank als ein Schmeichler. (25,12; 28,23)

Deutliche Worte. Wir haben die Aufgabe, die Wahrheit zu sagen – nicht nur, indem wir verlässliche Zeugen sind, sondern auch, indem wir in Konfrontationen offen sind. 25,12 sagt uns, dass eine deutliche, gut formulierte *Ermahnung* wie ein Schmuckstück aus *feinem Gold* ist – etwas Schönes, ein Kunstwerk! Und 28,23 erinnert uns daran, dass der, der Klartext redet, am Ende mehr Achtung und Dank ernten wird als der, der aus Angst vor Zurückweisung nur Süßholz raspelt.

Seiner Sanftmut zum Trotz redet Jesus zu der Frau am Jakobsbrunnen klare Worte über ihr verkorkstes Beziehungsleben (Johannes 4,8-27). Er fordert Zachäus auf, damit aufzuhören, mit dem Segen der Regierung die Menschen auszubeuten (Lukas 19,1-9). Er ist der, der im gleichen Atemzug sagen kann: „Ich verurteile dich auch nicht“ und: „Sündige von jetzt an nicht mehr!“ (Johannes 8,11).[159]

Also: Wir müssen freundlich, sanft und behutsam sein mit unseren Worten, aber auch transparent, deutlich und direkt. Ohne beides können wir nicht leben.

Was für Worte können Sie besser – die freundlichen und sanften oder die deutlichen und direkten? Die wenigsten beherrschen beide gleich gut.

Gebet: *Herr Jesus, als Paulus mutterseelenallein vor dem Kaiser stand, warst du selber an seiner Seite, sodass er freimütig reden konnte (2. Timotheus 4,16-17). Bitte hilf du auch mir, damit ich den Menschen die Wahrheit sagen kann. Amen.*

11. Juli

Freundliche Worte gehen einem ein wie Honig, sie schmecken süß und sind heilsam für den ganzen Körper. (16,24)

Mit Worten heilen. Hier hat der *Honig* eine positive Bedeutung. Als Jonathan inmitten einer Schlacht ausgehungert Honig aß, belebte dieser ihn. „Da strahlten seine Augen“ (1. Samuel 14,27). Ähnlich gibt es Worte, die *süß* schmecken und *heilsam für den ganzen Körper* sind.

Alle Eigenschaften guter Rede haben Heilkräfte. Ein freundliches Wort kann Kummer heilen (12,25) und Zorn abwenden (15,1), eine Zurechtweisung ist gut gegen Unwissenheit und Selbstbetrug (19,25; 27,5). Wenn Sie in Ihrem Reden die rechte Balance der Weisheit finden – ehrliche und offene Worte, freundliche, sanfte, treffende, unvoreingenommene, ruhige, deutliche, nicht zu viele und alle zur rechten Zeit –, werden Sie jedem Ihrer Hörer helfen können.

Als Jakob Gott um den Segen bat, den er sein ganzes Leben lang gesucht hatte, bekam er ihn (1. Mose 32,29). Wenn wir an Christus glauben, bekommen wir den gleichen Segen und noch mehr (Epheser 1,3), und aus dieser inneren Fülle heraus können unsere Worte segnen und aufbauen, weil wir den kennen, der das lebendige Wort ist.

Schauen Sie sich noch einmal die Eigenschaften weiser Worte an: wahrhaftig, ehrlich, aufrichtig, freundlich, sanft, passend, zur rechten Zeit, unvoreingenommen, ruhig, deutlich und nicht zu viel. An welcher dieser Eigenschaften (bitte nur eine wählen) müssen Sie am meisten arbeiten?

Gebet: *Herr, ich bin umgeben von Menschen, die das, was ich ihnen mit meinen Worten geben kann, dringend brauchen. Aber ich bin zu beschäftigt, zu ängstlich, zu gleichgültig und zu ichbezogen, um die Gelegenheiten auch nur zu bemerken. Öffne meine Augen und salbe meine Lippen, damit meine Worte anderen helfen. Amen.*

12. Juli

Ein Mensch mit weisem Herzen zeichnet sich durch kluge Rede aus, und von dem, was über seine Lippen kommt, kann man viel lernen … Wer von Herzen aufrichtig ist, der versteht es, ansprechend zu reden, und hat den König zum Freund. (16,23; 22,11)

Heilung der Worte. Unsere Worte heilen – aber wer oder was heilt unsere Worte? Es ist das *Herz* der Weisen, das ihre Rede *klug* und angenehm macht. Jesus hat gesagt: „Wie der Mensch in seinem Herzen denkt, so redet er", und: „Wenn ein Baum gut ist, sind auch seine Früchte gut" (Matthäus 12,33f.).

Dazu reicht Willenskraft alleine nicht aus. Der *aufrichtige* Mensch ist jemand, „der keine Götzen anbetet" (Psalm 24,4). Je mehr wir unsere Freude, Hoffnung, Erlösung, Wert und Sicherheit allein von Gott erwarten, desto weiser werden unsere Worte. Die Sprache der Erbauer des Turms zu Babel, die sich „einen Namen machen" wollten (1. Mose 11,4), brach zusammen und mit ihr die ganze Gesellschaft. Zu Pfingsten wurde der Fluch von Babel aufgehoben; die Herzen der Jünger wurden erfüllt mit der Schönheit Jesu und seiner Erlösung, und jeder wurde mitgerissen von dem, was sie sagten. Wie bei Jesus selber (Johannes 7,46), gab es bei ihnen keine unnötigen, unwahrhaftigen, unpassenden, unfreundlichen, unschönen Worte. Unser Reden, unser Gebetsleben und unser Leben mit Gott, sie wachsen gemeinsam.

Erleben Sie es, wie Ihre Worte langsam heil werden?

Gebet: *Herr, du hast Jakobs verzweifelte Bitte um Segen erhört, wenn auch indirekt, da die Bibel deine Worte an ihn nicht überliefert (1. Mose 32,30). Auch ich brauche deinen Segen für das Innerste meines Herzens, dass du es mit deiner Liebe füllst (Epheser 3,16-19), damit meine Worte den deinen ähnlich werden. Amen.*

13. Juli

Wer mit allem hausieren geht, was er erfährt, plaudert auch Geheimnisse aus. Aber wer zuverlässig ist, behandelt eine Sache vertraulich. (11,13)

Lästern. Wenn wir über jemanden lästern, muss unsere Aussage nicht falsch sein. 11,13 redet von Informationen über einen anderen Menschen, die wahr sind, aber vertraulich hätten bleiben sollen. Klatschen und Tratschen ist die Weitergabe einer Information, die wahr oder falsch sein kann und die dem Sprecher und dem Hörer ein Überlegenheitsgefühl gegenüber demjenigen, über den sie lästern, verschaffen soll. In Jakobus 4,11 heißt es: „Redet nicht schlecht übereinander, Geschwister!" Das „Redet nicht schlecht" gibt das griechische *katalalein* wieder. Es ist ein Reden, das nicht sachlich falsch sein muss, aber die Liebe und den Respekt des Hörers gegenüber der besprochenen Person untergräbt. Wenn wir über einen Dritten reden, sollte dies immer behutsam geschehen, mit den besten Absichten und in dem Bewusstsein, dass wir genauso schwache Menschen und Sünder sind wie diese Person. Niemals darf das Reden *über* einen Dritten zu einem Reden *gegen* ihn werden.

Weil das menschliche Herz einen unstillbaren Drang zur Selbstrechtfertigung hat, sind Klatsch und Tratsch fast unvermeidlich (18,8). Da Lästerei hochansteckend ist, stellt der Weise sie unter Quarantäne, indem er entsprechende Informationen nicht weiterträgt (17,9; 16,28; 26,20) und die Gesellschaft von Lästermäulern meidet (20,19). In Römer 1,29 erscheint die Lästerei („sie reden abfällig über ihre Mitmenschen") in dem Lasterkatalog von Menschen bzw. Völkern, die Götzenanbeter sind. Lästern ist definitiv nichts Harmloses.

Können Sie zwischen Lästern und nüchterner Bewertung unterscheiden? Klatschen und tratschen Sie manchmal selber?

Gebet: *Herr, wenn ich genauer darüber nachdenke, was Lästern ist, merke ich, dass ich ja auch lästere oder Klatsch und Tratsch fördere. Im Laufe der Jahre habe ich viele Menschen durch Lästern verletzt. Gib mir, auch bei mir selber, eine feinere Antenne für dieses Problem. Und vergib mir all das sündige Geschwätz, das aus meinem Mund gekommen ist. Amen.*

14. Juli

Ein Mensch, der Tatsachen verdreht, zettelt Streit an, und ein Verleumder bringt Freunde auseinander ... Wer mit allem hausieren geht, was er erfährt, plaudert auch Geheimnisse aus. Darum lass dich auf keinen Fall mit jemand ein, der den Mund nicht halten kann ... Wenn kein Holz mehr da ist, verlöscht das Feuer, und wenn kein Verleumder mehr da ist, beruhigt sich der Streit. (16,28; 20,19; 26,20)

Die Wirkungen des Lästerns. Klatsch und Tratsch sind Beziehungszerstörer. Es *bringt Freunde auseinander*, wenn die vertraulichen Informationen, die sie übereinander haben, an Dritte weitergegeben werden (16,28). Dies geschieht oft ungewollt, einfach dadurch, dass man zu viel redet (20,19). Aber es kann eine bewusste Gewohnheit von jemandem sein, der der Versuchung, durch das Weitergeben von saftigen Informationsleckerbissen Aufmerksamkeit zu erregen und letztlich Macht auszuüben, nicht widerstehen kann (16,28).

Lästerei beflügelt auch *Streit* (26,20). Wenn zwei Menschen ein Problem miteinander haben, können sie miteinander reden, um die Sache beizulegen. Klatsch und Tratsch machen das schwieriger. Nehmen wir an, Tom will seinen Streit mit John beilegen. Das wird kaum gelingen, wenn Toms Freunde fleißig ihre Gerüchte über John verbreiten, was wiederum Johns Freunde auf den Plan bringt, die über Tom herziehen. Es wird viel schwieriger, größere Gruppen von Menschen miteinander zu versöhnen, wenn in diesen Gruppen über etwas getratscht wird, was sie nicht direkt selber betrifft (28. Juli). Lästern ist wie eine Krebsgeschwulst am Leib Christi.

Wann haben Sie das letzte Mal erlebt, wie der Zusammenhalt einer Gruppe durch Klatsch und Tratsch geschwächt wurde?

Gebet: *Herr, wie trügerisch sind doch Klatsch und Tratsch – vor allem für denjenigen, der selber gerade lästert! Ich möchte warnen, ich möchte mitfühlen oder Mitgefühl bekommen, ich möchte einen Witz reißen – aber all das sind nur Vorwände, um den anderen schlechtzumachen. Hilf mir Klatsch und Tratsch rechtzeitig zu erkennen – ob ich sie nun selber gerade verbreite oder entsprechende Gerüchte höre. Ich will mich davon abwenden. Amen.*

15. Juli

Nordwind bringt Regen, und heimliches Gerede bringt grimmige Gesichter. (25,23)

Die Subtilität des Lästerns. Das Thema dieses Spruchs ist *heimliches Gerede*. Lästerei und Verleumdung sind subtil und schwer fassbar. Klatsch und Tratsch haben viele Gesichter. Da ist die Neugierde: „Hast du das schon gehört?“ Da ist das falsche Mitleid: „Die arme Anna …“ In frommen Kreisen kann es sogar die Bitte sein, für jemanden zu beten. Lästern muss nicht immer mit Worten geschehen. In Jakobus 5,9 heißt es: „Klagt und jammert nicht übereinander.“ Im Urtext steht hier ein Wort, das wörtlich „stöhnend die Augen rollen“ bedeutet. Eine verächtliche Einstellung äußert sich nicht nur in unseren Worten, sondern auch in unserer Körpersprache. Wenn alle entsetzte Blicke austauschen, den Kopf schütteln, die Augen rollen, stöhnen oder kichern, ist das Kind auch ohne viele Worte in den Brunnen gefallen.

Wie merke ich es, ob das, was ich über einen Menschen sage, Lästern ist oder nicht? Nun, fragen Sie sich: Ist dies etwas, worüber ich eigentlich mit diesem Menschen selber reden sollte? Ist es ihm recht, dass ich diese Information weitergebe? Wäre es mir recht, wenn jemand so etwas über *mich* verbreiten würde?

Hat Ihnen in der letzten Zeit jemand etwas gesagt, das eindeutig Klatsch und Tratsch war? Wie haben Sie reagiert? Wie hätten Sie reagieren sollen?

Gebet: *Herr Jesus, ich kann den guten Ruf eines Menschen nicht nur mit meiner Zunge, sondern auch mit meiner Körpersprache beschädigen. Du selber hast nie gemurrt, gejammert oder andere lächerlich gemacht. Bitte tue das Nötige, damit ich diese Dinge nicht tue. Amen.*

16. Juli

Wer nach Erkenntnis strebt, lässt sich gerne zurechtweisen. Wer es hingegen hasst, auf Fehler hingewiesen zu werden, bleibt dumm … Ein Dummkopf hält seine Lebensweise immer selbst für richtig, ein weiser Mensch aber hört auf guten Rat. (12,1.15)

Korrekturfähig. Wir haben bereits gesehen, dass ohne Offenheit für Korrektur und Kritik Weisheit nicht möglich ist. Ein vernünftiger Mensch *hört auf guten Rat* und „prüft ständig, ob er voreingenommen ist.“[160] Die Menschen der Antike waren voller Vorurteile und Klischees über andere Rassen, Schichten und Kulturen. Der moderne Mensch dagegen hält sich gerne für aufgeschlossen und vorurteilsfrei.

Aber niemand ist objektiv. Nehmen wir nur die moderne Voreingenommenheit gegen alles, was nicht modern und „aufgeklärt“ ist. Jede Kultur hat tiefe, dogmatische Grundüberzeugungen über das Leben, die ihr so selbstverständlich sind, dass sie gar nicht merkt, dass es Dogmen sind. „So ist das doch, das weiß doch jeder …“ Niemand wird weise, solange er diese Dogmen nicht kritisch hinterfragen lässt – zuallererst durch Gottes Wort, aber auch durch Lehrer, Kollegen, Verwandte und Freunde. Der chronische Besserwisser ist in Wirklichkeit ein *Dummkopf* (12,15).

Gibt es eine Überzeugung, die Sie in Ihrer Kultur oder Gruppe gelernt, aber später verworfen haben, weil Gottes Wort etwas anderes sagt?

***Gebet:** Herr Jesus, wir sollen uns nicht nach dem Denken dieser Welt richten (Römer 12,2). Die Gesellschaft, in der ich lebe, drückt mir viele Dinge als allgemein geltende Tatsache auf, was schlicht nicht stimmt. Lass dein Wort so stark in mir wohnen (vgl. Kolosser 3,16), dass ich diese Irrtümer durchschaue und meide. Amen.*

17. Juli

Wer ein offenes Ohr hat für Zurechtweisung, die dem Leben dient, gehört zum Kreis der Weisen. Wer die Erziehung in den Wind schlägt, missachtet sich selbst, aber wer auf Zurechtweisung hört, wird vernünftig. Ehrfurcht vor dem HERRN erzieht zur Weisheit, und der Ehre geht Bescheidenheit voraus. (15,31-33)

Lass dir sagen. Wir sollten Korrektur und *Zurechtweisung* nicht nur hin und wieder annehmen, wenn sie unaufgefordert zu uns kommt. Wir sollten sie regelrecht suchen und Lernende werden. Wir müssen es uns zur Gewohnheit machen, uns zu Menschen zu halten, die mehr wissen als wir, und von ihnen zu lernen. Unser ganzes Leben sollte davon bestimmt sein, dass wir uns etwas sagen lassen, statt nur *unsere* Meinung gelten zu lassen.

Vers 32 sagt den Stolzen und Unbelehrbaren, dass sie nur sich selber schaden. Nur durch tiefe Gottesfurcht und die Bereitschaft, zu lernen (V. 33), können wir „ein realistisches Selbstbild und die rechte Demut" bekommen.[161] Dies erinnert uns an etwas noch Fundamentaleres: dass wir nur durch Buße – jene tiefste Form der Bereitschaft, sich korrigieren zu lassen – erlöst werden können (Apostelgeschichte 11,18; Matthäus 4,17; Lukas 13,3). Sich in Buße vor Gott demütigen und an Jesus als unseren Erlöser glauben bringt uns die wahre Ehre und den größten Ruhm – die ewige Liebe Gottes (Johannes 17,20-26). „Paradoxerweise ist es der, der sich gegenüber dem ruhmreichen Gott selber keinen Ruhm zumisst, der am Ende mit dem Ruhm und Reichtum gekrönt wird, die ihm die Wertschätzung seiner Mitmenschen bringen (vgl. Sprüche 3,16; 8,18; 11,16)."[162]

Sind Sie lernfähig oder sehen die anderen Sie als jemand, der sich nichts sagen lässt? Fragen Sie zwei oder drei Personen, die Sie gut kennen.

Gebet: *Herr, ich bin nicht sehr lernfähig. Ich bin zu stolz, um Rat zu suchen, und habe Angst davor, Dinge zu hören, die ich nicht hören will. Erinnere mich an deine Größe, damit ich demütiger werde. Und an das Evangelium, das heute meine Freude und mein Leben ist, aber das einst etwas war, das ich nicht hören wollte. Amen.*

18. Juli

Bei einem Verständigen bewirkt Zurechtweisung mehr als hundert Schläge bei einem Dummkopf … Wenn du einen hochmütigen Spötter schlägst, werden Einfaltspinsel eine Lehre daraus ziehen, wird aber ein Verständiger zurechtgewiesen, gewinnt er selbst neue Erkenntnis … Wenn man einen hochmütigen Spötter straft, dann wird ein Einfaltspinsel weise, doch wenn man einen Weisen belehrt, zieht er selbst daraus neue Erkenntnis. (17,10; 19,25; 21,11)

Grade der Belehrbarkeit. In der Antike waren vierzig Schläge die höchste Prügelstrafe, die es gab. *Hundert* Schläge sind also eine bewusste Übertreibung, die etwas zeigen soll: Manche Menschen lassen sich selbst durch die schlimmsten Folgen ihres Verhaltens nicht ändern (17,10). Je öfter sie ihren Arbeitsplatz verlieren, von der Schule fliegen, zu Geld- oder anderen Strafen verurteilt werden, umso unbelehrbarer werden sie. Und am anderen Ende des Spektrums sind die *Verständigen*, die durch eine einzige *Zurechtweisung* mehr lernen als andere durch ganze Lebenskatastrophen.

In der Mitte des Belehrbarkeitsspektrums sind die *Einfaltspinsel* (LUT: *Unverständigen*), denen wir schon früher begegnet sind. Sie sind nicht so lernfähig wie die Verständigen, aber auch nicht so verstockt wie die Dummköpfe. Sie brauchen manchmal starke Kost, um aufzuwachen, aber dann können sie oft *eine Lehre daraus ziehen* und ändern ihr Verhalten.

Diese drei Sprüche zeigen uns, dass es unterschiedliche Grade der Belehrbarkeit gibt. Bevor Sie sich mit einem Menschen einlassen (ihn z. B. einstellen oder gemeinsame Sache mit ihm machen), sollten Sie prüfen, wie belehrbar er ist. Und wie belehrbar Sie selber sind.

Wann haben Sie durch die Beobachtung eines anderen Menschen etwas Wichtiges gelernt? Wo befinden Sie sich auf dem Belehrbarkeitsspektrum?

***Gebet:** Herr, ich bin ziemlich in der Mitte zwischen dem Verständigen, der durch eine einzige, weise Zurechtweisung lernt, und dem Dummkopf, der aus nichts etwas lernt. Oft musst du mir deine Botschaften mehrmals senden, bevor ich sie lese. Bitte vergib mir und arbeite an meinem Herzen, bis ich dir schon beim ersten Mal zuhöre. Amen.*

19. Juli

Ein Volk kommt zu Fall, wenn ihm die Führung fehlt, doch wenn es viele Ratgeber hat, findet es Rettung … Ein weiser Mann zeigt Stärke, und ein verständiger Mensch setzt Kräfte frei. Durch wohlüberlegte Führung gewinnst du den Krieg, und durch viele Berater erringst du den Sieg. (11,14; 24,5-6)

Suchen Sie so viel Rat wie möglich! Wir sollten nicht wankelmütig sein (Jakobus 1,8), aber zu viele Menschen sind zu impulsiv. Die Sprüche fordern uns nicht bloß auf, vor wichtigen Entscheidungen eine „zweite Meinung" einzuholen oder uns mit ein paar engen Freunden zu beraten; nein, wir sollten *viele Ratgeber* (wörtlich: „eine Menge") haben.

Warum? Erstens: Wenn wir nur wenige Ratgeber konsultieren, wählen wir wahrscheinlich solche, die aus unserer eigenen Ecke kommen oder unsere Meinung teilen. Diese Verse „begegnen der Gefahr parteipolitischer Schlagseiten".[163] Sie wollen uns frei machen von Parteilichkeit und Vetternwirtschaft. Und zweitens geht es darum, über den Tellerrand zu schauen. Um zu kreativen Lösungen zu kommen, muss ich alle Probleme und alle Optionen im Blick haben. Dazu reichen zwei oder drei Stimmen einfach nicht aus, und das Ergebnis wird keine neuen Wege weisen. Jesus verfolgte ganz alleine einen Erlösungsplan, der sowohl die liberalen Sadduzäer als auch die konservativen Pharisäer schockierte (vgl. Markus 3,6). Aber *wir* können nur weise sein, wenn wir *viele* Berater haben.

Haben Sie Berater aus einem gewissen Spektrum von Meinungen und Prägungen?

Gebet: *Herr, ich tue mich schwer, im Supermarkt jemanden zu fragen, wo die Marmeladen sind. Aber selbst du berätst dich in der Dreieinigkeit von Vater, Sohn und Heiligem Geist. Gib mir Freunde, die Ratgeber sind, und die nötige Demut, um auf sie zu hören. Amen.*

20. Juli

Einen selbstgefälligen Schwätzer kannst du unter die Körner gemischt im Mörser mit dem Stößel zerstampfen, aber selbst dann fällt seine Selbstgefälligkeit nicht von ihm ab. (27,22)

Vom Leben lernen. Weisheit ist: auf den Rat anderer hören. Aber es geht auch darum, auf das zu hören, was unsere Lebenserfahrung uns sagt. Leiden kann reifer machen (Hebräer 12,7-11) – es zerbricht übersteigertes Selbstvertrauen, macht uns barmherziger, zeigt uns unsere Schwächen und stärkt unser Gottvertrauen. Doch all dies geschieht nicht automatisch. Manche Menschen werden im *Mörser* des Leidens zu Staub *zerstampft* (ein Bild für furchtbaren Schmerz), aber sie lernen nichts.

Leid und Not treibt die einen tiefer in Gottes Liebe hinein, während andere zu dem Schluss kommen, dass es keinen Gott der Liebe gibt. Wie kommt das? Nun, das Herz der Torheit ist, dass man auf seine eigene Weisheit setzt. Die große Versuchung für den Leidenden ist die Annahme, dass unser Leiden keinen Sinn ergibt, wenn *wir* nicht sehen, welchen Sinn unser Leiden in Gottes Augen haben soll. Wenn ich mir keinen Gott vorstellen kann, der unendlich weiser und liebevoller ist als ich, kann ich ihm auch nicht vertrauen und geistlich wachsen. Das erste Gebot der Weisheit lautet: Glaube, dass der Gott, der in Jesus Christus für dich in den Tod gegangen ist, gut ist und dir nichts vorenthalten wird, was zu deiner ewigen Freude notwendig ist.

Denken Sie an eine große Prüfungs- oder Leidenszeit in Ihrem Leben zurück. Was haben Sie damals gelernt und inwiefern sind Sie innerlich gewachsen?

***Gebet:** Herr, wenn es dick kommt, beiße ich gerne die Zähne zusammen, bis der Sturm vorbei ist. Aber so kann man nicht von dir lernen. Bitte treibe mich das nächste Mal ins Gebet, ins echte Gebet, bis deine Gegenwart und Liebe mir neu in meinem Herzen aufgehen. Amen.*

21. Juli

Wer sich trotz vieler Ermahnungen immer mehr verhärtet, wird ganz unerwartet zerschmettert, ohne dass es Rettung gibt. (29,1)

Zu spät. Andere Bibelübersetzungen benutzen statt „verhärtet" das Wort „halsstarrig". Das ursprüngliche Bild meint ein Pferd, das sich weigert, auf Anweisung des Reiters oder Kutschers seinen Hals zu beugen; solch ein Pferd ist nutzlos, ja gefährlich und wird womöglich abgeschafft. Hier meint das Bild Menschen, die sich selber für weise halten und sich Gottes Wort und Weisung widersetzen. Gibt es Hoffnung für sie?

Da wir durch Glauben und Buße erlöst werden und nicht durch unsere moralischen Leistungen (Römer 3,28), kann sich grundsätzlich jeder zu jeder Zeit Gott zuwenden (Jesaja 45,22). „Es gibt keine Sünde, die so groß wäre, dass sie den wahrhaft Bußfertigen in die Verdammnis führt."[164] Aber andererseits kann man sich innerlich immer mehr von Gott entfernen, bis man eines Tages zu *verhärtet* ist, um ernsthaft an Buße denken zu können (vgl. 28,14). Gottes Tür für den Bußfertigen schließt sich nie, aber unser „Zeitfenster" für echte Buße kann sich sehr wohl schließen.[165] Wenn wir den Drang zur Buße verspüren, sollten wir ihm sofort nachgeben und uns nicht stolz einbilden, dass wir das doch immer noch machen können, wenn uns danach zumute ist (vgl. 2. Timotheus 2,25) – ein klarer Fall von Verhärtung.

Haben Sie offene Zeitfenster zum geistlichen Wachsen ignoriert, die inzwischen verschlossen sind? Wenn das so ist – Wäre diese Erkenntnis nicht eine Gelegenheit zu einem Neuanfang mit Gott?

Gebet: *Vater, mache mich zu einem wirklichen Büßer. Lass mich der Erste sein, der seine Sünden zugibt, und lass mich rasch Buße tun, ohne Murren, ohne Ausreden, ohne Bitterkeit und in dem Wissen, dass Buße ein Weg ist, der durch Schmerz zu umso größerer Freude führt. Amen.*

22. Juli

Ein boshafter Mensch nimmt Unheil bringendes Geschwätz bereitwillig auf, und ein Lügner hört zerstörerischem Gerede aufmerksam zu … Ein Zeuge, der lügt, wird zugrunde gehen, aber wer zuhören kann, dessen Worte haben Bestand. (17,4; 21,28)

Worauf man lieber nicht hören sollte. Je mehr man selber ein Lügner ist, umso bereitwilliger hört man auf die Lügen anderer. Es ist leicht, jemanden zu betrügen, der sich für clever hält. Das stolze, neidische Herz sucht Entschuldigungen für seine Makel und verborgenen Sünden. Damit aber ist es leichte Beute für den Betrüger, der ihm schmeichlerische Lügen auftischt, während er unangenehme Dinge verschweigt. Solch ein Herz ist auch empfänglich für Klatsch und Gerüchte, weil es immer das Schlimmste über die anderen glauben will. Am Ende werden sowohl die Lügner als auch ihre willigen Hörer *zugrunde gehen*; die Lügner werden entlarvt, und die, die ihr Verhalten auf ihre Lügen gegründet haben, stürzen ins Unglück.

Nur wer selber gut zuhören kann, ist es wert, dass man ihm zuhört (21,28). Jesus, der leidende Gottesknecht, hörte vollkommen auf seinen Vater und sagt uns daher die volle Wahrheit (Jesaja 50,4-5). Wir müssen so werden wie er, was nur möglich ist, wenn wir in Gottesdienst und Gebet die Gemeinschaft mit ihm pflegen. Wenn wir dies tun, wird unser Reden heilsam und mutig sein und jeder wird merken, dass wir zu Jesus gehören (vgl. Apostelgeschichte 4,13).

Sind Sie zu leichtgläubig? Beißen Sie zu bereitwillig an, wenn ein Gerücht Ihre Vorurteile bestätigt? Oder sind Sie umgekehrt zu skeptisch und nicht bereit, anderen zu glauben?

***Gebet:** Herr, es gibt so viele Dinge, die ich gerne glaube, weil sie mir recht geben. Hilf mir, jeden Tag auf dem Fundament deiner Rechtfertigung zu leben, Jesus; das wird mir zu einem viel besseren Urteil darüber verhelfen, was wahr ist und was nicht. Amen.*

23. Juli

Zum Pferd gehört die Peitsche, zum Esel das Zaumzeug und auf den Rücken von Dummköpfen der Stock. (26,3)

Seien Sie kein Esel. Tiere zähmen wir mit Belohnungen und Strafen, weil man ihnen nicht erklären kann, warum sie sich so und nicht anders verhalten sollen. Bei einem Toren (*Dummkopf*) ist es genauso. Psalm 32,9 ermahnt uns: „Seid nicht wie Pferde oder Maultiere, denen der Verstand fehlt und deren Schmuck aus Zaum und Zügel besteht. Damit muss man sie zähmen, denn sonst gehorchen sie ja nicht." Stattdessen sagt Gott uns: „Ich will dich beraten und immer meinen Blick auf dich richten" (Psalm 32,8).

Gehorchen wir Gott nur, weil wir müssen, oder weil wir ihn persönlich kennen und es mögen, wenn er uns anschaut? Kidner schreibt zu Psalm 32,8-9: „Die Rute riskieren die, die den Blick bewusst nicht beachten."[166] Manchmal müssen wir natürlich alle fühlen, weil wir aus Dummheit oder Selbstgefälligkeit nicht hören wollten, aber danach sollten wir so bald wie möglich zu der Gemeinschaft mit Gott im Gebet und in seinem Wort zurückkehren. Lassen Sie sich durch ihn selber führen und nicht durch die Schläge des Lebens.

Haben Sie schon einmal etwas durch die „Schläge des Lebens" gelernt, das Sie eigentlich durch Gottes Wort hätten lernen können und sollen?

Gebet: *Vater, ist dies nicht meine größte Sünde gegen dich? Ich gehorche dir, weil ich muss, und nicht, weil ich es will. Ich bereue meine Sünden wegen ihrer Folgen für mich und nicht, weil sie dir, dem Gott, den ich doch liebe, wehtun. Zeige mir erneut die Liebe deines Sohnes, der für mich gelitten hat, bis ich dir gehorche – nicht wie ein Esel, sondern aus dankbarer Freude. Amen.*

24. Juli

Striemen reinigen den Bösen, und Schläge läutern den Menschen innerlich. (20,30)

Wunden, die heilen. Wir sollten nicht erwarten, dass Nöte das einzige Erziehungsmittel Gottes sind (23. Juli). Doch Tatsache ist: Ohne die *Striemen* und *Schläge* des Lebens gibt es selten echtes Wachstum. Menschen, die im Leben absolut behütet und geborgen sind, sind oft oberflächlich und unfähig, mit anderen mitzufühlen, und meist schätzen sie ihre eigene Geduld, Ausdauer und Widerstandskraft unrealistisch hoch ein.

20,30 besagt, dass die äußere Disziplinierung des Körpers uns *innerlich* stärker machen kann. Soldaten wissen um die innere Disziplin, die die strapaziöse Grundausbildung bringen kann. Doch in der Bibel finden wir noch mehr. Paulus schreibt, dass durch all die Nöte und Schwierigkeiten, auch durch Krankheiten und das zunehmende Alter sein „äußerer Mensch" „aufgerieben" wird, aber dass sein „innerer Mensch" täglich „erneuert" wird. „Denn die Nöte, die wir jetzt durchmachen, … gehen bald vorüber, und sie bringen uns … eine unvorstellbare und alles überragende Herrlichkeit, die nie vergeht" (2. Korinther 4,16-17).

Doch letztlich sind es nicht *unsere* Wunden, sondern die Jesu, die uns läutern. „Durch seine Wunden sind wir geheilt" (Jesaja 53,5).[167] Sein Leiden für uns bedeutet, dass wir ihm auch in unseren Nöten vertrauen können, und wenn wir das tun, können sie uns ihm ähnlicher machen.

Wann hat eine schwierige Zeit Sie Jesus nähergebracht? Nehmen Sie sich heute Zeit, ihm für sein Wirken in Ihrem Leben zu danken.

Gebet: *Herr Jesus Christus, du bist der einzige Gott, zu dem wir sagen können: „Nur Gottes Wunden können uns're trösten, und nicht ein Gott hat Wunden außer dir."*[168] *Wenn ich deine Wunden sehe, die du für mich erlittest, kann ich meine geduldig tragen. Amen.*

25. Juli

Wer einem seiner Mitmenschen mit Verachtung begegnet, macht einen schweren Fehler, doch glücklich zu preisen ist, wer den Hilflosen beisteht! (14,21)

Nicht von oben herab. Menschliche Beziehungen werden immer wieder beschädigt. Wie ein Haus brauchen sie regelmäßig kleinere Reparaturen (die „Instandhaltung"), aber auch größere Renovierungen. Der Weise versteht sich auf beides.

Eine Art der „Instandhaltung" ist, dass ich meiner natürlichen Neigung, mich für etwas Besseres zu halten („Verachtung"), widerstehe. 14,21 zeigt uns, dass Verachtung einer der Gründe für die Missachtung der *Hilflosen* ist, aber die Sache geht noch tiefer. Wenn wir nicht dem Drang, uns mit den anderen zu vergleichen und auf sie herabzusehen, widerstehen, werden unsere Beziehungen den Stress des Alltags nicht überstehen. Was tun?

Denken Sie einmal über Folgendes nach: Die in uns wohnende Sünde sorgt dafür, dass wir nie so heilig sind, wie dies unserem Glauben entsprechen sollte, und Gottes Gnade gegenüber seiner Schöpfung sorgt dafür, dass die anderen nie so böse sind, wie ihr Unglaube sie machen sollte. Es kann sein, dass Sie etwas von Menschen lernen können, die große Fehler haben, aber durch die Gott womöglich arbeitet.

Wann haben Sie das letzte Mal auf einen Mitmenschen herabgesehen? Es ist eine wichtige geistliche Übung, ein Gespür für diese Augenblicke zu bekommen und auf der Stelle Buße zu tun.

***Gebet:** Herr, ich suche instinktiv nach Fehlern bei meinen Mitmenschen (oder setze sie einfach voraus), damit ich mich überlegen fühlen kann – ein schwerer Verstoß gegen dein Gebot, von den anderen höher zu denken als von mir selber (Philipper 2,3). Ich bin so anders als du. Bitte vergib mir und mache mich dir ähnlicher. Amen.*

26. Juli

Alles, was einer tut, erscheint ihm selber unschuldig und rein, der HERR jedoch prüft die wahren Absichten und Beweggründe. (16,2)

Seien Sie selbstkritisch. Eine andere Waffe gegen unsere natürliche Neigung zur Überheblichkeit (25. Juli) ist die Selbstkritik. Unsere Motive mögen uns selber *unschuldig und rein* erscheinen, aber Gott weiß es besser. „Der Jünger sollte seine Motive und Verhalten an Gottes geoffenbarten Geboten messen und nicht seine eigene Deutung von ihnen verabsolutieren.“[169] Denken wir nur einmal daran, was der Satan Hiob vorwarf – dass dieser Gott nicht um seiner selbst willen lieben würde, sondern wegen des Segens, den er von ihm empfangen hatte (Hiob 1,8-10). Dies ist eine Behauptung, die auf jeden von uns zumindest teilweise zutrifft.

Eine neue Sicht seiner Sündhaftigkeit kann den Christen auch zu einer vertieften Erkenntnis führen, wie gerecht gesprochen und geliebt er in Christus ist (Philipper 3,9). Die Erkenntnis unserer Sünden kann also gleichzeitig zu mehr Demut und zu mehr Freude und Dankbarkeit führen. Das demütige Wissen um die Unreinheit unserer Motive sollte uns auch davor bewahren, unserer Sache gar zu sicher zu sein und gar zu negativ über unsere Konfliktgegner zu reden (1. August).

Inwiefern sind Ihre Motive selbst bei dem vielen Guten, das Sie tun, gemischt? Wie kann das Wissen darum Sie barmherziger in Ihren Beziehungen machen?

***Gebet:** Herr, ich habe ein Herz, das ständig zum Sündigen neigt, und ohne deine übernatürliche Hilfe kann ich kein bisschen daran ändern. Welches Recht habe ich, mich irgendjemand überlegen zu fühlen? Erinnere mich jedes Mal daran – und an deine unerhörte Liebe zu mir –, wenn ich einem neuen Menschen begegne. Amen.*

27. Juli

Ein selbstgefälliger Schwätzer regt sich auf, lacht und gibt keine Ruhe, wenn ein verständiger Mensch eine Auseinandersetzung mit ihm hat. (29,9)

Wählen Sie Ihre Kämpfe weise. Der Tor beschimpft und verhöhnt seinen Gegner, anstatt sachlich zu argumentieren. Krakeeler und Spötter überzeugen nicht mit Argumenten und bauen keine Brücken, sie mobilisieren ihre Basis, d. h., sie „predigen" denen, die sowieso ihre Ansichten teilen, und bestätigen die Leute in ihren Vorurteilen – heutzutage die häufigste Form des öffentlichen Diskurses.

Der Realismus dieses Spruches zeigt uns, dass es manchmal unvermeidlich ist, solch einen Krakeeler und Schwätzer zu konfrontieren. Das wird ein langes und schmerzliches Unterfangen sein. Aber wir müssen es angehen. Dabei dürfen wir aber andere Maßstäbe nicht außer Acht lassen, etwa dass wir auch den Schwätzer nicht verachten dürfen (25. Juli) und grundsätzlich die Menschen mit Respekt behandeln müssen (10. Mai). Und nie dürfen wir mit dem Krakeeler das machen, was er mit uns machen will – ihn marginalisieren und dämonisieren, anstatt zu versuchen, ihn zu überzeugen. Das Neue Testament fordert uns auf, soweit es in unserer Macht steht, mit unseren Mitmenschen in Frieden zu leben (Römer 12,18) – auch mit denen, die schimpfen und spotten.

Sind Sie selber jemand, der gerne schimpft und schreit? Oder hören Sie solchen Menschen gerne zu bzw. lesen gerne Ihre Beiträge?

Gebet: *Herr Jesus, du hast deinen Gegnern weise und brillant, aber geduldig geantwortet. Wie gerne möchte ich es meinen Gegnern mit gleicher Münze heimzahlen und genauso verächtlich reden wie sie! Aber ich möchte so werden wie du, und nicht wie sie. Verändere du mein Herz. Amen.*

28. Juli

Sich in einen Streit einzumischen, der einen nichts angeht, ist genauso riskant, wie einen vorbeilaufenden Hund an den Ohren zu packen. (26,17)

Mischen Sie sich nicht unnötig ein. Wenn zwei Menschen einen Konflikt miteinander haben, kann sich das verheerend auf ihre Umgebung auswirken. Die Versuchung, Partei zu ergreifen, ist groß. Es ist schwer, nicht mit dem Konfliktpartner zu sympathisieren, den ich am besten kenne. Und es ist schwer für diese Person, mir ihr Leid auf eine Art zu klagen, die den anderen Konfliktpartner nicht schlechtmacht. Das Ergebnis sind belastete indirekte Beziehungen. Der Feind meines Freundes und die Freunde des Feindes meines Freundes werden *meine* Feinde. Das ist verrückt – aber es passiert ständig.

Wer *einen vorbeilaufenden Hund an den Ohren packt*, wird sehr wahrscheinlich gebissen werden. Und wenn ich mit jemandem Streit anfange, der nicht mit mir, sondern mit jemand anderem ein Problem hat, gibt es keine Lösung. Der Weise hält mit seiner Meinung zurück (man kennt nie alle Fakten) und ermutigt die Streithähne, sich zu versöhnen. Im Übrigen sollte er „sich von Streitigkeiten, in welchen es nicht um ihn geht, fernhalten“[170] – also von einem Streit, *der ihn nichts angeht.*

Wann haben Sie es das letzte Mal erlebt, wie eine ganze Gruppe von einem Streit zwischen zwei Personen gespalten wurde, der sie eigentlich nichts anging? Sind Sie selber schon einmal in so etwas hineingezogen worden?

Gebet: *Herr Jesus, durch Handy und Internet werden wir so leicht in Konflikte hineingezogen, die uns nichts angehen. Du hast dich geweigert, in Konflikten, die nicht mit deiner Sendung zusammenhingen, der „Richter“ oder „Vermittler“ zu sein (Lukas 12,14). Gib mir die Demut und innere Stärke, mich zurückzuhalten und diese Lauffeuer der Zunge nicht noch zu schüren. Amen.*

29. Juli

Wie einer, der mutwillig mit Brandsätzen und tödlichen Pfeilen um sich wirft, so ist jemand, der seinen Nächsten betrügt und dann sagt: „Ich mache doch nur Spaß!“ (26,18-19)

Spaß beiseite. Seit dem 25. Juli behandeln wir Fertigkeiten zur „Beziehungswartung“ – Dinge, die wir brauchen, um unsere Beziehungen in Schuss zu halten. Unser heutiger Spruch zeigt uns eine weitere dieser Fertigkeiten auf: Vorsicht mit Späßen.

Die große Gefahr ist, dass unser Spaß oder Witz die Linie zur Grausamkeit überschreitet. Humor ist oft spontan; im Bruchteil einer Sekunde müssen wir entscheiden, ob wir das Lustige, das uns da gerade in den Sinn kommt, äußern sollen oder nicht. Wenn wir den anderen mit unserem Spaß verletzt haben, ist es zu spät für ein „O, entschuldige bitte! Ich wollte doch nicht ...“ Der Weise checkt die Lage schnell und hält den Mund, falls er Gefahr wittert. Humor ist kulturell relativ; was in einer Zeit, an einem Ort oder in einer bestimmten Situation akzeptabel ist, kann in einer anderen verletzen oder verärgern. Im Allgemeinen ist es klüger, mich selber zum Gegenstand meiner spaßigen Bemerkungen zu machen als jemand anderen. Dies senkt die Gefahr, in Fettnäpfchen zu treten. Doch sogar selbstironische Witze kann nicht immer jeder verstehen. Seien Sie vorsichtig mit Ihrem Humor.

Wann haben Sie es das letzte Mal erlebt, wie ein Witz (von Ihnen oder jemand anderem) danebenging? Warum ging er daneben?

***Gebet:** Herr, ich habe schmerzliche Erinnerungen an gedankenlose Worte, die wie Messerstiche wirkten. Du bist so behutsam mit den Worten und den Herzen. Lass mich, wenn ich meinen Mund aufmache, daran denken, wie unendlich wertvoll jede Menschenseele ist. Amen.*

30. Juli

Wer Vergehen liebt, streitet wohl gern, und wer seine Eingangstür zu hoch baut, muss mit ihrem Einsturz rechnen … Wenn kein Holz mehr da ist, verlöscht das Feuer, und wenn kein Verleumder mehr da ist, beruhigt sich der Streit. Man braucht Kohle für die Glut und Holz für ein Feuer – und einen Aufhetzer, um Streit zu entfachen. (17,19; 26,20-21)

Seien Sie nicht streitlustig. Manche Menschen diskutieren gerne. Dies kann einer Art natürlichen intellektuellen Neugierde entspringen, wie in dem Sokratischen Dialog. Aber 17,19 sagt, dass der, der gerne streitet, *Vergehen liebt*, und 26,20-21, dass es keinen Frieden geben kann, wo ein *Aufhetzer* bzw. ein Streitsüchtiger sein Unwesen treibt.

Manche Menschen sind streitlustig, weil sie nicht unterscheiden können zwischen wesentlichen Dingen, die es wert sind, dass man für sie kämpft, und unwesentlichen Themen. Andere streiten gerne, weil ihr Stolz es ihnen schwer macht, es zuzugeben, wenn sie nicht recht haben. Sie bringen es nicht fertig, „Entschuldigung" zu sagen, und müssen um jeden Preis ihr Gesicht wahren. Wieder andere sind leicht reizbar, können sich nicht beherrschen und müssen einfach spitze Bemerkungen machen, die die Atmosphäre anheizen. 17,19 besagt, dass der Streitlustige wie der Statussüchtige ist, der *seine Eingangstür zu hoch baut*, damit sein Haus wie eine Villa aussieht. Doch vielleicht ist der Hauptgrund für die Streitlust, dass recht haben etwas sein kann, das nicht der Wahrheit, sondern vor allem der persönlichen Macht dient. Hier sollten wir auf den sehen, von dem die Bibel sagt: „Er wird nicht streiten und lärmen" (Matthäus 12,19).

Sind Sie streitsüchtig? Welche der obigen Ursachen dafür treffen auf Sie zu? Wie könnten Sie anders werden?

Gebet: *Herr, ich liebe Diskussionen, wenn ich weiß, dass ich sie gewinnen kann, aber nicht, wenn ich sie nicht gewinnen kann. Das zeigt mir, dass es mir nicht um die Wahrheit geht, sondern um mich selber. Gebe mir deinen Geist des Wohlwollens und der Sanftmut, damit ich meine Streitlust verliere. Amen.*

31. Juli

Vertreibe den hochmütigen Spötter, dann vergeht der Streit, und das gegenseitige Verurteilen und Schmähen hat ein Ende. (22,10)

Seien Sie kein Spötter. Weil ihr Zynismus wie Intelligenz aussieht, sind Spötter oft Rädelsführer, wie Lampwick in *Pinocchio* oder Regina in dem Film *Mean Girls*. Die Hauptwährung des Spötters ist das Schmähen, das bewusste *Herabsetzen* des anderen, die oft komische, ja vielleicht brillante demütigende Bemerkung. Es ist eine Art Karikatur mit Worten. So wie ein Karikaturist eine Eigenschaft einer Person übertreibt, um die Person lächerlich zu machen, spielt die Schmähung etwas im Aussehen oder Charakter eines Menschen hoch, um ihn dumm dastehen zu lassen.

Das Motiv dafür, jemanden zu konfrontieren, kann demütige Liebe sein; wir wollen dann sein Bestes. Schmähungen dagegen sind das Produkt selbstgefälliger Arroganz. Wenn Sie eine Schwäche für Schmähreden haben, sind Sie ein Beziehungs-Killer. Hier braucht es starke Medizin. Eine Gruppe, der die Pflege liebevoller Beziehungen wichtig ist, sollte den Schmäher auffordern, sich zu bessern – oder zu gehen (*vertreibe den hochmütigen Spötter*). Sie wollen dem Spötter helfen, sich zu bessern? Dann bedenken Sie, dass die Schmähungen und Flüche, die wir verdient haben, auf Jesus gefallen sind (Römer 15,3).

Haben Sie eine Schwäche für sarkastische Bemerkungen und Herabsetzungen? Teilen Sie sie selber aus? Gibt es in Ihrer Gemeinde oder in Ihrem Freundeskreis jemanden, der hier ein Problem ist und mit dem Sie einmal reden sollten?

Gebet: *Herr Jesus, gut gemachte Herabsetzungen lassen mich schnell andere Menschen auslachen und verachten, sodass ich sie in meinem Herzen Idioten nenne (Matthäus 5,22). Wenn je einer das Recht hatte, verächtlich zu spotten, warst du das. Aber du hast es nicht getan. Brenne meinen Stolz aus mir heraus und mache mich dir ähnlicher. Amen.*

1. August

Alles, was einer tut, erscheint ihm selber unschuldig und rein, der Herr jedoch prüft die wahren Absichten und Beweggründe. (16,2)

Unterstellen Sie keine Motive. Wir haben uns diesen Spruch schon einmal angesehen, aber es gibt einen Aspekt, den wir noch nicht angesprochen haben. Weil allein Gott unsere *Absichten und Beweggründe* (Motive) wirklich kennt, dürfen wir nicht denken, dass *wir* die Motive unserer Mitmenschen perfekt beurteilen können. Matthäus 7,1 warnt vor dem „Verurteilen". Dies kann nicht bedeuten, dass wir uns keine Meinung, kein Urteil über das Handeln von Menschen bilden dürfen, sondern jemanden „verurteilen" bedeutet, ein endgültiges, abschließendes Urteil fällen (und nicht nur etwas kritisieren), und dies erfordert eine Kenntnis des Herzens, wie sie nur Gott hat.

In 1. Korinther 13,7 heißt es über die Liebe: „In jeder Lage glaubt sie, immer hofft sie." Das heißt nicht, dass wir naiv sein sollten, wohl aber, dass wir nicht dauerhaft, gewohnheitsmäßig argwöhnisch sein und dem anderen vorschnell Neid, Stolz, Groll, Gier und andere böse Motive unterstellen sollten, obwohl wir doch gar nicht in sein Herz hineinschauen können.[171] Aus Differenzen können mörderische Konflikte werden, wenn wir nicht damit zufrieden sind, ein Fehlverhalten festzustellen, sondern meinen, die innersten Motive des anderen zu durchschauen – etwas, was nur Gott kann (Römer 2,16).

Üben Sie die nötige Zurückhaltung beim Feststellen der Motive Ihrer Mitmenschen? Haben Sie einmal die Motive eines Menschen gründlich missverstanden?

***Gebet:** Herr, mein Bedürfnis, über andere Menschen zu urteilen, ist nicht angebracht; es ist doch gerade mein Herz, das eine Prüfung nötig hat! Allein du bist der Richter und König der Herzen. Gib mir einen nicht naiven, aber großzügigen Geist, der im Zweifel das Beste annimmt. Amen.*

2. August

Sag nicht: „Was mir jemand angetan hat, will ich ihm heimzahlen, so wie er gehandelt hat, werde ich es ihm vergelten!" (24,29)

Vergebung: Teil 1. Was passiert, wenn eine Beziehung Schaden nimmt? Das Erste, was wir dann tun müssen, ist: vergeben. 24,29 zeigt die psychologische Struktur des Grolls auf. Wir sagen innerlich: „Das zahl' ich ihm heim!" Doch die Sprüche fordern uns auf, genau dies nicht zu denken (*sag nicht*). Warum? Weil der Wunsch nach Rache immer ein Schuss ist, der nach hinten losgeht. Kains sündiger Neid auf Abel war sein Ruin (vgl. 1. Mose 4,6-7). Wenn jemand Ihnen etwas getan hat, wünschen Sie ihm zuerst alles Böse. Aber dabei bleibt es womöglich nicht, sondern Sie sagen oder tun Dinge, die diesem Menschen oder seinen Lieben schaden sollen. Was ist da los? Das Böse, das Ihnen der andere getan hat, ist in Ihre Seele eingedrungen und nun dabei, Sie zu verändern. Wie in dem Film *Der letzte Mohikaner* Habichtauge über den verbitterten Magua sagt: „Maguas Herz ist verrenkt. Er macht sich zu dem, was ihn verrenkt hat."[172]

Vergeben heißt: Ich verzichte darauf, die Menschen für das, was sie mir angetan haben, zur Verantwortung zu ziehen. Das ist Gottes Job, nicht meiner (Römer 12,19). Und wenn Jesus starb, um mir die unendliche Schuld, in der ich vor ihm stehe, zu vergeben, wie kann ich meinem Nächsten dann nicht seine viel kleinere Schuld gegenüber mir vergeben (Matthäus 18,21-35)?

Wo haben Sie es erlebt, wie Groll und Nachtragen das Leben eines Bekannten beeinträchtigt haben? Wo ist Ihnen selber so etwas passiert?

Gebet: *Herr, mein Groll gegenüber gewissen Menschen und Menschengruppen zeigt sich in Reizbarkeit und spitzen Bemerkungen. Du hast mir vergeben, aber ich vergebe nicht. Vergib mir mein Nachtragen und löse meinen Groll mit einem Blick deiner sterbenden Liebe am Kreuz auf. Amen.*

3. August

Sag nicht: „Was mir jemand angetan hat, will ich ihm heimzahlen, so wie er gehandelt hat, werde ich es ihm vergelten!" (24,29)

Vergebung: Teil 2. Wenn jemand uns etwas getan hat, wollen wir *es ihm vergelten*. Vergebung ist der Entschluss, genau dies nicht zu tun, sondern die Kosten selber zu tragen.

Wie wir das tun? Erstens, indem wir darauf verzichten, den Betreffenden direkt zu verletzen. Lassen Sie all die subtilen Versuche, den anderen bezahlen zu lassen. Holen Sie das, was da passiert ist, nicht immer wieder hervor. Behandeln Sie den Betreffenden nicht strenger, als Sie andere behandeln, weil Sie meinen, dass er Ihnen noch etwas schuldet. Zeigen Sie ihm nicht die kalte Schulter. Und zweitens: Machen Sie ihn nicht im Gespräch mit anderen schlecht. Sparen Sie sich Andeutungen, Klatsch und Verleumdungen; benutzen Sie diese Dinge auch nicht, um die anderen zu „warnen" oder um ihre Parteinahme zu betteln. Und drittens: Verzichten Sie darauf, die Erinnerung an das erlittene Unrecht wie einen Film in Ihrem Kopf wieder abzuspielen, damit die Wunden schön frisch bleiben und Sie Ihre Abneigung gegen den „Täter" und das Gefühl, besser zu sein als er, pflegen können.

Wenn wir so die Kosten der Verletzung selber tragen, wandeln wir in den Fußstapfen unseres Herrn (Kolosser 3,13).

Denken Sie an jemanden, der Sie verletzt hat. Haben Sie den (oben aufgelisteten) Preis gezahlt, um dieser Person vergeben zu können?

Gebet: *Herr, meine Vergebung ist so oberflächlich. Gut, ich verzichte darauf, es dem anderen offen heimzuzahlen, aber es brodelt in mir. Es ist viel schwerer, Groll und Selbstmitleid die Tür zu weisen, sich daran zu erinnern, dass ich ein begnadigter Sünder bin, und ehrlich für meine Widersacher zu beten. Aber weil du dir deine Liebe zu mir so viel hast kosten lassen, will ich den Preis zahlen. Hilf mir dabei, Herr. Amen.*

4. August

Wer die Freundschaft erhalten will, der sieht über Fehler großzügig hinweg. Es bringt Freunde auseinander, wenn man auf einer Sache immer wieder herumreitet. (17,9)

Freundschaften pflegen: Teil 1. Wenn eine Beziehung Schaden nimmt, sollten wir vergeben und nicht die Sache wieder hervorholen, um es dem anderen heimzuzahlen. Aber wir sollten nicht nur auf Rache verzichten, wir sollten die Freundschaft auch aktiv pflegen. Wir wollen ja Freunde bleiben und nicht nur keine Feinde sein. Wie das geht? Um die Beziehung zu reparieren, müssen wir dem anderen klarmachen, dass er uns wehgetan hat (Lukas 17,3-4). Es ist keine Liebe, den anderen weiter gegen mich sündigen zu lassen, und die Wunde kann nicht heilen, wenn wir nicht über ihre Ursache reden. Kann sein, dass Sie dabei erfahren, dass der andere seinerseits etwas gegen Sie hat (Matthäus 5,23f.). Mehr dazu morgen, am 5. August.

Der Rat der Bibel ist fast das genaue Gegenteil unseres normalen Verhaltens. Wenn jemand uns verletzt hat, brodelt es innerlich in uns, aber wir sagen nichts. Gott will, dass wir erst innerlich vergeben und dann offen die Wahrheit sagen. Nur wenn wir im Tiefsten vergeben haben, werden unsere Worte nicht vom Groll verzerrt sein. Nur wenn wir vergeben haben, wird unsere Aussprache für Gott und den anderen geschehen und nicht, damit wir gut dastehen.

Gibt es jemanden, der einmal Ihr Freund war und jetzt lediglich nicht zu Ihren Feinden gehört? Was könnten Sie tun, um das zu ändern?

Gebet: *Vater, du bringst Leben aus Tod hervor. Ich habe Freundschaften und Familienbande, die tot sind, und ich bitte dich, sie zu neuem Leben zu erwecken. Fange dabei in mir selber an, mit einem neuen Bewusstsein deiner Liebe in meinem Herzen, das stark genug ist, um das Harte in mir zum Schmelzen zu bringen. Amen.*

5. August

Wer die Freundschaft erhalten will, der sieht über Fehler großzügig hinweg. Es bringt Freunde auseinander, wenn man auf einer Sache immer wieder herumreitet. (17,9)

Freundschaften pflegen: Teil 2. Dass eine Beziehung reparaturbedürftig ist, merkt man unter anderem daran, dass man einander aus dem Weg geht, einander distanziert begegnet oder es einen mehr irritiert, wenn der Freund/die Freundin etwas Bestimmtes sagt, als wenn jemand anderes das tut.

Wie können Sie Ihren Bruder oder Ihre Schwester zurückgewinnen (Matthäus 18,15)? Erstens müssen Sie sich klarmachen, dass *Sie* den ersten Schritt tun müssen (vgl. Matthäus 5,24 und 18,15). Zweitens: Geben Sie Ihren Anteil an dem Problem zu und bitten Sie dann den anderen, Ihr Bekenntnis gegebenenfalls zu ergänzen. Hören Sie sich Kritik respektvoll an; widerstehen Sie dem Drang, sich sofort zu verteidigen oder zu erklären. Bitten Sie zum Schluss um Vergebung und versuchen Sie, das Geschehene zu erklären (nicht zu entschuldigen). Drittens: Falls nötig, sagen Sie dem anderen behutsam, wo er Ihnen Ihrer Meinung nach Unrecht getan hat (Matthäus 18,15-19). Bitten Sie ihn, Sie zu korrigieren, wenn Sie etwas falsch sehen. Wenn er Ihnen zustimmt, sagen Sie, dass Sie bereit sind, die Sache zu begraben. Machen Sie Vorschläge, wie Sie es in Zukunft besser machen können.

Haben Sie schon einmal so einen Versöhnungsprozess erlebt? Gelang er? Warum bzw. warum nicht?

Gebet: *Herr, es gibt Freunde, mit denen ich Streit hatte und jetzt läuft es nicht mehr zwischen uns. Gib uns den Mut und die Fantasie, das Vertrauen und unsere Freundschaft wieder aufzubauen. Du selber wurdest von deinen Freunden im Stich gelassen, aber du hast sie bis ans Ende geliebt. Hilf mir. Amen.*

6. August

Mit Geduld kann sogar ein Anführer überredet werden, und auch eine sanfte Zunge kann Widerstand brechen. (25,15)

Mit Geduld zum Ziel. Eine „freundliche Antwort“ kann rasch deeskalierend wirken (15,1, 4. Juli). Man könnte dies so missverstehen, dass *sanft* so viel wie schönfärberisch, nachgiebig, beschwichtigend bedeutet, so als wenn man jemandem, der aggressiv rumpöpelt, sagt: „Also gut, wie du willst.“ Doch so ist es gerade nicht. *Widerstand brechen* – das bedeutet, dass eine sanfte Zunge eher mit hartnäckigem Widerstand fertigwird als aggressive Worte. Man bleibt in seiner Argumentation ganz bei der Sache, aber auf eine geduldige, respektvolle Art.

Diese Erkenntnis passt gut zu der neutestamentlichen Ermahnung, dass, egal wie sehr jemand gegen uns ist oder uns sogar Unrecht getan hat, wir ihm als Allererstes von ganzem Herzen und bedingungslos vergeben müssen. Dies bricht der Verachtung (18,3), die sich leicht in unsere Stimme einschleichen kann, wenn wir mit jemandem streiten, die Spitze ab. Die meisten von uns sind von ihrer Veranlagung her entweder direkt und hartnäckig *oder* ruhig und zurückhaltend – aber niemals beides. Doch die Weisen lernen es, beides zu sein, denn sie folgen dem, der stets deutlich, aber nie schroff war, demütig, aber nie unsicher und der die Wahrheit immer in Liebe sagte.

Sind Sie eher direkt und hartnäckig oder ruhig und zurückhaltend? Wie könnten Sie beides kombinieren?

***Gebet:** Herr Jesus, du hast Demut und Majestät so kombiniert, wie nie ein anderer das getan hat. Du hast uns ein Evangelium gebracht, das uns in den Staub demütigt und gleichzeitig zu Königen macht. Präge dein Bild in uns hinein, dass wir sanfte Menschen werden, die absolut für die Wahrheit einstehen. Amen.*

7. August

Der Beginn eines Streits ist wie ein Dammbruch, lass die Angelegenheit lieber auf sich beruhen, bevor der Streit ausbricht. (17,14)

Nicht so schnell! Wenn ein Damm bricht, bedeutet das Chaos und Verwüstung, und wer sich in einen Streit stürzt, sollte sich über die Folgen nicht wundern. 17,14 ist ein gutes Beispiel dafür, wie die Sprüche funktionieren. Scheinbar ist dies eine Pauschalaussage: Lass das Streiten lieber! Aber oft ist es weise, jemanden zurechtzuweisen (15,10; 27,5-6), und es ist nur richtig, für die Unterdrückten einzutreten (31,8-9).

Was sagt das Buch der Sprüche insgesamt über Streitigkeiten? Angesichts des Restes der Sprüche können wir 17,14 nicht als Pauschalverbot verstehen. Aber die Nachdrücklichkeit dieser Warnung bedeutet, dass der Eintritt in einen Disput ein letztes Mittel sein sollte und nicht sozusagen der Normalfall. Wir sollten unsere Motive prüfen, uns guten Rat holen und uns fragen, wie es mit der Gerechtigkeit steht (ist hier ein Unrecht geschehen oder nicht?) und mit der Liebe (täte es der Person gut, die Wahrheit zu hören?).

Tun Sie alles, was nötig ist, um Streit zu vermeiden? Werden oder wurden Sie gerade in einen hineingezogen?

Gebet: *Vater, in Konflikten sind manche von uns zu forsch und andere zu zurückhaltend. Dein Sohn wusste, wann er jemanden ein weiß getünchtes Grab nennen musste (Matthäus 23,27) und wann es besser war, zu schweigen (Markus 11,33). Zeige mir, was ich wann tun soll, und gib mir die Disziplin, es recht zu tun. Amen.*

8. August

Wer in einem Rechtsstreit als Erster auftritt, scheint zunächst im Recht zu sein – doch dann kommt die Gegenpartei und stellt alles infrage. (18,17)

Wem glaube ich? Wir neigen zu vorschnellen Urteilen. Dieser Text schildert eine häufige Situation. Wenn wir nur aus *einer* Informationsquelle schöpfen, bekommen wir fast nie das Ganze, ungeschminkte Bild. Der Weise glaubt nicht automatisch alles, was der Freund oder die Nachbarin sagt. Er hält sich mit seinen Schlussfolgerungen zurück und bemüht sich um Objektivität. Er weiß, dass es immer eine andere Perspektive gibt. Es geschieht äußerst selten, dass in einem Streit jemand in der Lage ist, die Position des Gegners korrekt wiederzugeben.

Und so rät 18,17 uns: Wenn du eine Klage oder etwas Schlechtes über einen Menschen hörst, vergiss nicht, dass du nie alle Fakten hast und erst dann das ganze Bild sehen kannst, wenn du tiefer gräbst. Statt sofort ein Urteil über die infrage stehende Person zu fällen und die negative Information ungeprüft weiterzugeben, sollten wir die Information zunächst für uns behalten (sofern wir es nicht mit dem eher seltenen Fall zu tun haben, dass jemand in akuter Gefahr ist). In unserer heutigen Welt bedeutet dieses Prinzip auch, dass wir nicht unsere sämtlichen Nachrichten und Informationen nur aus *einer* Zeitung, Internetquelle etc. mit ihrer spezifischen „Linie" beziehen.

Haben Sie in der letzten Zeit aufgrund einer einzigen Meldung vorschnell ein Urteil gefällt? Wie können Sie vermeiden, dass sich dies wiederholt?

***Gebet:** Herr, deine Pläne und Entscheidungen sind vollkommen, weil du die Herzen und Dinge vollkommen kennst. Hämmere es mir ein, dass ich diese Kenntnis nicht habe. Bewahre mich vor den Schnellschüssen, die ich so gerne abgebe. Erinnere mich daran, dass ich nicht so weise bin, wie ich denke – damit ich weiser werde. Amen.*

9. August

Wenn du etwas Verdächtiges gesehen hast, dann zieh damit nicht vorschnell vor Gericht. Denn sonst könnte es sein, dass du am Ende vor deinem Mitmenschen beschämt dastehst und nicht weißt, wie du dich verhalten sollst. Wenn du einen Rechtsstreit mit deinem Nachbarn hast, dann gib nicht preis, was ein Dritter dir anvertraut hat. Sonst könnte das jemand mitbekommen und so über dich herziehen, dass du deinen schlechten Ruf als Verräter nicht mehr loswirst. (25,7b-10)

Bleiben Sie besonnen. Diese Verse meinen nicht Streitigkeiten zwischen zwei Parteien, die Versöhnung brauchen (4. und 5. August), sondern eine Situation, wo ich von einem Unrecht erfahre, das jemand begangen hat, und darauf beschließe, ihn vor Gericht zu ziehen oder zur Polizei zu gehen. So etwas sollte man nie vorschnell tun. Kidner resümiert: „Man kennt selten alle Fakten oder deutet sie richtig (8), und unsere Motive … sind selten so rein, wie wir das meinen (10). Zur Polizei oder zu den Nachbarn zu laufen, bedeutet meist, vor der Pflicht der persönlichen Aussprache wegzulaufen – siehe die eindeutigen Worte Jesu in Matthäus 18,15b.“[173]

Wenn Sie ein Gerücht hören, sollten Sie erst einmal abwarten, bis Sie mehr wissen. Wenn es etwas ist, das Handeln erfordert, sollten Sie in der Regel erst persönlich mit der anderen Person reden. Hilft dies nicht, sollten Sie versuchen, dem Unrecht abzuhelfen, aber immer in Liebe und so, dass es während dieses Prozesses nicht zu neuen Ungerechtigkeiten kommt.[174]

Haben Sie (in Ihrem eigenen Leben oder dem eines anderen) eine Situation erlebt, wo jemand vorschnell angeklagt wurde und am Ende Recht und Gerechtigkeit die Verlierer waren?

***Gebet:** Herr, beleidigende Bilder und aggressive Worte gehen heute im Nu um die halbe Welt, und wenn die Gefühle hochgehen, ruft man gleich nach dem Rechtsanwalt. Wenn ich das nächste Mal wütend werde, dann bremse mich, erinnere mich an mein eigenes Fehlverhalten und gib mir den Mut, persönlich mit den Leuten zu reden oder den Mund zu halten. Amen.*

10. August

Streitfälle werden durch das Los beendet, es entscheidet zwischen zwei gleich starken Gegnern. Ein Bruder, der betrogen wurde, ist unzugänglicher als eine befestigte Stadt, und Streitigkeiten machen einen Menschen verschlossen wie eine verriegelte Burg. (18,18-19)

Bringen Sie es vor die Gemeinde. Ein Christ, dem Unrecht getan wurde, besteht auf seinem Recht. Gibt es Hoffnung auf Versöhnung? Vers 18 schlägt für besonders bittere Streitigkeiten den Losentscheid vor. Im Alten Testament warf man Lose, um Gottes „Ja" oder „Nein" zu erfahren (Josua 14,1-2). Das letzte Mal in der Bibel, wo diese Methode benutzt wurde, war die Wahl des Ersatzmannes für Judas Iskariot, kurz vor Pfingsten (Apostelgeschichte 1,26). Danach traf die Kirche Entscheidungen durch Versammlungen und Gebet (15,1-29) und durch vom Wort Gottes geleitete Wahlen (6,1-7).[175]

Wie suchen wir nach Pfingsten Gottes Willen? Wie wäre es, wenn Sie zu Ihrem Pastor gehen, ihm Ihren Fall vortragen und seiner Entscheidung folgen (Matthäus 18,15-18)? In unserer individualistischen Zeit, und auch in einer Zeit mit vielen geistlich ungesunden Gemeinden hört man diesen Rat nicht gerne. Da wird es umso wichtiger, dass wir uns Gemeinden aussuchen, deren Leiter wir respektieren können (Hebräer 13,7.17), und dann diese Personen bitten, uns in unseren Problemen mit anderen Menschen zu helfen. Ungelöste Konflikte und Bitterkeit unter Christen betrüben den Heiligen Geist sehr (Epheser 4,30-32).

Haben Sie es schon einmal erlebt, wie Pastoren oder andere Leiter einen Streit geschlichtet oder eine Beziehung repariert haben? Hat das funktioniert? Warum bzw. warum nicht?

Gebet: *Herr, in einer Zeit, wo die Kirchen schrumpfen, hören viele den Satz „Tut das, was euer Pastor euch rät" ungern. Es gibt so viel Unfähigkeit und Missbrauch unter den Pastoren. Aber wie gut ist es, wenn Männer und Frauen Gottes den Menschen helfen, weise zu werden. Schenke uns in jeder Kirche solche geistlichen Leiter. Amen.*

Gottes Führung; Planen und Entscheidungen treffen

11. August

In der Tasche verborgen wirft man das Los, doch wie es entscheidet, bestimmt immer der HERR … Im menschlichen Herzen gibt es viele Überlegungen und Pläne, geschehen wird aber das, was der HERR beschlossen hat. (16,33; 19,21)

Gottes Führung. Christen möchten, dass Gott sie führt, d. h., dass er ihnen bei ihren Entscheidungen hilft. Diese Verse erinnern uns daran, dass er uns schon längst führt.

Gott kann uns sicher bei unseren Entscheidungen helfen, wenn wir ihn lassen. Doch andererseits hat er bereits einen Plan für unser Leben, den er bereits verwirklicht. Gott ist allmächtig, unendlich liebend und vollkommen weise bei allem, was er in unser Leben hineinbringt. Er ist der, „der alles nach seinem Willen und in Übereinstimmung mit seinem Plan ausführt“ (Epheser 1,11), und dieser Plan will immer unser Bestes (Römer 8,28). Dies ist unser größter Trost. Egal, was andere versuchen, Gottes Wille für mich steht fest. *Geschehen wird das, was der HERR beschlossen hat.* Egal, wie viel Jakob trickste, er konnte Gottes Plan für sein Leben – dass er ein Vorfahre des Messias wurde – nicht vereiteln. In einem gewissen Sinne gibt es für einen Christen keinen „Plan B“.

Wie kann diese Wahrheit (dass Gott einen guten Plan für Ihr Leben hat) Ihnen eine Hilfe sein, wenn Sie versuchen, weise Entscheidungen zu treffen?

Gebet: *Herr, du bist vollkommen gerecht, und auch wenn es aufgrund unserer Froschperspektive manchmal anders aussieht, hast du noch nie jemandem Unrecht getan. Gib mir den tiefen Frieden, den nur der bekommt, der weiß, dass deine Pläne für ihn ohne jeden Fehler sind, auch wenn er sie unmöglich begreifen kann. Amen.*

12. August

Der Mensch stellt zwar im Herzen Überlegungen an, aber was er schließlich ausspricht, kommt vom HERRN ... Der Mensch legt sich im Herzen zwar seinen Lebensweg zurecht, aber der HERR lenkt seine Schritte ... Der HERR bestimmt die Schritte eines Menschen – wie könnte ein Mensch seinen Lebensweg begreifen? (16,1.9; 20,24)

Was wir tun, zählt. Der moderne Mensch denkt, dass entweder Gott der Herr der Geschichte ist, der alles nach seinem Plan vollbringt, oder dass wir Menschen volle Entscheidungsfreiheit haben. Die Bibel sagt, dass beides gleichzeitig stimmt. Die Theologen sprechen hier von der „Mitwirkung" des Menschen. Der Tod Jesu am Kreuz war von Gott vorherbestimmt und absolut gewiss – und doch waren alle Menschen, die daran mitwirkten, für ihre Taten verantwortlich (vgl. Apostelgeschichte 2,23).

Die Pläne unseres Herzens gehören uns; wir sind für sie verantwortlich. Gottes Leitung des Laufs der Geschichte zwingt uns nicht. Aber alles, was wir tun, ist ein Teil von Gottes Plan. Dies ist ein Paradox, das wir nie begreifen werden, das aber höchst praktisch ist. Es gibt mir jeden Anreiz dazu, persönlich tätig zu werden; schlechte Entscheidungen führen zu nichts Gutem. Aber wenn ich auf die Nase gefallen bin, dann darf ich wissen: Wirklich verpfuschen kann ich mein Leben gar nicht, denn Gott wird irgendwie sogar meine Niederlagen in seinen Plan für mich einbauen. 20,24 fügt hinzu, dass wir uns nicht grämen sollen, dass wir keine Kontrolle über unsere Zukunft haben. Sie liegt in Gottes Hand!

Haben Sie diese absolut ausgewogene biblische Sicht der Geschichte begriffen oder sind Sie besorgter bzw. passiver, als Sie sein sollten?

Gebet: *Herr, du gehörst zur Ewigkeit und ich zur Zeit, und deshalb kann ich nicht begreifen, wie jedes Detail der Geschichte zu deinem Plan gehören und doch jede Tat der Menschen in Freiheit und Verantwortung geschehen kann. Aber so ist es, und ich verneige mich in Ehrfurcht und Zittern vor dieser unbegreiflichen, aber so wunderbaren Weisheit. Amen.*

13. August

Aufrichtige Menschen lassen sich von ihrer Ehrlichkeit leiten, Betrüger dagegen kommen durch ihre Falschheit um … Menschen, die Gott gehorchen, verhelfen mit ihren Plänen dem Recht zur Geltung. Das Ziel der Gottlosen ist, andere zu betrügen … Die Böses im Schilde führen – gehen die nicht alle in die Irre? Aber die Gutes im Sinn haben, erfahren Güte und Treue. (11,3; 12,5; 14,22)

Nicht *wie*, sondern *wen*. Wer die Sprüche darauf abklopft, wie man Gottes Willen erkennt, der merkt, dass sie nicht zeigen, *wie* Gott führt, sondern *wen* er führt. Was die Menschen von heute von Gott erwarten, ist fast eine Art Magie. Sie wollen „Zeichen" und „Ahnungen", um zu wissen, wie sie sich richtig entscheiden sollen. Aber so „führt" man ein Kleinkind, das unsere Sprache noch nicht versteht und das man buchstäblich an die Hand nehmen muss. Mit einem Jugendlichen oder Erwachsenen *redet* man, sodass er aufgrund dieser Informationen selbstständig seine Entscheidungen treffen kann.

Auf einem langen Weg, der viel Arbeit verlangt (Sprüche 1–4), bekommen wir Integrität und Weisheit – und genau durch diese Eigenschaften führt Gott uns. Je besser wir Gott, uns selber, das menschliche Herz, die Schöpfungsordnung und die rechte Zeit kennen, umso mehr Weisheit haben wir, um gute Entscheidungen zu treffen. Die modernen Menschen wollen Techniken („fünf Schritte zu guten Entscheidungen"); Gott bietet uns einen durch Weisheit gereiften Charakter, das Ergebnis der Arbeit eines ganzen Lebens.

Was meinen Sie: Warum wollen die Menschen bei ihren Entscheidungen lieber Zeichen und Gefühle haben als Weisheit?

Gebet: *Vater, meine Kultur hat mich so erzogen, dass ich schnelle Antworten suche, die auf ein Blatt oder in ein Kurzvideo passen. Aber du bist kein Antwortautomat. Ich beschließe hiermit, mich auf den langen Weg zu machen hin zu der Art Mensch, den du leitest und führst. Ich möchte die Pilgerfahrt zu deinem Heiligtum antreten (Psalm 84,6). Amen.*

14. August

Ein Dummkopf hält seine Lebensweise immer selbst für richtig, ein weiser Mensch aber hört auf guten Rat … Manchmal ist einer der Ansicht, sein Weg sei der richtige, und am Ende stellt sich heraus: Es war ein Weg in den Tod. (12,15; 16,25)

Realismus. Wir denken gerne: Wenn wir richtig leben und der Bibel folgen und die rechten Entscheidungen treffen, dann wird alles gut gehen – und wenn es nicht gut geht, dann haben wir womöglich Gottes Führung verpasst. Doch diese beiden Sprüche zusammen zeigen uns eine sehr ernüchternde Tatsache über unsere Welt, die der Weise kennen muss.

12,15 sagt, dass ein *Dummkopf* den falschen Weg für richtig hält. Er ist ein denkbar schlechter Planer, da er den Weg der Weisheit (Gott vertrauen, Rat suchen, sorgfältig planen, seine Gefühle und Worte im Zaum halten, sein eigenes Herz kennen usw.) verwirft. Man denkt hier unwillkürlich an Absalom (2. Samuel 17).

Aber dann kommt 16,25, wo es ebenso unbequem wie realistisch heißt, dass der Weg ins Unglück manchmal selbst für den Weisen der richtige zu sein scheint. In der Welt, in der wir leben, kommt es vor, dass einer den Weg der Weisheit geht und alles gewissenhaft plant – und doch ist es *ein Weg in den Tod*. Der Weise weiß, dass manchmal alle Wege böse ausgehen können. Aber Gott verspricht uns, dass er letztlich alle Dinge zum Besten führen wird (Römer 8,28).

Hat es in Ihrem Leben oder bei jemand anderem schon einmal eine Situation gegeben, wo aus der Rückschau klar ist, dass es keine Option gab, die zu einem guten Ergebnis geführt hätte?

Gebet: *Vater, ich mag nicht glauben, dass manchmal alles, was man tut, möglicherweise zu einem bösen Ende führt. Aber wie war es denn bei deinem Sohn? Er ist dem Leiden und dem Tod nicht entkommen. Aber er hat das akzeptiert und dir treu gehorcht – und das Endergebnis war neues Leben. Hilf mir, es genauso zu machen. Amen.*

15. August

Was ein fleißiger Mensch plant, bringt ihm stets Gewinn, wer es aber zu eilig hat, macht nur Verlust ... Verrichte zuerst draußen deine Arbeit und bestelle deine Felder, bevor du ein Haus baust und eine Familie gründest. (21,5; 24,27)

Planen. Ein Thema in den Sprüchen ist, dass wir es nicht zu *eilig* haben und unsere Entscheidungen sorgfältig und mit Weitblick planen sollten (21,5). Fleiß, Achthaben auf die Einzelheiten und Geduld sind gefragt. Gutes Planen heißt alle Optionen sehen und ihre jeweiligen Stärken und Schwächen abwägen. Selbst unsere Erlösung durch den dreieinigen Gott war das Ergebnis eines genialen, sorgfältig ausgedachten Plans (Galater 4,1-7).

24,27 gibt (mit Bildern aus einer Agrarkultur) zu bedenken, dass wir erst wissen müssen, wie viel Geld wir haben werden, bevor wir entscheiden, wie groß wir unser Haus bauen. Es ist der Gipfel der Torheit, sich auf einen bestimmten Lebensstil festzulegen, wenn ich nicht weiß, von was ich morgen meine Brötchen bezahlen soll. Der Vers erinnert an C.S. Lewis' Beobachtung: „Für die Weisen der Vergangenheit hatte das Hauptproblem darin bestanden, die Seele mit der Wirklichkeit in Einklang zu bringen, und die Lösung hatte gelautet: Einsicht, Selbstbeherrschung und Tugend. Für [den modernen Menschen] heißt das Problem, die Wirklichkeit den Wünschen der Menschen gefügig zu machen; die Lösung liegt in einer Technik.“[176]

Wann haben Sie das letzte Mal bei sich oder jemand anderem die Folgen schlechten Planens erlebt? Wo genau lag der Fehler?

Gebet: *Herr, deine Pläne sind vollkommen, weil du vollkommen bist in Wissen, Liebe und Heiligkeit. Und meine sind nicht vollkommen, weil ich nicht vollkommen bin. Dein Sohn ließ sich nicht drängeln. Er kam nie zu früh oder zu spät, auch wenn es den Anschein hatte (Markus 5,35f.). Bewahre mich vor meiner Impulsivität. Amen.*

16. August

Vertraue dem HERRN an, was du vorhast, dann werden deine Pläne gelingen. (16,3)

Vertrauen. Auf den ersten Blick scheint 16,3 eine Aufforderung zu sein, so zu beten: „Bitte, Herr, segne meine Pläne! Lass sie gelingen!“ – und dann würde Gott unsere Wünsche erfüllen. Aber hier steht nicht: „Sage dem HERRN deine Pläne“, sondern: „*Vertraue dem HERRN an, was du vorhast.*“ Das Verb *anvertrauen* bedeutet wörtlich, sein ganzes Gewicht auf etwas legen. Dieser Spruch fordert uns dazu auf, Gott auf allen Gebieten unseres Lebens bedingungslos zu gehorchen und zu vertrauen. Nur in dem Maße, wie ich dies tue, werde ich langsam, aber sicher zu einem Menschen, der weise, realistische Pläne macht (18. Februar).

Was machte Josef zu dem weisen Führer, der Ägypten und seine eigene Familie rettete? Er wurde in die Sklaverei verkauft und kam unschuldig ins Gefängnis, und wenn er Gott in diesen dunklen Tagen nicht bedingungslos vertraut hätte, wäre er nie der weise Mann geworden, der er schließlich wurde. Wenn Sie Gott vertrauen, werden Ihre guten wie Ihre schlechten Tage Sie nach und nach zu einem Menschen machen, dessen Pläne und Entscheidungen immer weiser werden.

Werden Sie weiser bei den Entscheidungen, die Sie treffen? Warum bzw. warum nicht?

Gebet: *Herr, du bist allmächtig – deinen Willen kann niemand durchkreuzen. Aber du bist auch unendlich liebend und gut, sodass wir keine Angst vor deiner absoluten Macht zu haben brauchen. Wie Josef verneige ich mich in Hingabe und Anbetung vor dir. Ich nehme deinen guten Willen an, und allein damit schon mache ich dir Ehre und werde selber weiser. Amen.*

17. August

Ein Volk kommt zu Fall, wenn ihm die Führung fehlt, doch wenn es viele Ratgeber hat, findet es Rettung … Pläne gelingen durch gute Beratung, ziehe wohlüberlegt in den Krieg! … Durch wohlüberlegte Führung gewinnst du den Krieg, und durch viele Berater erringst du den Sieg. (11,14; 20,18; 24,6)

Weise wählen. Wir sahen bereits, dass es gut ist, *viele Berater* zu haben, die ein gewisses Spektrum an Meinungen repräsentieren (19. Juli). Doch Ahab (1. Könige 22) wie Absalom (2. Samuel 17) fehlte es nicht an Beratern, aber sie hörten auf die falschen. Berater sind eine Hilfe, aber kein Ersatz für Weisheit. Wir müssen es lernen, zwischen schlechten, guten und besten Vorgehensweisen zu unterscheiden. Wie können wir den richtigen Weg wählen?

Suchen Sie den Rat anderer Menschen und anschließend wählen Sie den besten Weg im Lichte der folgenden Dinge: relevante Bibeltexte, die Meinung von Autoritäten (in Familie, Kirche und Staat), Ihr Gewissen (Jakobus 4,17), eine Analyse Ihrer Motive , der bestmögliche Einsatz Ihrer Gaben und Fähigkeiten im Dienst für Gott und schließlich die Prüfung, was für Auswirkungen Ihre Entscheidungen auf andere haben werden. Schauen Sie sich jeden dieser Faktoren an, und dann treffen Sie eine gute Wahl.

Welche der Dinge, die guten Entscheidungen zugrunde liegen (siehe die obige Liste), beachten Sie oft nicht?

Gebet: *Herr, du warnst vor dem inneren Gespaltensein und vor Unschlüssigkeit (Jakobus 1,8). Wenn ich mich trotzdem so verhalte, dann deswegen, weil ich vergessen habe, wie mächtig und liebevoll du bist, sodass ich deine guten Pläne für mich gar nicht vereiteln kann. Lass mich in diesem Wissen Frieden finden – und die Kraft, deinen Willen zu tun. Amen.*

18. August

Ein unzuverlässiger Bote bringt sich in Schwierigkeiten, aber ein zuverlässiger ist eine Wohltat. (13,17)

Die Nachrichten. In der Antike „hatten Boten eine Rolle inne, von deren Bedeutung der moderne Mensch sich kaum ein Bild machen kann.“[177] In unserer Kultur der Fake News und sozialen Medien kann man nicht mehr sicher sein, ob die Botschaften, die man bekommt, *zuverlässig* sind. Lewis Smedes schreibt: „Wahrhaftigkeit ist der nächste unsichtbare Faden, der die Menschen in einer humanen Gemeinschaft zusammenhält. Wenn wir nicht davon ausgehen können, dass die Menschen, die mit uns kommunizieren, die Wahrheit sagen, können wir nicht davon ausgehen, dass sie unser Recht darauf, auf die Realität zu reagieren, respektieren werden. Wenn wir nicht mehr davon ausgehen können, dass der andere dieses Grundrecht respektiert, haben wir die Chance, gemeinsam auf Gottes Weise menschlich zu sein, vertan … Rede die Wahrheit und sei die Wahrheit, denn deine Wahrheit macht andere frei.“[178]

Es hat Gesellschaften gegeben, wo die Menschen dem, was die Regierung ihnen sagte, nicht trauen konnten, auch nicht dem, was in der Zeitung stand, und wo sie nicht wussten, was die Polizei mit ihnen machen würde. Diese Gesellschaften sind zusammengebrochen. Es gibt nichts Wichtigeres für die Gesundheit einer Gesellschaft als zuverlässige, wahrhaftige Kommunikation und Nachrichtenmedien.

Denken Sie einmal zurück: Hat im Laufe Ihres Lebens die Vertrauenswürdigkeit der Nachrichtenmedien zugenommen, abgenommen oder ist sie ungefähr gleich geblieben?

Gebet: *Herr, es liegt in der Natur des menschlichen Herzens, zu betrügen und die Wahrheit zu verbergen, um seine Eigeninteressen voranzubringen. Bitte zügele durch deine Macht und Gnade diese sündige Neigung des Herzens in unserer Gesellschaft. Hilf uns, als politische Gemeinschaft die Wahrheit von der Lüge zu unterscheiden. Mache deine Leute zu Salz und Licht in einer dunklen Welt. Amen.*

19. August

Blutgierige Menschen hassen den Unbescholtenen, aber die Aufrichtigen sind auf sein Wohl bedacht. (29,10)

Der Gute macht sich Feinde. Ein junger Mann trat einen Sommerjob in einer Firma an. Am zweiten Tag kamen die festen Angestellten zu ihm und sagten: „Arbeite nicht so fleißig, sonst stehen wir schlecht da. Lass es langsamer angehen, oder es setzt was!" Ein Polizist weigerte sich, die üblichen Bestechungsgelder der Zuhälter in seinem Bezirk anzunehmen. Darauf sagten ihm seine Kollegen: „Wenn du das Geld nicht nimmst, kannst du nicht auf uns zählen."[179]

Christen sollen das „Licht der Welt" sein (Matthäus 5,14). Aber Licht deckt auf, und die Menschen wollen nicht, dass ihre Taten aufgedeckt werden. Die bloße Art, wie ich lebe, kann Unehrlichkeit in der Firma, Rassismus in der Nachbarschaft, Klatsch und Tratsch unter meinen Freunden, Korruption im Rathaus aufdecken. Ein Leben in Integrität wirkt auf viele irritierend. Der Anständige macht sich Feinde, einfach weil er anständig ist. Den Weisen kann das nicht überraschen, ja wir sollten es erwarten (2. Timotheus 3,12), weil es unserem Herrn, der das Licht war, das in die Finsternis hineinleuchtete, auch nicht anders erging (Johannes 1,5-11).

Haben Sie schon Anfeindungen wegen Ihres christlichen Glaubens oder Lebenswandels erlebt? Was fanden die Leute so befremdlich oder bedrohlich? Wie gut haben Sie reagiert?

Gebet: *Vater, ich muss gestehen, dass ich schockiert bin, wenn die Leute gegen mich sind, weil ich das Rechte tue, ja dass ich Angst kriege. Richte meine Augen auf deinen Sohn, der für mich geschlagen wurde, und lass mich Freude empfinden, wenn ich „für würdig geachtet" werde, „um des Namens Jesu willen Schmach und Schande zu erleiden" (Apostelgeschichte 5,41). Amen.*

20. August

Drei versetzen das Land in Aufruhr, und besonders das Vierte kann es nicht ertragen: wenn ein Sklave König wird, wenn ein dummer Mensch mehr als genug hat, wenn eine verschmähte Frau einen Mann findet und wenn eine Sklavin sich über ihre Herrin erhebt. (30,21-23)

Ich kann nicht alles sein, was ich sein will. Ein unbegabter Diener wird König. Eine ihm nicht würdige Frau bekommt einen Mann. Eine Dienerin, die (das ist hier vorausgesetzt) unfähig ist, bekommt Macht. Dergleichen führt immer in die Katastrophe. Solche Menschen kann kein Land ertragen.

Das Buch der Sprüche plädiert nicht für rigide soziale Hierarchien. 17,2 findet es gut, wenn ein kluger Sklave zum Herrn wird. Gott liebt es, den Geringen und Bedürftigen zu erheben (Lukas 1,46-55). Dieser Spruch besagt vielmehr, dass wir aufgrund unseres Charakters und unserer Fähigkeiten nicht jede Rolle ausfüllen können, die wir gerne hätten. Viele Rollen erfordern Begabungen, ja manchmal körperliche Fähigkeiten, die nicht jeder hat. Die moderne Kultur sagt unseren Kindern: „Was du sein willst, das kannst du werden." Aber manche unserer Wünsche sind schlicht nicht gut, und andere passen nicht zu dem, wofür wir geschaffen sind. In Christus werden wir eines Tages die Erde besitzen und zusammen mit ihm über sie herrschen (Matthäus 5,5; Offenbarung 1,6). Doch bis es so weit ist, können wir nicht alles sein, was wir sein wollen.

Haben Sie – bei sich oder bei jemand anderem – schon einmal Pläne erlebt, die unrealistisch waren und zu nichts Gutem führten?

Gebet: *Herr, du hebst die Geringen empor (Lukas 1,52), aber in dieser Welt kann nicht jeder oben sitzen. Gib mir das nötige Vertrauen in deine Güte und Weisheit, um dir in den Lebensverhältnissen, in die du mich hineingestellt hast, freudig zu dienen (vgl. 1. Korinther 7,17). Amen.*

21. August

Wenn du mit einem einflussreichen Menschen beim Essen sitzt, dann bedenke gut, wen du vor dir hast. Halte dich unbedingt zurück, wenn du sehr hungrig bist. Sei nicht gierig nach seinen Leckerbissen, denn sie sind eine trügerische Speise. (23,1-3)

Manieren. Wenn ich zu einem Essen *mit einem einflussreichen Menschen* geladen bin, muss ich Manieren zeigen. Aber sind Manieren denn so wichtig? Tatsache ist: „Ohne Etikette keine Gesellschaft … Die Menschen müssen bereit sein, ihre Impulse zu zügeln und eine gemeinsame Sprache des Verhaltens zu sprechen, damit das Zusammenleben nicht aggressiv, hässlich und explosiv verläuft. Dies hat für den Einzelnen natürlich Nachteile, aber diese wiegen weniger schwer als der Vorteil, unter Menschen leben zu können, die nicht pausenlos ausrasten.“[180]

Van Leeuwen schreibt: „Selbst Tischsitten und Speisen gehören zu der großen Ordnung der Dinge, die uns mit der physischen Welt verbinden, die uns erhält, die Menschen miteinander verbindet und ihren unterschiedlichen Beziehungen Gestalt gibt … Am Ende hat alles, sogar Tischsitten, etwas mit dem Dienst für Gott zu tun, auch wenn Gott uns, seinen Dienern, eine enorme Freiheit bei der Gestaltung von Küche und Kultur gegeben hat.“[181] Nichts ist unwichtig. Wenn Sie Ihr Haar kämmen, bringen Sie Ordnung in das Chaos, wie Gott zu Beginn der Welt (1. Mose 1,1-3). *Alles*, was wir tun, sollten wir zur Ehre Gottes tun (1. Korinther 10,31).

Sehen Sie in Ihrem Leben Manieren und Höflichkeit als Mittel, weise zu sein und Gott zu verherrlichen? Falls ja, wie machen Sie das?

Gebet: *Herr, Manieren und Etikette gelten heute oft nur als etwas für Spießer. Aber sie sind doch viel mehr. Sie sind Mittel, Liebe, Rücksichtnahme und Respekt gerade in den kleinsten und alltäglichsten Dingen zu demonstrieren. Hilf mir, liebevoll genug zu sein, um höflich zu sein. Amen.*

22. August

Lass dich nicht auf die dummen Argumente eines Narren ein, denn sonst stellst du dich ihm gleich. Widerlege die dummen Argumente des Narren, damit er sich nicht für weise hält. (26,4-5 NLB)

Temperamentsache. Auf den ersten Blick scheinen diese beiden Sprüche sich zu widersprechen, aber zusammengenommen wollen sie uns etwas sagen. Manchmal ist es besser, nicht mit einem Toren zu diskutieren, und manchmal ist es richtig, mit ihm zu diskutieren. Aber wie erkenne ich, um was für einen Fall es sich gerade handelt?

Nun, diese Sprüche nennen uns die Kriterien. Wenn keine Aussicht besteht, den Narren zu korrigieren, ja wenn er in seiner Torheit nur noch bestärkt werden würde, ist es am besten, zu schweigen. Aber wenn eine Chance besteht, ihn zur Einsicht zu bringen, dann sollten wir reden und dabei all das, was wir bisher über das rechte Reden und Hören gelernt haben, beherzigen. Und etwas noch Fundamentaleres muss hier gesagt werden: Die meisten von uns neigen von ihrem Temperament her dazu, entweder grundsätzlich Diskussionen zu meiden oder grundsätzlich ihre Meinung zu sagen. Manchmal liegen wir mit unseren Instinkten richtig, aber oft auch nicht. Seien Sie weise. Denken Sie in jeder Situation nach und seien Sie bereit, auch einmal gegen Ihre Instinkte zu handeln.

Wozu neigen Sie mehr: Schweigen Sie eher oder sagen Sie Ihre Meinung? Wann haben Sie sich das letzte Mal gegen Ihre Instinkte entschieden und waren anschließend dankbar dafür?

Gebet: *Herr, ich danke dir dafür, dass ich, weil du mir die Autorität deines Wortes wichtig gemacht hast, oft Gelegenheit gehabt habe, gegen mein natürliches Temperament zu handeln. Das hat mich nicht nur weiser gemacht, sondern manchmal mein Leben gerettet. Amen.*

23. August

Hochmütige Spötter versetzen eine ganze Stadt in Aufruhr, aber weise Menschen besänftigen den Zorn. (29,8)

Internetkultur. Wir haben bereits eine Menge gelernt über die *Spötter* – die, die alles, was mit Wahrheit und Tugend zu tun hat, lächerlich finden. Hier sehen wir, dass ihr Treiben nicht nur persönliche Beziehungen beschädigen, sondern *eine ganze Stadt in Aufruhr* versetzen, also das Gefüge der Gesellschaft untergraben kann. Wörtlich heißt es hier, dass die Spötter „eine Stadt in Brand setzen". Sie schüren Unruhe, Skepsis, Zweifel, Zwietracht und Zynismus. Die Menschen, die auf sie hören, können an keine Ideale, edlen Ziele oder absoluten moralischen Werte mehr glauben, und das hält keine Gesellschaft lange aus.

Es spricht manches dafür, dass unsere heutigen Technologien den Spöttern eine neue Plattform für gesellschaftliche Brandstiftung durch polarisierende, aufhetzende Äußerungen gegeben haben. Das Internet begünstigt den Spötter, dessen Beschimpfungen und Breitseiten ihm viele Clicks und Likes bringen, und benachteiligt den respektvollen, besonnenen Meinungsaustausch, der die Gesellschaft zusammenhält. Die Frage ist: Wie *besänftigen* wir *den Zorn*, den die Internetkommunikation erzeugt? Das ist die Herausforderung für den Weisen von heute. Fangen Sie damit an, dass Sie sich nicht mit in die Brandstiftung hineinziehen lassen.

Haben Sie sich von dem, was Sie in den sozialen Medien lesen, anstecken lassen? Wie können Sie das in Zukunft vermeiden?

***Gebet:** Herr, so viele Stimmen wollen mich wütend machen, wollen meine Unterstützung, mein Geld, meine Stimme, meine Kundschaft. Mit deiner Hilfe möchte ich ihnen ab jetzt widerstehen. Erinnere mich daran, dass du der Richter bist – und ich der, der gerichtet und in Christus freigesprochen wird. Lass diese wunderbaren Wahrheiten meine selbstgerechte Empörung verzehren. Amen.*

24. August

Graues Haar verleiht einem Menschen Würde wie eine prächtige Krone, die man sich durch ein Leben in Rechtschaffenheit erwerben kann … Bei jungen Männern rühmt man ihre Kraft, und alte ziert das graue Haar. (16,31; 20,29)

Alt werden. Wir leben in einer Kultur, die die Schönheit, Kraft und Kreativität der Jugend vergöttert. Das Buch der Sprüche hat demgegenüber eine bemerkenswert ausgewogene Sicht von den Vorzügen jedes Lebensalters. Die Jungen haben eine *Kraft* und unermüdliche Träume und Ziele, was Älteren nicht mehr so gegeben ist. Und die Alten haben einen Überblick, eine Weisheit und eine Würde, die die Jüngeren erst noch bekommen müssen. All dies sind Schätze, die zur rechten Zeit genossen werden wollen.

Auf dieser Seite des Todes können wir nie alles zusammen haben. Erst wenn Jesus uns am Jüngsten Tag verherrlicht (Römer 8,18-21), wird es alles zusammenkommen. J.R.R. Tolkien weist auf diese große Hoffnung hin, wenn er am Ende von *Der Herr der Ringe* den Tod von Aragorn beschreibt: „Da wurde eine große Schönheit in ihm offenbar, sodass alle, die nachher kamen, ihn voll Staunen anblickten; denn sie sahen, dass die Anmut der Jugend und die Kraft seiner Mannesjahre und die Weisheit und königliche Würde seines Alters miteinander verschmolzen waren. Und lange lag er dort, ein Abbild der Erhabenheit der Könige der Menschen in nicht verdunkelter Pracht vor dem Bruch der Welt.“[182]

Wie können Sie die Altersstufe, in der Sie sich befinden, besser genießen, anstatt Angst vor ihr zu haben oder sich eine andere zu wünschen?

Gebet: *Herr, ich preise dich für die Verheißung der Auferstehung – dass die lange Erfahrung und Weisheit unserer letzten Jahre einst verschmelzen werden mit der Kreativität, Anmut und Kraft unserer jüngeren Jahre, in einer Schönheit und Herrlichkeit, wie wir sie uns nicht vorstellen können. Und bis es so weit ist, hilf uns, mit geduldig-freudiger Hoffnung zu warten. Amen.*

25. August

Ein zufriedenes Herz belebt den Körper, aber Eifersucht ist wie Fäulnis in den Knochen … Ein fröhliches Herz erhält einen bei guter Gesundheit, aber ein niedergeschlagenes Gemüt zehrt die Kräfte auf. (14,30; 17,22)

Echte Medizin. Die alten Weisen wussten um die komplexen Beziehungen zwischen der seelischen und der körperlichen Gesundheit. Depressionen (*ein niedergeschlagenes Gemüt*) zehren die *Kräfte* auf (wörtlich: „die Knochen", ein Ausdruck, der damals den ganzen Menschen mit Leib und Seele bezeichnen konnte; 17,22).[183] Die gleiche Wirkung, vor allem auf das Kreislaufsystem, haben Groll und Neid (14,30).

Eine weise Medizin muss die Menschen daher ganzheitlich sehen, und nicht bloß als Maschinen, die man reparieren kann. Ein junger christlicher Arzt ging einmal mit einem bekannten älteren Kollegen auf Visite. Ihm fiel auf, dass sich in über der Hälfte seiner eigenen Diagnosen Formulierungen fanden wie „arbeitet zu viel", „unglückliche Ehe" und andere nichtkörperliche Probleme. Mit anderen Worten: Die Gesundheitsprobleme wurden verschlimmert, ja oft verursacht durch Probleme emotionaler und seelischer Art. Im Gespräch sagte der ältere Kollege, dass ein Arzt solche seelischen Dinge zu ignorieren und „richtige Medizin" zu betreiben habe; man sei ja Arzt und kein Seelsorger. Der junge Arzt erwiderte (mit Recht), dass man einen Kranken nicht behandeln könne, ohne sein ganzes Leben einzubeziehen.[184] Die moderne Medizin täte gut daran, auf diese biblische Weisheit zu hören.

Haben Sie bei sich oder jemand anderem schon einmal eine Krankheit erlebt, die durch persönliche seelische Probleme verschlimmert wurde? Wie sah die Hilfe aus?

Gebet: *Herr, schenke du uns Ärzte und Therapeuten, die uns nicht bloß als Körper betrachten, sondern als ein Ganzes aus Leib und Seele. Und zeige mir, wie ich weise mit meinem eigenen Körper, deiner großen Gabe, umgehen kann. Lass es nicht zu, dass ich ihm durch die Vernachlässigung meines seelischen und geistlichen Wohlergehens schade. Amen.*

26. August

Halte dich nicht selbst für weise, sondern hab Ehrfurcht vor dem HERRN und meide das Böse. Das ist gut für deine Gesundheit und gibt Kraft wie ein erfrischendes Getränk. (3,7-8)

Gesund leben. Wir sahen gestern, dass unsere Seele und unser Körper – unsere innere und unsere physische Gesundheit – miteinander verflochten sind und ganzheitlich betrachtet werden müssen. Wie macht man das? Unser heutiger Text sagt, dass *Ehrfurcht vor dem HERRN* (also dass wir Gott kennen und die Gemeinschaft mit ihm pflegen) und das Meiden des Bösen (also dass wir unser Leben so ändern, dass es auf Gottes Willen ausgerichtet ist) zu *Gesundheit* führen. Nein, dies ist keine Garantie nach dem Motto: „Führe dein Leben mit Gott, und es geht dir gut." Das gesamte Buch Hiob ist ein einziges Plädoyer gegen jede Art von „Wohlstandsevangelium", vor allem gegen den Glauben, dass Gott uns, wenn wir nur richtig leben, Gesundheit und Reichtum schenken wird.

Nein, wir haben keine Garantie, dass Gott einem Christen Gesundheit und Wohlstand schenkt. Vielmehr ist es so, dass „das Wohlergehen und … Glück, das Gott uns gibt, eine natürliche Nebenwirkung der Suche nach den höchsten Gütern ist."[185] Das heißt: Wenn wir Gott mehr suchen als unsere körperliche und seelische Gesundheit, werden wir viel eher diese Gesundheit bekommen, als wenn wir die Gesundheit mehr suchen als Gott. Und die Art Gesundheit und Kraft, die die richtige Beziehung zu Gott uns bringt, ist „nicht bloß die Abwesenheit von Krankheit und Siechtum", sondern „ein Zustand des vollkommenen körperlichen und seelischen Wohlergehens".[186]

Wie könnten geistliches Wachstum und weise, von Gottes Willen geleitete Prioritäten, Sie körperlich gesünder machen?

Gebet: *Vater, als Erstes bitte ich dich darum, mich innerlich stärker zu machen, wenn ich äußerlich schwach bin. Lass meine Krankheiten und Beschwerden wie ein Riechsalz sein, das mir deutlicher macht, wie sehr ich dich brauche. Und zweitens bitte ich dich um gute Gesundheit, damit ich dir mit voller Kraft dienen kann. Amen.*

27. August

Mag er auch mit freundlicher Stimme sprechen: Traue ihm nicht. Denn in seinem Herzen hegt er alle erdenklichen abscheulichen Pläne. Durch Täuschung mag der Hass zunächst verborgen bleiben, aber in der Versammlung kommt seine Bosheit ans Licht. (26,25-26)

Am Herz arbeiten, nicht an der Fassade. Die Menschen vermarkten sich immer mehr – durch die Kleider, die sie tragen, die Dinge, die sie kaufen, und die Bilder, die sie ins Internet stellen. Es gehört zur Natur des menschlichen Herzens, dass es das, was hässlich ist, versteckt (1. Mose 3,7-8). Die Stimme eines Menschen mag *freundlich* sein – also beredsam, attraktiv, mitfühlend –, aber in seinem Herzen sind (so wörtlich) „sieben Gräuel", z. B. Stolz, Neid, Hass, Gier und Unkeuschheit.

Wir sind schockiert, wenn brave Bürger einem Rassenhass frönen, der sich in Gewalt entlädt, oder wenn angesehene Christen der Unmoral oder Korruption überführt werden. Diese Menschen haben ihre Fassade mehr kultiviert als ihr Herz. Ein Pastor sagte nach einer Ehebruchaffäre, dass er jahrelang gepredigt, aber nicht mehr gebetet hatte. „Ein Pastor kann seine Kirchenbänke, die Mitgliederlisten und die Münder der Armen füllen, aber was er im stillen Kämmerlein auf den Knien vor dem allmächtigen Gott ist, *das ist er und sonst nichts.*"[187] Dies gilt nicht nur für Pastoren, sondern für jeden Christen. Arbeiten Sie nicht an Ihrem Image, sondern an Ihrem Herzen vor Gott, oder das, was Sie wirklich sind, wird eines Tages *in der Versammlung* (Gemeinde) *ans Licht* kommen.

Was für schlechte Angewohnheiten, die weitgehend verborgen sind, sollten Sie Gott hinlegen und mit seiner Hilfe an ihnen arbeiten?

Gebet: *Vater, gibt mir die inneren Augen, meine Gewohnheitslaster zu sehen, die falschen Einstellungen meines Herzens, die zu Bösem führen. Zeige mir die Dinge, die ich gering achte, aber die ich wertschätzen sollte, und die Dinge, die ich viel zu sehr liebe und die ich lediglich dankend entgegennehmen sollte. Amen.*

28. August

Mein Sohn, wehre dich nicht, wenn der Herr dich streng erzieht! Sei nicht aufgebracht, wenn er dich zurechtweist. Denn wen der Herr liebt, den erzieht er mit der nötigen Strenge, so wie ein Vater seinen Sohn, den er gern hat … Der Verdienst des Gottesfürchtigen bereichert sein Leben, den Gottlosen aber verführt sein Geld zur Sünde. (3,11-12; 10,16 NLB)

Zwei große Tests. 3,11-12 sagt uns, dass Leiden Erziehungsmaßnahmen Gottes sein können, die wir aber auch missachten können, sodass wir nichts gelernt haben. Und 10,16 stellt klar, dass Reichtum (*Verdienst*) auch zu *Sünde und Tod* führen kann (vgl. 29. August). Wie das? C.S. Lewis schreibt: „Wenn Sie Ratten im Keller haben, bekommen Sie sie am ehesten zu Gesicht, wenn Sie ganz plötzlich hineingehen. Aber die Plötzlichkeit bringt die Ratten nicht hervor. Sie hindert sie nur daran, sich zu verstecken. Ebenso ist eine plötzliche Provokation nicht der Grund dafür, dass ich ein Griesgram bin; sie bringt nur zum Vorschein, was für ein Griesgram ich bin.“[188]

Wir sind blind für unsere „Ratten“ (Schwächen), und es sind zwei Situationen, die sie besonders sichtbar machen: Wenn es uns sehr gut geht und wenn es uns schlecht geht. Sowohl der Erfolg als auch das Leiden testen uns, zeigen, wie wir wirklich sind, machen die Ratten sichtbar. Es sind beides geistliche Krisen. Akzeptieren wir das, was sie uns zeigen, und ändern wir uns – oder verdrängen wir dieses Wissen? Diese Dinge werden uns entweder zu besseren oder zu schlechteren Menschen machen, aber wir werden nicht dieselben bleiben.

Haben Sie es schon einmal erlebt (bei sich selber oder jemand anderem), wie Wohlstand und Erfolg die „Ratten“ sichtbar gemacht haben?

***Gebet:** Herr, Erfolg wie Schwierigkeiten enthüllen Dinge in meinem Herzen, die furchtbar sind. Du hast sie die ganze Zeit schon gesehen, und trotzdem hast du mich geliebt. Du hast in meinen Keller hineingeschaut, aber mich in den Himmel hochgeliebt. Wie groß ist deine Liebe! Amen.*

29. August

Mein Sohn, wehre dich nicht, wenn der HERR dich streng erzieht! Sei nicht aufgebracht, wenn er dich zurechtweist. Denn wen der HERR liebt, den erzieht er mit der nötigen Strenge, so wie ein Vater seinen Sohn, den er gern hat … Der Verdienst des Gottesfürchtigen bereichert sein Leben, den Gottlosen aber verführt sein Geld zur Sünde … Wenn du in der Not mutlos bist, dann ist es mit deiner Kraft auch sonst nicht weit her. (3,11-12; 10,16 NLB; 24,10)

Gute und schlechte Tage. Sowohl Erfolg als auch Leiden prüfen uns (vgl. 28. August). Derselbe finanzielle Erfolg, der den Gottesfürchtigen zum *Leben* führt, führt den Gottlosen in die *Sünde* (10,16). Mit das Schlimmste, was Gott mit einem Menschen machen kann, ist, dass er ihm das gibt, was er will – dass er ihn seinen Wünschen und Begierden „preisgibt“ (Römer 1,24.26). Wenn Stolze Erfolg haben, Gierige Geld scheffeln und Lüsterne schön werden, bestätigt sie das nur in der Illusion, sie könnten aus eigener Kraft das große Glück erreichen, und wenn dann das vermeintliche Paradies sich als Sackgasse erweist, ist das Elend nur umso größer. Allein das lebendige Wasser, das Jesus uns anbietet, kann unseren inneren Durst stillen (Johannes 4,13-14).

Aber andererseits: Wie leicht ist es, *in der Not mutlos* zu werden. Wie können wir beide Arten von Prüfung bestehen? – Indem wir an das Evangelium von Jesus glauben. Die Botschaft des Evangeliums von unserer totalen Sündhaftigkeit bewahrt uns davor, uns unsere Erfolge in den Kopf steigen zu lassen, und seine Botschaft von der bedingungslosen Liebe Gottes hilft uns, durch die dunklen Täler unseres Lebens zu gehen.

Was meinen Sie, wenn Sie auf Ihr bisheriges Leben zurückschauen: Sind die guten oder die schlechten Tage die größere geistliche Prüfung für Sie gewesen?

Gebet: *Herr, wenn ich auf mein Herz schaue und auf die Menschen, die ich kenne, dann stimmt der Satz: „Die Not hat Tausenden den Garaus gebracht, aber der Überfluss Zehntausenden.“*[189] *Die guten Tage können uns viel eher blind für dich machen. Bewahre uns vor den geistlichen Gefahren des Wohlstands. Amen.*

30. August

Blinder Eifer ist nicht gut, und wer es zu eilig hat, begeht schnell einen Fehltritt. (19,2)

Christen müssen denken. *Blinder Eifer ist nicht gut.* Wörtlich: *Eifer ohne Erkenntnis ist nicht gut.* Wer nicht genau nachgedacht und sich das nötige Wissen verschafft hat, der gerät auf den falschen Weg. Unsere moderne Kultur legt allergrößten Wert auf die Gefühle. Auch viele der heutigen Christen und Gemeinden sind denkfaul. Sie wollen Gefühle und sichtbare Ergebnisse, doch diese Haltung führt zu einem „simplifizierenden Aktivismus, der Eifer ohne … Einsicht in die Vielschichtigkeit des Lebens zeigt. Wir wollen Antworten und Aktionen, bevor wir die Fragen verstanden haben."[190]

Dies ist einer der Gründe dafür, dass christliche Kirchen ständig von Veränderungen in der Kultur überrascht werden – wir begreifen nicht, wie komplex Kulturen sind. Es ist auch der Grund dafür, dass viele Christen die sie umgebende Kultur gedankenlos imitieren. Wir verstehen es nicht, die Welt um uns herum im Lichte biblischer Theologie und Lehre zu analysieren. Und so führt der Anti-Intellektualismus der Kirche dazu, dass sie sich immer mehr der Welt und dem Zeitgeist anpasst. Die biblische Weisheitsliteratur „fordert die menschlichen Diener Gottes auf, ihre grauen Zellen zu schulen und in jedem Bereich des Lebens zu benutzen, damit … wir ‚eigenmächtige Gedankengebäude zum Einsturz' bringen und ‚allen menschlichen Hochmut nieder[reißen], der sich gegen die wahre Gotteserkenntnis auflehnt'" (2. Korinther 10,4-5).[191]

Auf welche konkreten Arten schadet der Emotionalismus und Anti-Intellektualismus den Gemeinden? Sind Sie selber jemand, der seine grauen Zellen gern ausruhen lässt?

***Gebet:** Herr, mein Verstand gehört genauso zu mir wie der Rest von mir, und mein ganzer Mensch ist dein Eigentum. Gib mir Eifer und Erkenntnis – und nicht nur eines von beiden. Amen.*

31. August

Das Haus der Hochmütigen reißt der HERR nieder, aber die Grundstücksgrenzen der Witwe richtet er auf. (15,25)

Grenzen. Witwen waren im alten Israel gesellschaftlich machtlos. Es war möglich, ihnen durch Versetzen der Grenzsteine einen Teil ihres Landes wegzunehmen. Doch das einer Familie von Gott zugeteilte Land zu stehlen, war ein Anschlag auf ihre Menschenwürde. Heute leben wir nicht mehr in einer Agrargesellschaft, sodass wir „Sprüche 15,25 auf die ‚Grenzen' des Leibes, der Gefühle, der Arbeitsplätze und des guten Rufs anwenden müssen".[192] Wenn wir Sex mit einem Menschen haben wollen, ohne ihm in der Ehe unser ganzes Leben zu schenken, verletzen wir eine leibliche Grenze und nutzen diese Person aus. Wenn ich andere manipuliere oder beschimpfe, verletze ich emotionale Grenzen. Und eine Firma, die damit reich wird, dass sie Produkte verkauft, die den Menschen gesundheitlich, emotional oder seelisch schaden, beutet ihre Kunden aus.

Lassen Sie uns auf Jesus schauen, der nicht kam, um sich dienen zu lassen, sondern um zu dienen (Markus 10,45), und der nicht nur die Mächtigen stürzt und die Geringen emporhebt (Lukas 1,52-53), sondern dessen sämtliche eigenen Grenzen – die körperlichen, emotionalen und geistlichen – verletzt wurden, als er die Strafe für unsere Sünden auf sich nahm.

Wo erleben Sie in Ihrem eigenen Leben Grenzverletzungen? Was können Sie dagegen tun?

Gebet: *Vater, wenn ich sehe, wie behutsam, respektvoll und freundlich Jesus zu allen war, erkenne ich, dass meine Worte, Stimmungen und Handlungen oft die Grenzen anderer verletzen. Fülle mein Denken mit der Wahrheit, dass mein Nächster „der heiligste Gegenstand" ist, „den ich mit meinen Sinnen zu fassen bekomme".[193] Amen.*

1. September

Keine Weisheit, keine Einsicht und kein menschlicher Rat können gegenüber dem HERRN bestehen. Das Pferd ist zwar für den Tag der Schlacht gerüstet, aber über den Sieg entscheidet der HERR. (21,30-31)

Die technologische Gesellschaft. Pferde waren in der Antike eine „Hochtechnologie", gegen die Fußsoldaten nichts ausrichten konnten. Dieser Spruch „warnt vor dem zu großen Vertrauen auf Macht und Technologie."[194] Heute glauben viele, dass die Technologie unsere Probleme lösen wird. Aber Wissenschaft und Technologie können mir nur sagen, was ich tun kann und wie ich das am effizientesten mache – nicht aber, *ob* ich das tun sollte oder nicht. Sie können nicht sagen, ob etwas gut oder schlecht für den Menschen ist, weil man diese Fragen nicht technologisch beantworten kann, sondern nur moralisch.

Ohne Moral und Weisheit zählen nur noch Kosten-Nutzen-Analysen, und ökonomischer Profit und Effizienz werden zu Selbstzwecken. Laut dem Soziologen Max Weber schafft die Technologie einen „eisernen Käfig", der die Einzelnen in entmenschlichte bürokratische Systeme zwingt, die rein auf Effizienz und Berechnung basieren. Aber die Technologie wird niemals alle Probleme der Menschen lösen, weil wir mehr sind als Materie. Die Weisen wissen, dass unser Leben in Gottes Hand ist. Und sie haben nicht vergessen, wie ein Haufen einfacher, ungebildeter Männer und Frauen, die an Jesus glaubten, die mächtigste Zivilisation der Geschichte auf den Kopf stellten (vgl. Apostelgeschichte 17,6) und dass über den Sieg der *HERR entscheidet*.

Wo haben Sie es erlebt, wie man mit Technologie und Zahlen an ein menschliches Problem heranging, das eigentlich moralische Weisheit erforderte?

***Gebet:** Herr, du bist ein persönlicher Gott, der eine Welt von Personen nach seinem Bild erschuf – ein Universum, das keine Maschine ist, sondern von deiner liebenden Hand in Gang gehalten wird; selbst das Wetter und die Jahreszeiten kommen von dir (Jeremia 5,24). Aber in unserer Gesellschaft herrschen zunehmend unpersönliche, bürokratische Technologien, die die Menschen als Nummern und nicht als Personen behandeln. Rette uns! Amen.*

2. September

Hab ein offenes Ohr und achte auf das, was weise Menschen sagen. Eigne dir mein Wissen an! Es ist schön, wenn du es auswendig lernst und bei passender Gelegenheit aufsagen kannst. Ganz besonders dich habe ich heute unterwiesen, damit du dein Vertrauen auf den HERRN setzt. Dreißig Sprüche mit guten Ratschlägen und Erkenntnissen habe ich für dich aufgeschrieben, damit du lernst, wahrheitsgemäß und zuverlässig zu reden, sodass du denen, die dich als Bote geschickt haben, verlässliche Auskunft geben kannst. (22,17-21)

Boten. Diese Verse sind Anweisungen an einen Boten, der von seinen Herren ausgeschickt wird und auf alles achten soll, was er sieht und hört, damit er wahrheitsgetreu Bericht erstatten kann. Was hat das mit uns zu tun?

Nun, Christen sind auch Boten – Gesandte bzw. Botschafter (2. Korinther 5,20) an die, die nur durch uns die Wahrheit erfahren können.[195] Wir können uns beim Lesen der Sprüche fragen: „Wie kann das hier *mir* helfen?" Aber wir sollten Gottes Wahrheit nie nur für uns selber lernen. Wir sind dafür verantwortlich, dass auch andere sie kennenlernen. Kennen Sie Gottes Wort gut genug, um es *bei passender Gelegenheit* (22,18) parat zu haben – entweder für Sie selber oder für jemand anderen? Denken Sie im Laufe des Tages an Gottes Wort? Hilft es Ihnen, die richtigen Entscheidungen zu treffen oder in Ihrer konkreten Situation Gott zu vertrauen? Wir müssen wie Jesus werden, der Gottes Wort nicht für sich behielt, sondern an uns weitergab, auch wenn ihn dies alles kostete (Johannes 12,49-50).

Was würde anders in Ihrem Leben, wenn Sie den Auftrag, Christi Botschafter an Ihre Mitmenschen zu sein, ernster nähmen?

Gebet: *Vater, ich preise dich, dass ich nicht durch meine Werke errettet bin, sondern durch die Jesu. Und doch ist es unerhört wichtig, wie ich lebe, weil ich Jesus vertrete. Wenn ich nicht liebe, mache ich Jesus, der doch deine Herrlichkeit ist (Johannes 17,24), Unehre. Lass das nicht zu. Hilf, dass ich ihm ähnlicher werde. Ich brauche das so dringend. Amen.*

3. September

Wer Gott gehorcht, verabscheut die Übeltäter. Wer Gott missachtet, verabscheut alle, die ein rechtschaffenes Leben führen. (29,27)

Intoleranz. Unsere Gesellschaft wird von zwei scheinbar gegenläufigen Trends geprägt. Einerseits darf es keine absolute Wahrheit geben, und gleichzeitig finden wir einen „Fanatismus, in welchem nur *eine* Position oder Gruppe absolut recht hat, nichts differenziert ist und Andersdenkende zum Schweigen zu bringen sind."[196]

Beide Trends gehören zusammen. Der Relativismus ist die Nahrung des Fanatismus. Wenn es keinen objektiven Maßstab gibt, nach dem wir unsere Intuitionen beurteilen können, dann muss das, was ich im Tiefsten spüre, absolut wahr sein. 29,27 besagt, dass sowohl die Gerechten als auch die Bösen zur Intoleranz fähig sind. Bei den Gerechten ist die Ursache die Selbstgerechtigkeit, die daher rührt, dass man die Wahrheit hat. Und die Gottlosen, auch wenn sie sich für amoralisch oder für Freidenker halten, verabscheuen die, die denken, dass sie die Wahrheit haben. Ironischerweise glauben sie, dass *sie* die Wahrheit haben – nämlich, dass es keine Wahrheit gibt. Was ist die Lösung?

Das Evangelium, dass wir verlorene Sünder sind, die rein aus Gnade gerettet werden, verhindert beide Extreme. Es sagt uns, dass wir Sünder sind; es gibt keinen Relativismus. Aber weil wir durch Gnade und nicht durch unsere eigenen Leistungen erlöst sind, macht das Evangelium uns auch demütig. Wir *können* uns gar nicht auf das hohe Ross setzen. Das Evangelium zerstört beides – den Relativismus und den Fanatismus.

Finden Sie bei sich die Symptome der Selbstgerechtigkeit? In welchen Situationen sind Sie versucht, selbstgerecht zu sein? Was können Sie dagegen tun?

Gebet: *Herr, in unserer Kultur ist Intoleranz eine schwere Sünde, und Selbstgerechtigkeit und Scheinheiligkeit werden belohnt. Das Evangelium zeigt mir, dass beides falsch ist. Wir dürfen Sünde nicht tolerieren, aber wir dürfen uns auch nicht eine Spur überlegen fühlen. Erwecke eine ganze Generation von Christen, die das beherzigen. Amen.*

Die Lebensbereiche verstehen

Ehe[197]

4. September

Besonnenheit und Urteilsvermögen bewahren dich auch vor der fremden Frau, vor der Unbekannten, die dich mit Schmeicheleien verführen möchte. Sie verlässt den Mann, der von Jugend an ihr Freund war, und den Bund mit ihrem Gott hat sie vergessen. (2,16-17)

Der Bund. Ehebruch ist etwas so Ernstes, weil er ein Bruch des *Bundes* ist. Eine Ehe ist ein juristischer, durch ein Gelübde vollzogener Bund. Eine Hochzeit ist nicht so sehr eine Beteuerung vorhandener Liebe als ein Versprechen künftiger Liebe. Das Ehegelübde bindet die beiden Partner zusammen, trotz aller Wechselfälle, die bei einer normalen Beziehung das Ende bedeuten würden. Ohne einen solchen Bund sind wir abgeschnitten von dem Schatz der lebenslangen Liebe, die durch dick und dünn bleibt.[198]

Es gibt eine Beziehung des Selbstinteresses, in der jeder der Partner sagt: „Ich bleibe bei dir, solange ich die Beziehung als erfüllend erlebe." Das *Ich* ist hier wichtiger als das *Wir*. Aber in einer Bundesbeziehung gilt: „Ich bin immer für dich da." Jesus, unser wahrer Bräutigam, liebte uns nicht, weil er uns so schön und erfüllend fand, sondern um uns schön zu *machen* (Epheser 5,25-27). Der Weise weiß, dass Erfüllung nicht dadurch kommt, dass man sie gezielt sucht, sondern als „Nebenwirkung" des Haltens von Versprechen und des aufopferungsvollen Dienens.

Auf welche Weise ist in einer Bundesbeziehung das uneigennützige Dienen wichtiger als die Selbsterfüllung?

***Gebet:** Herr, wir waren nicht die Attraktivsten, und doch hast du einen ewigen Bund mit uns geschlossen. Du kamst und starbst und nahmst uns an, und jetzt bist du geduldig dabei, uns dir immer ähnlicher zu machen. Deine Bundesliebe ist mein Leben! Lehre mich, in meiner Familie und Freundschaft Bundesliebe zu praktizieren. Amen.*

5. September

Deine Quelle soll gesegnet sein, freu dich an der Frau, die du in jungen Jahren geheiratet hast! Sie ist liebenswert wie ein Reh und anmutig wie eine Gazelle. Ihre Brüste sollen dir immer Lust und Freude bereiten, lass dich von ihrer Liebe immer wieder in den Bann ziehen. (5,18-19)

Liebhaber. Ein Ehepartner ist jemand, mit dem ich durch einen Bund verbunden bin. Aber was für eine Beziehung schafft dieser Bund? Erstens ist der Partner ein Liebhaber. In der Antike heiratete man oft, um Sicherheit und Status für seine Familie zu bekommen. Man heiratete die Person, die hier am vielversprechendsten war. Seine sexuelle Lust dagegen befriedigte der Ehemann oft woanders.

Aber die Bibel sagt, dass mein Ehepartner auch mein Liebhaber sein muss. Die Liebe seiner Frau soll den Ehemann *in den Bann ziehen*. Doch dies ist nicht mit der modernen Idee der „richtigen" sexuellen Chemie zu verwechseln! Erst wenn wir es aufgrund der Bundesbeziehung lernen, durch dick und dünn miteinander zu gehen und zu bereuen und zu vergeben, wenn wir einander wehtun, kann wirklich tiefe Intimität wachsen. Dann wird Sex zur Feier unseres gemeinsamen Lebens. Die körperliche Vereinigung ist ein wunderbares Zeichen der Einheit auf allen anderen Lebensgebieten. Die eheliche Beziehung gründet nicht in der „richtigen" sexuellen Chemie, sondern die sexuelle Chemie ist ein Ergebnis der Beziehung in ihrer Ganzheitlichkeit.

Auf welche Weise bedeutet der moderne Glaube, dass erst die sexuelle Chemie kommen muss und dann die Ehe, eine Verdrehung sowohl des Prozesses der Partnersuche als auch der Ehe selber?

***Gebet:** Herr, die Bibel sagt, dass Sex eine Gabe ist, deren Segen sich erst im Bund der Ehe entfalten kann. Aber die einzige Liebe, die wir wirklich brauchen, ist die Liebesgemeinschaft mit dir. Lass deine Leute so in dein Wort hineinwachsen, dass unsere Eheleute Liebhaber sind und unsere Singles rein leben. Amen.*

6. September

Mein Sohn, gehorche deinem Vater, der dich erzieht, und lehne die Anweisungen deiner Mutter nicht ab. Denn die Erziehung der Eltern schmückt dich wie ein schöner Kranz auf deinem Kopf und wie eine Kette um deinen Hals … Ich war Schüler meines Vaters und meine Mutter liebte mich zärtlich … Mein Sohn, halte dich an die Gebote deines Vaters und lehne die Anweisungen deiner Mutter nicht ab … Ein weiser Sohn macht seinem Vater Freude, ein Dummkopf jedoch bereitet seiner Mutter Kummer. (1,8-9; 4,3; 6,20; 10,1)

Partner auch im Denken. Hier kommt die nächste Überraschung. In der Antike investierte man meist nicht in die Bildung der Frau. Aber gleich zu Anfang der Sprüche sehen wir, wie der Vater *und* die Mutter ihrem Sohn Weisheit beibringen (1,8-9; vgl. 10,1). Die Mutter steht als Autoritätsperson ebenbürtig neben dem Vater. Aber jemanden in die Kunst der Weisheit einzuführen, erforderte Bildung und Wissen. Diese Sprüche gehen von einer Ehefrau aus, die gebildet und eine echte Partnerin im Lernen und Unterweisen war.[199]

Dies bedeutet nicht, dass der eine Ehepartner nicht wesentlich gebildeter sein kann als der andere – sehr wohl aber, dass beide Partner als Christen Mitschüler und Kollegen sind im Lernen der Weisheit Gottes aus dem Wort Gottes. Mann und Frau sollten zusammen eine gesunde intellektuelle Neugier haben, die in der Bibel nach der Wahrheit sucht und sich überlegt, wie man alle Lebensbereiche auf diese Wahrheit ausrichten kann. Und wenn die Eheleute Eltern werden, sollten sie beide die intellektuellen und moralischen Lehrer ihrer Kinder werden.

Sind Sie und Ihr Ehepartner echte Kollegen im Lernen? Und falls Sie noch nicht verheiratet sind, aber ans Heiraten denken: Ist Ihnen die geistige Chemie genauso wichtig wie die sexuelle Chemie?

Gebet: *Herr, gib deinen Leuten Ehen, in denen beide Partner dein Wort kennen, lieben und es einander wie auch ihren Kindern, Nachbarn und Freunden nahebringen. Lass unsere Familien Schulen der Bibel sein und christliche Ehepartner Schüler und Kollegen in diesen Schulen. Amen.*

7. September

Frauen bauen in Weisheit Haus und Familie auf, aber Unverstand macht alles gewaltsam zunichte ... Sie überblickt alles, was in ihrem Haus geschieht, und Faulheit kennt sie nicht. (14,1; 31,27)

Partner im Haushalt. Wie der Rest der Bibel gehen auch die Sprüche davon aus, dass der Mann das Haupt der Familie ist (18. September und Epheser 5,22-26). Dieses Haupt-Sein nimmt in verschiedenen Ehen unterschiedliche Formen an. Aber man darf es auf keinen Fall so verstehen, dass allein der Mann alle „Management-Entscheidungen" trifft. *Frauen bauen in Weisheit Haus und Familie auf* – sozial, wirtschaftlich, materiell, emotional und geistlich. Ein Ausleger schreibt, dass dies bedeutet, dass „die Stabilität der Familie in erster Linie" auf der Weisheit der Frau und Mutter beruht.[200]

Die konkreten Beiträge von Mann und Frau zur Haushaltsführung hängen von den konkreten Begabungen und Fertigkeiten der beiden ab. Die Frau von Sprüche 31 ist Verwalterin, Maklerin, Philanthropin und Kunsthandwerkerin (31,10 ff.). Dies ist nicht ein absolutes Modell für alle Frauen (oder alle Männer!). Aber jeder setzt das, was er hat, ein, um gemeinsam das Haus zu bestellen und zu managen.

Wenn Sie verheiratet sind: Sind Sie und Ihre Frau/Ihr Mann echte Partner im Führen Ihres Haushalts? Und falls Sie noch nicht verheiratet sind, aber ans Heiraten denken: Werden Sie es Ihrem/Ihrer Zukünftigen klarmachen, dass Sie solch eine Partnerschaft erwarten?

Gebet: *Herr Jesus, obwohl du als unser wahrer Ehemann unser Haupt bist (Epheser 5,25), behandelst du uns als Freunde und nicht als Diener, weil du uns zu Teilhabern an deinem Werk gemacht hast (Johannes 15,15). Wir werden einst zusammen mit dir herrschen (2. Timotheus 2,12). Mögen die Ehemänner in unseren Kirchen im Umgang mit ihren Frauen dir ähnlicher werden. Amen.*

8. September

Besonnenheit und Urteilsvermögen bewahren dich auch vor der fremden Frau, vor der Unbekannten, die dich mit Schmeicheleien verführen möchte. Sie verlässt den Mann, der von Jugend an ihr Freund war, und den Bund mit ihrem Gott hat sie vergessen. (2,16-17)

Freund. Im alten Nahen Osten war die Vielweiberei gang und gäbe, aber das Buch der Sprüche geht von der Vereinigung *eines* Mannes mit *einer* Frau aus, und diese ist zu persönlich für die Polygamie. Das Wort *Freund* (hebräisch *hallup*) meint einen guten, ja besten Freund (16,28; 17,9). „Dies ist etwas völlig anderes als das in der Antike häufig gängige Bild der Frau als Sklavin und Gebärerin, aber nicht als Gefährtin."[201]

In einer Kultur, die Frauen im Wesentlichen als den Besitz des Mannes sah, muss die Aufforderung an den Mann, eine Frau zu haben, die seine persönliche, einzige Geliebte (5. September) und beste Freundin war, revolutionär gewesen sein. Alle Merkmale der Freundschaft – Treue, Sensibilität, einander in Liebe die Wahrheit sagen, einander Rat geben – müssen in einer Ehe vorhanden sein. Eine höhere Sicht der Ehe ist nicht möglich. In einer Epoche, wo die Menschen in der Ehe weder Romantik noch enge Gemeinschaft suchten, forderte das Buch der Sprüche beides.

Ist Ihr Ehepartner Ihr bester (oder fast bester) Freund? Und wenn Sie noch nicht verheiratet sind, aber vielleicht ans Heiraten denken: Ist Ihnen dieser Aspekt genauso wichtig wie die sexuelle Chemie?

Gebet: *Vater, du hast die Welt aus deiner göttlichen Freundschaft innerhalb der Trinität heraus erschaffen. Du hast uns zu Freunden Jesu gemacht, und du hast uns durch christliche Freunde in der Gemeinde verändert. Gib, dass in christlichen Ehen Mann und Frau nicht nur Liebhaber und Partner sind, sondern auch die besten Freunde. Amen.*

9. September

Eine tüchtige Frau ist die Krone ihres Mannes. Eine Frau aber, für die er sich schämen muss, ist wie Fäulnis in seinen Knochen. (12,4)

Aufbauend. Jemanden krönen heißt ihn hochheben und ehren. Der Gekrönte hat eine besondere innere Zuversicht und Kraft. Es ist das genaue Gegenteil innerer Schwäche und Gebrechlichkeit (*Fäulnis in seinen Knochen*). Ein verheirateter Mensch sollte den Partner aufbauen. Ihr Ehepartner hat es in der Hand, Ihre Würde, Ihr Selbstbewusstsein, Ihre Identität zu nähren oder zu ersticken.

Das Selbstbild, das wir haben, ist eine Sammlung all der Urteile, die verschiedene Menschen im Laufe der Jahre über uns abgegeben haben. Doch wenn wir heiraten, hat unser Partner die Macht, alle diese Urteile zu revidieren. Wenn die Welt sagt, dass Sie hässlich sind, aber Ihr Partner Sie schön findet, werden Sie sich schön fühlen. Der Ehepartner hat die Macht, unser Selbstbild umzuprogrammieren und viele der tiefen Wunden aus der Kindheit zu heilen. Und wenn der Ehepartner auch noch ein Christ ist, der mich nicht nur liebt, sondern mir meine Identität in Christus zeigt (Galater 3,25-29), dann kann er wirklich meine *Krone* werden.

Für Verheiratete: Bauen Sie einander auf oder kritteln Sie aneinander herum? Und wenn Sie unverheiratet sind, aber ans Heiraten denken: Bedenken Sie bei einem potenziellen Ehepartner die psychologische Macht, die Sie beide im Leben übereinander haben werden?

Gebet: *Herr, dein Wort der Gnade baut uns auf (Apostelgeschichte 20,32). Wir sollen einander sowohl in der Gemeinde als auch durch unsere Freundschaften aufbauen. Sende deinen aufbauenden Geist, damit unsere Ehen Orte werden, wo Menschen einander aufbauen und nicht niedermachen. Amen.*

10. September

Besser in einer Ecke auf dem Dach wohnen als mit einer ständig nörgelnden Frau im gemeinsamen Haus! … Besser in der Wüste wohnen als bei einer ständig nörgelnden und missmutigen Frau. (21,9.19)

Nicht streitsüchtig. Eine andere Anforderung an den Ehepartner kann negativ formuliert werden: Sei nicht streitsüchtig.[202] Das Wort *nörgeln* gibt das hebräische Original gut wieder. Der Nörgler bietet keine konstruktive Kritik (11. September), sondern schießt gleichsam aus der Hüfte heraus spitze oder zynische Bemerkungen ab, die die Motive und das Wesen des anderen in ein schlechtes Licht stellen. Zwei untrügliche Nörgel-Warnzeichen sind die Worte „immer" und „nie". („Du musst auch immer deinen Senf dazugeben." – „Dir kann man es nie recht machen.")

Die Bilder mit dem Dach und der Wüste malen eine Situation, wo man den Gewalten der Naturelemente ausgesetzt ist. Der Ehepartner sollte einen aufbauen (9. September), aber wer nörgelt, der reißt ein. Eine Ehe sollte ein Hafen der Ruhe vor den Stürmen der Welt sein, aber die dauernden Angriffe des Nörgelns geben dem Opfer das Gefühl, kein Dach über dem Kopf und keine Wände um sich herum zu haben, kein echtes Zuhause, keinen Schutz vor den Stürmen des Lebens.

Neigen Sie dazu, in Ihrer Familie oder Freundschaft ein Nörgler zu sein? Kennen Sie jemanden, der ständig nur herumnörgelt, anstatt konstruktiv zu kritisieren? Wie könnten Sie ihm helfen?

Gebet: *Herr, aufgrund meines Stolzes und meiner Ungeduld und weil so wenig von deiner Güte in meinem Herzen ist, nörgele ich oft, wo ich liebevoll korrigieren sollte. Lass die Ehen deiner Kinder und alle unsere Kirchen und Gemeinden frei sein von dieser Sünde der Zunge, und bewahre auch meine Lippen. Amen.*

11. September

Ein unbelehrbarer Sohn ist ein Unglück für seinen Vater, und eine andauernd nörgelnde Frau ist so unerträglich wie ständiges Tropfen von der Decke. (19,13)

Wahrheit in Liebe. *Ständiges Tropfen von der Decke* ist nicht nur nutzlos, sondern schädlich und nervig. Beim Nörgler sind die „Tropfen“ immer neue kleine Pfeile und Spitzen, die die Liebe in einer Beziehung töten können wie Wasser Stein auswäscht.

Doch das Bild mit dem Wasser zeigt uns auch, wie *richtiges* Kritisieren in einer Ehe aussieht. Als Freunde (8. September) müssen Ehepartner miteinander konstruktiv und in Liebe Konflikte austragen (27,5.17). Lassen Sie Ihre Kritik nicht „tröpfeln“, mit schmerzlichen kleinen Stichen, die nur entsprechende unwirsche Reaktionen provozieren. Gießen Sie sie lieber aus. Setzen Sie sich in Ruhe mit dem Partner hin, um gemeinsam das Problem zu besprechen und sich zu überlegen, wie man es ganz praktisch lösen kann – das Ganze ergänzt durch eine kräftige Dosis Liebe und Ermutigung. Ihr Ehepartner sieht Ihre Fehler und Sünden besser als sonst ein Mensch, und Sie müssen sie kennenlernen, um sich selber kennenzulernen. Gemeinsam müssen Sie lernen, die Wahrheit auf eine Art zu sagen, die aufbaut – so wie Jesus das bei uns macht (Johannes 17,17; Epheser 5,25-27).

Erlauben Sie und Ihr Ehepartner es einander, den anderen in Liebe auf seine Fehler und Macken hinzuweisen? Und wenn Sie ledig sind, aber ans Heiraten denken: Haben Sie diese Art, die Wahrheit zu sagen, schon gewinnbringend mit Freunden praktiziert?

Gebet: *Herr, mal sagen wir die Wahrheit hart und unfreundlich, mal sagen wir sie gar nicht. Die Härte und das Sich-nicht-Trauen sind beides Formen des Egoismus. Heile uns! Lass die Gemeinden und Ehen deiner Leute Orte sein, wo man sich täglich in Liebe und Weisheit einander ermahnt, damit wir uns nicht von der Sünde verhärten lassen (Hebräer 3,13). Amen.*

12. September

Eine liebenswürdige Frau bringt es zu Ansehen, rücksichtslose Männer bringen es bestenfalls zu Reichtum. (11,16)

Güte. Das hebräische Wort, mit dem dieser Spruch beginnt, wird verschieden übersetzt: *liebenswürdig*, „anmutig", „holdselig", „schön". Aber wörtlich bedeutet es „gütig". Anders als die Unbarmherzigen erweist diese Frau den Menschen Güte. Wenn wir die Wahrheit in Liebe sagen, sollte die Ehe einen tiefen Veränderungsprozess in uns anstoßen. Doch manche weigern sich, zu kritisieren – angeblich aus Liebe. Und andere sagen die Wahrheit, aber ohne Liebe. Wahrheit ohne Liebe ist keine echte Wahrheit, und Liebe ohne Wahrheit keine echte Liebe. Solange Wahrheit und Liebe nicht zusammenkommen, ist eine Veränderung des Herzens nicht möglich.

Doch zu Wahrheit und Liebe muss noch ein Drittes kommen. So wie man in eine Schleiftrommel zur Edelsteinbearbeitung Schleifpaste gibt, damit die Steine einander polieren und nicht brechen, müssen Christen die Güte des Evangeliums in die „Schleiftrommel" ihrer Ehe geben. Christen müssen einander vergeben, „so wie auch Gott euch durch Christus vergeben hat" (Epheser 4,32). Eheleute müssen ohne jedes Überlegenheitsgefühl vergeben und ohne Missgunst bereuen können.

Sind Sie und Ihr Partner gütig zueinander? Können Sie bereuen und vergeben und dann gemeinsam weitergehen? Und für die Ledigen: Haben Sie es in Ihren Freundschaften gelernt, gütig zu sein?

***Gebet:** Herr Jesus, als unser Bräutigam bist du voll Güte und Vergebung und möchtest, dass wir heilig und untadelig werden (Epheser 5,27). Lass durch deinen Geist alle Christen einander so lieben. Vor allem aber gib, dass unsere Ehen diese verwandelnde Güte zeigen. Amen.*

13. September

Eine tüchtige Frau – wer kann sie finden? Sie ist weitaus wertvoller als Perlen. (31,10)

Tapfer. Ehepartner sollen einander in Liebe aufbauen, in Wahrheit korrigieren und bereitwillig Buße tun und einander vergeben. Dies sind lauter Dinge, die Mut erfordern. Es braucht Mut, um die Wahrheit zu sagen und mindestens vorübergehend die Empörung und die Betroffenheit des Partners über sich ergehen zu lassen. Und es braucht Mut und Stärke, um zu vergeben.

Die Sprüche reden an mehreren Stellen von der *tüchtigen Frau* (12,4; 31,10; 31,29). In dem Wort *tüchtig* steckt Mut und Tapferkeit. Es ist ein Wort, das oft für Krieger benutzt wird, und manche Ausleger finden es überraschend, dass ein antiker Text es auf Frauen anwendet. Doch Tatsache ist, dass beide Ehepartner Mut brauchen, um ihren Job miteinander zu tun. Und in einer Welt, die dazu neigt, Frauen herabzusetzen, ist es vielleicht wichtig, dass Frauen begreifen, dass sie mit Gottes Hilfe denselben Auftrag haben, tapfer zu sein, wie die Männer. Im Leben und auch in der Familie muss man immer wieder seine Ängste überwinden und das Rechte tun.

Bei welcher der drei großen Aufgaben eines Ehepartners – Aufbauen, die Wahrheit sagen, Vergeben – sind Sie am schwächsten? Kommt diese Schwäche daher, dass Sie zu wenig Mut haben? Und für die Ledigen: Haben Sie womöglich nicht genug Mut zum Heiraten? Wie könnten Sie das ändern?

Gebet: *Herr, „es braucht mehr Mut und innere Größe, um Gott treu zu gehorchen, als um eine Armee zu führen, mehr Mut, Christ zu sein, als Offizier zu sein.“*[203] *Und es braucht Mut, um dem Ehepartner die Wahrheit zu sagen und ihm zu vergeben. Gib in den Ehen deiner Kinder den Männern wie den Frauen diesen Geist des Mutes! Amen.*

14. September

Ihr Mann vertraut ihr voll und ganz, sie bewahrt und vergrößert seinen Besitz. (31,11)

Offen. Im Hebräischen steht hier wörtlich: „Ihr Mann vertraut ihr sein Herz an." Mein Ehepartner hat die Macht, mein Selbstbild umzuprogrammieren (9. September) – weil er mich durch und durch kennt. Wenn ein Fremder mir sagt: „Sie sind ein lieber Mensch", mag mich das bauchpinseln, aber diese Person kennt mich doch eigentlich gar nicht. Sagt aber meine Frau: „Du bist der liebste Mensch, den ich kenne", zählt das viel mehr, weil sie ja mein ganzes Leben sieht. Und dies gilt auch in der Umkehrung: Wenn mein Ehepartner mich „dumm" nennt, verletzt mich das viel tiefer, als wenn ein anderer das sagt. Wie nutzen wir diese große Macht, einander aufzubauen, richtig, und wie überleben wir ihren unvermeidlichen Missbrauch?

Wir bekommen dann den Mut und die innere Sicherheit für solch eine Beziehung, wenn wir bedenken, dass das Selbstwertgefühl des Christen daher rührt, dass er in Christus unerschütterlich von Gott geliebt ist. Es ist Christus, der uns unseren Namen gibt, und nicht unser Ehepartner oder sonst jemand (Galater 3,26-29; Offenbarung 2,17).

Haben Sie und Ihr Ehepartner schon einander verletzt, aber dann, durch die Gnade des Evangeliums, die Wunden heilen können? Und für die Ledigen: Ruht Ihre Identität in Christus oder stehen Sie in Gefahr, Ihren Selbstwert zu sehr über das Ideal des Verheiratetseins zu definieren?

Gebet: *Herr, du möchtest, dass wir als deine Kinder einander das Herz öffnen – einander unsere Sünden bekennen (Jakobus 6,16) und in Liebe ermahnen (Römer 15,14). Lass uns durch den Glauben an dich offen füreinander werden und lass diesen Geist des Vertrauens und der Offenheit auch in unseren Ehen wachsen. Amen.*

15. September

Sie besorgt Wolle und Flachs und macht ihre Arbeit gern. Wie eine Handelsflotte schafft sie aus der Ferne Nahrung heran. Noch vor Tagesanbruch steht sie auf, um ihre Familie mit Essen zu versorgen und den Mägden ihre Arbeit zuzuweisen. Wenn sie ein Stück Land erwerben will, dann bekommt sie es auch. Von dem, was sie mit ihren Händen erwirtschaftet hat, pflanzt sie einen Weinberg. (31,13-16)

Fleiß. 31,13-16 zeigt uns, dass die Ehe unter anderem auch eine ökonomische Verbindung ist. Studien zeigen, dass im Allgemeinen Verheiratete wirtschaftlich erfolgreicher sind als Singles. In Kooperation und gegenseitigem Ansporn bauen sie das Vermögen der Familie auf. Doch dieser Vorzug der Ehe erfordert, dass beide fleißig arbeiten. Auch wenn sie nicht gleich viel verdienen können und auch wenn einer „nur“ Hausfrau oder Hausmann ist – beide Partner sind Ernährer und Brotverdiener.

Es ist bemängelt worden, dass die Frau von Sprüche 31 eine Idealisierung ist, die es in der Realität nicht gibt. Das stimmt, aber auch den zu hundert Prozent Liebenden (1. Korinther 13,4-8a) oder perfekt Frommen (Galater 5,22-23) gibt es nicht. Wir müssen all diese Texte im Licht des Evangeliums lesen. Wir sind nicht durch unsere Leistungen erlöst, aber die durch Christus Erlösten lieben diese Texte als Hilfen, ihrem Erlöser Freude zu machen und ähnlicher zu werden. Das Evangelium bringt Menschen hervor, die diese Texte als Ansporn und nicht als Last verstehen.

Wie finden Sie die biblischen Lebensmaßstäbe? Weltfremd? Erdrückend? Schön? Oder noch anders?

Gebet: *Vater, ich muss dir bekennen, dass mein Herz sich nicht völlig auf Jesu Gerechtigkeit verlässt. Weil ich immer noch meine, etwas leisten zu müssen, um vor Gott recht zu sein, empfinde ich dein Gesetz als schwere Last. Gib mir Frieden in Christus, damit ich dein Gesetz gerne und dankbar halten kann. Amen.*

16. September

Alle Tage ihres Lebens erweist sie ihm Gutes und fügt ihm niemals Böses zu … Tatkräftig nimmt sie ihre Aufgaben in Angriff, was getan werden muss, packt sie an. Sie merkt, dass sie guten Gewinn erzielt, sogar noch in der Nacht arbeitet sie beim Schein ihrer Lampe. (31,12.17-18)

Dranbleiben. Diese Frau ist buchstäblich unermüdlich – noch nachts arbeitet sie (31,18). Aber hier geht es nicht nur um körperliche Ausdauer, sondern um mehr. Ihr Dienst und ihre Liebe dauern *alle Tage ihres Lebens* (31,12).

Wenn heutige Brautleute ihr eigenes Ehegelübde formulieren, sagen sie z. B.: „Ich liebe dich", „Du bist wunderbar", „Ich will mit dir zusammen sein." In den traditionellen Gelübden ist von Gefühlen nicht die Rede. Vor dem Traualtar drücken wir nicht einfach unsere Liebe von heute aus, sondern geloben die Liebe von morgen. Wir geloben nicht, uns immer liebevoll zu *fühlen*, sondern liebevoll zu *sein*. Und treu und barmherzig, egal, wie wir uns gerade fühlen. Die Ehe ist ein Bund; sie erfordert lebenslanges Dranbleiben, das durch das Ehegelübde gestärkt wird. Wie sonst können wir dem Partner so vertrauen, dass wir uns mit ihm auf Gedeih und Verderb verbinden? Aber suchen Sie die Kraft zum Dranbleiben nicht nur im Gelübde Ihrer Frau oder Ihres Mannes, sondern bei dem Bräutigam Ihrer Seele, der Sie bis ans Ende geliebt hat (Johannes 13,1).

Für Verheiratete: Stehen Sie *beide* zu hundert Prozent zu Ihrem Gelübde der Treue bis zum Tod? Und für Ledige: Vergessen Sie jeden Gedanken ans Heiraten, wenn Sie nicht zu dieser Treue bereit sind.

Gebet: *Herr Jesus, du hast uns geliebt „bis ans Ende" (Johannes 13,1, LUT). Du hast dein Gelübde bis zum Ende deines Lebens gehalten, und jetzt bist du uns treu bis zum Ende der Zeit. Lass auch uns als Leute bekannt sein, die ihr Wort halten und das, was sie anfangen, auch zu Ende führen. Schenke uns diese dauerhafte Liebe vor allem in unseren Ehen. Amen.*

17. September

Sie hat eine helfende Hand für die Schwachen, und großzügig unterstützt sie die Armen. (31,20)

Partner im Dienst. Diese Frau ist aktiv für *die Armen*. Das Buch der Sprüche lehrt, dass die Weisen und Gerechten für die Bedürftigen sorgen (11,24; 28,27; 29,7.14), und selbstverständlich sollte der Ehemann sich nicht weniger für Gerechtigkeit einsetzen als seine Frau. Doch dieser Text bedeutet nicht nur, dass Mann und Frau als Individuen ein Herz für die Armen haben sollten, sondern die Familie als Ganze hat hier einen Auftrag.

Jesus fordert uns auf, unsere Häuser den Bedürftigen zu öffnen (Lukas 14,12-13). Das können Alte sein, chronisch Kranke, alleinerziehende Mütter bzw. Väter oder neu angekommene Flüchtlinge. John Newton schrieb über diese Verse: „Ich glaube nicht, dass es nicht recht ist, unsere Freunde einzuladen. Aber wenn diese Worte nicht bedeuten, dass es in gewisser Weise unsere Pflicht ist, uns den Armen *besonders* zuzuwenden, dann weiß ich nicht, was sie bedeuten sollen."[204] Ein Ehepaar sollte eine Strategie haben, wie es gemeinsam ganz praktisch anderen Liebe erweist, vor allem den bedürftigen Nächsten (Lukas 10,25-37).

Ist Ihre Familie für die Armen und Bedürftigen aktiv? Und wenn Sie nicht verheiratet sind: Inwieweit befolgen Sie Jesu Aufruf, Ihren bedürftigen Nächsten zu lieben?

Gebet: *Vater, mache unsere Familien und Kirchen zu Zentren der Liebe und Fürsorge für unsere Straße, unser Viertel und unsere Stadt. Lass uns wie dein Sohn sein. Lass uns Menschen sein, die dafür bekannt sind, dass sie nicht nur an sich selber denken, sondern auch an ihre Mitmenschen, besonders die Schwachen (Römer 15,1-3). Amen.*

18. September

Ihr Mann ist in der ganzen Stadt hoch angesehen, wenn er mit den führenden Männern des Landes in der Ratsversammlung sitzt. (31,23)

Den Ehemann ehren. Die *Ratsversammlung* (sie entsprach etwa unseren Gemeinderäten) tagte in der Antike typischerweise im Stadttor. (Luther übersetzt denn auch: „Ihr Mann ist bekannt in den Toren.") Und dass dieser Mann nicht bloß im Stadtrat sitzt, sondern unter *den führenden Männern des Landes*, bedeutet, dass er ein solches Ansehen genießt, dass er einer der Großen des ganzen Landes geworden ist. Diese „tüchtige Frau" (31,10) hat viel vorzuweisen. Hier sehen wir nun, dass ihre Qualitäten ihrem Mann zu einer Führungsposition verholfen haben – und sie ist nicht neidisch oder verstimmt. Wir müssen hier im Hinterkopf haben, was die Bibel allgemein über die Bereitschaft der Frau, ihren Mann das Haupt sein zu lassen, sagt (Epheser 5,22-24).[205] Dabei macht sie sich auch die Rolle Jesu zu eigen, auf die Paulus in Philipper 2,6 hinweist. Obwohl er in jeder Hinsicht dem Vater ebenbürtig war, wählte Jesus die Rolle des Dieners, gerade so wie der Heilige Geist nicht sich selber, sondern Jesus verherrlicht (Johannes 16,13-14).

Der Karriere eines anderen zu dienen, tut meiner Würde und Bedeutung keinen Abbruch. Ganz im Gegenteil. Sind Sie sich über dieses Prinzip klar geworden? Sonst kann Ihre Ehe nicht gedeihen.

Gebet: *Herr Jesus, in unserer Kultur heiraten die Menschen so oft, um sich selbst zu verwirklichen. Zurückzustehen und Opfer zu bringen für den Weg des Partners kommt ihnen nicht in den Sinn. Aber als du deinen Bund mit uns schlossest, hast du Ehre drangegeben, damit wir sie bekommen. Fülle unsere Gemeinden mit Ehepartnern, die das Gleiche füreinander tun. Amen.*

19. September

Ihre Söhne erheben sich respektvoll vor ihr und preisen sie, ihr Mann erhebt sich ebenfalls und rühmt sie: „Es gibt viele tüchtige Frauen, aber du übertriffst sie alle!" (31,28-29)

Die Ehefrau ehren. Der Mann und die Kinder dieser idealen, tüchtigen Frau *preisen sie* – wörtlich: „preisen sie glücklich" (ELB). Dies bedeutet viel mehr als die Aussage, dass sie ein guter Mensch ist. Das mit „glücklich" übersetzte hebräische Wort meint den *Schalom*, die umfassende – körperliche, seelische, soziale und geistliche – Erfüllung, die wir bekommen, wenn wir weise leben (3,2.17). Die Kinder und der Mann dieser Frau sagen, dass sie die Früchte des Lebens ernten, das ihre Mutter bzw. Ehefrau mit Gott führt. Und der Mann geht noch weiter, indem er sie *rühmt*; hier steht im Hebräischen das Wort *hallah*, das zum Preisen Gottes benutzt wird (wie in „Halleluja").

Es heißt manchmal, dass Männer halt nicht so emotional sind wie Frauen und nicht so gut im Ausdrücken von Zuneigung und Lob. Das mag in manchen Kulturen bzw. bei Männern mit einem bestimmten Charakter stimmen, aber richtig ist es nie. Alle Christen sind aufgerufen, einander zu loben und zu ehren (12,8; 27,2 am 22. Mai). Wie viel mehr sollten dann die Ehemänner ihre Frauen regelmäßig loben? Denken Sie einmal daran, wie unser großer Bräutigam, Jesus Christus, uns segnet!

Haben Sie und Ihr Ehepartner die Angewohnheit, einander bewusst und gezielt zu loben und zu segnen? Und wenn Sie ledig sind: Praktizieren Sie das Segnen anderer in der Familie der Gemeinde Gottes?

***Gebet:** Herr, du rufst die Christen auf, darin zu wetteifern, dass wir uns gegenseitig loben und achten. In einer Zeit, in der viele die Ehe für ein Gefängnis halten, ist es umso wichtiger, dass christliche Ehemänner ihre Frauen ehren. Herr Jesus, zeige den Männern, wie sie ihre Frauen so lieben können, wie du uns liebst. Amen.*

20. September

Was sie sagt, ist weise, und freundlich gibt sie ihre Anweisungen. (31,26)

Hirten. Diese Frau und Mutter spricht mit Weisheit und gibt ihre Anweisungen *freundlich*; das hebräische Original *torat chesedh* meint ein Lehren, das voller Herzensgüte ist. Dies passt gut zu dem biblischen Bild des Pastors. Wir stellen uns unter „Pastor" meist einen ordinierten „Profi" vor, aber das Wort bedeutet schlicht „Hirte" – jemand, der liebevoll, aber bestimmt für andere sorgt. Die Bibel fordert alle Christen auf, einander Hirten zu sein. Wir sollen einander die Lasten tragen (Galater 6,2), Seelsorge üben (Römer 15,14), ermutigen und ermahnen (Hebräer 3,13), im Glauben helfen (1. Thessalonicher 5,11), in der Bibel unterweisen (Kolosser 3,16), Sünden bekennen (Jakobus 5,16) und vergeben (Epheser 4,32).

Dieser Hirtendienst aneinander ist allen Christen aufgetragen – wie viel mehr sollten dann Eheleute einander, aber vor allem auch ihren Kindern Hirten sein! In gewisser Weise ist ja jede Familie eine kleine Gemeinde. Nicht, dass die Familie die Gemeinde ersetzen könnte, aber Gottesdienst und Gebet, Lehre und Unterweisung, Evangelisation und Mission sollten bereits innerhalb der Familie stattfinden.

Haben Sie diesen gegenseitigen Hirtenauftrag verstanden und bejaht? Wenn Sie verheiratet sind: Haben Sie und Ihr Ehepartner ihn in Ihrer Familie umgesetzt?

Gebet: *Herr, mache unsere christlichen Familien nicht nur zu Orten der Liebe, sondern auch der Jüngerschaft. Mache Eltern zu Priestern und Hirten, die einander und ihre Kinder zum „vollen Maß der Fülle Christi" (Epheser 4,13, LUT) führen. Amen.*

21. September

Schnee und Kälte fürchtet sie für ihre Familie nicht, denn alle im Haus sind auf das Beste mit Kleidung versorgt. Sie fertigt ihre Decken selbst an, ihre Kleidung besteht aus kostbarem Leinen und purpurroter Wolle … Sie stellt feine Hemden her und verkauft sie und beliefert den Handelsreisenden mit Gürteln. Sie strahlt Stärke und Würde aus, freudig und zuversichtlich blickt sie in die Zukunft. (31,21-22. 24-25)

Häuslichkeit. Viele kritisieren heute den „Kult der Häuslichkeit" mit seiner Betonung des perfekten Zuhauses, der angeblich eine traditionelle Methode ist, die Frau so zu Hause einzuspannen, dass sie keine Zeit und Kraft mehr für das öffentliche Leben hat, das eine reine Männerdomäne ist. Es soll schon Frauen gegeben haben, die aus Protest gegen diese „soziale Vergewaltigung" ihr Heim ganz bewusst haben verkommen und verwahrlosen lassen.[206]

Sprüche 31 zerstört dieses Entweder-oder-Denken. Hier wird das Bild einer Frau gezeichnet, die Handel treibt und fest im öffentlichen Leben steht, aber so, dass das Zuhause nicht darunter leidet, ja im Gegenteil profitiert. Für D. Kidner zeigt dieses Kapitel der Sprüche „die volle Blüte des häuslichen Lebens, das alles andere als eng und spießig ist und dessen Herrin mehr ist als nur eine Nummer".[207] Eine Wohnung, die wirklich ein Zuhause ist, muss so ansprechend, harmonisch und gemütlich sein wie irgend möglich. Dazu braucht es nicht unbedingt einen Haufen Geld, wohl aber Kreativität, Ideen und Fleiß. Solche Frauen sind die Schöpfer und Bewahrer von Kultur und Zivilisation.

Widmen Sie Ihrer Wohnung genügend Aufmerksamkeit, sodass sie ein Ort ist, wo Sie, aber auch Besucher neue Kräfte schöpfen können?

***Gebet:** Herr Jesus, das Leben auf dieser Erde verschleißt uns, bis zu dem Tag, wo du uns die ewige Ruhe geben wirst in den herrlichen Wohnungen im Haus deines Vaters (Johannes 14,2). Zeige jedem von uns, wie er ein Heim schafft, das ein Ort der Harmonie und Erquickung ist, ein Vorgeschmack der himmlischen Wohnung, in welchem unsere Lieben und Freunde Geborgenheit finden. Amen.*

22. September

Wer eine Frau gefunden hat, der hat das Glück gefunden, und der HERR hat seine Freude an ihm. (18,22)

Die Ehe suchen. In einer Zeit, wo viele Ehen von den Eltern arrangiert wurden, fordern die Sprüche dazu auf, eine Frau zu *suchen*. Wie sollte ein Christ bei der Partnersuche vorgehen? Erstens: Heiraten Sie nur jemanden, der ebenfalls Christ ist (1. Korinther 7,39; 2. Korinther 6,14). Wenn das Fundament der Weisheit die Ehrfurcht vor Gott ist, wie kann ich dann unter Nichtchristen nach dem richtigen Partner für mich suchen? Zweitens: Suchen Sie jemanden, dessen Herz und dessen Frömmigkeit Sie bewundern können. Die Früchte des Geistes (Galater 5,22-23) sollten aus seinem Leben herausleuchten.

Drittens: Suchen Sie Rat – nicht nur, was den potenziellen Partner, sondern auch, was die Frage angeht, wie ehefähig Sie sind. Wer nur auf sein Herz hört und nicht auf den Rat anderer, hat den Weg der Weisheit verlassen. Und schließlich: Beherzigen Sie, was Paulus in 1. Korinther 7 schreibt: Man muss nicht verheiratet sein, um ein vollwertiger Mensch zu sein. Vollwertig macht uns nur die Vereinigung mit Christus. Heiraten Sie nie aus Verzweiflung; in Christus *haben* Sie schon den einen Partner, der Ihnen wirklich Erfüllung geben kann (Epheser 5,25-33).

Was ist Ihre größte Gefahr? Dass Sie die Ehe verachten? Oder vergöttern? Oder fürchten? Und wenn Sie schon verheiratet sind: Was würden Sie jemandem, der gerne heiraten möchte, vor allem raten?

Gebet: *Herr, die Ehe ist ein hohes Gut, aber nicht das höchste Gut. Weil wir uns so wenig von dir lieben lassen, wollen wir um jeden Preis heiraten. Oder bekommen Angst vor der Ehe. Herr, so viele, die die Ehe bräuchten, finden sie nicht, und viele, die du zum Ledigsein berufen hast, scheuen diesen Weg. Hilf ihnen allen. Amen.*

23. September

Anmut ist Schein und Schönheit vergeht. Lob verdient eine Frau, die Ehrfurcht vor dem HERRN hat. (31,30)

Attraktivität. Die Sprüche bewerten die äußere *Schönheit* nicht sehr hoch. Sie kann sogar *Schein* sein (also täuschen), weil sie mehr verspricht, als sie halten kann. Studien zeigen, dass wir attraktiven Menschen eher vertrauen als unattraktiven, weil wir glauben, dass das Innere doch dem Äußeren entsprechen muss. Weit gefehlt! Und bei der Suche nach dem richtigen Ehepartner sortieren wir die weniger Attraktiven von vornherein aus, ohne sie überhaupt in Betracht zu ziehen. Dies ist zutiefst unweise. Äußere Schönheit *vergeht*; in den meisten Ehen behält die äußere Anziehungskraft nicht auf Dauer ihre Wirkung.

Wir sollten uns ganzheitlich von unserem Ehepartner angezogen fühlen. Das Äußere spielt gewiss eine Rolle, aber es sollte nicht die Hauptrolle sein. Wichtiger ist die Schönheit der Liebe, sind Mut, Dienstbereitschaft, Demut, Freude und innerer Friede. Wichtig sollte uns auch sein, in welche Richtung der Partner sich entwickelt, was Gott durch seinen Geist aus ihm macht (Epheser 5,25-27; Philipper 1,6). Wenn uns diese ganzheitliche Attraktivität wichtiger ist als die rein körperliche, wird die körperliche Attraktivität im Laufe unseres Alterns, das uns die Schönheit der Jugend nimmt, sogar tiefer werden.

Haben Sie sich dieses unserer Kultur entgegengesetzte Attraktivitätsverständnis zu eigen gemacht? Wenn nicht, wird es Probleme geben, wenn Sie und Ihr Partner älter werden. Oder wenn Sie den oder die Falsche gewählt haben.

Gebet: *Herr, wir sagen, dass man nicht nach dem äußeren Schein urteilen soll, aber genau das tun wir, wenn wir nur auf das Aussehen des potenziellen Partners achten. Das Ergebnis sind viele unglückliche Ehen und „sitzen gelassene" Menschen. Hilf uns, die Menschen so zu sehen, wie sie sind – und das nicht nur bei der Partnersuche. Amen.*

24. September

Trinke Wasser aus deiner eigenen Zisterne, Wasser, das aus deinem eigenen Brunnen kommt! Sollen deine Quellen etwa nach draußen fließen und sich auf öffentliche Plätze ergießen? Sie sind doch ganz allein für dich bestimmt und nicht für Fremde! Deine Quelle soll gesegnet sein, freu dich an der Frau, die du in jungen Jahren geheiratet hast! Sie ist liebenswert wie ein Reh und anmutig wie eine Gazelle. Ihre Brüste sollen dir immer Lust und Freude bereiten, lass dich von ihrer Liebe immer wieder in den Bann ziehen. (5,15-19)

Sex als Segen. Diese Passage verbietet den Ehebruch, aber feiert den Sex in der Ehe. Die Bilder könnten deutlicher nicht sein. Die weibliche Sexualität wird mit einem *Brunnen* verglichen, die männliche mit einer *Quelle*. Der Ehemann soll sich an den *Brüsten* seiner Frau erfreuen, und das Trinken des Wassers meint das Stillen des sexuellen Durstes im Liebesspiel. Vers 18 erbittet sogar Gottes Segen für all dies. Diese Verse sind voller Ehrerbietigkeit, aber ohne jede Prüderie. Auch im Neuen Testament wird der eheliche Sex als wichtig, ja notwendig betrachtet (1. Korinther 7,2.5).

In der Antike war es normal, dass der Mann (aber nicht die Frau) seinen sexuellen Durst auch außerhalb der Ehe stillte. Die Bibel erlaubt solch eine Doppelmoral nicht. *Sollen deine Quellen etwa nach draußen fließen?* Der Körper der Frau gehört ihrem Mann (*dein eigener Brunnen*) und der des Mannes seiner Frau (1. Korinther 7,4f.) – eine Symmetrie, die damals revolutionär war. In so einem Bund kann die Sexualität frei fließen und feiern.

Kennen Sie Christen, die beim Thema „Sex“ zu zugeknöpft sind? Oder umgekehrt nicht ehrerbietig genug, sodass sie Sex auch außerhalb der Ehe akzeptieren?

Gebet: *Herr, die Lehre deines Wortes über Sinn und Praxis der Sexualität war für die Antike ein Paukenschlag und ist es heute wieder. Sie stößt die Prüden wie die Unzüchtigen vor den Kopf. Gib deinen Leuten die Weisheit, dein großes Geschenk der Sexualität samt deiner Gebrauchsanweisung dafür richtig zu verstehen und zu lieben. Amen.*

25. September

Drei sind ein großes Rätsel für mich, und besonders das Vierte ist mir ganz unbegreiflich: wie ein Adler am Himmel entlangfliegt, wie eine Schlange über einen Felsen kriecht, wie ein Schiff auf hoher See dahinfährt und wie ein Mann eine Frau liebt. So benimmt sich eine untreue Frau: Sie genießt, wischt sich den Mund und sagt: „Ich habe doch nichts Falsches getan!" (30,18-20)

Sex als Konsum. In den ersten drei Bildern in dieser Passage geht es darum, wie jemand in einen anderen Bereich eindringt. Mit dem vierten Bild (*wie ein Mann eine Frau liebt*) wird klar, dass es sich um poetische Bilder handelt, die den Sex mit so staunenswerten Dingen wie dem Fliegen (der *Adler*) oder Segeln (das *Schiff*) vergleicht. Vers 20 ist hier wie eine kalte Dusche: Sex als Mahlzeit. Also nichts Besonderes, das einem den Atem nimmt, sondern ein kleines Appetithäppchen für zwischendurch.

Außerehelicher Sex degeneriert unweigerlich zu einer Transaktion zwischen einem Konsumenten und einem Anbieter, bei der das Preis-Leistungs-Verhältnis stimmen sollte. Losgelöst von der Ehe wird Sex zu einem Produkt, das man konsumiert, solange die Attraktivität hoch genug und der Preis niedrig genug ist. Sollte die Qualität sinken oder der Preis zu hoch werden, geht man halt woandershin, denn einen Ehebund gibt es ja nicht. Doch wenn es Sex nur im Zusammenhang mit der radikalen Selbsthingabe und lebenslangen Verbindlichkeit der Ehe gibt, nimmt ihn das gleichsam aus dem Markt heraus und macht ihn unbezahlbar. Sex als Konsumartikel kann nicht fliegen, er kann sich nur *den Mund wischen.*

Haben Sie (bei sich oder jemand anderem) schon einmal diese Entwertung der Sexualität erlebt?

Gebet: *Herr, als deine Kirche geboren wurde, war Sex nichts Besonderes. Man praktizierte ihn nebenbei – mit Huren, auf Partys, mit Sklavinnen. Bitte schütze dein Volk davor, dass sich diese Entwertung und Verramschung heute wiederholt. Lass es nicht zu, dass wir die Freude und Kostbarkeit des Sexes verlieren. Amen.*

26. September

Drei sind ein großes Rätsel für mich, und besonders das Vierte ist mir ganz unbegreiflich: wie ein Adler am Himmel entlangfliegt, wie eine Schlange über einen Felsen kriecht, wie ein Schiff auf hoher See dahinfährt und wie ein Mann eine Frau liebt. So benimmt sich eine untreue Frau: Sie genießt, wischt sich den Mund und sagt: „Ich habe doch nichts Falsches getan!" (30,18-20)

Sex als Bedürfnis. 30,20 klingt erstaunlich modern. Viele sehen Sex heute als reines Bedürfnis. Warum sich anschließend ein schlechteres Gewissen machen als nach einer guten Mahlzeit? *Ich habe doch nichts Falsches getan* … Doch es braucht Zeit, um so abgebrüht zu werden. Von Natur aus halten wir Sex für eine ernste Sache, an der Leib *und* Seele beteiligt sind. Erst wenn man es regelrecht eingeübt hat, das körperliche Vergnügen abgekoppelt vom Bund der Ehe zu genießen, werden Leib und Seele voneinander getrennt; dann kann man Sex haben, ohne dass das Herz beteiligt ist, und sich anschließend *den Mund wischen.*

Richtig verstandener Sex ist Ausdruck und Vertiefung vollen Vertrauens, eine radikale, bedingungslose, zutiefst persönliche Selbsthingabe. Es ist die von Gott erschaffene Art, einem anderen zu sagen: „Ich gehöre ganz dir, und nur dir." Wo man Sex dazu benutzt, um dies auszusagen, wird das Paar mit der Zeit immer mehr zusammengeschweißt. Wo man ihn nicht in diesem Sinne benutzt, degeneriert er zu einer bloßen Ware, zu einer Routine, die irgendwann langweilig wird. Der Zauber ist nicht mehr da.

Diese Sicht vom Sex und von der Ehe läuft unserer Kultur voll zuwider. Teilen Sie diese Sicht? Warum bzw. warum nicht?

Gebet: *Herr, die Geschichten, mit denen unsere Gesellschaft uns bombardiert, machen den Sex entweder zu überirdisch oder zu gewöhnlich. Bewahre deine Leute vor diesen Perversionen des Denkens und Fühlens, damit verheiratete wie ledige Christen das wahre Wesen der Sexualität als Ausdruck der Liebe im Bund der Ehe erkennen. Amen.*

27. September

Wie ein goldener Ring im Rüssel eines Schweins, so ist eine schöne Frau, der es an Anstand fehlt. (11,22)

Wenn Sex zu wichtig wird: Teil 1. Unsere Kultur hat es geschafft, Sex gleichzeitig überzubewerten und abzuwerten. Indem sie ihn als bloßes Bedürfnis oder Ware behandelt, die man auch ohne lebenslange Hingabe haben kann, wertet sie ihn ab und macht ihn billig. Aber gleichzeitig überbewertet sie ihn. Dieser satirische Spruch beginnt mit dem Bild eines schönen *goldenen Rings*. Er ist so schön, dass man ihn am liebsten in die Hand nehmen möchte. Aber Vorsicht: Er gehört zu einem Schwein, das sich frisch gesuhlt hat. Ich strecke mich nach einem Schmuckstück aus und bekomme einen Haufen Dreck.

Sie fragen: „Welcher Narr macht denn so etwas?" Aber der Weise sagt: Wenn Sie sich auf eine intime Beziehung mit jemandem einlassen, der äußerlich attraktiv, aber innerlich egoistisch, unreif und grausam ist, dann sind *Sie* der Narr! Nur ein Idiot würde übersehen, dass dieser wunderbare Ring in der Nase einer Sau steckt. Nur ein Dummkopf schätzt äußere Reize höher ein als die inneren Werte.[208] Viele Menschen sahen die innere Schönheit Jesu nicht, weil er äußerlich nicht sehr beeindruckend war (Jesaja 53,2).

Haben Sie es bei sich oder anderen auch schon erlebt, dass die sexuelle Attraktivität viel zu hoch bewertet wurde? Was waren die Folgen?

Gebet: *Herr, du warst unendlich schön in deinem Wesen, aber nicht in deinem Äußeren. Lehre uns, ein Auge für wahre Schönheit zu bekommen und uns nicht von Äußerlichkeiten blenden zu lassen. Lass dieses geistliche Sehen nicht nur auf unsere Ehen als Christen abfärben, sondern auf alle unsere Beziehungen. Amen.*

28. September

Wie ein goldener Ring im Rüssel eines Schweins, so ist eine schöne Frau, der es an Anstand fehlt. (11,22)

Wenn Sex zu wichtig wird: Teil 2. Vor allem Männer neigen dazu, Frauen nur nach ihrem Aussehen zu bewerten. Heute wollen wir uns ansehen, wie dies allen schadet. Es beschädigt zunächst einmal die Beziehungen zwischen den Geschlechtern. Die Frauen sehen, wie schönheitssüchtig die Männer sind, und verlieren entsprechend die Achtung vor ihnen. Zweitens kommt es zu Schäden im Selbstbild und Leben der Frauen. Da will auf einmal jede schlank sein oder eine perfekte Haut haben. Und die Gefahr ist groß, dass Frauen sich sagen: „Was soll ich an meinem Charakter arbeiten, wenn die anderen – Männer wie Frauen – mich nur nach meinem Aussehen bewerten?"

Der Schönheitskult fördert auch die Pornografie-Industrie, die die Männer in ihrem Wahn, dass nur junge, schöne Frauen sexuell attraktiv sind, noch bestärkt. Die Pornografie bietet auch Möglichkeiten zur schnellen sexuellen Befriedigung, ohne die Mühen des allmählichen Aufbaus einer persönlichen Beziehung zu einem realen Menschen. Und drittens sorgt die Pornografie dafür, dass viele heiratswillige Männer die „Richtige", die buchstäblich vor ihrer Nase ist und eine tolle Partnerin wäre, nicht wahrnehmen, weil sie halt nicht so aussieht wie die Models in den Pornofilmen. Der Götzenkult der Schönheit ist dabei, uns einzeln und als ganze Gesellschaft zu ruinieren.

Fallen Ihnen noch andere Schäden ein, zu denen der Schönheitswahn in unserer Kultur führt?

Gebet: *Herr, wir sollen gegen all das Böse in unserer Welt beten und dafür, dass du nicht nur deine Kinder, sondern alle Menschen, die du erschaffen hast, bewahrst und beschützt. Ich bete darum, dass die Drahtzieher und Fürsprecher der Porno-Industrie einsehen, wie böse und schädlich sie ist. Ich bete um Bewahrung vor den entmenschlichenden Auswirkungen dieser Industrie. Amen.*

29. September

Höre auf deinen Vater, der dich gezeugt hat, und verachte deine Mutter nicht, wenn sie alt geworden ist. Erwirb Wahrhaftigkeit und gib sie niemals preis, ebenso erwirb Weisheit, Selbstbeherrschung und Einsicht. Als Vater eines rechtschaffenen Sohnes hat man wirklich Grund zum Jubeln, wer ein kluges und vernünftiges Kind hat, freut sich an ihm. (23,22-24)

Gesucht: Erzieher. Früher erzogen Eltern ihre Kinder recht streng. Heute heißt es, dass Eltern ihren Kinder vor allem helfen sollen, sich selbst zu entdecken.[209] Die Sprüche lehren, dass das Ziel guter Erziehung weder strikte Kontrolle noch totale Bestätigung ist, sondern dass es gilt, seine Kinder zu Menschen zu machen, die weise und rechtschaffen sind.

Es ist Unfug, von dem Kind zu erwarten, dass es von sich aus jahrhundertealte Weisheiten entdeckt. Um fähig zu werden, zwischen richtig und falsch zu unterscheiden, braucht man Eltern, die einem diesen Unterschied beigebracht haben, auch wenn sie nicht in allen Details recht hatten. Das Kind, dessen Eltern feste Vorstellungen von Gut und Böse hatten und versucht haben, sie an das Kind weiterzugeben, hat (auch wenn es diese Vorstellungen später vielleicht ganz oder teilweise revidiert) ein moralisches Unterscheidungsvermögen mitbekommen. Eltern dagegen, die ihr Kind als „autonomes Selbst" aufwachsen lassen, verweigern sich ihrer Erziehungsaufgabe. Wir müssen für unsere Kinder das tun, was unser himmlischer Vater für uns tat, als er Jesus zu uns sandte, um uns sein Wort zu bringen (Johannes 14,24).

Inwiefern widerspricht dieses Erziehungskonzept „traditionellen" wie „modernen" Modellen? Kennen Sie Familien, die dies gut in die Praxis umgesetzt haben? Was können Sie von ihnen lernen?

Gebet: *Herr, unsere Gesellschaft ist voll von mächtigen Gegnern deines Wortes. Heute müssen Eltern mehr denn je die Lehrer ihrer Kinder sein, aber wie können sie gegen die sozialen Medien bestehen? Wir brauchen deine Weisheit und das Wirken deines Geistes in den Herzen unserer Kinder. Amen.*

30. September

Mein Sohn, wehre dich nicht, wenn der HERR dich streng erzieht! Sei nicht aufgebracht, wenn er dich zurechtweist. Denn wen der HERR liebt, den erzieht er mit der nötigen Strenge, so wie ein Vater seinen Sohn, den er gern hat … Mach deinem Vater und deiner Mutter Freude! Jubeln soll, die dich geboren hat. Schenk mir dein Herz, mein Sohn! Mögen deine Augen an meinen Wegen Gefallen finden. (3,11-12; 23,25-26)

Gegenseitige Freude. Die wichtigste Aufgabe von Eltern ist, ihren Kindern den Unterschied zwischen Gut und Böse, Richtig und Falsch beizubringen. Doch dies muss in einer Atmosphäre gegenseitiger *Freude* geschehen. Ein Lehrer kann sein Fach gut beherrschen, aber wenn er eine freudlose Atmosphäre schafft, werden seine Schüler wenig Lust zum Lernen haben, auch wenn sie es aus Angst versuchen.

Die Sprüche fordern Eltern zur Disziplinierung ihrer Kinder auf, aber diese müssen spüren, dass hinter aller Strenge ein liebevolles Ja zu ihnen steht. Familien brauchen den permanenten Ausdruck von Liebe, Freude und Staunen. Nutzen Sie jede Gelegenheit, Ihr Kind zu loben! Vermeiden Sie eine Atmosphäre des ständigen Nörgelns und Kritisierens (vgl. Epheser 6,4; Kolosser 3,21). Wenn Sie einen Vater und eine Mutter haben, die beständig und verlässlich sind, klare Begriffe von Gut und Böse haben und Sie bejahen, dann werden Sie ein kompetenter Erwachsener werden, auch wenn Sie vielleicht nicht alle Werte Ihrer Eltern übernehmen. Wenn Eltern ihren Kindern nicht zeigen: „Ich mag dich“, tun sie ihren Job nicht richtig.

Was für Beispiele für liebevolle Familien kennen Sie? Was können Sie von ihnen am meisten lernen?

Gebet: *Herr, du hast gesagt, dass deine Propheten die Herzen der Eltern ihren Kindern zuwenden werden und umgekehrt (Maleachi 3,24). Gib durch deine Gnade unseren christlichen Familien, ja allen Christen diesen Geist, damit wir uns aneinander freuen, über die Generationen hinweg. Amen.*

1. Oktober

Erziehe dein Kind streng, solange noch Hoffnung besteht, aber lass dich nicht dazu hinreißen, es zu töten. (19,18)

Erziehe dein Kind. Das hier mit *erziehen* übersetzte Wort bedeutet „strafen". Eltern haben die Aufgabe, ihren Kindern zu zeigen, was recht ist (29. September), und dies in einer Atmosphäre der Liebe und Bejahung (30. September). Aber wie geschieht das konkret? Nicht zuletzt durch das Ziehen von Grenzen sowie durch konsequente Sanktionen, wenn die Kinder diese Grenzen überschreiten.

Warum ist das so? Diese Welt hat eine von Gott gegebene Ordnung, und gegen diese Ordnung zu verstoßen hat Folgen. Wenn Eltern nicht sorgfältig dosierte unangenehme Folgen für die Grenzüberschreitungen ihrer Kinder durchsetzen, werden diese, wenn sie groß geworden sind, mit Konsequenzen ihres Handelns zu leben haben, die ungleich schlimmer sind. Die kleine Strafe heute kann die große Lebenskatastrophe morgen verhindern. Wenn Sie so vorgehen, solange das Kind noch klein ist, sind die Chancen groß, dass es Ihre Erziehung internalisiert und Selbstbeherrschung lernt. Tun Sie dies nicht, sind Sie willige Gehilfen dabei, es zu töten. Starke Worte, aber wahr. Gottes Erziehung ist perfekt, er straft uns immer zu unserem Besten. Er weiß, dass wir jetzt über die Folgen, die er uns tragen lässt, stöhnen, aber später werden sie enorme Frucht bringen (Hebräer 12,9-11).

Was für Beispiele für gelungene konsequente Erziehung kennen Sie? Was können Sie von ihnen am meisten lernen?

Gebet: *Herr, die Welt, die du erschaffen hast, bestraft Torheit und Sünde mit den tödlichsten natürlichen Folgen. Hilf uns, Disziplin zu üben in unseren Familien und Kirchen – um deine Leute zur Selbstdisziplin in ihrem Leben zu ermuntern, damit wir in Frieden in dieser Welt leben können. Amen.*

2. Oktober

Strenge Erziehung macht weise, aber ein Kind, das sich selbst überlassen ist, macht seiner Mutter Schande. (29,15)

Strenge. Wörtlich heißt es hier: „Stock und Zurechtweisung gibt Weisheit." Der *Stock* verstört den modernen Leser leicht. Kindesmisshandlung ist ein großes Übel, und die moderne Debatte über körperliche Züchtigung ist notwendig, aber zu kompliziert, um hier auf sie einzugehen. Was können wir hier von den Sprüchen lernen? Erstens: In der Antike diente der Stock zur Bestrafung von Verbrechern und wurde dadurch zu einem Symbol für Autorität und Strafe allgemein. Wenn die Sprüche Eltern anweisen, den Stock zu gebrauchen, meinen sie also weit mehr als die körperliche Züchtigung.[210] Zweitens: Die Sprüche sehen den Stock nie als Allheilmittel. Man darf die Kindererziehung nicht auf das Strafen verkürzen oder das Strafen auf körperliche Züchtigung. 29,15 sagt klar, dass zu den Konsequenzen die verbale, begründete Zurechtweisung kommen muss.

Das Buch der Sprüche insgesamt verurteilt eine überstrenge Erziehung durch seinen ganzen Ton, d. h. „durch seine vernünftige Argumentation und seinen liebevollen Ernst" und durch die Liebe und Wärme der elterlichen Äußerungen.[211] Bruce Waltke schreibt, dass „Eltern von der brutalen Sorte sich nicht hinter der Stock-Lehre der *Sprüche* verstecken können."[212]

Wie denken Sie über körperliche Züchtigung?

***Gebet:** Herr, du rettest uns durch deine Gnade, aber du liebst uns zu sehr, um Sünde zu dulden, und deswegen strafst du uns (Hebräer 12,4-11). Du bist nie zu lasch oder zu streng, du verbindest Liebe mit Festigkeit. Lass unsere Gemeinden und Familien es genauso machen. Amen.*

3. Oktober

Wer bei der Erziehung nie den Stock benutzt, hasst seinen Sohn, wer jedoch seinen Sohn liebt, erzieht ihn beizeiten. (13,24)

Nicht erpressen lassen. Erziehung erfordert viel mehr als Disziplin und Strafen, aber ganz gewiss nicht weniger. Grenzen müssen absolut deutlich und Sanktionen konsequent sein, aber nicht aus eigener Wut heraus und ohne verletzende Bemerkungen, die die Person des Kindes angreifen. So merkt das Kind, dass es sich nicht um einen Machtkampf mit den Eltern handelt, sondern um das Lernen von Selbstbeherrschung, ohne die die Welt und das Leben es unablässig bestrafen werden. Doch Disziplin ist nicht nur für die Kinder hart, sondern auch für die Eltern selber. Das Kind, das bestraft wird, sagt instinktiv und selbstmitleidig: „Ihr liebt mich nicht!" Doch die Sprüche sagen uns, dass jemand, der seine Kinder nicht bestraft, sie *hasst*, und dass der, der sie bestraft, sie *liebt*. Lassen Sie es nicht zu, dass Ihre Kinder Sie emotional erpressen! Eltern, die um des lieben Friedens willen auf Konsequenzen verzichten, lieben vielleicht sich selber, aber nicht ihre Kinder.

Disziplinieren erfordert Disziplin. Es ist nur zu leicht, im Zorn und nicht in Liebe zu bestrafen. Eltern sollten nicht auf dem Sofa sitzen und immer wüstere Drohungen ausstoßen, die sie dann nicht wahr machen, sondern sofort auf Ungehorsam reagieren, wenn sie noch besonnen sind, und die rechten Konsequenzen durchsetzen.

Was für gute Beispiele dafür kennen Sie? Was können Sie am meisten von ihnen lernen?

Gebet: *Herr, es kostet Kraft, unvollkommene Menschen zu lieben. Du konntest uns nicht zur Buße rufen und uns retten, ohne zu leiden. So können auch wir nicht unsere Kinder erziehen (oder unsere Freunde ermahnen), ohne dass uns das etwas kostet. Lass uns dich anschauen und dann unsere Lieben und mach uns fähig, den Preis zu zahlen. Amen.*

4. Oktober

Wenn ein Junge nur Dummheiten im Sinn hat, treibt man sie ihm mit Stockhieben aus. (22,15)

Realismus. Viele glauben heute, dass Kinder von Natur aus rein und unschuldig sind, und dass erst die Gesellschaft sie das Hassen lehrt. Dieser Vers sagt, dass *Dummheiten* (LUT: „Torheit") unser Naturzustand sind. Dummheit (Torheit) meint eine destruktive Entfremdung von der Realität der Schöpfungsordnung Gottes. Kinder sind von Natur aus ichbezogen; sie verstehen nicht, wie andere sich fühlen und was ihr Verhalten mit den anderen macht – alle diese Dinge muss man ihnen erst beibringen.

Wir müssen diese Lektion wieder und wieder lernen. Der amerikanische Historiker Arthur M. Schlesinger, der im frühen 20. Jahrhundert aufwuchs, schrieb einmal: „Man hatte uns in dem Glauben an die menschliche Unschuld und … die Perfektionierbarkeit des Menschen erzogen. Doch nichts in unserem System bereitete uns auf Hitler und Stalin, auf die Todeslager und die Gulags vor."[213] Genauso fatal ist es, wenn Eltern nicht um das Potenzial für Dummheit und Böses wissen, das im Herzen jedes Kindes wohnt. Wir haben gesagt, dass der „Stock" nicht unbedingt körperliche Züchtigung bedeuten muss, aber Strafe – eine echte, spürbare Konsequenz – *ist* nötig. Wenn Sünde und Torheit tief im Herzen jedes Kindes wurzeln, braucht es mehr als Worte, um sie auszureißen.

Diese Sicht des menschlichen Herzens und der Kindererziehung ist unserer Kultur gegen den Strich gebürstet. Leuchtet sie Ihnen ein? Warum bzw. warum nicht?

Gebet: *Herr, unsere Kinder sind beides: Träger deines Bildes und Träger der Erbsünde. Hilf uns, in unseren Gemeinden die Kinder im Lichte beider Wahrheiten zu erziehen – mit Liebe und Festigkeit, mit Wahrhaftigkeit und Tränen. Amen.*

5. Oktober

Als ich Schüler meines Vaters war und meine Mutter mich zärtlich liebte, als wäre ich ihr einziges Kind, da brachte er mir vieles bei und sagte zu mir: „Behalte meine Worte im Herzen! Beachte meine Gebote, dann wirst du ein gutes Leben haben." … Wer auf Gott hört, führt ein unbescholtenes Leben, seine Nachkommen können sich glücklich preisen. (4,3-4; 20,7)

Tu es mir nach. Wie können wir unsere Weisheit an unsere Kinder weitergeben, sodass sie sie sich aneignen? Drei Dinge spielen hier eine Rolle. Erstens unsere *Worte* (4,3). Wir müssen den Mund zum Lehren öffnen. Zweitens unser *unbescholtenes Leben* (20,7); das Wort bedeutet nicht „vollkommen", sondern „konsequent". Kinder haben eine hochsensible Antenne für Heuchelei und Doppelmoral. Stimmt Ihr Verhalten mit Ihren Werten überein? Entschuldigen Sie sich, wenn Sie einen Menschen (das kann Ihr Kind sein!) verletzt haben?

Und das Dritte und Wichtigste ist, dass Sie Ihre Kinder *lieben* (4,3). Ein Kind sollte den Eindruck haben, dass seine Eltern es stark und bedingungslos lieben. Ein Forscher interviewte junge Erwachsene, die dem christlichen Glauben ihrer Eltern treu geblieben waren. Der wichtigste Faktor war nicht der Kirchgang gewesen oder die Familienandachten oder eine konsequente Erziehung. Das Wichtigste – so diese jungen Erwachsenen – war gewesen, dass sie mit ihren Eltern über alles reden konnten und immer noch von ihnen geliebt waren.[214]

Was für Eltern kennen Sie, die ihren Glauben und ihre Werte gut an ihre Kinder weitergegeben haben? Was können Sie von ihnen lernen?

Gebet: *Herr Jesus, du hast in uns die Liebe zu deinem Namen erweckt – durch die Weisheit deiner Worte, die Schönheit deines Lebens und die Bedingungslosigkeit deiner Liebe. Lehre uns, es dir nachzutun! Lass uns Eltern, Tanten und Onkel, Freunde und Nachbarn sein, die unsere Kinder zu dir ziehen. Amen.*

6. Oktober

Bring dem Jungen bei, was er für seinen Lebensweg braucht, dann weicht er bis ins Alter nicht davon ab. (22,6)

Ergebnisse. Einige Ausleger glauben, unserem Kind beizubringen, was es *für seinen Lebensweg braucht*, bedeutet, dass wir seine Individualität respektieren und ihm helfen müssen, seinen eigenen Weg zu finden. Andere verstehen unter dem Lebensweg den rechten Weg, der für alle Menschen gilt. Es könnte sein, dass die Doppeldeutigkeit bewusst gewollt ist, denn eines der großen Geheimnisse des Lebens ist, warum manche Kinder, wenn sie älter werden, auf ihre Eltern hören, und andere nicht. Wer ist schuld, wenn ein Kind „auf Abwege gerät"? Manchmal ist ein törichter Erwachsener das Opfer einer falschen Erziehung (29,15), aber es gibt auch Kinder, die erziehungsresistent sind (13,1; 17,21). Ob sie auf ihre Eltern hören wollen oder nicht, entscheidet über den Gang ihres Lebens (1,10-18).

Laut den Sprüchen bestimmen also drei Dinge die Prägung eines Kindes: das Herz, mit dem es geboren ist, die Qualität der elterlichen Erziehung und die Entscheidungen, die es trifft. Das Zusammenspiel dieser drei Faktoren kann niemand steuern außer Gott selber (vgl. 21,1). Das „letzte" und zugleich stärkste Mittel, das Eltern haben, ist also das Gebet zu dem Gott, der Herzen öffnen kann.

Kennen Sie Eltern, denen es *nicht* gelang, ihren Glauben und ihre Werte an ihre Kinder weiterzugeben, obwohl sie alles „richtig machten"? Was können Sie von ihnen lernen?

Gebet: *Herr, wir können zu viel Verantwortung für den Weg unserer Kinder spüren – oder zu wenig. Du hast uns in ihr Leben gestellt, um sie zu dir zu bringen, aber ihre Herzen sind in deiner Hand, nicht unserer. Lass uns konsequenter als Christen leben – für sie! – und hilf uns, sie in deine Hand zu legen. Amen.*

7. Oktober

Ein weiser Sohn macht seinem Vater Freude, doch ein Mensch, der seine Mutter geringschätzig behandelt, ist ein Dummkopf ... Was ist das nur für eine Brut, die ihren Vater verflucht und ihre Mutter verächtlich behandelt! ... Wer den Vater verspottet und sich weigert, der Mutter zu gehorchen, dessen Augen werden die Raben am Bach aushacken, und die Geier werden ihn fressen. (15,20; 30,11.17)

Ehre deinen Vater und deine Mutter. „Du sollst deinen Vater und deine Mutter ehren", heißt es in den Zehn Geboten (2. Mose 20,12 Luther). Wohlgemerkt, hier steht nicht, dass wir unsere Eltern „lieben" oder „bewundern" sollen. Es gibt auch törichte, ja böse Eltern. Es heißt auch nicht: „Du sollst ihnen gehorchen", denn es kommt die Zeit, wo wir erwachsen und selbstständig werden (Matthäus 19,5; vgl. Galater 3,23-25).

Es gibt nur eines, was wir *immer* für unsere Eltern tun müssen, egal wie sie sind und wie alt wir sind: sie ehren und respektieren. Wir dürfen sie nie *geringschätzig* oder *verächtlich* behandeln. Wir sollten sie stattdessen segnen – das fordert unser Gewissen, und das brauchen unser Herz und unsere Gesellschaft. Ehren Sie Ihre Eltern – bei Besuchen, am Telefon, gerne auch in den sozialen Medien. Ehre, wem Ehre gebührt: „Das habe ich von dir gelernt." Gestehen Sie ihnen zu, sich zu verändern, wenn sie das versuchen; stecken Sie sie nicht in eine Schublade. Und vergeben Sie ihnen ihre Fehler. Damit danken Sie ihnen für die Opfer, die sie ohne Ihr Wissen für Sie gebracht haben – und zeigen den jüngeren Generationen, wie *Sie* gerne behandelt werden möchten, wenn *Sie* älter werden.

Hand aufs Herz: Haben Sie *Ihre* Eltern so geehrt? Oder gibt es Möglichkeiten, hier noch besser zu werden?

Gebet: *Vater, viele Menschen sehen ihre Eltern mit gemischten Gefühlen. Hilf uns, über ihre Schultern hinweg dich zu sehen, unseren wahren Vater, der uns die Liebe gibt, die wir brauchen, und der uns auch unsere Eltern gegeben hat. Zeige uns im Lichte dieser Wahrheiten, wie wir unsere Eltern richtig ehren können. Amen.*

8. Oktober

Ein weiser Sohn macht seinem Vater Freude, ein Dummkopf jedoch bereitet seiner Mutter Kummer. (10,1)

Die sozialen Dimensionen der Sünde. Unsere Sünden haben immer gesellschaftliche Auswirkungen. Da konsumiert ein Mann heimlich Pornografie – und dies verändert nicht nur die Art, wie er mit Frauen umgeht, es schafft auch einen Markt für Pornografie und bringt sie so unter die Leute. Oder eine Frau besteht auf ihrem Recht auf Selbstmord, denn „mein Leben gehört mir." Aber es gehört nicht nur ihr. Was für ein Recht hat sie, das Leben ihrer Lieben zu ruinieren, die ihr Selbstmord am Boden zerstören würde?

Wir sind keine autonomen Wesen. Was wir heute sind, sind wir nicht nur durch unsere eigenen Entscheidungen geworden, sondern auch durch unsere Mitmenschen, ob ihr Einfluss nun positiv oder negativ war. Wir stehen in der Schuld anderer Menschen – und sie in unserer. Und so sind unsere Sünden und Torheiten immer doppelt schlimm, weil sie immer auch anderen *Kummer bereiten*. Das ist die Realität, die 10,1 anspricht. „Ohne die Bande, durch die Menschen zu Mitmenschen werden, wäre das Leben weniger schmerzlich, aber auch unendlich ärmer."[215] Wenn wir uns in unser Schneckenhaus zurückziehen, erleben wir weniger *Kummer*, aber auch weniger *Freude*.

Haben Sie schon die gesellschaftlichen Auswirkungen Ihrer Sünden kennengelernt? Welche?

Gebet: *Herr, niemand ist eine Insel, und was ich mache, wenn ich allein bin, hat Auswirkungen auf mein Zusammenleben mit meinen Mitmenschen. Ich sündige in erster Linie gegen dich (Psalm 51,6), aber gleich danach und nicht weniger ernst gegen meine Mitmenschen. Präge mir dies tief ein, als eine der vielen Methoden, mit denen du mich vor dem Sündigen bewahrst. Amen.*

9. Oktober

Ein kluger Sklave wird Herr über einen missratenen Sohn seines Besitzers, und wie dessen Söhne wird auch er ein Erbteil bekommen. (17,2)

Die Grenzen der Blutsbande. Traditionelle Gesellschaften sind viel stärker familienorientiert als moderne, aber sie können die Familie zu einem Götzen machen. Oft gehen in solchen Gesellschaften wichtige Ämter an Menschen, die nicht für sie qualifiziert sind, aber die zur „richtigen" Sippe gehören. So hoch die Sprüche auch von der Familie denken, der individuelle Wert des Menschen ist ihnen noch wichtiger.

Heute hört man oft den zynischen Rat: „Wichtig ist nicht, was du weißt, sondern wen du kennst." Diesen Rat gibt das Buch der Sprüche nicht! In unserem Text heute erkennt der weise Besitzer eines Unternehmens, dass einer seiner Angestellten viel geeigneter dazu ist, es zu führen, als sein eigener Sohn, und so befördert er diesen Angestellten, ja macht ihn zu einem Erben (*wird auch er ein Erbteil bekommen*). Charakter und Fähigkeit wiegen schwerer als Familie und Blutsbande. Dieses Prinzip durchzieht das Neue Testament, wo es nie die ethnische Herkunft oder der soziale Status ist, der den Einzelnen zum Erben in Gottes Familie macht, sondern allein der Glaube an Jesus Christus (Matthäus 8,11-12; 1. Korinther 1,27-31; Galater 3,26-29). Privilegien und der Status des „Insiders" bedeuten in der Welt viel, aber bei Gott nichts.

Haben Sie es schon einmal erlebt, wie es zum Fiasko kam, weil der Stammbaum wichtiger war als Können und Verdienst?

***Gebet:** Herr, Jahrhunderte vor dem berühmten Ausspruch, dass „der Inhalt unseres Charakters" wichtiger ist als die Bande von Familie und Rasse, hat dein Wort das Gleiche gesagt.*[216] *Lass es nicht zu, dass die Loyalität und Liebe zu unserer Familie uns blind macht für die Fehler und Schwächen unserer Verwandten. Amen.*

10. Oktober

Enkelkinder sind die Krone der alten Menschen, und die Väter sind der Ruhm ihrer Kinder. (17,6)

Enkelkinder. Die *Krone* ist ein Bild für die spezielle Freude, die nur Enkelkinder bringen können. In dem ständigen Trubel und Stress der Erziehung der eigenen Kinder ist es schwierig, das Wunder des neuen Lebens, das da auf dem Boden unserer ehelichen und Elternliebe heranwächst, richtig zu genießen. Aber die Gesichter unserer Enkel lassen Erinnerungen an unsere Kinder, Ehepartner, Eltern und eigene Kindheit auf eine Art wach werden, wie nichts anderes das vermag. Enkel öffnen einen Raum in unserem Herzen, für den es keinen anderen Schlüssel gibt.

Aber, wie Bruce Waltke betont, während das Alte Testament Kinderlosigkeit als Fluch sieht, kennt das Neue Testament diese Sichtweise nicht mehr. „Jesus Christus, der selber keine leiblichen Kinder hatte, hat der Kirche den Auftrag und den Segen gegeben, sich geistlich und nicht biologisch zu vermehren (vgl. Matthäus 28,18f.; Lukas 24,50f.; Johannes 20,22).“[217] In C. S. Lewis' *Die große Scheidung* ist die kinderlose Sarah Smith im Himmel von zahllosen Männern und Frauen umgeben, deren geistliche Mutter sie geworden war.[218] Zu meiner geistlichen Familie gehören alle Menschen, die an Christus glauben (Markus 3,31-35). Wir können viel mehr geistliche Kinder und Enkel haben (1. Korinther 4,14-15), als wir je leibliche haben könnten.

Kennen auch Sie Menschen, die Christen sind und viel mehr geistliche als leibliche Kinder haben?

Gebet: *Herr, die unter uns, die Kinder und Enkelkinder haben, preisen dich für die einzigartige Freude, neue Generationen aufwachsen sehen zu dürfen. Aber erinnere uns immer wieder daran, dass die eigentliche Familie aus all denen besteht, die dich als ihren Herrn angenommen haben, und dass wir dadurch, dass wir anderen helfen, im Glauben zu wachsen, Kinder bekommen, die für immer zusammen mit uns dir gehören und dir dienen. Amen.*

11. Oktober

Ein Freund handelt immer liebevoll, bist du in Schwierigkeiten, steht er dir bei wie ein Bruder! (17,17)

Verwandte in der Not. Die Bibel lässt uns die Familie nicht vergöttern, so stark sie auch ihre Rolle betont. Es gibt Freunde, die besser sind als Brüder (18,24), und Angestellte und Kollegen, die besser sind als Söhne (17,2). Unsere echtesten Brüder und Schwestern, Söhne und Töchter sind die anderen Menschen, die an Christus glauben (Johannes 1,12-13; 1. Timotheus 5,1-2). Unsere Familienbande sollten also nicht immer das Wichtigste sein.

Und doch: Die Beziehungen in der Familie können so tief sein wie kaum etwas anderes, und oft sind sie am stärksten in Notzeiten. Es kann Verwandte geben, die (ganz anders als ein Freund!) nicht gerne mit uns zusammen sind und die nicht die Art Leute sind, die wir uns als Freunde aussuchen würden. Aber wenn es dann ernst wird und die *Schwierigkeiten* kommen, stehen Verwandte manchmal geradezu aufopferungsvoll zu uns. Wie Jesus selber sind sie bereit, mit uns durch Feueröfen zu gehen (Daniel 3,25).

Wo haben Sie – bei sich selber oder im Leben anderer Menschen – ein Beispiel für die Wahrheit dieses Spruches gesehen?

***Gebet:** Vater, wir danken dir für unsere Verwandten und Freunde, die mit uns durch die dunklen Täler unseres Lebens gegangen sind. Aber am meisten danken wir dir für Jesus, den, der uns wahrlich „nähersteht als ein Bruder“ (18,24), denn allein er kann mit uns durch die Tür des Todes in das Licht gehen, das er für uns erkämpft hat. Amen.*

12. Oktober

Einen Dummkopf zum Sohn haben bringt lauter Kummer, der Vater eines Trottels hat nichts zu lachen. (17,21)

Unser unglücklichstes Kind. Dieser Text beleuchtet eine der besonders teuflischen Auswirkungen der Sünde. Das Prinzip des Judos ist es, die Kraft und den Schwung des Gegners gegen ihn zu nutzen. In der Familie benutzt der Teufel ganz ähnlich eine der Eigenschaften der Liebe gegen uns. *Der Vater eines Trottels hat nichts zu lachen.* Wenn ich jemanden liebe, verknüpfe ich mein Glück mit seinem Glück; ich mache seine Freude und seinen Frieden mir selber zu eigen. Ich kann nur dann wirklich glücklich sein, wenn der Mensch, den ich da liebe, ebenfalls glücklich ist.

Jedes Kind, das uns geboren wird, wächst uns ans Herz. Das bedeutet, dass ich keinen Frieden habe, wenn eines meiner Kinder in irgendeiner Not ist. Aber auch, dass ich für den Rest meines Lebens immer nur so glücklich sein werde wie mein unglücklichstes Kind. Kinder sollten darum wissen, dass sie die Macht haben, durch ihren bloßen Lebenswandel ihren Eltern entweder Segen oder Fluch zu sein. Und Eltern sollten den Schmerz, den ihre Kinder ihnen bereiten, zum Anlass nehmen, intensiv für sie zu beten (und nicht, sich mit Sorgen zu grämen, Philipper 4,6).

Wo haben Sie (bei sich selber oder bei anderen) die Macht der Kinder, ihren Eltern Segen oder Fluch zu sein, schon erlebt? Wie setzen Sie diese Macht selber ein?

Gebet: *Herr, unsere Familienbande tun uns – gerade weil es Blutsbande sind – oft weh. Lehre uns, wie wir diese Bande für unser geistliches Wachstum und unseren Dienst nutzbar machen können. Mache Eltern, die sich Sorgen um ihre Kinder machen, zu Betern, und zeige den Kindern, welche Macht sie haben, ihre Eltern zu bejahen, zu lieben und ihnen ein Segen zu sein. Amen.*

13. Oktober

Wer seinen Vater oder seine Mutter verflucht, dessen Lampe erlischt bei Einbruch der Dunkelheit … Wie ein Vogel, der aus seinem Nest flüchtet, so ist einer, der aus seiner Heimat flieht. (20,20; 27,8)

Versöhnung. 20,20 redet von Menschen, die wütend oder verbittert auf ihre Eltern sind. Beschädigte Beziehungen in einer Familie haben ernste Folgen. Die *Lampe* (d. h. das Glück) *erlischt.* 27,8 bedeutet nicht, dass es nicht gute Gründe für das Verlassen der Heimat geben kann, sondern dass es letztlich keinen Ersatz für Heimat und Familie gibt. Die Entfremdung von den Seinen ist etwas sehr Trauriges.

Aber was, wenn meine Eltern mir tatsächlich großes Unrecht getan haben? Wie bekomme ich die Freiheit, nicht nachtragend zu sein? Nur dadurch, dass ich die größte aller Vaterlieben ergreife – die meines himmlischen Vaters durch Jesus (Johannes 1,12-13). Wenn mein Selbstwertgefühl und mein innerer Friede vor allem an der Zuwendung meiner Eltern hängen, werde ich zu sehr an ihnen kleben, wenn es relativ gute Eltern sind, und unerträglich sauer auf sie sein, wenn sie es nicht sind. Bin ich dagegen durch Jesus Christus ein Glied von Gottes Familie geworden, das unter dem Ja des himmlischen Vaters steht, „brauche" ich meine Eltern nicht mehr um jeden Preis und kann ihnen vergeben. In Jesus bin ich immer zu Hause.

Sind Sie zu nachtragend und auf Distanz zu Ihren Eltern? Oder zu wenig abgenabelt? Was macht das mit Ihrem Leben?

Gebet: *Vater, viele Menschen sitzen im Gefängnis der Bitterkeit gegenüber Verwandten. Es gibt kaum eine Verbitterung, die unser Leben und unsere Beziehungen so beschädigen kann wie diese. Zeige uns deine zurechtbringende und aufmunternde Gnade, damit wir die nötige Demut und Freude bekommen, selbst die schlimmsten Sünden zu vergeben, die wir in unserer Familie erlitten haben. Amen.*

14. Oktober

Einer, der die Weisheit liebt, macht seinem Vater Freude. Doch einer, der sich mit Huren einlässt, verschleudert das Vermögen. (29,3)

Der verlorene Sohn. Die Sprüche geben uns wenig Hoffnung, dass junge Leute, die den Weg der Torheit eingeschlagen haben, wieder zurückkommen können. Doch dieser Vers ist fast eine Miniaturversion des Gleichnisses vom verlorenen Sohn in Lukas 15. Der jüngere Sohn in diesem Gleichnis ist ein Tor, der die Weisheit in den Wind schlägt, seinem Vater Schande macht und sein Vermögen mit Huren durchbringt (Lukas 15,30). Doch zum Schluss kommen die beiden Hälften dieses Spruches zusammen: Der, *der sich mit Huren einlässt*, wird zu dem Sohn, der seinem Vater große *Freude* macht (Lukas 15,22-24).

Wie ist das möglich? Die Antwort lautet: durch Jesus. Er gab sich mit den Sündern ab und erklärte, dass auch die Huren ins Reich Gottes kommen können (Matthäus 21,32). Er wurde schwach und verachtet, er nahm an unserer statt die Strafe auf sich, die die Toren verdient haben (vgl. Sprüche 26,3), damit er selbst den schlimmsten Toren und Sündern vergeben und sie zu sich ziehen konnte. Kein Wunder, dass das Kreuz die wahre Weisheit ist, die der Welt wie Torheit erscheint (1. Korinther 1,18-25).

Haben Sie das schon persönlich erlebt? Wie kam das?

***Gebet:** Herr, wir alle kennen verlorene Söhne und Töchter, ob nun unsere eigenen oder die von Freunden, deren falsche Wege Herzen brechen. Lass uns unverdrossen für sie beten, und benutze unsere Gebete in unserem Leben und in ihrem. Mach dir selber Ehre und uns Freude, indem du sie zurück nach Hause holst – nicht nur in unsere Familien, sondern in deine. Amen.*

15. Oktober

„Ich liebe, die mich lieben, und die mich suchen, werden mich finden. Bei mir erwarten euch Reichtum und Ehre, bleibender Besitz und Gerechtigkeit. Was ich austeile, ist besser als Gold oder Feingold und besser als das reinste Silber." … Der Segen des HERRN ist es, der reich macht – eigene Mühe fügt dem nichts mehr hinzu. (8,17-19; 10,22)

Reichtum ist etwas Gutes. Die Sprüche sind voll von Aussagen über Wirtschaft und Finanzen. Die Gefahren des Reichtums sind, wie wir noch sehen werden, nur zu real, aber zunächst einmal ist Reichtum ein großes Gut. Die Selbstbeherrschung und Selbsterkenntnis der Weisheit, ihre Fähigkeit, zu planen und sich raten zu lassen – all dies bringt Wohlstand. *Bei mir erwarten euch Reichtum und Ehre.*

Aber dann kommt in 10,22 die Frage der Prioritäten. „*Eigene Mühe*" – da klingt die notvolle Überarbeitung an, die das Leben erdrückt, sowie die Gier nach Macht und Geld, das die Frucht der sich um sich selbst drehenden Gottlosigkeit ist (10,3). Gott verurteilt selbstzerstörerische Formen von Arbeit (20,21). Der Weise überarbeitet sich nicht, sondern ist fleißig und überlässt es Gottes Segen, wie reich er durch die Arbeit wird. Gesunde Gottesfurcht, die Gemeinschaft mit Gott, die der Weise erlebt, ist *besser als Gold.* Reichtum ist ein hohes Gut – solange er nicht zu meinem höchsten Gut wird.

Wo haben Sie es (bei sich oder im Leben eines anderen) erlebt, was passiert, wenn wir mehr auf unsere eigene Arbeit und Mühe bauen als auf den Segen Gottes?

Gebet: *Herr, lass mich weder nach Reichtum gieren noch ihn verachten; lass mich ihn weder anbeten noch fürchten. Du gabst Abraham, Hiob und David großen Reichtum, aber nur, weil sie dich und nicht ihn an die erste Stelle setzten. Mache mich so, wie sie waren. Amen.*

16. Oktober

Der Besitz eines Reichen ist seine Festung, das Elend der Armen ist ihr Untergang. (10,15)

Gabe, nicht Götze. Die Hälfte der Stellen, wo in den Sprüchen das hebräische Wort für „Reichtum" benutzt wird, fordert uns auf, den Reichtum zu schätzen; die andere Hälfte fordert uns auf, ihm nicht zu trauen (12,27; 13,7; 19,14; 29,3; vgl. 19,4).[219] Diese bemerkenswerte Balance steht im Zentrum des Umgangs der Weisheit mit dem Geld. Das große Problem ist, dass das Geld den Reichen dazu verführen kann, es als seine Sicherheit (*Festung*) zu betrachten und sich nicht auf Gott zu verlassen.

Doch deswegen darf man die Armut noch lange nicht verklären, denn sie ist eine Form der Sklaverei (22,7). Abraham war dank Gottes Segen schwerreich (1. Mose 20,14-16), und ebenso Josef, David und Hiob. Vorhandenes Vermögen oder auch ein gutes Einkommen sind nicht an sich etwas Böses. Doch wem viel gegeben ist, von dem wird auch viel verlangt. Die Reichen besitzen ihren Reichtum nicht, sie verwalten ihn. Jesus hat diesen Spruch in seinem Gespräch mit dem reichen Jüngling (Markus 10,17-31) anschaulich ergänzt; er zeigt dort, wie leicht Reichtum uns zum Ruin werden kann.

Wo haben Sie es erlebt, dass jemand durch Armut ruiniert wurde? Und wo haben Sie Reichtum als zerstörerisch erlebt?

***Gebet:** Vater, es ist einfach, ein reicher Jüngling zu sein, der sein Geld zu sehr liebt, um es für andere zu opfern. Aber dein Sohn war der wahre reiche Jüngling, denn sein Reichtum war unendlich, sein Opfer unvorstellbar, und all das für uns. Mache uns in unserer Einstellung zu unserem Geld wie Jesus. Amen.*

17. Oktober

Wer mit fleißiger Hand arbeitet, wird mächtig und einflussreich, Nachlässigkeit dagegen führt in die Sklaverei ... Jede Arbeit bringt Gewinn, aber leeres Gerede bringt nur Verlust ... Hunger ist die treibende Kraft eines Arbeiters, denn er braucht etwas zu essen. (12,24; 14,23; 16,26)

Fleißige Arbeit. Was sind die Dinge, die einem Wohlstand bringen? Das erste ist schlicht *fleißige Arbeit*. Die treibende Kraft solchen Arbeitens ist zunächst einmal die Notwendigkeit, *etwas zu essen* zu haben (16,26). Wir brauchen eine Arbeitsstelle für unser nacktes physisches Überleben, ob wir diese Arbeit nun als erfüllend erleben oder nicht (2. Thessalonicher 3,10). Wer sich nicht müht, sich eine Arbeit zu suchen, die ihm zusagt, wird notgedrungen irgendeine Arbeit annehmen müssen (12,24).

Doch die Arbeit steht im Buch der Sprüche noch in einem weiteren, tieferen Kontext. Bei der Schöpfung hat Gott selber sich die Hände schmutzig gemacht und gearbeitet (1. Mose 2,7.19), um für die Menschen ein Paradies zu schaffen, in welchem eines der guten Dinge die Arbeit war (1. Mose 2,15). Gott liebt seine Arbeit, und wir sind nach seinem Bild erschaffen. Kein Wunder, dass es keinen größeren Adel für den Menschen gibt als gute Arbeit, und kein Wunder, dass Gott sie belohnt.

Wo haben Sie es in Ihrem Leben oder bei anderen Menschen erlebt, dass wir am Ende Arbeiten tun müssen, die wir nicht lieben, wenn wir uns nicht vorher aktiv eine Arbeit gesucht haben, die wir gerne tun?

Gebet: *Herr, ich liebe Arbeit, ich scheue mich vor ihr und ich kann nicht ohne sie leben. Sie ist ein unersetzlicher Teil meines Menschseins und gleichzeitig etwas, das uns in dieser gefallenen Welt anstrengt und verschleißt (1. Mose 3,17-19). Herr, die einzige Arbeit, die ich wirklich gerne und gut tue, ist nicht die, für die ich bezahlt werde, sondern die, die ich für dich tue – für deine Augen und deine Ehre. Amen.*

18. Oktober

Wer seinen Acker bearbeitet, hat genug Brot, wer sich jedoch mit nutzlosem Unfug abgibt, dem fehlt der Verstand … Wer seinen Acker bearbeitet, hat genug Brot, wer sich jedoch mit nutzlosem Unfug abgibt, nagt am Hungertuch. (12,11; 28,19)

Integrität bei der Arbeit. Ein zweiter Wohlstandsfaktor ist Arbeit, die nicht nur fleißig geschieht, sondern mit Integrität. Diese beiden Texte warnen uns vor *nutzlosem Unfug*, ohne zu sagen, was dieser Unfug ist. Doch um 28,19 herum finden wir viele konkrete Beispiele. Man kann sein Geld durch Bestechung verdienen (28,21). Oder man ist habgierig und weigert sich, gut zu bezahlen oder zur rechten Zeit zu investieren (28,22). Wieder andere sind unehrlich und schmeichlerisch im Geschäftsleben (28,23), beuten Hilflose aus (28,24) oder machen sich durch ihre Rücksichtslosigkeit Feinde (28,25). Lauter Beispiele für Arbeit, die am Ende in die Armut führt.

Moderne Bücher über Moral im Geschäftsleben verurteilen solche Praktiken als „geschäftsschädlich". Das sehen die Sprüche auch so. Aber jemand, der bloß aus Eigennutz ethische Richtlinien befolgt, wird fast mit Sicherheit moralisch Schiffbruch erleiden. Wenn mein einziges Motiv für Ehrlichkeit Angst ist, werde ich unweigerlich dort, wo die Angst fehlt oder keiner mir etwas nachweisen kann, unehrlich sein. Christen wissen, dass, auch wenn es für sie keine Verurteilung am Jüngsten Tag mehr gibt (Römer 8,1), alle Dinge offen daliegen vor dem, „dem wir Rechenschaft geben müssen" (Hebräer 4,13).

Wo haben Sie solche schädlichen Geschäftspraktiken erlebt? Haben Sie sie selber praktiziert?

Gebet: *Vater, reiße die Ängste, den Stolz und das Selbstmitleid, die mich unehrlich machen wollen, aus meinem Herzen aus. Lass mich Lügen weder erzählen noch glauben. Mache mich deinem Sohn ähnlich, der an der Wahrheit festhielt, auch wenn es ihm Schaden brachte. Amen.*

19. Oktober

Wie ein Schütze, der alle um sich herum verwundet, so fahrlässig handelt jemand, der Dummköpfe und Dahergelaufene wahllos zur Arbeit anstellt ... Achte sorgfältig auf das Aussehen deiner Schafe und Ziegen, die Herden müssen dir am Herzen liegen. Denn Vorräte halten nicht ewig, und nicht einmal eine Königskrone wird durch alle Generationen weitergegeben. (26,10; 27,23-24)

Realisten gefragt. Wohlstand kommt aus harter Arbeit, Integrität und nüchternem Realismus. 27,23-24 warnt vor einer realitätsfremden Arbeitsweise, wo der Besitzer der *Herden* nicht über deren Zustand auf dem Laufenden ist – möglicherweise, weil er zu viel delegiert hat oder weil er sich nicht genügend informiert hat, bevor er in neue Herden investierte.

Verse 24 warnt vor der Selbstgefälligkeit – dem Glauben, dass mein Wohlstand schon von alleine bestehen bleiben wird und ich mich nicht um die sich ändernden Realitäten kümmern muss. 26,10 ist eine interessante Studie zum Thema „Einstellungspraxis". Wir alle wissen, dass es schlimm ist, einen Dummkopf anzustellen. Wer so handelt, ist wie ein Revolverheld, der wahllos um sich schießt. Aber genauso gefährlich ist es, aufs Geratewohl und ohne Prüfung den erstbesten *Dahergelaufenen* anzustellen. Prüfen Sie nicht nur die Referenzen des Bewerbers; bohren Sie tiefer, verschaffen Sie sich ein möglichst genaues Bild. Es ist erstaunlich, wie die Sprüche beides nebeneinanderstellen: das Wissen, dass letztlich allein Gott die Quelle der Fülle ist, und den Aufruf zu stocknüchternem Realismus, wenn es darum geht, Menschen einzuschätzen.

Wo haben Sie diesen Realismus und seinen Lohn erlebt?

***Gebet:** Herr, du forderst mich zu größter Sorgfalt in allen Dingen meines Lebens auf – nur um mir anschließend zu versichern, dass alles unter deiner Allmacht und deinem Plan steht. Schenke mir Augen für beides: die ernste Aufforderung und die wunderbare Zusage. Ich brauche beides, um gut arbeiten zu können. Amen.*

20. Oktober

Hast du schon einmal jemand gesehen, der seine Arbeit mit Geschick verrichtet? Er wird in den Dienst von Königen treten und braucht sich nicht von unbedeutenden Leuten anstellen zu lassen … Plage dich nicht damit, reich zu werden. Folge deinem Verstand und lass es bleiben. Kaum dass dein Blick darüber gleitet, ist der Reichtum schon wieder weg. Denn ganz bestimmt bekommt er Flügel und fliegt davon wie ein Adler am Himmel. (22,29; 23,4-5)

Mit Geschick. Ein weiterer Wohlstand fördernder Faktor ist, dass man „*seine Arbeit mit Geschick verrichtet*". *Mit Geschick* bedeutet hier Erfahrung. Dieser Vers ist kein Aufruf zum Ergreifen von akademischen Berufen, sondern schlicht ein Aufruf zu Qualitätsarbeit. Ein Haushalter etwa kann im Laufe der Jahre so gut werden, dass Könige sich um ihn reißen (22,29). Und kein Geringerer als der Sohn Gottes lebte als „Handwerker" in dieser Welt (Matthäus 13,55; Markus 6,3).

Doch nur ein paar Verse nach diesem Lob auf den Handwerker kommt eine Warnung, sich nicht in ungesunder Weise auf sein Geschick zu verlassen (23,4). Was will dieser Spruch uns sagen? Gott will, dass uns gute Arbeit wichtiger ist als Erfolg. Er will, dass ich stolz bin auf die Qualität meiner Arbeit und nicht darauf, wie viel Geld sie mir bringt. Entsprechend fordert Paulus uns auf, gute Arbeit zu leisten und diese Arbeit für Gott zu tun und nicht für das Geld oder den Beifall, den Menschen uns geben, denn „letztlich dient ihr nicht Menschen, sondern dem Herrn" (Epheser 6,7).

Wo in Ihrem Leben tun Sie eine Arbeit, die undankbar ist oder für die sie wenig Geld bekommen? Wie können Sie sich hier die Weisheit dieser Sprüche zunutze machen?

***Gebet:** Herr, gib mir die Weisheit, Geschick und Qualität zu suchen, aber nicht das große Geld. Gib mir ein Auge für echte Leistungen, das sich nicht durch Titel, Rang und Namen blenden lässt. Und mache mich durch diese Weisheit zu einem besseren Arbeiter, zu deiner Ehre und zum Besten meines Nächsten. Amen.*

21. Oktober

Reichtum aus windigen Geschäften zerrinnt, wer jedoch mit fleißiger Hand sammelt, vermehrt seinen Besitz … Wo ein Weiser wohnt, da gibt es kostbare Güter und Öl, aber ein dummer Mensch verprasst alles. (13,11; 21,20)

Vorsicht vor dem schnellen Geld. Die *windigen Geschäfte* geben einen hebräischen Ausdruck wieder, der wörtlich „Geld aus der Luft“ bedeutet. Gemeint ist ein Reichtum, der nicht allmählich, sondern plötzlich kommt, und die Lehre ist diese: Wenn mein Reichtum nicht das Ergebnis von Jahren des Fleißes, der Sorgfalt und des Geschicks ist, besitze ich womöglich nicht die erforderlichen Eigenschaften, um mit dem Geld umzugehen.

Junge Menschen, die plötzlich viel Geld erben, das sie sich nicht selber verdienen mussten, *verprassen* es oft, weil sie nicht die erforderliche Selbstbeherrschung, weises Management und die Tugend des Belohnungsaufschubs gelernt haben (21,20). Junge Promis aus der Welt des Sports oder der Unterhaltung, aber auch hochbegabte junge Leute, die (meist mit einer Portion Glück) ein Vermögen im Finanz- oder Technologiesektor gemacht haben, haben das gleiche Risiko. Da ist es besser, mein Wohlstand wächst langsam, sodass meine Fähigkeit, mit ihm umzugehen, mitwachsen kann. Wer plötzlich reich wird, braucht gute Ratgeber (15,22), ja er braucht Jesus selber, der gesagt hat, dass Reichtum unsere geistliche Perspektive so verbiegen kann, dass es Gottes Eingreifen braucht, damit wir frei werden (Markus 10,24-26). Aber es gibt Hoffnung, denn „für Gott ist alles möglich“ (Markus 10,27).

Haben Sie die Gefahren des schnellen Geldes schon einmal in Ihrem Leben erlebt? Oder bei anderen?

Gebet: *Herr, bewahre mich – und auch meine Lieben und Freunde – vor den Gefahren des Wohlstands und vor allem des plötzlichen Erfolges oder Ruhms. Wonach unsere Gesellschaft giert, davor warnt dein Wort. Gib denen unter deinen Kindern, die durch deine Vorsehung besonders viel Reichtum oder Macht bekommen, das rechte Gespür für die besondere Verantwortung, die sie dadurch als deine Diener vor dir bekommen. Amen.*

22. Oktober

Der HERR verabscheut eine betrügerisch eingestellte Waage, doch es gefällt ihm, wenn die Gewichte stimmen … Ungleiche Gewichtssteine und zweierlei Maß – beides verabscheut der HERR … Was Lügen jemand eingebracht haben, mag ihm zunächst gut schmecken, aber danach hat er den Mund voller Sand. (11,1; 20,10.17)

Reichtum kann unehrlich machen. Die Sprüche nennen mehrere große geistliche Gefahren, die der Reichtum mit sich bringt. Die erste ist: Geld hat die Macht, meine Integrität zu zerstören. Es ist erstaunlich, wie leicht Menschen, die an sich ehrlich und anständig sind, plötzlich faule Kompromisse machen, wenn es um viel Geld geht.

In der Antike kam es vor, dass ein Händler auf ein Ein-Pfund-Gewicht einfach mal „zwei Pfund" schrieb, es auf die Waage stellte und so dem ahnungslosen Kunden mehr Geld für sein Getreide oder eine andere Ware abknöpfte. Die „falsche Waage" (11,1, LUT) steht für unehrliche Geschäftspraktiken. Jesus geißelte die religiösen Lehrer seiner Zeit (die eigentlich moralische Vorbilder hätten sein sollen) wegen der Tricks, mit denen sie das Gesetz so drehten, dass ihr Profit stieg (Markus 7,11-12). Heute gibt es Millionen Möglichkeiten, einem Kunden oder Investor wichtige Informationen vorzuenthalten, damit man ihn besser ausnutzen und übervorteilen kann. Noch nie war die Verführungsmacht des Geldes so groß. Seien Sie sich seiner Macht bewusst und bedenken Sie: Betrügerisch gewonnener Reichtum macht nicht satt; stattdessen wird unser *Mund voller Sand* sein (20,17).

Wo haben Sie es (bei sich selber oder jemand anderem) erlebt, wie Geld unehrlich macht?

***Gebet:** Herr, ich spüre die verderbliche Macht des Geldes schon, wenn ich meine Steuererklärung ausfülle oder lieber nicht wissen will, was die Bank mit meinen Ersparnissen macht. Bewahre mich vor den kleinen Kompromissen und der langsamen Verhärtung der Seele, die das Geld mit sich bringen kann. Amen.*

23. Oktober

Wer in Notzeiten Getreide zurückhält, den verfluchen die Leute, wer aber Getreide verkauft, den segnen sie. (11,26)

Was zählt. 11,26 beschreibt einen Menschen, der in Zeiten der Nahrungsmittelknappheit sein Getreide zurückhält, um es teurer verkaufen zu können. Dies ist nicht illegal, aber zu Recht *verfluchen die Leute* so jemanden, denn er handelt so, als ob das Einzige, was zählt, der Profit ist.

Wenn alles, was wir haben, eigentlich Gott gehört und wir es nur verwalten (1. Chronik 29,14), zählt in unseren Finanzgeschäften etwas anderes: das Wohl unserer Mitmenschen und der Gesellschaft. Man kann nicht leben, ohne zu atmen, aber keiner will leben, nur um atmen zu können. Ähnlich kann ich kein Geschäft führen, ohne Gewinn zu machen, aber ich sollte es nicht nur tun, um meine Taschen zu füllen. Wenn eine Führungskraft, die zwischen zwei Firmen wählen kann, sich nur fragt, wo es mehr Gehalt gibt – und nicht, welche Produkte sie verkauft, die unserer Stadt, der Gesellschaft und den Menschen am meisten nützen –, dann hängt sie (so das Buch der Sprüche) an der Leine der Macht des Geldes.

Haben Sie es schon erlebt, wie jemand das Allgemeinwohl über den persönlichen Profit stellte (und das nicht einfach, weil das gut für das Image war)?

Gebet: *Herr, gib unseren Geschäftsleuten – ob nun durch das Gewissen (Römer 2,14) oder durch die Kraft des Heiligen Geistes, die uns umgestaltet – die Erkenntnis und moralische Überzeugung, dass es im Handel um mehr als den Profit geht. Amen.*

24. Oktober

„Viel zu teuer!", jammert der Käufer – doch wenn er dann weggeht, lacht er sich ins Fäustchen! … Wer sein Vermögen durch Zinsen und Aufpreis vermehrt, der muss es irgendwann jemand überlassen, der barmherziger gegenüber den Armen ist. (20,14; 28,8)

Geld kann skrupellos machen. Geld kann unehrlich machen, aber noch häufiger macht es skrupellos. 20,14 beschreibt eine Praktik, die manche lediglich „geschäftstüchtig" nennen würden. Ein Käufer, der eine Ware billig erwerben will, bezeichnet sie öffentlich als wertlos, um ein Schnäppchen machen zu können. 28,8 setzt die Kenntnis des Gesetzes Gottes für Israel voraus: Gegen Zinsen leihen ist in Ordnung, wenn es sich um eine geschäftliche Transaktion handelt, weil hier beide Partner einen Gewinn haben, aber von einem armen Bruder im Glauben, der Hilfe zum Überleben braucht, darf man keine Zinsen verlangen (5. Mose 23,20; 3. Mose 25,35-36). Jesus verurteilt die, die legal, aber herzlos „den Besitz der Witwen verschlingen" (Lukas 20,47). Niemals darf ich mit den Hilflosen das große Geschäft machen.

Was wir in diesen Beispielen finden, ist ein herzloser Egoismus, der den persönlichen Profit über das Wohl der anderen stellt. Die heutigen riesigen ökonomischen Ungleichheiten sind „nicht das Ergebnis eines Markttrends, sondern … einer neuen Freizügigkeit, die nicht mehr sexuell, sondern finanziell ist."[220] Das Geld hat die Macht, uns einzureden, dass Skrupellosigkeit normal ist.

Wo haben Sie es erlebt, dass Geld Menschen skrupellos machte?

Gebet: *Herr, gibt uns ein Gewissen für die Hilflosen, damit wir nicht Profit aus den Jungen ziehen, denen wir unmoralische Unterhaltung verkaufen, oder aus den Alten, denen wir nutzlose Produkte andrehen, oder den Armen, denen wir Hypotheken aufschwätzen, die sie nicht abzahlen können. Bitte lass uns eine Nation werden, die Gerechtigkeit übt. Amen.*

25. Oktober

Reichtum ist nutzlos, wenn Gottes Zorn losbricht, aber Redlichkeit rettet vor dem Tod. (11,4)

Reichtum kann blind machen. Reichtum hat die Macht, meine Zeit, Kraft und Fantasie so in Beschlag zu nehmen, dass ich nicht mehr genug Zeit für die wirklich wichtigen Dinge habe. Es hat noch kein Sterbender ausgerufen: „Hätte ich nur mehr Zeit im Büro verbracht und mehr Geld verdient!" Mit *Gottes Zorn* ist der Tag des Gerichts gemeint, und in Bezug auf diesen Tag müssen wir Fragen stellen wie: Für wen oder was lebe ich – für Gott und meinen Nächsten oder nur für mich selber? Was hat die Welt von mir?

Reichtum macht uns blind für solche Fragen. Er zieht uns hinein in ein Hamsterrad: „Ich habe mehr verdient, jetzt muss ich mehr ausgeben. Aber jetzt, wo ich mehr ausgebe, muss ich auch mehr verdienen." Und die ganze Zeit hat man den Eindruck, nicht genug zu haben – und arbeitet noch mehr. Der Reichtum macht uns leicht zu beschäftigt mit Dingen, die eigentlich nicht so wichtig sind. Jesu Version dieses Spruches finden wir in Lukas 12,16-21: Wer nur damit beschäftigt ist, immer mehr Besitz anzuhäufen, den er doch nicht mitnehmen kann, aber „nicht reich ist in Gott" – in den Dingen, die er nicht verlieren kann –, der ist ein Narr.

Wo haben Sie in Ihrem Leben oder bei einem Mitmenschen diese Macht des Geldes, uns von den wirklich wichtigen Dingen abzulenken, schon erlebt?

Gebet: *Vater, ich möchte nicht so sein wie der Narr, der seine Gesundheit ruinierte, um seine Firma hochzuziehen, und für ein idyllisches Leben schuftete, das nie kam. Mache mich jetzt „reich in Gott". Begegne mir im Gebet. Mache mich deinem Sohn ähnlicher. Lass mich wachsen in der Furcht des Herrn. Amen.*

26. Oktober

Ein Reicher mag sich selbst für weise halten, aber ein Armer, der verständig ist, durchschaut ihn … Sonst werde ich womöglich satt, verleugne dich und sage: „Wer ist denn der Herr?" (28,11; 30.9a)

Reichtum kann stolz machen. Wir neigen dazu, unseren Reichtum uns selber zuzuschreiben. Anstatt die zahlreichen Faktoren außerhalb unserer Kontrolle zu sehen, die uns unser Geld gebracht haben, sehen wir es rein als Ergebnis *unserer* Arbeit, *unserer* Disziplin und *unserer* Klugheit. Und so halten wir *uns selbst für weise* – der Inbegriff der Torheit (28,11). Dieser Stolz lässt uns zu sehr unseren Instinkten glauben. Wir hören nicht auf das, was andere uns sagen. Viele Reiche glauben, dass viel Geld einem Klugheit und Menschenkenntnis bringt, aber das stimmt nicht. Bernhard von Clairvaux soll einmal gesagt haben: „Ein demütiger Reicher ist die größte Rarität in der Welt."

Die größte Gefahr des Reichtums ist, dass er uns sagen lässt: „Wer ist denn der Herr?" – „Wozu brauche ich Gott?" Jesus hat klargestellt, dass wir uns genauso wenig selber kleiden und ernähren, wie die Vögel und die Blumen das tun (Matthäus 6,25-34). Erst dann, wenn wir durch die Kraft des Heiligen Geistes erkennen, dass wir allein aus Gnade erlöst sind, können wir Gottes Gnade in allem sehen und aus dem tödlichen Griff des Geldes frei werden.

Wo haben Sie die Macht des Geldes, uns stolz zu machen, schon erlebt?

Gebet: *Herr, wie schnell sind wir dabei, finanzielle Erfolge uns selber zuzuschreiben. Und so möchte ich dir, Herr, jetzt danken für alle Erfolge, alle erreichten Ziele und alle Segnungen, die ich von mir aus nie bekommen hätte, aber die du mir geschickt hast. Amen.*

27. Oktober

Ein Reicher kann für sein Leben ein Lösegeld bezahlen, ein Armer aber hört keine Drohung. (13,8, NGÜ-Textvariante)

Die Bürde des Reichtums. Die in 13,8 gemeinte Situation könnte eine Entführung sein oder auch eine Erpressung. Eine reiche Familie kann die geforderte Summe bezahlen. Dies sieht wie ein Argument für das Reichsein aus. Aber manche Ausleger weisen darauf hin, dass ein Armer sich um solche Situationen nicht zu kümmern braucht: Weil er kein Lösegeld zahlen kann, wird auch niemand eines von ihm verlangen.[221] Die Reichen sind Gefahren ausgesetzt, „für die ein Armer ein zu kleines Ziel darbietet."[222]

Reiche Menschen tragen Lasten, die andere nicht haben. Ständig sollen sie für etwas spenden oder in neue Projekte investieren. Möglicherweise werden sie einsam, weil sie nicht wissen, wer wirklich ihr Freund ist. Reichtum will auch ständig gepflegt und verwaltet werden (27,23-24). Reichtum bringt also Sorgen, Lasten und Aufgaben, die der Arme nicht kennt. Der Reiche braucht nicht weniger Glauben und Gottvertrauen als der Arme, sondern mehr! Sie wollen wissen, wie man richtig mit Reichtum umgeht? Schauen Sie sich König David an (1. Chronik 29,10-19). Und den Davidsohn Jesus Christus (2. Korinther 8,9).

Kennen Sie Menschen, die die Last des Reichtums gut tragen? Oder Menschen, denen das nicht so gut gelingt? Worin liegt der Unterschied?

Gebet: *Herr, es liegt ein Stück Gerechtigkeit darin, dass die Menschen, die den größeren Segen haben, auch die größere Last und Verantwortung bekommen. Herr, falls du mich mit Reichtum und Erfolg segnest, dann gib bitte, dass ich auch reicher an der Weisheit, Demut und Liebe werde, die nötig sind, um diese Last zu tragen. Amen.*

28. Oktober

Mein Sohn, hast du für jemand, den du kennst, eine Bürgschaft übernommen? Hast du dich bei einem Fremden mit Handschlag verpflichtet, notfalls für die Schulden deines Bekannten aufzukommen? Wenn du an deine Zusage gebunden bist und dein Versprechen nicht mehr zurücknehmen kannst, dann hat dein Bekannter dich in der Hand. Rette dich aus dieser Lage, mein Sohn, und tu Folgendes: Geh so schnell wie möglich zu ihm und beknie ihn, dass er seine Schulden bezahlt. (6,1-3)

Investieren oder zocken? Ein junger Mann hat sich entschieden, Geld in ein Geschäft mit jemandem zu investieren, den er kaum kennt – *einem Fremden*. Dies ist ein denkbar unweises, riskantes Verhalten (vgl. 11,15; 17,18; 20,16; 22,26-27). Wenn es um Finanzgeschäfte geht, „empfiehlt die Schrift Vorsicht als eine der Kerntugenden … [Dies] ist kein Verbot der Großzügigkeit, sondern eher ein Glücksspielverbot."[223] Viele Finanztransaktionen sind so riskant und unvorsichtig, dass man genauso gut in ein Spielcasino gehen könnte.

Der Gang ins Spielcasino oder Wettbüro ist moralisch hochproblematisch. Man versucht, das große Geld zu machen, ohne die Arbeit, den Fleiß und die Zeit zu investieren, die es normalerweise braucht, um Vermögen zu schaffen. Die Bibel verurteilt Zauberei und Magie, weil sie ein Versuch ist, Macht zu bekommen, ohne sich von Gott abhängig zu machen. Mit dem Glücksspiel ist es das Gleiche. Wenn wir wirklich Geld „übrig haben", sollten wir es nicht verwetten, sondern mit ihm anderen Menschen helfen, was immer ein „sicheres Risiko" ist. Jesus hat seinen Reichtum und seine Macht „weggeworfen" – aber nicht, um damit das große Los zu gewinnen, sondern um uns zu erlösen (Römer 15,1-3a).

Was für Formen des Glücksspiels gibt es in unserer Gesellschaft? Haben Sie selber schon einmal gezockt oder gewettet oder sind spielsüchtig geworden?

***Gebet:** Herr, lass mich mein Geld klug verwalten und nicht für impulsive oder riskante Geschäfte ausgeben. Und hilf mir, mir nicht so viel Sorgen um das Geld zu machen, denn wenn du selbst für die Vögel und die Blumen sorgst, wirst du auch mich nicht vergessen (Matthäus 6,25-34). Amen.*

29. Oktober

Erwirb Weisheit! Was sonst ist besser als Gold? Einsicht erwerben ist wertvoller als Silber ... Besser ein Stück trockenes Brot ohne Sorgen als ein Haus voller festlicher Speisen mit Streit ... Besser ein Armer mit unbescholtenem Lebenswandel als einer, der krumme Wege geht und reich ist. (16,16; 17,1; 28,6)

Geld ist nicht alles. Geld ist nicht so wichtig wie *Weisheit* und *Einsicht* (16,16; vgl. 8,19). Warum? Reichtum, das bedeutet doch Sicherheit für die Familie und die Fähigkeit, Gutes in der Welt zu tun. Aber Reichtum ohne Weisheit bedeutet, dass die Gefahren und Probleme, die der Reichtum unweigerlich mit sich bringt, dazu führen, dass wir *weniger* Sicherheit haben und *weniger* nützlich für den Rest der Gesellschaft sind. Reichtum ohne Weisheit kann uns letztlich nichts Gutes bringen.

Geld ist nicht so wichtig wie Beziehungen (17,1). Nur Liebe und gesunde Beziehungen – zu Gott und zu unserem Nächsten – können unserem Leben Sinn geben, während Reichtum Beziehungen strapazieren, ja zerstören kann, sodass wir am Ende alleine dastehen. Geld ist auch nicht so wichtig wie Charakterfestigkeit und Integrität. Wir brauchen ein gutes Gewissen vor Gott und unseren Mitmenschen (Apostelgeschichte 24,16), aber Geld ist ein großer Belastungstest für unseren Charakter. Kurz und gut: Reichtum ist etwas extrem Nützliches, aber er macht nicht glücklich und gibt uns keine bleibenden Werte.

Ist in Ihrem Leben der Reichtum zu wichtig geworden?

Gebet: *Herr, der Reichtum scheint so viel zu bieten – Sicherheit, Ansehen und die Macht, Gutes zu tun. Aber ohne Weisheit ist das alles nichts. Und so bitte ich dich, Herr: Gib mir nur dann finanziellen Erfolg, wenn du mir auch Charakterfestigkeit, ein sensibles Gewissen und starke Beziehungen gibst. Amen.*

30. Oktober

Der Besitz eines Reichen ist seine Festung, das Elend der Armen ist ihr Untergang. (10,15)

Der Götze des Reichtums: Teil 1. Schauen wir uns noch einmal diesen wichtigen Spruch an. Warum hat der Reichtum eine solche Macht über uns? In der Antike waren befestigte Städte die sichersten Orte. Die Reichen zog es dorthin, während die Armen sich das nicht leisten konnten. In der Stadt zu wohnen war ein Statussymbol. Aber 10,15 besagt nicht nur, dass die Reichen *in* der befestigten Stadt leben; ihr Besitz *ist* ihre Festung. Mit anderen Worten: Der Reichtum kann zu meiner Identität werden.

Wenn das geschieht, neige ich dazu, meine Mitmenschen als unter meinem Niveau stehend zu betrachten. Dies ist geistlich tödlich. In dem Gleichnis vom reichen Mann und armen Lazarus in Lukas 16 hat der Reiche keinen Namen; seine Identität war sein Besitz. Wenn ich im Reichtum meine Identität sehe und dann mein Geld verliere, bleibt mir – nichts. Ich bin entweder wohlhabend und erfolgreich oder ich bin nichts. Doch für den Weisen ist die Gottesfurcht sein Schatz (Jesaja 33,6), und für den, der an Jesus glaubt, ist dieser kostbarer als alles andere (1. Petrus 2,7).

Haben Sie so viel Erfolg in Ihrem Leben gehabt, dass Sie versucht sind, Ihre Identität in Ihrem Geld oder Ihrer Karriere zu suchen? Kennen Sie andere Menschen, die dieser Versuchung erlegen sind? Wie können Sie sie besiegen?

***Gebet:** Herr, es braucht so wenig, um meinen sozialen Status zu meiner Identität zu machen. Dann wird mir der Stolz auf meine Ausbildung oder auf die Gegend, in der ich wohne, wichtiger als der wahre Name, den ich in Christus habe. Lass meine Hoffnung und meinen Wert in dir gegründet sein! Amen.*

31. Oktober

Der Reiche meint, sein Besitz biete ihm Schutz wie eine befestigte Stadt und wie eine hohe Mauer – doch das bildet er sich nur ein. (18,11)

Der Götze des Reichtums: Teil 2. 18,11 besagt, dass der Reichtum seine Macht über uns mittels unserer Fantasie ausübt; wir *bilden uns ein*, dass er uns vor den Dingen, vor denen wir Angst haben, schützen wird. Unsere Tagträume vom Geld zeigen uns nicht nur, dass das Geld ein Götze sein kann, sie enthüllen uns auch unsere anderen Götzen. Was mein Herz am meisten liebt und anbetet, dafür gebe ich am leichtesten, liebsten, ja fast schon zwanghaftesten mein Geld aus.

Manche Menschen bringen ihr Geld zur Bank, um Sicherheit zu bekommen. Andere setzen es in Kleidung um oder in andere Dinge, die sie schöner und bewunderter machen. Wieder andere investieren es in Häuser oder in die Mitgliedschaft in exklusiven Klubs, um ihren Status und ihre Macht zu erhöhen. „Denn wo dein Reichtum ist, da wird auch dein Herz sein" (Matthäus 6,21). Wie kann ich den Griff des Geldes um mein Herz brechen? Ein gutes Rezept heißt: Radikale Großzügigkeit gegenüber Gott und den Armen. Für das götzendienerische Herz ist dies schmerzlich, aber „einer, der in der Not nicht einen Schatz wegwerfen kann, ist in Fesseln".[224]

Wo haben Sie die Wahrheit des Satzes Jesu „Wo dein Reichtum ist, da wird auch dein Herz sein" bei sich selber oder bei anderen erlebt?

Gebet: *Herr Jesus, wie verräterisch ist doch das Geld! Wenn ich mir anschaue, wofür ich am liebsten mein Geld ausgebe, sehe ich, was meinem Herzen wirklich wichtig ist. Lass mich deine Herrlichkeit so lange betrachten (2. Korinther 3,18), bis all diese anderen Dinge ihren Griff um mich verlieren. Amen.*

1. November

Der Gottlose macht trügerischen Gewinn, wer aber Gerechtigkeit aussät, erntet bleibenden Lohn. (11,18)

Trügerischer Reichtum. Ohne eine Beziehung zu Gott ist mein Einkommen *trügerisch* (wörtlich: „nicht real", hebräisch *seqer*). Warum? Wie wir sahen, liegt die geistliche Macht des Geldes in seiner Fähigkeit, uns einzureden, dass es uns viel mehr zu geben vermag, als es das wirklich kann. „Wie gut könnte ich leben, wenn ich nur ein bisschen reicher wäre …" Geld bedeutet doch Leben und Frieden, oder? Aber das stimmt nicht.

Das einzige Gegenmittel gegen die Macht des Geldes über mich ist, dass ich meinen Reichtum in Christus erkenne. In ihm bin ich „reich in Gott" (Lukas 12,21; vgl. 2. Korinther 8,9). Irdische Reichtümer bringen nur vorübergehenden Gewinn, aber Christen sind Kinder des Königs des Universums! Geld bringt ein gewisses Maß an Sicherheit, aber „alles trägt zum Besten derer bei, die Gott lieben; sie sind ja in Übereinstimmung mit seinem Plan berufen" (Römer 8,28). Irdischer Reichtum bringt Macht, aber wir werden einst zusammen mit Christus herrschen (2. Timotheus 2,12). Christus hat die einzige Schuld, die uns vernichten kann, voll bezahlt (Lukas 7,42-43); das macht alle anderen Schulden klein. In Christus sind wir wahrhaft reich.

Haben Sie bei sich oder jemand anderem schon einmal die Entlarvung der falschen Versprechungen des Reichtums erlebt?

Gebet: *Herr, wahren Reichtum gibt es nur in dir (Lukas 12,21), und alles echte Lob kommt von dir (Römer 2,29). Ich danke dir, dass du mir in deiner Gnade nicht nur den bleibenden Schatz meiner Erlösung geschenkt hast, sondern auch einen Teil der flüchtigen Güter dieser Welt. Lass mich nie vergessen, welcher Reichtum der bleibende ist! Amen.*

2. November

Es gibt Menschen, die großzügig geben und trotzdem dazugewinnen, andere wiederum sind übermäßig sparsam und leiden trotzdem Mangel. (11,24)

Ausstreuen und sammeln. Je mehr ich meinen Reichtum ausstreue, desto mehr bekomme ich, und je mehr ich versuche, ihn festzuhalten, desto mehr zerrinnt er. Wie kann das sein? Schauen wir uns einen Bauern an. Je mehr Samen er ausstreut, umso mehr wird er ernten. Und der Same kommt in einer verbesserten Gestalt zurück, als Frucht, die ich essen oder verkaufen kann. Ähnlich erkennt der geistlich Weise, dass sein Geld wie ein Saatgut ist und dass die einzige Methode, es in bleibenden Reichtum zu verwandeln, darin besteht, es großzügig zu verschenken und zu spenden (vgl. 2. Korinther 9,6).

Nein, dies ist *keine* Garantie, dass ich für das Geld, das ich verschenke, eine saftige finanzielle Rendite bekomme! Es ist vielmehr so: Je mehr ich an Missionen und Hilfswerke spende, die den Menschen geistlich und materiell helfen, umso mehr von meinem Geld verwandelt sich in den wahren „Reichtum" eines besseren Lebens für meine Mitmenschen und der geistlichen Gesundheit bei mir selber. Und nicht zuletzt gehe ich in den Fußstapfen dessen, der sich buchstäblich für uns dahingab und in die Zerbrochenheit ging, damit er uns zu sich selbst versammeln konnte.

Wo und wie haben Sie dieses Prinzip des Weggebens und anschließenden Sammelns schon erlebt?

Gebet: *Herr Jesus, dein unendlicher Verlust am Kreuz hat uns die Auferstehung und einen unendlichen Gewinn gebracht. Gib mir den Glauben, in deinen Fußstapfen zu gehen und meine Güter und meine Zeit großzügig für andere auszustreuen, um anschließend im Leben meiner Mitmenschen deine Gnade und dein Leben wachsen zu sehen. Amen.*

3. November

Wer sich anderen in Güte zuwendet, wird gesegnet, denn er teilt sein Brot mit den Armen. (22,9)

Der Segen der Großzügigkeit. Wer großzügig gegenüber seinen Mitmenschen ist und *sein Brot mit den Armen teilt*, wird selber *gesegnet*. Worin besteht dieser Segen? Zum einen kann Großzügigkeit, die die Macht des Geldes über mich bricht, mich finanziell weiser machen. Und zum zweiten kommt es zu einem Anwachsen des Schatzes der Liebe. Schon der gesunde Menschenverstand sagt uns, dass wir am reichsten sind, wenn wir am meisten lieben und geliebt werden.

Radikale Großzügigkeit ist ein Akt der Liebe zu Gott und zum Nächsten, der das Liebeskonto exponentiell wachsen lässt. Wir sehen das Geld nicht mehr als Macht- und Statuswährung, sondern als Mittel, Gott und dem Nächsten unsere Liebe zu erweisen. Wir lieben dann Gott mit unserem Geld, wenn wir es als *sein* Geld betrachten und in die Dinge investieren, die er liebt. Und wir lieben unseren Nächsten mit unserem Geld, wenn wir mit ihm sein Leben heilen oder reparieren. In der Bibel ist der am meisten gesegnet, der Gott ähnlicher wird. Gott hat uns unser Leben geschenkt, und dann hat er uns das Leben seines Sohnes geschenkt. Je mehr wir verschenken, desto mehr werden wir Gott ähnlich. Und das ist ein Segen!

Kennen Sie Beispiele für den Segen der Großzügigkeit?

Gebet: *Vater, es gibt nur eine einzige Währung, die sicher ist – die Liebe. In Liebe schufst du die Welt und sandtest deinen Sohn. Lass mich nie finanzielle Sicherheit höher schätzen als Liebe. Lass mich mein Geld dazu benutzen, die Armen zu lieben und die, die dich noch nicht kennen, und auch die in meiner Familie und Umgebung, die gerade besonders bedürftig sind. Amen.*

4. November

Wer einem Armen etwas gibt, wird keinen Mangel leiden, wer aber seine Augen vor der Not verschließt, wird auf vielerlei Weise verflucht. (28,27)

Mir wird nichts mangeln. Der Großzügige *wird keinen Mangel leiden*. Dies bedeutet nicht, dass alle Menschen, die großzügig und rechtschaffen sind, automatisch reicher werden (vgl. 15,15-17; 16,8.19; 19,22). Es geht um etwas anderes, und dies zeigt uns die zweite Hälfte dieses Spruches: Der Egoist, der sich an sein Geld klammert, wird von seinen Mitmenschen *auf vielerlei Weise verflucht*. Der Freigiebige dagegen wird gesegnet.

In Markus 10,29-31 sagt Jesus, dass der Mensch, der um seinetwillen sein Haus oder seinen Acker verlässt, diese Dinge hundertfach zurückbekommt, und das schon „jetzt, in dieser Zeit". Christen können deswegen radikal ihr Geld weggeben, wenn die Lage das erfordert, weil sie Glieder einer Gemeinschaft sind, die ihnen genauso helfen wird, wenn sie selber in Not geraten. Wir haben allen Grund dazu, christliche Gemeinschaften der gegenseitigen, praktischen Liebe zu pflegen wie in der ersten Gemeinde, von der es heißt: „Nicht ein Einziger betrachtete irgendetwas … als sein persönliches Eigentum; vielmehr teilten sie alles miteinander" (Apostelgeschichte 4,32-34). Christen können radikal großzügig sein, ohne sich zu zersorgen. Weil sie zu einer Gemeinschaft von Gleichgesinnten gehören, wird ihnen nichts fehlen, was sie wirklich brauchen.

Haben Sie es in Ihrem Leben oder bei anderen Menschen schon erlebt, wie das Liebesband in einer christlichen Gemeinde zu mehr Großzügigkeit führte?

***Gebet:** Vater, du willst nicht, dass ich als hartgesottener Individualist lebe. Ein solches Leben ist nicht gut für mich. Verändere mein Herz und stärke deine Kirche, damit wir, deine Kinder, echt Glieder eines Leibes sind. Amen.*

5. November

Erweise dem HERRN Ehre mit deinem Besitz, überlass ihm die besten Früchte deiner Ernte. Dann werden deine Vorratskammern reichlich gefüllt sein, und der Most in deinen Fässern wird überfließen. (3,9-10)

Wie viel ist genug? Wie viel von unserem Geld sollten wir weggeben, um der biblischen Aufforderung zur Großzügigkeit zu gehorchen? Der Satz *Erweise dem HERRN Ehre mit deinem Besitz* ist vor dem Hintergrund des biblischen „Zehnten" zu lesen. Gott befahl den Israeliten, 10 Prozent ihres Jahreseinkommens an die Leviten und Priester abzuführen, für den Tempelgottesdienst und die Armen. Diesen Teil ihres Besitzes betrachtete Gott als sein Eigentum, und wer ihn zurückhielt, war praktisch ein Dieb (Maleachi 3,6-12).

Das Neue Testament verlangt nirgends ausdrücklich das Geben des Zehnten. Aber in Matthäus 23,23 geht Jesus mit denen ins Gericht, die nicht bereit sind, bei Bedarf auch über den Zehnten hinauszugehen. Dies ist nur logisch. Wir haben so viel mehr Vorrechte, Freude, Wissen und Kraft als unsere Vorgänger im Glauben – wie können wir da weniger großzügig sein als sie? Daher betrachtet man den Zehnten wohl am besten als vernünftiges Minimum für den Christen, der der Kirche, den Armen und anderen in einem Maß helfen will, das dem Evangelium entspricht.

Finden Sie den Zehnten als Untergrenze für christliche Großzügigkeit richtig? Warum bzw. warum nicht?

Gebet: *Herr, meine Kultur drängt mich dazu, immer noch mehr auszugeben, um Glück und Sicherheit zu bekommen. Erinnere mich daran, dass meine Freude und Frieden in dir sind, und dann hilf mir, im Laufe der Jahre einen wachsenden Anteil meines Einkommens zu verschenken und zu spenden. Amen.*

6. November

Bewahre mich davor, zu lügen und zu betrügen; lass mich weder arm noch reich werden, sondern gib mir gerade so viel, wie ich zum Leben brauche. Sonst werde ich womöglich satt, verleugne dich und sage: „Wer ist denn der HERR?" Oder ich werde arm, beginne zu stehlen und ziehe damit den Namen meines Gottes in den Schmutz." (30,8-9)

Schlicht und fröhlich. Nicht nur zu viel, sondern auch zu wenig Geld kann uns verderben. Die Armen sind versucht, durch Straftaten an Geld zu kommen (*ich … beginne zu stehlen*). Wer unfair benachteiligt wird, kann dies als Rechtfertigung für den Weg in die Illegalität, ja in die Gewalt benutzen. (Die Gefahren und Lasten des Reichtums haben wir bereits gesehen.)

Aber wir dürfen diesen Spruch nicht als „Mittelklasse"-Empfehlung lesen. *So viel, wie ich zum Leben brauche* (vgl. 1. Timotheus 6,8) bezeichnet einen bescheidenen Lebensstil, der unter dem liegt, was wir heute mit „Mittelklasse" assoziieren. Heißt das, dass Christen alles Geld, was über einen „einfachen Lebensstil" hinausgeht, weggeben sollten? Nicht unbedingt, denn wir brauchen Christen in allen Schichten der Gesellschaft. Aber was es mindestens bedeutet, ist dieses: Gemessen an unserer Gesellschaftsschicht und dem Viertel, in dem wir wohnen, sollten Wohnung, Kleidung und Lebensstil so bescheiden wie möglich sein, damit wir so großzügig sein können wie möglich. Die christliche Gemeinde sollte der Welt eine Gesellschaft vorleben, in der Reichtum und Besitz nicht Mittel zur persönlichen Bereicherung und Erfüllung sind, sondern zum Dienst an den Mitmenschen.

Leben Sie in Ihrem Beruf und Ihrer Nachbarschaft so bescheiden wie möglich, um so großzügig wie möglich sein zu können?

***Gebet:** Herr, lass mich mein Geld und meinen Besitz nicht als meinen Schatz sehen und dich nicht als Mittel zum Zweck. Lenke mein Herz so, dass du mein größter Schatz wirst (1. Petrus 2,7) und ich meinen irdischen Besitz als Mittel sehe und nutze, um anderen zu dienen. Amen.*

7. November

Wer träge ist, wird sich nie ein Wildbret braten, aber ein fleißiger Mensch besitzt wertvolle Dinge ... Wenn Arme sich neues Ackerland erschließen, wächst darauf reichlich zu essen, aber durch Unrecht kann alles zunichtewerden. (12,27; 13,23)

Gottes Ökonomie. 12,27 sagt uns, dass die Faulen nicht essen, weil sie sich nicht um ihre Nahrung bemühen. Manche sehen hier eine Generalerklärung von Armut: Mangel an Eigeninitiative. Aber 13,23 stellt klar, dass eine Familie bestes Ackerland haben, aber den Ertrag durch Ungerechtigkeit verlieren kann. Die biblische Sicht von Reichtum und Wirtschaft lässt sich weder beim Sozialismus noch beim Kapitalismus einordnen. Armut kann weder auf persönliche Trägheit noch auf ungerechte Strukturen reduziert werden. Die Bibel bejaht harte Arbeit und Privatbesitz, aber dieser Besitz ist nichts Absolutes, da er uns von Gott anvertraut ist und wir nur seine Verwalter sind.

Nach 5. Mose 23,25 darf ein Armer im Weinberg seines Nächsten Trauben essen, nicht aber ein Gefäß mit ihnen füllen. In einer sozialistischen Gesellschaft würden die Trauben dem Staat gehören, in der totalen Privatwirtschaft wäre eine einzige Traube, die man sich pflückt, schon Diebstahl. Die biblische Vision einer Gesellschaft des solidarischen Miteinanders, in der der Privatbesitz ein Gut, aber kein Götze ist, lässt sich vor den Karren keines der gängigen politischen und ökonomischen Modelle spannen, sondern steht allen kritisch gegenüber.

Was würde sich in der Kirche ändern, wenn die Christen ernsthaft glaubten, dass die Bibel weder ein sozialistisches noch ein kapitalistisches Wirtschaftsmodell bejaht?

Gebet: *Herr, die Weisheit deines Wortes kann in der menschlichen Politik und Ökonomie hier und da aufscheinen, aber niemals voll umgesetzt werden. Mögen wir Christen unsere Nächsten lieben und Salz und Licht der Gesellschaft sein (Matthäus 5,13-14), aber uns nie von irgendwelchen Programmen und Utopien blenden lassen. Amen.*

8. November

Durch mich regieren Könige, und durch mich erlassen Machthaber gerechte Gesetze. Mit meiner Hilfe herrschen Fürsten und Würdenträger, ja, alle, die gerechte Entscheidungen fällen. (8,15-16)

Obrigkeiten. Die Sprüche wissen um die Realität der Macht und reden immer wieder zu denen, die sie ausüben. Gut zu führen ist heute schwieriger denn je, aber keine Gesellschaft kann ohne Obrigkeit funktionieren. Hier spricht die Weisheit Gottes, durch die er die Welt schuf (8,25-31), und sagt: *Durch mich regieren Könige.* Was bedeutet das? Einerseits, dass jede Obrigkeit nur in dem Maße Erfolg hat, in welchem sie Gottes Weisheit anerkennt – sich also nicht selber für zu weise hält, relativ frei von der Macht des Geldes ist und ein realistisches Wissen von sich selber, vom rechten Zeitpunkt und vom Funktionieren von Beziehungen hat.

Doch zweitens bedeutet das *durch mich*, dass alle Obrigkeit, ob sie das weiß oder nicht, ihre Autorität letztlich von Gott selber hat. Jesus sagte Pilatus, dass dieser keine Macht hatte außer der, die Gott ihm gegeben hatte (Johannes 19,11), und er sagte dies, als Pilatus im Begriff stand, ein großes Unrecht zu tun. Selbst Herrscher ohne viel Weisheit und Tugend sind von Gott eingesetzt und müssen letztlich seinen Plänen dienen (1. Mose 50,20; Apostelgeschichte 2,23; Römer 8,28).

Was sollen Christen mit guten Regierenden machen, die keine Christen sind, und was mit schlechten, die Christen sind?

Gebet: *Herr, anstatt über „die da oben“ zu meckern, lass uns dir für sie danken und für sie beten, dass sie so viel Weisheit bekommen, dass wir in Ruhe und Frieden ein Leben führen können, durch das du geehrt wirst (1. Timotheus 2,1-2). Amen.*

9. November

Zu einem dummen Menschen passt es nicht, sich gewählt auszudrücken, noch weniger passt Lügengeschwätz zu einem Vornehmen ... Ein König sorgt durch eine Rechtsordnung für den Erhalt des Landes, wenn einer jedoch immer mehr Steuern erhebt, richtet er es zugrunde. (17,7; 29,4)

Charakter. Meist benutzen die Sprüche als Fallstudien der Macht gekrönte Häupter, aber die Grundprinzipien treffen auf alle Leitungsfunktionen zu, z. B. auch Kindererziehung, Gruppenleitung und Abteilungsleitung.

Das erste Merkmal eines weisen Leiters ist sichtbare Charakterstärke. *Lügengeschwätz* passt nicht zu einem *Vornehmen* (17,7), und 29,4 warnt Menschen in Führungspositionen davor, geldgierig gegenüber ihren Untergebenen zu sein. Ohne Zweifel gehört zum Leitungsamt der formale, juristische Aspekt. Es gibt in unserem Alltag viele Autoritäts- und Amtspersonen, die befugt sind, juristische oder finanzielle Sanktionen gegen uns zu ergreifen, wenn wir ihre Anweisungen nicht befolgen. Aber die einflussreichsten Leiter sind die, denen die Menschen so sehr vertrauen, dass sie ihnen folgen *wollen*. Das Neue Testament weist die Leiter in der Kirche an, sich nicht als Herren aufzuspielen, sondern ein Vorbild zu sein (1. Petrus 5,3). Es ist möglich, ein charakterfester Mensch zu sein, aber nicht das Zeug zu einem starken Leiter zu haben, aber das Gegenteil gibt es nicht. Es ist nicht möglich, ein starker Leiter zu sein, ohne eine innere Stärke zu haben, die alle sehen und achten und der sie daher vertrauen.

Denken Sie an die besten Leitungspersonen, die Sie kennen. Inwiefern hat ihr Charakter zu ihrer Kompetenz beigetragen?

Gebet: *Herr, ich bete für die Leiter und Obrigkeiten unserer Staaten und Nationen, in Wirtschaft und Handel, in Kunst und Kultur, in Bildung und Forschung und im sozialen Bereich: Bitte gib ihnen Ehrlichkeit, Weisheit, Können und Tugend bei der Erfüllung ihrer Aufgaben, damit sie ein Segen für ihr Land sind. Amen.*

10. November

Ein König, der auf dem Richterstuhl sitzt, siebt mit seinem Blick alles Böse aus. (20,8)

In den Herzen lesen. Ein zweites Merkmal eines guten Leiters ist die Fähigkeit, den Charakter anderer Menschen einzuschätzen. Ein Leiter, der nicht in den Herzen der Menschen lesen und *alles Böse aussieben* kann, wird nicht gut leiten. Es wird ihm nicht gelingen, die richtigen Mitarbeiter oder Partner für die Institution oder Organisation, die er vertritt, auszusuchen. Entweder er wird ein vertrauensseliger Naivling sein oder ein ewig misstrauischer Zyniker, und beides ist schlecht für das Leiten und Regieren.

Als Gott dem jungen König Salomo einen Wunsch freistellt, bittet dieser nicht um Macht und Reichtum, sondern um „ein gehorsames Herz“, damit er „dein Volk richten könne und verstehen, was gut und böse ist. Denn wer vermag dies dein mächtiges Volk zu richten?“ (1. Könige 3,9, LUT). Dies gefällt Gott. Kurz nach diesem Gebet kommen zwei Frauen zu Salomo, von denen eine ihr Neugeborenes aus Versehen erdrückt hat. Jede behauptet, dass das überlebende Kind ihr gehöre. Salomo gelingt es, durch die widerstreitenden Aussagen zu den Herzen der Frauen durchzudringen, Gut und Böse zu unterscheiden und ein gerechtes Urteil zu sprechen. So wie Jesus in den Herzen lesen konnte (Johannes 2,24-25), können dies auch gute Leiter.

Denken Sie an die besten Leitungspersonen, die Sie kennen. Inwiefern hat ihre Fähigkeit, den Charakter anderer Menschen zu beurteilen, zu ihrer Kompetenz beigetragen?

Gebet: *Vater, dein Sohn konnte die Herzen der Menschen lesen, aber er verachtete sie nicht, sondern starb für sie. Gib, dass ich das Gute und das Böse in den Menschen erkenne – aber nicht, um sie anschließend zu verachten, sondern um sie noch tiefer und weiser zu lieben. Amen.*

11. November

Ein weiser König sondert die Frevler aus und lässt das Rad über sie gehen. (20,26, LUT)

Gefragt: Entschlossenheit. Ein drittes Merkmal guter Leiter sind Konsequenz und Entschlossenheit. Mit dem „Rad“ ist ein Rad mit scharfen eisernen Zacken gemeint, mit dem beim Dreschen die Spreu vom Getreide getrennt wurde. Die *Frevler* werden mit der Spreu verglichen, es geht aber nicht darum, dass sie im buchstäblichen Sinn gefoltert werden sollen. Gemeint ist, dass Menschen in Führungspositionen keine Angst davor haben sollen, „aufzuräumen“ und klare Urteile und Entscheidungen zu treffen – vor allem dort, wo es um richtig und falsch, um Recht und Unrecht geht.

Wir dürfen nicht denken, dass irgendein menschlicher Leiter in der Lage ist, eine Kirche, Gemeinde oder Organisation perfekt von der bösen „Spreu“ zu reinigen. Jesus hat klar gesagt, dass nur er das kann, und das auch erst am Tag des Gerichts (Matthäus 3,12; 13,24-30). Aber gute Leiter haben die Fähigkeit, hinter Fassaden zu schauen und Dinge recht zu beurteilen. Und sie haben keine Angst zu handeln. Unentschlossenheit ist oft die Folge von Angst. In dem Gleichnis von dem anvertrauten Geld nennt Jesus den Diener, der sich nicht traut, das Geld seines Herrn zu investieren, „böse“ und „faul“ (Matthäus 25,26). Solche Zögerlichkeit kann aber auch das Ergebnis eines übermäßigen Bedürfnisses nach Anerkennung sein; wir wollen nicht autoritär erscheinen und ja niemanden verletzen. Aber wenn die Menschen in einer Gemeinde oder Firma nicht recht wissen, was die Leitung beschlossen hat oder was sie von ihnen erwartet, ist dies ein klarer Fall von Führungsversagen.

Denken Sie an die besten Leiter, die Sie kennen. Inwiefern haben Konsequenz und Durchgreifen zu ihrem Erfolg beigetragen?

Gebet: *Herr, hilf mir, sowohl die Ängstlichkeit, die allzu zögerlich macht, zu überwinden, als auch den Stolz, der zu Starrheit führt. O Richter der Erde, der immer Recht übt (1. Mose 18,25), gib mir ein gesundes Urteilsvermögen. Amen.*

12. November

Güte und Treue beschützen den König, und durch seine Güte festigt er seinen Thron. (20,28)

Macht alleine reicht nicht. Der Ausdruck *Güte und Treue* wird in der Bibel häufig zur Bezeichnung der Bundesbeziehung Gottes zu seinem Volk benutzt. Gott hat uns so sehr geliebt, dass er Mensch wurde und den Opfertod für uns erlitt. So gütig und treu ist er, ohne Wenn und Aber. Dieser Spruch besagt somit, dass auch das Regieren eines Königs durch die sichtbare Liebe zu seinen Untertanen gekennzeichnet sein muss. Sie müssen sehen können, dass, wenn es hart auf hart geht, der König sich eher für sie opfern wird, als dass er sie opfert, um seine eigene Haut zu retten.

Ein guter Leiter ist wie ein echter Ehemann, der seine Frau führt, um ihr zu dienen, und wenn es ihn das Leben kostet (Epheser 5,25), und nicht wie ein falscher Ehemann, der seine Frau opfert, um seine eigene Haut zu retten (Richter 19,22-28). Der mächtigste Leiter ist der, der seine Autorität letztlich einsetzt, um seinen Untergebenen zu dienen. Ein Leiter muss stark und entschlossen sein und das schließt ein, dass er auch unbequeme Entscheidungen treffen muss (11. November). Doch Macht alleine tut es nicht. Die größten Führer sind die, die die größten Diener sind (Markus 10,45; Lukas 22,27).

Denken Sie an die besten Leiter, die Sie kennen. Inwiefern haben sichtbare Liebe und das Herz eines Dieners zu ihrem Erfolg beigetragen?

Gebet: *Vater, wir bitten darum, dass die Mächtigen in unserer Nation nicht Macht und eigene Ehre, sondern den Dienst an den Menschen suchen. Und dass die Leiter in unserer Kirche sich ganz an dem Vorbild deines Sohnes ausrichten, der nicht kam, um sich dienen zu lassen, sondern um zu dienen. Amen.*

13. November

Ohne Prophetie, die den Weg weist, verwildert ein Volk, aber wenn es auf Gottes Weisung hört, kann man es glücklich preisen. (29,18)

Gefragt: Visionen. Wenden wir uns jetzt dem zu, was Leiter *tun.* In diesem Spruch erfahren wir, dass ein Volk *verwildert* und vom Weg abkommt, wenn ihm etwas ganz Bestimmtes fehlt. Das hebräische Wort bezeichnet dieses Etwas wörtlich als „Vision" (also Voraussicht), aber es kann auch die Offenbarung (*Prophetie*) meinen, die Propheten von Gott erhalten. Die Übersetzer sind hier nicht einer Meinung, und am besten kombiniert man vielleicht die beiden Bedeutungen. „Die, die kein Ziel bzw. keinen Plan für die Zukunft haben, haben nichts, das sie leitet, sodass sie in alle möglichen Richtungen gehen."[225]

Christliche Leiter müssen, der Weisheit des Wortes Gottes folgend, den Menschen Ziele geben, die Gott ehren und den Mitmenschen dienen. Die besten Leiter sind die, die ein überzeugendes Bild von der Zukunft malen und sagen können: „Dies ist die Welt, die ich haben möchte. Wer macht mit?" Organisationen können langsam absterben, wenn sie nicht mehr einer Vision dienen, einem Ziel außerhalb ihrer selbst, sondern nur noch ihrer Selbsterhaltung. Ein guter Leiter sieht nicht nur sich selber als Diener, sondern auch die Organisation, die er leitet.

Haben Sie schon einmal einen Leiter erlebt, der eine überzeugende Vision von der Zukunft vermittelte? Wie machte er das?

***Gebet:** Herr, gib, dass die führenden Köpfe unseres Landes nicht in erster Linie von persönlichem Ehrgeiz motiviert sind, sondern von einer Vision des Friedens (des Endes von Gewalt und Konflikten), des Wohlstands (der Hilfe für die Armen, Kranken und Hungernden) und der Freiheit (des Zerbrechens von Systemen der Ungerechtigkeit). Amen.*

14. November

Dem König gefällt ein umsichtiger Diener, doch wer ihm Schande macht, auf den wird er wütend … Was ein fleißiger Mensch plant, bringt ihm stets Gewinn, wer es aber zu eilig hat, macht nur Verlust … Wie ein Schütze, der alle um sich herum verwundet, so fahrlässig handelt jemand, der Dummköpfe und Dahergelaufene wahllos zur Arbeit anstellt. (14,35; 21,5; 26,10)

Gesucht: Organisierer. Ein Leiter kann das Herz eines Dieners und eine überzeugende Vision haben, aber – so 14,35 und 26,10 – dies nützt trotzdem nichts, wenn der König seine Diener unweise auswählt. Es gibt Führer, die begeistern, aber nicht organisieren können. Zum Organisieren gehört das Finden von Mitarbeitern, die ihren Job beherrschen. Und die Fähigkeit zum weisen, strategischen Planen (21,5).

Und schließlich ist ein guter Organisator selber gut organisiert. Er hat Ordnung im Leben. Unordnung ist eine Form des Egoismus, ein Mangel an Liebe in den Dingen des Alltags. Gute Führer wissen, was wichtig ist, und nehmen sich die Zeit dafür. Jesus hat den Tag so begonnen: „Früh am Morgen … stand Jesus auf, verließ das Haus und ging an einen einsamen Ort, um dort zu beten" (Markus 1,35). Als es Zeit war, nach Jerusalem zu gehen, machte er sich „entschlossen" auf den Weg (Lukas 9,51). Seiner Berufung total gehorsam, war er der Herr seiner Zeit – und wir wurden erlöst. Bitten Sie ihn darum, auch Ihre Zeit in den Dienst der Berufung zu stellen, die er Ihnen gibt.

Es ist eines, zu sagen: „Da müssen wir hin." Es ist etwas anderes, den Weg zu finden. Fällt es Ihnen leichter, Ziele zu setzen, als sie zu erreichen? Wie können Sie das ändern?

Gebet: *Vater, ich habe schon viele faszinierende Ideen für neue Projekte gehabt, aber zu oft fehlt mir die nötige Weisheit, um die Träume wahr werden zu lassen. Hilf mir durch deine Gnade, so viel Ordnung im Leben zu haben, dass ich das, was ich begonnen habe, auch ausführen kann und so deinem Sohn, Jesus Christus, ähnlicher werde. Amen.*

15. November

Der König spricht mit göttlicher Eingebung, darum unterlaufen ihm in der Rechtsprechung keine Fehler. Über genaue Waagen und richtig eingestellte Waagschalen bestimmt der HERR allein, alle Gewichte wurden von ihm festgelegt. Könige verabscheuen es, wenn Unrecht geschieht, denn ein Thron wird nur durch Gerechtigkeit gefestigt. Königen gefällt es, wenn man die Wahrheit sagt, und sie lieben den, der aufrichtig spricht. Wutausbrüche des Königs sind Vorboten des Todes, doch ein weiser Mann kann sie besänftigen. Ein Strahlen im Gesicht des Königs verheißt Leben, sein Wohlwollen ist wie ein Regenschauer, der die Saat gedeihen lässt. (16,10-15)

Vertreter Gottes. In diesen Versen könnte man überall, wo *König* steht, „der HERR" einsetzen.[226] Auch wenn alle menschliche Autorität begrenzt ist (Matthäus 22,21) und wir Gott mehr gehorchen müssen als Menschen (Apostelgeschichte 5,29) – Personen mit Obrigkeitsfunktion sind von Gott eingesetzt (Römer 13,1).

Was heißt das? Wenn ich irgendwo Autorität habe (ob als Vater oder Mutter, als Beamter oder als Hauskreisleiter), habe ich sie von Gott verliehen bekommen (Daniel 4,14), und Gott wird volle Rechenschaft von mir darüber fordern, was ich mit ihr gemacht habe (5. Mose 17,18-20). Ich habe in meinem Leiten so weit wie irgend möglich Gott selber zu vertreten. Das ist wahrlich ein Grund für eine Einstellung der Furcht und des Zitterns vor Gott! Aber vergessen wir auch nicht, dass Jesus den Versager Petrus zum Leiter der Gemeinde machte (Johannes 21,15-19) und so zeigte, dass das Wichtigste nicht Fähigkeit und Können ist, sondern Demut und die Abhängigkeit von Gott. Wie in den Narnia-Geschichten Aslan zu Prinz Kaspian sagt: „Hättest du dich selbst für geeignet gehalten, so wäre es ein Beweis dafür gewesen, dass du es nicht bist."[227]

Haben Sie es auch schon erlebt, dass Ihre Schwächen und Versagen Sie mehr – und nicht weniger – qualifiziert haben, zu leiten?

Gebet: *Herr, als ich meine Leitungsaufgabe bekam, wollte ich vor allem eine gute Figur machen, aber jetzt merke ich, wie ich ein von dir kommendes Bedürfnis bekomme, dein Repräsentant zu sein. Gib mir die Integrität, Bescheidenheit, Liebe und Entschlossenheit, die es braucht, um ein guter Leiter zu sein. Amen.*

16. November

Ein König sorgt durch eine Rechtsordnung für den Erhalt des Landes, wenn einer jedoch gierig nach Bestechungsgeldern ist[228], richtet er es zugrunde ... Wenn ein Herrscher auf Lügen hört, dann sind auch alle seine Bediensteten gottlose Betrüger. (29,4.12)

Eine Kultur der Wahrheit. Korruption reicht von dem „Trinkgeld“, das das Schlangestehen abkürzt, bis zu fürstlichen Summen, um den Zuschlag für den Bau der neuen Autobahn zu bekommen. Sie kann je nach Situation und Land sogar legal sein, doch die Bibel sagt durchgehend Nein zu ihr (vgl. 5. Mose 10,17-18; 2. Chronik 19,7; Sprüche 17,23). Dabei geht es nicht nur um Ehrlichkeit, sondern auch um Gerechtigkeit. Die Armen können sich keine Bestechungsgelder leisten, sodass Korruption auch eine unfaire Privilegierung der Reichen darstellt; sie zementiert das Elend der Armen.

Wo die Korruption aus der Mitte der Gesellschaft kommt, kann die Obrigkeit sie unter Umständen mit viel Mühe ausrotten. Kommt sie dagegen von oben (29,12), ist Hopfen und Malz verloren. „Eine Variante dieser Korruption von oben ... ist der Herrscher, der ... sich mit Untergebenen umgibt, die nur das sagen, was er hören will.“[229] Seien wir dankbar, dass an der Spitze des wahren Reiches der steht, der absolut unbestechlich ist. Jesus erlebte drei verlockende Bestechungsversuche durch den Teufel (Matthäus 4,1-11). Er widerstand ihnen allen – für seinen Vater und für uns. Darum sollten auch wir Bestechung widerstehen – für ihn.

Welche Arten von Korruption haben Sie schon erlebt? Wollte Sie schon einmal jemand bestechen? Wie haben Sie sich verhalten?

Gebet: *Vater, die Korruption hat so viele Gesichter. Gib, dass ich mich nicht von den Mächtigen und Reichen manipulieren lasse, auch nicht auf subtile Art. Stelle mir deinen Sohn vor Augen, der die reichste Gegend im Universum verließ, um unter uns zu leben, den Armen und Machtlosen. Amen.*

17. November

Viele bemühen sich um die Gunst eines Machthabers, aber der HERR ist es, der jedem zu seinem Recht verhilft. (29,26)

Auch nur Menschen. Die Bibel ruft uns zur Achtung der Obrigkeit auf (Römer 13,1-9). Nur Narren und Spötter lehnen Autorität ab. Doch dieser Text warnt uns vor dem umgekehrten Irrtum: dass man alle seine Hoffnungen auf Gerechtigkeit auf die menschliche Obrigkeit setzt, wo sie doch eigentlich nur bei Gott mit Sicherheit zu finden ist. Anders ausgedrückt: Wir sollten nie vergessen, dass auch Leiter nur Menschen sind, die ihre Wünsche und Ängste haben (Apostelgeschichte 24,25-27) und irrational (1. Korinther 2,6.8) oder schlicht schwach sind (Psalm 146,3-4).[230] Sie sind nie vollkommen und wir sollten uns davor hüten, mehr von ihnen als von Gott zu erwarten.

Dies bedeutet ganz praktisch, dass wir nicht allzu schockiert sein sollten, wenn sich zeigt, dass unsere Mächtigen auf tönernen Füßen stehen. Wir sollten auch nicht zynisch reagieren. Wenn für uns die einzige Hoffnung auf Frieden und Ordnung in der Gesellschaft in Gott liegt, dürfen wir die menschlichen Obrigkeiten weder naiv anhimmeln noch mit bitterem Zynismus verachten; beide Einstellungen sind nicht nur tödlich für das politische und bürgerliche Leben, sondern auch eine Missachtung des Gottes, der letztlich hinter aller menschlichen Obrigkeit steht.

Sind Sie schon durch Leiter enttäuscht worden? Wie? Und wie haben Sie reagiert?

Gebet: *Herr, es hat mich getroffen, als ich merkte, dass einige der Leiter, die ich am meisten bewundert hatte, auch nur Menschen waren. Das Ergebnis war, dass ich zynisch wurde und niemandem mehr vertraute. Bewahre mich vor beidem – dem Anhimmeln und dem Zynismus. Beides bedeutet ja, dass ich dir, meinem Fels und Erlöser, im Grunde nicht vertraue. Amen.*

18. November

Mein Sohn, hab Ehrfurcht vor dem HERRN und vor dem König, lass dich nicht mit Aufrührern ein. Denn plötzlich bricht Verderben über sie herein. Wer weiß, welche Strafe der HERR oder der König über sie verhängt? (24,21-22)

Gute Bürger. Man könnte diese Verse rein pragmatisch verstehen, als Warnung, sich nicht an Aufständen zu beteiligen, die womöglich scheitern. Aber 1. Petrus 2,17 („Habt Ehrfurcht vor Gott, achtet den Kaiser") und Römer 13,1 („Jeder soll sich der Regierung ... unterordnen") zeigen, dass es nicht nur Pragmatismus ist, ein guter Bürger zu sein, sondern zu einem weisen, frommen Leben dazugehört.

Die biblische Lehre von der Obrigkeit ist außerordentlich ausgewogen. In Römer 13 und 1. Petrus 2 werden Christen aufgefordert, Obrigkeiten zu respektieren, die gottlos waren. In Jeremia 27,1-7 werden die damaligen Frommen aufgerufen, sich konstruktiv in das Leben einer heidnischen Kultur einzubringen. Doch andererseits gibt es auch den zivilen Ungehorsam der hebräischen Hebammen gegenüber dem Pharao (2. Mose 1,17), die uns an die Menschen erinnern, die z. B. im 2. Weltkrieg Juden vor den Nazis versteckten. Christen achten und lieben ihr Land, aber sie tun dies nie unkritisch. Sie sind letztlich Gott und nicht Menschen untertan (1. Korinther 7,22-23), und dies zügelt den Hang unseres Herzens zu Rassismus und Nationalismus. Wir sind durch das kostbare Blut Christi erkauft (Apostelgeschichte 20,28; 1. Korinther 6,19-20), und das heißt: Wir gehören nicht mehr uns selber.

Wo sehen Sie Christen, die ihr Land respektieren und lieben und sich vor politischen Extremen hüten?

Gebet: *Herr, ich will mich freuen über mein Land, seine Schönheiten und seine Menschen. Aber lass mich nicht vergessen, dass alles Schöne, das ich da erlebe, nur ein Vorgeschmack ist auf meine wahre Heimat (Philipper 3,20). Dann kann ich in richtiger Weise stolz sein auf mein Land, ohne es zu vergöttern oder zu verachten. Amen.*

19. November

Gottes Herrlichkeit und Größe erweist sich darin, etwas in ein Geheimnis zu hüllen, die Herrlichkeit und Größe von Königen erweist sich darin, etwas zu ergründen. Die Höhe des Himmels, die Tiefe der Erde und die Beweggründe der Könige sind unerforschlich. (25,2-3)

Intelligenz. 25,2 eröffnet uns, dass es *die Herrlichkeit von Königen* ist (also ein Mittel und ein Merkmal der Größe guter Leiter), *etwas zu ergründen*. Die Intelligenz eines Leiters sollte beides sein: formell und informell. Er sollte seine Entscheidungen aufgrund intensiver Recherchen treffen, und er sollte ständig seine Ohren spitzen. Ein guter Leiter sollte wie David sein, von dem es hieß: „Doch du bist weise wie ein Engel Gottes und verstehst alles, was unter uns geschieht!" (2. Samuel 14,20 NLB).

Doch gleichzeitig sollte ein weiser König selber nicht so leicht zu durchschauen sein; er sollte seinen Mund halten können und sich nicht in die Karten schauen lassen (25,3). Kenneth T. Aiken schreibt, dass dieses Bild von richtiger Führung uns zeigt, dass diejenige Obrigkeit den Respekt der Menschen gewinnt, deren Entscheidungen auf sorgfältiger, sachlicher Analyse beruhen, „wobei die Wahrheit und das Wohl der Menschen an erster Stelle stehen", und nicht auf „Parteiinteressen, ideologischen Scheuklappen oder kurzfristiger politischer Zweckdienlichkeit".[231]

Wie sieht es mit der aktuellen Regierung Ihres Landes aus? Stellt sie die Wahrheit und das Wohl der Bürger über Parteiideologie und kurzfristige politische Zweckdienlichkeit?

Gebet: *Herr, wir sehnen uns nach Politikern, die das Wohl des Volkes höherstellen als den persönlichen politischen Vorteil und die Wahrheit höher als die Ideologien. Wir bitten dich, uns solche Menschen zu schenken. Und bitte bewahre uns auch davor, zu meinen, dass wir alles besser wissen, und unsere Regierenden vorschnell schlechtzumachen. Amen.*

20. November

Wie ein knurrender Löwe und ein angriffslustiger Bär, so ist ein Gottloser, der über ein armes Volk herrscht. Je weniger Einsicht ein Vorgesetzter hat, desto mehr presst er seine Leute aus, wer unrechtmäßigen Gewinn hasst, wird lange im Amt bleiben. (28,15-16)

Gott hasst Tyrannei. Wieder geißeln die Sprüche Regierende, die in ihrem Herzen nicht die Diener ihres Volkes sind. Hier leuchtet etwas von der Lehre des Neuen Testaments über das „Verwalteramt" von Leitern auf. Der Hausverwalter hatte in der Antike die volle Autorität über alle Diener im Haus, aber er war nicht der Hausherr; er verwaltete lediglich dessen Besitz. Er war somit beides: jemand, der „das Sagen hatte", *und* ein Diener seines Herrn (vgl. Lukas 12,44-45). Für Paulus sind Christen in verantwortlicher Leitungsposition in der Gemeinde Gottes „Verwalter" (1. Korinther 9,17; Titus 1,7).

Der Leiter als Verwalter kann auf beiden Seiten vom Pferd herunterfallen. Er kann zu schwach und initiativlos sein (Matthäus 25,14ff.), aber er kann auch ein Tyrann werden, der über ein *armes Volk* herrscht und ganz vergisst, dass er ja nur ein Diener Gottes, des großen Hausherrn, ist. In Lukas 12,45 spricht Jesus von einem Hausverwalter, der anfängt, die anderen Diener zu schlagen, und Jesus sagt: Wenn der Besitzer wiederkommen wird, wird er diesen Verwalter „in Stücke hauen lassen" (Lukas 12,46). Jesus geht mit dem tyrannischen Verwalter genauso hart ins Gericht wie mit dem schwachen, faulen. Jesus ist kein Ideologe. Weder lehnt er eine starke Leitung ab, noch duldet er Unterdrückung und Tyrannei.

Haben Sie ein Leitungsamt? Auf welcher Seite des Pferdes fallen Sie eher herunter? Auf der schwachen oder auf der tyrannischen?

***Gebet:** Herr, wenn ich für die Wahrheit kämpfe, will ich oft nur Macht ausüben. Ich bringe Kummer oder Empörung zum Ausdruck, aber manchmal ist das nur ein Mittel, Macht auszuüben. Hilf, dass alles, was ich tue, aus einem Geist des Liebens und Dienens geschieht, und nicht der Macht und des Kontrollierens. Amen.*

21. November

Vergeude nicht deine ganze Kraft an die Frauen – begib dich nicht auf diesen Abweg, der Könige vernichtet. Höre, Lemuël, für Könige ist es nicht gut, wenn sie zu viel Wein trinken, und Würdenträger sollen nicht ständig nach Bier verlangen. Denn womöglich wird dann einer von ihnen betrunken, vergisst das Gesetz und ändert das Recht zum Nachteil aller Schwachen. Gebt demjenigen Bier, der keinen Mut mehr hat, und Wein denen, die verzweifelt sind. Ein solcher Mensch mag trinken, damit er seine Armut vergisst und nicht ständig an sein Elend denken muss. (31,3-7)

Leiter sind einsam. Dies ist der Rat der Mutter eines Königs an ihren Sohn, den jungen Lemuël (31,1-2). Die Sprüche sind voll von Warnungen vor sexueller Unmoral und Alkoholmissbrauch, und für Menschen in Leitungsämtern, die ja besonders viel Macht haben, sind diese Warnungen erst recht wichtig. Wenn Lemuëls Mutter vorschlägt, das Saufen den Machtlosen zu überlassen, ist dies als rhetorisches Stilmittel zu verstehen: Ein König darf *nicht* so handeln, denn in seinem Fall könnte das die ganze Nation gefährden.

Leiter sind einsame Leute. Sie können sich vieles von dem, was andere tun, nicht erlauben. Dabei steht gerade ein Leiter, der so viel Stress hat, in Gefahr, selbstmitleidig zu sagen: „Ich bringe so viele Opfer, da darf ich mir diese kleine Affäre oder dieses heimliche Laster gönnen." Aber das darf er nicht! Er ist ja für die *Schwachen* und das *Recht* verantwortlich. Johannes der Täufer wurde durch einen König ermordet, der von seinem Stolz und seiner Angst beherrscht war (Markus 6,21-29). Streben Sie kein Leitungsamt (auch nicht in der Kirche!) an, wenn Sie die hohen Messlatten für Selbstbeherrschung und Gottesfurcht nicht akzeptieren.

Kennen Sie das auch – die Einsamkeit des Leiters? Können Sie sich vorstellen, wie es Leitern in „höheren Etagen" geht?

***Gebet:** Herr, die Wahrheit sagen und gegen den Strom schwimmen kann einen furchtbar einsam machen. Wenn ich versucht bin, nachzugeben, erinnere mich an deine eigene Einsamkeit. Um mich zu erlösen, ertrugst du das Verlassensein von allen – deinen Feinden, deinen Freunden, ja schließlich sogar deinem Vater. Amen.*

22. November

Der Groll des Königs ist so bedrohlich wie das Knurren eines Löwen, aber seine Anerkennung ist so belebend wie Tau auf dem Gras … Der König ist so furchterregend wie ein knurrender Löwe, wer ihn zum Zorn reizt, verwirkt sein Leben. (19,12; 20,2)

Mit Takt und Wahrheit. Diese Sprüche sind ein Ratschlag für Menschen, die mit Mächtigen zu tun haben. Wenn ein „hohes Tier" in Wut gerät, kann man Angst bekommen. Diese Sprüche sagen nicht, ob die Wut berechtigt ist oder nicht, sondern raten uns zu Respekt und Besonnenheit, denn diese Mächtigen können ja auch viel Gutes tun. Ihre Gunst ist *wie Tau auf dem Gras* – ein starkes Bild, denn der Morgentau war im trockenen Nahen Osten buchstäblich Leben spendend.

Wenn das Buch der Sprüche aber Integrität und Wahrhaftigkeit betont, dann heißt das, dass wir vor den Mächtigen aber auch nicht „kriechen" dürfen. Niemals dürfen wir unsere Seele verkaufen, um ihre Gunst zu bekommen. So sanftmütig Jesus war (Jesaja 53,7), er sagte den Mächtigen nicht das, was sie hören wollten, und so töteten sie ihn. Der Christ, der den Mächtigen die Wahrheit sagt, muss dies respektvoll, aber kompromisslos tun (Daniel 3,16-18). Viele Menschen sind gegenüber Vorgesetzten und Obrigkeiten entweder zu aufmüpfig oder zu kriecherisch. Aber der Weise geht den richtigen Weg.

Kennen Sie Beispiele, wo jemand gegenüber Amtspersonen zu taktlos oder zu unterwürfig war? Zu welchem dieser Extreme neigen Sie persönlich am meisten?

Gebet: *Herr, als Daniel mit König Nebukadnezar redete, zeigte er großes Mitgefühl für ihn, aber forderte ihn auch auf, Buße zu tun und die Armen nicht mehr zu bedrücken (Daniel 4,16.24). Einem Tyrannen gleichzeitig mit Liebe und mutigen Worten der Wahrheit begegnen – was für eine Seltenheit! Bitte, Herr, schaffe diese Seltenheit auch in mir. Amen.*

23. November

Für den Herrn sind die Gedanken eines Königs wie Bäche: Er leitet sie, wohin es ihm gefällt. (21,1)

König über alle Könige. Bauern konnten bereits in der Antike Bewässerungskanäle graben und das Wasser dorthin leiten, wo es am nützlichsten war. Dieser Spruch versichert uns: Egal, wie mächtig und stolz jemand ist, er kann Gottes Allmacht und Eingreifen nicht entgehen. Manchmal bedeutet dies, dass Gott einen Mächtigen oder Reichen „bekehrt“. Das ist eine Methode, wie das Herz eines Königs verändert werden kann.

Doch unser Text geht noch weiter. Er deutet an, dass Gott das Herz *aller* Mächtigen in seiner Hand hat. *Jeder* Machthaber ist letztlich ein Werkzeug, durch das Gott seine Pläne ausführt (Jesaja 10,6-7; 41,2-4). Als zur Zeit der Urgemeinde die jüdische Obrigkeit gegen die Christen vorging, tat sie letztlich nur das, „was du in deiner Macht vorherbestimmt hattest und was nach deinem Plan geschehen sollte“ (Apostelgeschichte 4,28). Wie sieht dann ein weiser Umgang mit Mächtigen aus, vor denen die Leute Angst haben? Erstens: Lass dich nicht einschüchtern. Christen können Machthaber zu Gerechtigkeit und Wahrhaftigkeit aufrufen, wie Daniel das tat (Daniel 4,24). Und zweitens: Verzage nie, denn es gibt einen König, der über allen Königen steht.

Möchten Sie verzweifeln, wenn Sie sich die Politiker Ihres Landes ansehen? Wie hilft Ihnen das, was Sie gerade gelesen haben?

***Gebet:** Herr, du warnst uns vor zu wenig Respekt gegenüber selbst schwierigen Obrigkeiten (Römer 13,4), aber auch vor zu viel (Apostelgeschichte 5,29). Hilf mir, in meinem Umgang mit Menschen, die Macht haben, beides zu praktizieren – eine Höflichkeit, die von dir kommt, und einen Freimut, der von dir kommt. Amen*

24. November

Wenn es denen gut geht, die Gott vertrauen, dann freut sich die ganze Stadt, Jubel bricht aus, wenn die Gottlosen untergehen. (11,10)

Gemeinwohl: Teil 1. Diese beiden Sprüche reden über die, die *Gott vertrauen* (andere Übersetzung: *die Gerechten*, als wörtliche Wiedergabe des hebräischen *tsaddiqim*). Wir haben bereits gesehen, dass dies Menschen sind, die an Gott glauben und daher nicht auf ihr Eigenwohl, sondern auf das Wohl ihrer Mitmenschen achten. Hier erfahren wir, dass es ihnen *gut geht*, d. h., sie werden mehr, es geht ihnen wirtschaftlich gut, sie bringen es zu etwas in ihrem Beruf. Sie sind in jeder Hinsicht erfolgreich. Und der Rest der *Stadt* reagiert nicht mit Gleichgültigkeit oder Neid, sondern bricht in *Jubel* aus (das Wort meint das Jubelgeschrei nach einer gewonnenen Schlacht).

Wie ist das zu verstehen? Wenn gewisse Menschen in einem Gemeinwesen wirklich *gerecht* leben (so, wie die Sprüche dies definieren), sind sie solch ein Segen für das Gemeinwohl, dass alle Menschen sich freuen, denn sie spüren, dass das Wohlergehen dieser Gläubigen für alle gut ist.

Sind Sie die Art Mensch bzw. ist Ihre Kirchengemeinde die Art von Gemeinde, über die Ihre Mitbürger sagen: „Ich teile zwar nicht den Glauben dieser Leute, aber wo wären wir in dieser Stadt, wenn es sie nicht gäbe"?

Gebet: *Herr, wenn ich ein Leben führe, das dir gefällt, muss ich mit Verfolgung rechnen (2. Timotheus 3,12), aber es werden auch Menschen wegen mir Gott loben (Matthäus 5,16; 1. Petrus 2,12). Ich muss gestehen, dass mir gerade keines von beiden passiert! Herr, mach mich dir ähnlicher, bis ich für die Welt ein Stein des Anstoßes und ein Grund zur Freude bin! Amen.*

25. November

Durch das segensreiche Tun aufrichtiger Menschen blüht eine Stadt auf, aber durch das Geschwätz der Gottlosen geht sie zugrunde. (11,11)

Gemeinwohl: Teil 2. 11,10 gibt uns eine erstaunliche Messlatte. Wenn die Gläubigen so lebten, wie Gott es von ihnen erwartet, wäre dies für das Gemeinwohl so gut, dass ihre Mitmenschen sich freuen würden, wenn es ihnen gut geht. 11,11 fährt fort, dass die Gläubigen für ihr Gemeinwesen *segensreich* sein sollten.[232] Wie soll das aussehen?

Wir können dies aus dem Rest des Buchs der Sprüche ableiten. In Ihren Beziehungen sind die Gläubigen gerecht und fair, im Geschäftsleben sind sie als tüchtig, aber anständig und nicht skrupellos bekannt. Im bürgerlichen Leben sind sie als die bekannt, die am stärksten sozial denken, großzügig spenden und dafür arbeiten, dass Arme und Migranten sozial und gesellschaftlich integriert werden. Die Viertel, in denen sie wohnen, blühen auf, und man wohnt gerne in ihnen (auch dann, wenn man eine andere Religion hat). In der Politik sind sie nie aggressiv. Wenn ihre Gruppe angegriffen wird, rufen sie nicht nach Rache, sondern vergeben. Sie sind als Friedensstifter bekannt, die tun, was sie können, um Beziehungen zu kitten und den Frieden zwischen den verschiedenen Gruppen in der Stadt zu pflegen. Und nicht zuletzt kann man sehen, was für starke Familien sie haben.

Hand aufs Herz: Ist das das Bild, das Ihre Stadt (Dorf, Kommune) von den Christen in ihr hat? Oder von Ihrer Kirchengemeinde?

Gebet: *Vater, dein Sohn hat gesagt, dass die Liebe deiner Gemeinde so stark sein sollte, dass die Welt durch sie die Wahrheit des Evangeliums erkennt (Johannes 17,20-23). Doch solche Gemeinden scheinen Seltenheitswert zu haben. Herr, tu, was nötig ist, um Gemeinden zu bauen, die dich durch ihre guten Taten verherrlichen. Amen.*

26. November

Ihre Gewalttätigkeit reißt die Gottlosen mit ins Verderben, denn sie wollen sich nicht an das Recht halten … Ein Reicher herrscht über Arme, und wer sich etwas borgt, wird zum Sklaven dessen, der es ihm leiht. Wer Unrecht sät, wird Unheil ernten, und seine Tyrannei wird ein Ende haben. (21,7; 22,7-8)

Gerechtigkeit üben. In 22,8 ist das hebräische Wort für „Recht" *tzadeqah. Tzadeqah* bedeutet wörtlich „grundlegende Gerechtigkeit": Ich behandele die Menschen anständig und fair, unabhängig von ihrem ethnischen, sozialen oder ökonomischen Status. In 21,7 steht für „Recht" (das, was recht ist) im Hebräischen *mishpat. Mishpat* bedeutet „korrigierende Gerechtigkeit": Ich bringe für Unterdrückte und Ausgebeutete die Dinge in Ordnung.

Wenn alle Menschen ein Leben der grundlegenden Gerechtigkeit führten, bräuchte es keine korrigierende Gerechtigkeit. Die Realität ist natürlich anders, und so ruft Gott uns immer wieder zur gelebten Gerechtigkeit (*mishpat*) gegenüber Witwen, Waisen, Flüchtlingen und Armen auf (vgl. Sacharja 7,9-10; Psalm 82,2-4). Dazu gehört auch, sie vor dem Gesetz zu verteidigen (5. Mose 10,18-19) und ihnen in ihrer materiellen Not zu helfen (Jesaja 58,6-7). Wer diese Bedürftigen bedrückt oder auch nur ignoriert, der ist nicht nur lieblos, der *sät Unrecht*. Alle Christen sollten als Bürger ein Herz für die Armen haben und in ihrer Gesellschaft wesentliche wie korrigierende Gerechtigkeit praktizieren, weil Gott dies will (14,31; Psalm 146,7-9). Vergessen wir auch nicht, dass es, wenn wir andere ausbeuten, zu Gewaltausbrüchen kommen kann, die auch uns treffen können. *Ihre Gewalttätigkeit reißt die Gottlosen mit ins Verderben …*

Kennen Sie aktuelle Beispiele, wo jemand grundlegende oder korrigierende Gerechtigkeit geübt hat?

Gebet: *Herr, das Wort „Wohltätigkeit" kann dazu führen, dass ich die Fürsorge für die Armen als ein nettes Extra sehe, das ich mir in einem besonders guten Jahr leisten kann. Aber es ist schlicht nicht recht, wenn ich meinen Besitz nicht mit denen teile, die weniger haben. Hilf mir, den Bedürftigen mit echter Gerechtigkeit zu begegnen. Amen.*

27. November

Öffne deinen Mund für die Stummen, für das Recht all derer, die sonst niemand haben. Öffne deinen Mund und sprich gerechte Urteile, verschaffe den Armen und Schwachen ihr Recht! (31,8-9)

Menschenrechte. Gibt die Bibel uns eine Grundlage für den Glauben an Menschenrechte? Ja, tut sie! Hier wird König Lemuël aufgefordert, das *Recht* der *Armen und Schwachen* zu verteidigen. *Recht* ist die Übersetzung eines hebräischen Wortes, das *Anspruch* bedeutet. Laut 1. Mose 1,26-27 (LUT) schuf Gott alle Menschen „zu seinem Bilde". Daraus folgt, dass alles menschliche Leben heilig und unantastbar ist (1. Mose 9,6) und dass jeder Mensch einen Wert und eine Würde hat, die man respektieren muss. Nach Jakobus 3,9 ist bereits das Verfluchen von jemand, der zu Gottes Bild erschaffen ist, eine große Sünde, und nicht minder die Geringschätzung der Armen (Jakobus 2,1-9).

Mein Mitmensch hat also nach der Bibel gewisse Ansprüche an mich. Da ist einerseits das Recht, nicht betrogen, körperlich angegriffen oder getötet zu werden, und andererseits das Recht, fair und respektvoll behandelt zu werden. Diese Verse zeigen uns auch einmal mehr, dass es vor allem die Armen sind, die zum Einfordern dieser Rechte Hilfe brauchen. Sie sind *stumm*, d. h., sie können nicht für sich selber reden – vielleicht, weil sie sich mit den Feinheiten der Gesetze nicht auskennen oder Sprachprobleme haben oder schlicht nicht genug Geld, um sich Hilfe leisten zu können. Wir Christen sollten die Fürsprecher derer sein, die vor Gericht oder in der öffentlichen Meinung nicht mit Gerechtigkeit rechnen können.

Überlegen Sie sich, wie Sie für die reden können, die nicht für sich selber reden können – und dann tun Sie es, in dem Wissen, dass Jesus ja vor seinem Vater für Sie spricht.

Gebet: *Herr Jesus, du bist mein Anwalt (1. Johannes 2,1). Du sprichst für mich vor dem Thron Gottes, zu dem ich sonst keinen Zugang hätte. Bitte zeige mir, wie ich meinerseits ein Anwalt der Armen und Benachteiligten sein kann. Zeige mir, wie ich ihnen Gerechtigkeit bringen kann. Amen.*

28. November

Wenn du in der Not mutlos bist, dann ist es mit deiner Kraft auch sonst nicht weit her. Rette diejenigen, die man gepackt hat, um sie zu töten. Setze alles daran, die zur Hinrichtung Wankenden zu befreien. Du könntest zwar behaupten: „Wir haben davon wirklich nichts gewusst!“ – doch gibt es nicht den, der die Herzen prüft? Der wird es durchschauen. Er wacht über dein Leben und weiß Bescheid. Er vergilt dem Menschen, wie er es für seine Taten verdient. (24,10-12)

Der Tag der Not. Gerechtigkeit üben kostet immer Zeit und Geld (27. November). Aber es gibt Gelegenheiten, wo es richtig viel kostet. Diese Verse reden von *der Not* (wörtlich: „Tag des Unglücks“). In Krisenzeiten, von Wirtschaftsrezessionen bis zu Staatsstreichen, trifft es immer vor allem die Schwächsten, und wer sie verteidigt, riskiert etwas. Im Zweiten Weltkrieg erlebten es viele deutsche und andere Familien, wie ihre jüdischen Nachbarn *gepackt* und *zur Hinrichtung* geführt wurden. Später behaupteten viele: „*Wir haben davon wirklich nichts gewusst!*“ Aber sie waren schuldig, weil sie es nicht hatten wissen *wollen*, aus Angst davor, was das Helfen sie hätte kosten können. Ähnliches geschah mitten in New York, als Kitty Genovese auf offener Straße überfallen wurde und starb; die Nachbarn überhörten ihre Hilfeschreie geflissentlich. Viktor Frankl, der Hitlers Todeslager überlebte, beschrieb, wie zahlreiche anständige Bürger mit den Nazis kollaborierten, um ihre eigene Haut zu retten. Solche Situationen enthüllen den tiefen Egoismus in unseren Herzen, den wir sonst gut verstecken. „Erst in der Not zeigt sich, wie viel Zivilcourage ein Mensch hat; die guten Zeiten meistert fast jeder.“[233]

Was tun Sie zurzeit für Ihren Charakter und Ihre Gottesbeziehung, damit Sie, wenn es ernst wird, Dinge tun können, die etwas kosten?

Gebet: *Herr, gestern bat ich dich um die Weisheit, ein Fürsprecher für die Armen zu werden; heute bitte ich dich um den Mut. Gib mir eine solch freudige Dankbarkeit dafür, was es dich kostete, mein Hoherpriester zu werden, dass ich willig Opfer für die bringe, die weniger von den Gütern und der Macht der Welt haben. Amen.*

29. November

Wenn Arme sich neues Ackerland erschließen, wächst darauf reichlich zu essen, aber durch Unrecht kann alles zunichtewerden … Ein Armer muss seine Bitten ehrerbietig vortragen, aber der Reiche antwortet hart und knapp. (13,23; 18,23)

Armut und Unterdrückung. Was sind die Ursachen von Armut? Wie wir sahen, passt die Sicht der Bibel nicht zu den gängigen liberalen oder konservativen Modellen (7. November). Sie sieht die Ursachen von Armut weder rein in der Ungerechtigkeit der „Systeme" noch nur in Leichtsinn und kaputten Familien.

Diese beiden Sprüche zeigen uns, dass Armut in der Tat das Ergebnis sozialer Ungerechtigkeit sein kann. 13,23 redet von einem Feld, dass so fruchtbar ist, dass es keinen Dünger braucht. Das „Feld" könnte auch eine gute Geldanlage sein. Aber dann kommt *Unrecht* und macht alles *zunichte*. Der so Verarmte bittet um Hilfe, doch, wie 18,23 zu Recht vermerkt, die Reichen und Mächtigen geben den Armen gerne selber die Schuld an ihrem Elend. Wie das? Nun, wir schreiben unseren Wohlstand unserem Können und Arbeiten zu, und wer nicht so viel hat wie wir, muss dann wohl faul gewesen sein. Aber kein Geringerer als David wusste, dass sein so hart erworbener Reichtum ganz ein Geschenk Gottes war (1. Chronik 29,14). Wenn wir unsere Ohren für die Bitten der Armen verschließen, sind wir nicht wie Gott, der sie immer hört (Psalm 28,6; 34,7).

Wo sind in Ihrer Stadt oder Ihrem Bekanntenkreis Menschen in Not, denen Sie helfen könnten?

Gebet: *Vater, ich bilde mir so gerne ein, dass ich mir mein Geld und meine finanzielle Sicherheit selbst erarbeitet habe. Öffne meine Augen dafür, dass das Geld auf meinem Bankkonto – wenn ich denn welches habe – allein durch deine Güte da ist. Lass meine Großzügigkeit gegenüber den Armen so groß und kreativ werden wie deine Großzügigkeit gegenüber mir. Amen.*

30. November

Wenn man bedrückt ist, sind alle Tage schlecht, aber mit fröhlichem Herzen ist jeder Tag ein Festmahl. Besser sich in Ehrfurcht vor dem HERRN mit wenigem begnügen, als durch einen großen Schatz in Unruhe leben. Besser eine einfache Mahlzeit mit lieben Menschen als ein üppiger Braten in unangenehmer Gesellschaft ... Lieber wenig auf ehrliche Weise als durch Unrecht großen Gewinn ... Es ist besser, bescheiden bei den Demütigen zu bleiben, als Beute mit Überheblichen zu teilen ... Besser ein Armer mit unbescholtenem Lebenswandel als ein Dummkopf, der mit seinen Worten alles verdreht ... Güte macht einen Menschen liebenswert, und ein Armer ist besser als ein Lügner. (15,15-17; 16,8.19; 19,1.22)

Armut und Charakter. Ungerechte Sozialsysteme sind häufige Ursachen von Armut. Beispiele sind ausbeuterische Löhne (Jeremia 22,13), Wucherzinsen (2. Mose 22,25-26), Bevorzugung der Reichen vor Gericht (3. Mose 19,15) und Diskriminierung von Witwen, Waisen und Fremden (2. Mose 22,21; 23,9). Es gibt kaum eine Gesellschaft, in der es dergleichen nie gegeben hat.

Es gibt auch Armut, die das Ergebnis von Torheit ist, aber nicht jede Armut ist eine Schande. Es gibt sie, die Armen *mit unbescholtenem Lebenswandel*, die zu Opfern der Umstände geworden sind. Und diese „Besser ... als"-Sprüche zeigen auch, dass es möglich ist, arm zu sein, aber dennoch liebevoll statt hasserfüllt (15,17), demütig statt überheblich (16,19), rechtschaffen statt skrupellos (16,8) und gütig statt lügnerisch (19,22). Doch Vorsicht vor einer idyllisch-neidischen Verklärung der „glücklichen Armen". Armut ist immer mit Elend verbunden (15,15), und wer Gott liebt, dem ist es ein Bedürfnis, den Elenden zu helfen (Psalm 41,2).

Verglichen mit den echt Armen sind die meisten von uns in den Augen der Welt reich. Wie wirken wir auf unsere Umgebung, was unseren Umgang mit den Gütern angeht, die Gott uns gegeben hat?

Gebet: *Herr, für den Reichen ist es leicht, die Armen durch die herablassende oder verklärende Brille zu betrachten. Bewahre mich vor beidem und hilf, dass ich ihr Elend nicht vergesse, damit ich den Bedürftigen ein guter Nächster sein kann. Amen.*

1. Dezember

Wer einen Armen verspottet, verhöhnt dessen Schöpfer, und wer sich über ein Unglück freut, kommt nicht ungestraft davon. (17,5)

Armut und Unglück. Eine dritte Ursache von Armut ist *Unglück*. Man beachte, dass *einen Armen verspotten* und *sich über ein Unglück freuen* dasselbe sind, da Armut so oft durch irgendeine Katastrophe oder einen Unglücksfall verursacht wird. Das häufigste *Unglück* waren in den Agrargesellschaften der Antike Hungersnöte (vgl. 1. Mose 47). Die meisten Menschen lebten von dem, was sie selber anbauten, und wenn ungünstiges Wetter auch nur eine einzige Jahresernte zunichtemachte, stand sofort die Armut vor der Tür und das Überleben der Familie war gefährdet.

Doch es gibt noch alle möglichen anderen Dinge, die zu Armut führen können, z. B. Überschwemmungen und Feuer, Unfälle, die Krebsbehandlung, die die Krankenkasse nicht bezahlt, oder der Tod des Haupternährers der Familie. Das Unglück kann sich auch allmählich entwickeln, etwa wenn Zechen schließen, weil die Kohlevorkommen erschöpft sind, und so Tausende Arbeitsplätze wegfallen. Es gibt ganze Länder, die arm sind, weil sie kaum Bodenschätze haben. Niemals darf ein Christ sich klammheimlich freuen, dass es ihm besser geht als anderen! Gott will, dass wir mit den Weinenden weinen (Römer 12,15).

Wie kommt das Mitleid mit den Armen in Ihrem Leben zum Ausdruck?

***Gebet:** Herr Jesus, in dieser Welt gibt es überall Unglück – geistlich, moralisch und physisch. Dein Kommen in unsere Welt war die ultimative Katastrophenhilfe, und du bist der große Retter. Hilf, dass meine Gemeinde und ich nie abgestumpft werden gegenüber den ständig neuen Katastrophenmeldungen, die unsere großzügige Hilfe erfordern. Amen.*

2. Dezember

Wer schlecht und langsam arbeitet, wird arm, fleißiges Arbeiten dagegen macht reich … Wer gerne rauschende Feste feiert, wird Mangel leiden, in Wein und Öl schwelgen hat noch keinen reich gemacht … Werde keiner von denen, die Wein saufen und sich mit Fleisch vollstopfen. Denn ein Säufer und Schlemmer verarmt, und wenn man ständig seinen Rausch ausschlafen muss, läuft man bald in Lumpen umher. (10,4; 21,17; 23,20-21)

Armut und Eigenverantwortung. Wie wir sahen, lobt das Buch der Sprüche harte Arbeit und Genügsamkeit und stellt fest, dass diese Dinge gewöhnlich zu einem gewissen Wohlstand führen (10,4). Es stimmt auch, dass Armut eine Folge von mangelnder Selbstdisziplin (21,17) und von Süchten aller Art (23,20-21) sein kann.

Doch oft sind all die Armut fördernden Faktoren, die wir uns angesehen haben – Unterdrückung, Unglück, Eigenverantwortung – unauflöslich miteinander verflochten. Jemand, der in einem armen Viertel aufwächst, wird wahrscheinlich nicht sehr gesund sein, und der Druck, kriminell zu werden oder Drogen zu nehmen, wird groß sein. Seine Eltern sind wahrscheinlich eher ungebildet – ein klarer Nachteil bereits im Kindergarten-, geschweige denn Schulalter. Die Qualität der Schulen wird durchwachsen sein. Viele Menschen prangern hier die ungerechten „Systeme“ an, während andere die Ursache eher in den kaputten Familien sehen, und beide haben recht. Wir können auf keinen Fall den Kindern selber die Schuld an den Verhältnissen geben, in denen sie aufwachsen. Nicht Verachtung (17,5), sondern Barmherzigkeit (14,20) ist geboten.

Müssen Sie vielleicht vor Gott die Sünde bekennen, dass Sie den Armen selber die ganze Schuld an ihrem Los gegeben haben? Was hätten *Sie* von Gott für Ihre Sünden verdient? Was haben Sie stattdessen bekommen?

Gebet: *Herr, wenn du auf die Erde gekommen wärst, um nur die zu retten, die an ihrer geistlichen Armut keine eigene Schuld haben, hättest du dir die Reise sparen können! Wir haben deine Hilfe weder verdient noch erbeten, aber du hast sie uns gegeben, und es hat dich viel gekostet. Hilf mir, genauso großzügig zu den Bedürftigen zu sein. Amen.*

3. Dezember

Verweigere niemand, der ein Anrecht darauf hat, deine Unterstützung, wenn du etwas für ihn tun kannst. (3,27)

Was ich meinem Nächsten schuldig bin. Das Wort *Unterstützung* meint hier materielle Güter. Haben Sie eine ältere Bekannte, die sich keine Putzfrau leisten kann? Oder Nachbarn, die ihrem hochbegabten Kind das Studium nicht finanzieren können? Wenn Sie selber das entsprechende Geld zur Verfügung haben, ist es Ihre Pflicht, solchen Menschen zu helfen. Warum? Das mit *der ein Anrecht darauf hat* übersetzte hebräische Wort bedeutet „Besitzer". Im Klartext: Die Bedürftigen haben ein gewisses Recht auf unsere finanziellen Mittel.

Die Welt gehört Gott, und wenn er Ihnen mehr Mittel gegeben hat als anderen Menschen, bedeutet dies nicht, dass diese Mittel allein Ihnen gehören. Wie jeder gute Verwalter müssen Sie das, was der Hausherr Ihnen anvertraut hat, in seinem Sinne verwenden. Gott liebt alles, was er erschaffen hat (Psalm 145,9), vor allem aber „die zu fallen drohen, und alle Gebeugten" (Psalm 145,14). Um den Theologen Basilius von Caesarea (329–379) zu zitieren: „Das Brot, das du hast, gehört den Hungrigen, die Mäntel in deinem Schrank den Nackten, deine Schuhe … den Schuhlosen, das Gold, das du versteckt hast, … den Bedürftigen. Darum: So oft du anderen helfen konntest und es nicht tatest, so oft hast du ihnen ein Leid angetan."[234]

Welche Dinge, die Sie besitzen, gehören eigentlich Ihren bedürftigen Mitmenschen? Was gedenken Sie zu tun, um sie ihnen zu geben?

Gebet: *Vater, meine Kultur sagt mir, dass mein Geld allein mir gehört. Die heutige Andacht zeigt mir, dass das nicht stimmt. Präge diese Wahrheit meinem Herzen ganz tief ein, damit ich in den Fußstapfen deines Sohnes gehen kann, der seinen Reichtum mit beiden Händen für andere ausschüttete. Amen.*

4. Dezember

Verrücke nicht die uralte Grenze deines Ackerlandes, und eigne dir nicht Felder von wehrlosen Waisen an. Denn sie haben einen mächtigen Beschützer; der wird ihren Rechtsstreit gegen dich führen. (23,10-11)

Vater der Waisen. Es ist bemerkenswert, wie oft die Bibel Gott als „Vater für die Waisen" und „Anwalt für die Witwen" bezeichnet (Psalm 68,6). Wenn wir uns jemandem vorstellen, erwähnen wir meist unseren Beruf: „Mein Name ist Hans Müller, und ich bin Physiotherapeut." Damit sagen wir den Menschen, womit wir den Großteil unseres Alltags verbringen. Wenn die Bibel also Gott als *Beschützer* der Armen vorstellt, zeigt dies, dass dies etwas ist, was Gott ganz wichtig ist.

Der moderne Mensch übersieht leicht, wie revolutionär dies zur Zeit der Bibel war. In der Antike identifizierte man die Götter vor allem mit den Großen und Mächtigen. Die „Besten" der Gesellschaft waren die Eliten, und die Götter segneten sie entsprechend mit Macht und Reichtum. Auch für Hiobs Freunde war Gott auf der Seite der Wohlhabenden. Wie erstaunlich, stattdessen einen Gott zu haben, der sich mit den Machtlosen identifiziert! Wenn Hiob sagt: „Denn ich errettete den Armen, der da schrie, und die Waise, die keinen Helfer hatte" (Hiob 29,12 LÜ), versucht er schlicht, es Gott nachzutun.

Wer sind die Witwen und Waisen, für die Sie sorgen? Es fällt Ihnen niemand ein? Warum nicht?

Gebet: *Vater, je mehr ich in deinem Wort lese, umso mehr fällt mir auf, wie oft und wie energisch du von den Armen redest und von unserer Pflicht, für sie einzutreten. Herr, hilf mir, mehr die zu lieben, die du liebst! Und zeige mir, wie auch ich ihr Beschützer werden kann. Amen.*

5. Dezember

Ein Mensch, der für seinen Bekannten eine Bürgschaft übernimmt und sich mit Handschlag verpflichtet, notfalls für dessen Schulden aufzukommen, hat den Verstand verloren. (17,18)

Helfen, ohne zu schaden. In einer nichtkapitalistischen Gesellschaft waren die meisten Darlehen keine gewerblichen Investitionen, sondern gingen an Freunde oder Nachbarn in Not, und hier gilt, dass jemand, der ein Darlehen gibt, von dem er weiß, dass der andere es nicht wird zurückzahlen können, *den Verstand verloren* hat. Schon viele Kirchengemeinden haben mit Armendarlehen Schiffbruch erlitten: Die Gemeindeglieder, aus deren Tasche das Geld letztlich kam, fühlten sich ausgenutzt, und die Darlehensempfänger, die das Geld nicht zurückzahlen konnten, wurden beschämt und dann der Gemeinde entfremdet. Da wäre es besser gewesen, das Geld gleich den Armen als Spende zu geben. Wer anderen helfen will, aber ohne Verstand, macht nur alles schlimmer.

Und das nicht nur in den Kirchen. So manches gut gemeinte Programm zur „Aufwertung“ eines heruntergekommenen Stadtviertels hat sich als Fass ohne Boden erwiesen oder auch als Magnet für Besserverdienende, die die angestammte Bevölkerung nach und nach verdrängten; viel böses Blut war die Folge. Wir dürfen durch falsche Hilfe die Dinge nicht verschlimmern. Oft beruhigt eine Aktion unser Gewissen, richtet aber mehr Schaden als Gutes an.

Wie können Sie an praktischer Weisheit zunehmen, sodass Ihre Hilfe wirklich hilft?

***Gebet:** Herr, ich rede mir ein, dass mir die Armen ein Anliegen sind, aber in meinem Lebensstil und meinen Beziehungen hat sich nicht groß etwas verändert. Ich weiß, dass es viel Weisheit braucht, um so zu helfen, dass es wirklich etwas bringt. Bitte gib mir diese Weisheit und zeige mir, wie man es richtig macht. Amen.*

6. Dezember

Wer auf Gott hört, berücksichtigt den Rechtsanspruch der Armen, ein Gottloser hat kein Verständnis dafür. (29,7)

Soziales Engagement – aber richtig! Das Wort *berücksichtigt* ist die Übersetzung eines hebräischen Wortes, das so viel heißt wie eine Sache recherchieren, sich in ihr kundig machen. Und das Wort *Rechtsanspruch* gibt ein Wort wieder, das wörtlich „die Ansprüche" bedeutet. Der Gerechte (hier: *Wer auf Gott hört*) ist in den Sprüchen jemand, der die spezifischen Probleme und Bedürfnisse der Armen in seinem Umfeld kennt, aber auch ihre Rechte und ihr Potenzial. Dies ist viel mehr (aber auch nicht weniger) als Tafelläden, Spielzeugspenden und Ferienaufenthalte zu organisieren.

Und hier sehen wir, dass es nicht nur verwerflich ist, die Armen auszubeuten und auf ihnen herumzutrampeln. Es ist bereits böse, wenn wir *kein Verständnis* für sie haben und achtlos an ihnen vorübergehen. Wenn Sie (vielleicht) hin und wieder etwas für die Armenhilfe spenden, Ihnen aber die Verbesserung der Lage der Armen in Ihrer Region und Gesellschaft kein Herzensanliegen ist, dann gehören Sie nicht zu den Gerechten, sondern sind jemand, dem es nur um sein eigenes Leben und sein eigenes Wohl geht.

Sind Sie nach der Definition in diesem Spruch ein Gerechter, also jemand, der *auf Gott hört*? Suchen Sie systematisch nach Möglichkeiten, das Los der Armen in Ihrer Umgebung zu verbessern?

Gebet: *Herr, in meinem Denken haben „die Armen" keine Gesichter, sondern sind eine abstrakte Größe. Wie will ich ihnen da helfen können? Bitte schicke mir Freunde über den Weg, die mir helfen, die Gesichter konkreter Armer mit konkreten Bedürfnissen zu sehen, damit ich deinen Aufruf, ihre Rechtsansprüche zu berücksichtigen, befolgen kann. Amen.*

7. Dezember

Ein Armer wird sogar von seinem Nachbarn gehasst, ein Reicher dagegen hat viele Freunde. Wer einem seiner Mitmenschen mit Verachtung begegnet, macht einen schweren Fehler, doch glücklich zu preisen ist, wer den Hilflosen beisteht! ... Reichtum bringt einem viele Freunde ein, doch einen Armen lässt zuletzt auch noch sein Freund im Stich. (14,20-21; 19,4)

Nächster werden. Wir suchen unsere Beziehungen gerne auf einer Kosten-Nutzen-Basis aus. Mit den Reichen wollen wir uns so gut stellen wie möglich, aber die Armen wollen wir noch nicht einmal als Nachbarn haben (14,20), denn das mindert den Wert unseres Hauses! Und was hat man denn von einem Armen? Also Abstand halten!

Unser Sozialsystem [in den USA] grenzt die Armen regelrecht aus. Der Normalbürger meint, sich vor den Beschwerlichkeiten, die der Umgang mit ihnen bringen würde, schützen zu müssen. Sie werden in Ghettos abgedrängt, wo sie keine Nachbarn haben, die die nötigen Mittel und Beziehungen haben, um ihnen zu helfen, was ihre Armut natürlich noch verschärft. Es gibt ganze Stadtviertel, die kein „Sozialkapital" haben, d. h. keine Netzwerke von Freunden, Nachbarn und Kollegen, die einander vertrauen und helfen, die kostenlos Rat erteilen, Türen öffnen und Partnerschaften eingehen. Und wieder sehen wir: Den Armen in unseren Städten und Gemeinden den Rücken zuzuwenden und sie in ihrer Isolation zu belassen, ist nicht nur unsozial, es ist Sünde (14,20).

Wie wäre es, wenn Ihre Kirchengemeinde eine Partnerschaft mit einer Gemeinde in einem ärmeren Viertel eingeht, damit Sie den Menschen in dieser Gemeinde zunächst zuhören und von ihnen lernen können, bevor Sie ihnen dann konkret helfen?

Gebet: *Herr, schon als Kind hat mich das Gleichnis vom barmherzigen Samariter, der seinem Nächsten spontan half, fasziniert. Aber ich weiß nicht, wie ich der Nächste der Armen werden soll und nicht bloß ein mildtätiger Spender. Zeige meiner Gemeinde und mir, wie wir weise, aber großzügig helfen können. Amen.*

8. Dezember

Beraube nicht einen Armen, weil er wehrlos ist, und unterdrücke einen Schwachen nicht vor Gericht. Denn der HERR wird ihren Rechtsstreit führen, und denen, die sie berauben, raubt er das Leben! (22,22-23)

Die Armen berauben. Wenn wir den Armen helfen wollen, müssen wir uns darüber klar werden, wie die Gesellschaft sie *beraubt*. Eine Art wird hier erwähnt: *einen Schwachen vor Gericht unterdrücken*. Ein Armer, der wegen eines Vergehens vor Gericht kommt, hat dort weniger Chancen als jemand, der sich einen guten Rechtsanwalt leisten kann. Und oft drängen Besserverdienende darauf, dass die Stadt Wohnraum für sozial Schwache nur in solchen Vierteln schafft, in denen sowieso schon viele Arme wohnen, was zur Gettobildung führt (vgl. 7. Dezember). Oder Banken geben keine Kredite an Bürger oder Geschäftsleute aus ärmeren Vierteln. (Als einer unserer Pastoren in ein „Problemviertel" zog, war die Kreditkarte seiner Frau auf einmal nicht mehr gültig.) Gerade die Ärmsten müssen manchmal Mieten zahlen, die in keinem Verhältnis zur Qualität der Wohnung stehen, weil sie keine Alternativen haben.

Es gibt hier keine einfachen Lösungen, weil die Probleme im System stecken; viele profitieren von der Ausbeutung der Armen, aber hüten sich, Fragen zu stellen, und wären als Einzelne auch gar nicht in der Lage, etwas zu ändern. Wir hätten nicht den Mut, auch nur zu versuchen, hier etwas zu ändern, wenn wir nicht wüssten, dass wir Gott an unserer Seite haben, der mit uns *ihren Rechtsstreit führen wird*.

Glauben Sie, dass Gott auch Sie in die Verantwortung nimmt für die Systeme, die die Armen bedrücken? Zeigt sich dies darin, in was Sie Ihr Geld und Ihre Ersparnisse investieren? Oder Ihre Freizeit?

Gebet: *Herr, auch ich profitiere von gesellschaftlichen Strukturen, die die Armen niederhalten, und ich kann nur kleine Schritte tun, um dies zu ändern. Lass mich nicht „den Tag der geringen Anfänge" verachten (Sacharja 4,10 Luther) und so tun, als zählten diese Schritte nicht. Gib mir offene Augen für das, was aus ihnen werden kann. Amen.*

9. Dezember

Wer Arme schlecht behandelt, verspottet ihren Schöpfer, wer dagegen Erbarmen mit den Schwachen hat, ehrt ihn … Wer einem Armen gegenüber barmherzig ist, der leiht dem HERRN etwas aus und bekommt seine gute Tat von ihm erstattet … Reiche und Arme begegnen einander, der HERR ist es, der sie allesamt erschaffen hat. (14,31; 19,17; 22,2)

Die Armen achten. Diese drei Sprüche fordern uns auf, die Armen zu achten. Wer einen Armen beschimpft oder verachtet, der *verspottet ihren Schöpfer*. Doch wer ihm *barmherzig* begegnet, erweist sich als Freund Gottes. Wer Verwandte hat, der weiß, was es bedeutet, einen solch starken Familiensinn zu haben, dass ein Angriff auf die Ehefrau, den Bruder oder das Kind wie ein Angriff auf einen selber ist. Hier sagt Gott, dass er sich so mit den Armen identifiziert, dass wir das, was wir ihnen tun, ihm tun.

Dies bedeutet ganz praktisch, dass wir die Armen nicht von oben herab betrachten dürfen, als soziale „Problemfälle". Viele Reiche haben, wenn sie etwas für die Armen tun, vor allem sich selber im Blick. Wenn sie einen kleinen Betrag für sie spenden, klopfen sie sich selber auf die Schulter, und wenn es eine größere Summe ist, achten sie darauf, dass sie über die Verwendung mitbestimmen können. Statt die Armen als Probleme zu sehen, die man einer Lösung zuführen kann, sollten wir sie als Personen achten, von denen wir lernen können.

Gibt es ärmere Menschen, die Sie so gut kennen, dass Sie wissen (und schätzen), wie sie mit ihren Problemen umgehen?

Gebet: *Vater, du willst, dass wir nicht nur Mitleid mit den Armen haben, sondern sie lieben und achten. Ich bekenne, dass ich sie oft von oben herab behandelt habe. Aber wer sie missachtet, der missachtet dich! Ich staune, wie du sie liebst, Vater. Gib mir deine Gesinnung. Amen.*

10. Dezember

Wer sein Ohr vor den Hilferufen der Armen verschließt, der wird selber auch keine Antwort bekommen, wenn er um Hilfe ruft. (21,13)

Zum Schluss macht keiner den Mund für *dich* auf. Die hier beschriebene Sünde ist nicht die gewissenlose Ausbeutung der Armen, sondern schlicht, dass man *sein Ohr vor den Hilferufen der Armen verschließt.* Man hat keine Antenne für ihre Nöte und Bedürfnisse, man achtet nicht auf sie, nimmt sich keine Zeit für sie. Das Ergebnis? Früher oder später wird man *selber auch keine Antwort bekommen, wenn [man] um Hilfe ruft.* Dies ist nicht so sehr eine Drohung als eine Feststellung, wie die Welt funktioniert. Es geht um Saat und Ernte: Der Hasser wird selber gehasst werden, der Rücksichtslose selber Rücksichtslosigkeit erleiden, und wer tratscht, über den wird getratscht werden.

Wenn wir nicht eine Gesellschaft schaffen, die die Schwachen in Schutz nimmt, könnte es sein, dass eines Tages niemand *uns* in Schutz nimmt. Was 21,13 hier beschreibt, hat Martin Niemöller beschrieben, als die Nazis erst die Sozialisten und dann die Juden und anderen unliebsamen Bürger holten und kaum einer protestierte. Und „als sie dann mich holten, … machte keiner den Mund für mich auf.“[235]

Eine Gesellschaft ist nur so stark wie ihre Fürsorge für ihre schwächsten Glieder. Was können Sie persönlich tun, damit Sie und die ganze Gesellschaft den Schrei der Armen hören?

Gebet: *Herr, alle Sünde ist letztlich auch Dummheit, und eine Gesellschaft, die die Armen übersieht, zerstört am Ende sich selbst. Unsere „Jeder ist sich selbst der Nächste“-Kultur steht vor dem Kollaps. Rette uns, Herr. Zünde in unseren egoistischen Herzen die Flamme der Nächstenliebe an. Amen.*

11. Dezember

Einer, der selber arm ist und Schwache ausbeutet, gleicht einem starken Regen, der alles wegspült und die ganze Ernte vernichtet ... Wenn ein König den Armen verlässlich zu ihrem Recht verhilft, hat seine Herrschaft für alle Zeiten Bestand. (28,3; 29,14)

Der Staat und die Armen. Regen hat die Funktion, Wachstum zu ermöglichen. Doch ein Starkregen kann das Gegenteil bewirken: Anstatt die Ernte zu bewässern, vernichtet er sie. Ähnlich besteht der Sinn von Regierung und Obrigkeit darin, für Gerechtigkeit zu sorgen und insbesondere die Armen vor der Ausbeutung durch die Mächtigen zu schützen. Armut kann nicht allein durch private Mildtätigkeit bekämpft werden; es braucht auch die richtigen gesellschaftlichen Strukturen und Gesetze. Sozialreformen begnügen sich nicht mit Nothilfemaßnahmen, sondern gehen die Strukturen an, die die Not verursachen oder verschlimmern.

Hiob kleidete nicht nur die Nackten, sondern „zerbrach die Kinnbacken des Ungerechten und riss ihm den Raub aus den Zähnen" (Hiob 29, 17 Luther). Die alttestamentlichen Propheten geißeln ungerechte Löhne (Jeremia 22,13), korrupte Geschäftspraktiken (Amos 8,5-6), Rechtsbeugung auf Kosten der Schwachen (5. Mose 24,17; 3. Mose 19,15) und ausbeuterische Methoden des Geldverleihens (3. Mose 19,35-37; 25,37; 2. Mose 22,25-27). Daniel hält einer heidnischen Regierung ihre Unbarmherzigkeit gegenüber den Armen vor (Daniel 4,24).

Viele Bürger fühlen sich außerstande, etwas so Komplexes wie die Sozialpolitik ihres Staates zu ändern. Wenn Sie wüssten, dass Gott Ihnen helfen wird, wo würden Sie anfangen?

***Gebet:** Herr, du willst, dass die Institutionen des Staates sich der Armen annehmen. Aber das ist so eine Riesenaufgabe! Bitte zeige mir, wie ich ganz praktisch meine Familie, meine Kirche und meine Regierung zu mehr aktivem Engagement für die Bedürftigen bringen kann. Amen.*

12. Dezember

Wer sein Vermögen durch Zinsen und Aufpreis vermehrt, der muss es irgendwann jemand überlassen, der barmherzig gegenüber den Armen ist. (28,8)

Geschäftspraktiken und die Armen. Diese Sprüche zeigen uns, dass zur Armutsbekämpfung noch mehr gehört als private Hilfsmaßnahmen und staatliche Gesetze. Es gibt auch Geschäftspraktiken, die geändert werden müssen. Viele von ihnen sind völlig legal – aber nicht *barmherzig gegenüber den Armen*. Viele Geschäftsleute finden es ganz in Ordnung, wenn sie ihren Angestellten so wenig zahlen, wie es geht, ohne dass sie kündigen, und von den Kunden so viel verlangen, wie es geht, ohne dass sie woanders hingehen. Das maximiert die Profite, mit denen man dann selbstverständlich auch Gutes tut ... Aber laut 28,8 ist dies eben *nicht* in Ordnung, sondern eine Form von Ausbeutung.

Zum Gesetz des Mose gehörte auch das sog. Nachlese-Gebot. Die Israeliten durften ihre Felder nicht total abernten, sondern mussten immer etwas übrig lassen, das dann die Armen auflesen durften (3. Mose 19,9-10; 23,22). Dies waren keine „milden Gaben“, sondern eine freiwillige Begrenzung des Profitmachens, damit die Armen durch ehrliche Arbeit (sie führten die Nachlese ja selber durch) genug zum Leben bekommen konnten. Im Neuen Testament wird die Nachlese nicht direkt geboten, aber sie war auch nur ein Beispiel unter vielen, wie man durch gute Geschäftspraktiken den Armen helfen kann.

Wie könnte das Gebot der Nachlese heute, in unserer Gesellschaft aussehen?

Gebet: *Herr, es fällt mir schwer, über Gerechtigkeit nachzudenken, ohne in das Parteiengezänk, was Gerechtigkeit denn ist, hineingezogen zu werden. Hilf mir, mich so in dein Wort zu vertiefen, dass ich die Welt immer mehr (wenn auch nie vollkommen) mit deinen Augen sehe. Amen.*

13. Dezember

Ein Volk, das Gerechtigkeit übt, genießt hohes Ansehen. Doch es ist eine Schande für die Völker, wenn sie Schuld auf sich laden. (14,34)

Kann man ein Volk beurteilen? Manche behaupten, dass man nicht die moralische Qualität einer ganzen Nation beurteilen könne, vor allem in der heutigen Welt, wo so viele Länder pluralistisch sind und nicht eine einzige Religion oder Moralsystem haben. Das sieht das Buch der Sprüche anders. Es sagt: *Ein Volk, das Gerechtigkeit übt, genießt hohes Ansehen.* Wir erinnern uns an die Definition von *Gerechtigkeit*: Ich stelle meine eigenen Interessen hintenan, um dem Gemeinwohl zu dienen. Und damit haben wir einen Schlüssel zur Beurteilung des Herzens einer Gesellschaft.

Der Prophet Daniel forderte einen heidnischen König zu Gerechtigkeit gegenüber den Armen und Elenden auf (Daniel 4,24; vgl. Jona 3,1-10), und der Prophet Amos forderte von heidnischen Herrschern die Einhaltung von Maßstäben ein, die noch keine voll entwickelte christliche Moral waren, aber doch einer Art goldener Regel für Gerechtigkeit und Fairness entsprachen (Amos 1–2). Mit anderen Worten: Eine Nation ist dann „gerecht", wenn sie ihren schwächsten Gliedern mit Achtung, Gerechtigkeit und Mitgefühl begegnet. Wie sieht es hier mit *unserer* Nation aus?

Gebet: *Herr, gib, dass durch deine Gnade unser Land deinem Wort mehr gehorcht und sich von ihm sagen lässt, wie man für Gerechtigkeit auf Erden sorgt. Amen.*

14. Dezember

Wer Gott gehorcht, kümmert sich um das, was seine Tiere brauchen, aber die Gottlosen sind hart und unbarmherzig. (12,10)

Barmherzig gegenüber allen. Laut diesem Spruch gehört es zur Gerechtigkeit sogar dazu, dass man für seine *Tiere* sorgt. In 5. Mose 25,4 lesen wir ganz konkret: „Du sollst dem Ochsen, der da drischt, nicht das Maul verbinden“ (LUT). Wenn die damaligen Bauern Ochsen benutzten, um einen Holzschlitten über das Getreide zu ziehen, damit die Frucht sich vom Stängel trennte, legten sie ihnen gerne eine Art Maulkorb an, damit sie nichts von dem Korn fraßen und nicht den Ertrag minderten. Aber Gott will, dass die Bauern selbst ihren Arbeitstieren ihren Anteil an der Ernte gönnen. Selbst Tiere dürfen wir nicht zur Profitmaximierung ausbeuten.

In 5. Mose 20,19 (LUT) heißt es sogar, an die Adresse von Armeen, die eine Stadt belagern, gerichtet: „… so sollst du nicht die Axt an ihre Bäume legen und sie umhauen … Die Bäume auf dem Felde sind doch nicht Menschen, dass du sie belagern müsstest!“ Als Christen haben wir Gottes Güte und Gnade und neues Leben empfangen, und es sollte uns eine Selbstverständlichkeit sein, in allem barmherzig zu sein. Wir wollen doch unserem Herrn ähnlicher werden, und der „ist gütig zu allen, und sein Erbarmen gilt jedem seiner Geschöpfe“, ja er sättigt alles, was lebt, mit seinen Gaben (Psalm 145,9.16).

Die Sorge für die Natur und alles, was in ihr lebt, sollte eines der Markenzeichen der Christen sein. Wie sorgen *Sie* für Gottes gute Schöpfung?

Gebet: *Herr, „ein Mensch mit Hund schließt eine Lücke im Universum.“*[236] *Du hast uns als Hüter und Freunde deiner Schöpfung erschaffen. Wir sollten nicht die Natur anbeten, wohl aber dich, indem wir für sie sorgen. Zeige mir, wie und wo ich das tun kann. Amen.*

15. Dezember

Am Sabbat lehrte er in der Synagoge vor vielen Zuhörern. Erstaunt fragten sie: „Woher hat der Mann das alles? Was ist das für eine Weisheit, die ihm da gegeben ist, und wie kommt es, dass solche Wunder durch ihn geschehen?" (Markus 6,2)

Der endgültige Lehrer. Die Freunde Hiobs begriffen nicht, wie Gott vollkommen gerecht sein und trotzdem Sünder segnen konnte. Ihr Mangel an Weisheit kam daher, dass sie das Evangelium nicht verstanden. Jesus zeigte den Hiobsfreunden seiner Zeit, den Pharisäern, dass Gott gerecht sein und gleichzeitig den Gläubigen gerechtsprechen kann (Römer 3,26), weil er unser Stellvertreter geworden ist (Markus 10,45). „Das Wesen der Sünde besteht darin, dass der Mensch an die Stelle Gottes tritt, während das Wesen des Heils darin besteht, dass Gott an die Stelle des Menschen tritt. Der Mensch … stellt sich selbst dorthin, wo nur Gott zu sein verdient" – nämlich an das Ruder seines Lebens –, und „Gott … stellt sich selbst dorthin, wo nur der Mensch zu sein verdient" – d. h., er geht ans Kreuz.[237]

Damit war Jesus der endgültige Weisheitslehrer. Wie die Sprüche (2,9-13) legt auch er uns „zwei Wege" vor (Matthäus 7,13-14), aber er zeigt zusätzlich, dass der Weg zum Leben das Evangelium ist. Das erklärt, wie wir gleichzeitig Sünder sein können, die Strafe verdienen, und Gottes Kinder. Martin Luther hat den Menschen als *simul justus et peccator* beschrieben; in Christus sind wir arme Sünder und gleichzeitig von Gott geliebt und gerechtgesprochen.

Wie führt das Evangelium zu der „Ehrfurcht vor dem HERRN" (Sprüche 1,7)?

Gebet: *Herr Jesus, je mehr ich über das Evangelium – dass ich ein Sünder und doch von Gott geliebt bin – nachdenke, desto mehr liebe ich dich mit Furcht und Zittern. Das Evangelium ist die Antwort auf so viele der tiefsten Rätsel. Ich preise dich für seine unendliche Weisheit. Amen.*

16. Dezember

Im Gericht wird die Königin aus dem Süden gegen die Menschen der heutigen Generation auftreten und sie verurteilen; denn sie kam vom Ende der Erde, um die Weisheit Salomos zu hören – und hier ist einer, der mehr ist als Salomo! (Lukas 11,31)

Der bessere Salomo. Die Sprüche wurden von bzw. für Salomo gesammelt. Er fordert uns auf, auf Gottes Gericht über die Missetäter zu warten (24,12) – Jesus hat dieses Gericht selber auf sich genommen. Salomo sagt, dass Gott ein Anwalt der Unterdrückten ist (23,10-11) – Jesus wurde selber ein Opfer der Ungerechtigkeit und trat an die Stelle der Unterdrückten. Salomo fordert uns auf, seine Worte in unser Herz zu schreiben (3,3) – Jesus sendet seinen Geist, um Gottes Wort in unsere Herzen zu schreiben (2. Korinther 3,3).

Salomo appelliert an unseren Willen, der Weisheit zu gehorchen (1,20-21) – Jesus sendet seinen Geist, der uns in die Lage versetzt, den Gehorsam zu wollen und zu praktizieren (Römer 8,1-8). Salomo malt uns den idealen König vor (16,10-15) – Jesus *ist* der wahre König (Matthäus 27,37). Salomo folgte seiner eigenen Weisheit letztlich nicht (1. Könige 11,9-10) und legte seinem Volk ein hartes Joch auf (1. Könige 12,4) – Jesus ist das perfekte Beispiel der Weisheit Gottes (Lukas 2,52; Hebräer 4,15) und starb, um uns von allen Sklavenjochen zu befreien (Matthäus 11,28-30).[238] Jesus ist der bessere Salomo.

Fällt Ihnen noch mehr ein, wie Jesus die Weisheit der Sprüche ergänzt und vollendet?

Gebet: *Vater, wenn ich hinter den Sprüchen deinen Sohn sehe, wie er meine Strafe für ihre Missachtung auf sich nimmt und mir verspricht, mein Herz mit seinem Evangelium und seinem Geist zu heilen, damit ich sie immer besser befolgen kann, bekomme ich Lust, sie zu lesen und zu praktizieren. Wie weise ist deine Erlösung! Amen.*

17. Dezember

Johannes ist gekommen, hat gefastet und keinen Wein getrunken, und schon hat es geheißen: „Er ist von einem bösen Geist besessen." Der Menschensohn ist gekommen, isst und trinkt wie jedermann, und da heißt es: „Was für ein Schlemmer und Säufer, dieser Freund der Zolleinnehmer und Sünder!" Und doch hat die Weisheit Gottes Recht; das zeigt sich an dem, was sie bewirkt. (Matthäus 11,18-19)

Die Weisheit in Person. In Sprüche 8 wird die Weisheit als eine Person vorgestellt, mit der zusammen Gott die Welt erschuf. In Sprüche 1–9 wird sie als Frau personifiziert, die wir persönlich kennenlernen müssen, um ein weises Leben führen zu können. Und hier nun, wo Jesus seine eigene Weisheit beschreibt, spricht er ebenfalls in der weiblichen Form von ihr, womit er sich mit der Weisheit Gottes in den Sprüchen identifiziert.

Kolosser 1,15-17 und Johannes 1,1-5 informieren uns, dass Jesus persönlich zusammen mit seinem Vater die Welt erschuf. Und so wie die Weisheit der Sprüche uns zum Mahl einlädt (9,1-3), ist Jesus die Speise und der Trank der Christen (Johannes 6,53). Kurz: So wie die Sprüche alle Menschen einladen, weise zu werden, indem sie in eine Beziehung zu der Weisheit, die die Welt erschuf, eintreten, so lädt das Evangelium alle ein, die endgültige Weisheit – das Evangelium und den heiligen Geist Gottes – zu erlangen, indem sie eine Beziehung zu Jesus Christus aufnehmen.

Wir sehen hier, wie ungeheuer persönlich der christliche Glaube ist. Seine tiefste Weisheit erlangt man nicht durch viel Studieren und Bildung, sondern durch eine persönliche Beziehung zu einem demütigen Mann, der sich mit Salomo und den alten Königen, ja mit einer weisen Frau identifizierte.

***Gebet:** Herr Jesus, wenn du im Himmel geblieben wärest, du wärest eine herrliche Abstraktion gewesen. Aber in den Evangelien entdecke ich die vollkommene Heiligkeit in Menschengestalt. Ich möchte dich so gerne besser kennenlernen. Rede durch dein Wort zu mir. Begegne mir im Gebet. Amen.*

18. Dezember

Kommt zu mir, ihr alle, die ihr euch plagt und von eurer Last fast erdrückt werdet; ich werde sie euch abnehmen. Nehmt mein Joch auf euch und lernt von mir, denn ich bin gütig und von Herzen demütig. So werdet ihr Ruhe finden für eure Seele. Denn das Joch, das ich auferlege, drückt nicht, und die Last, die ich zu tragen gebe, ist leicht. (Matthäus 11,28-30)

Weisheit und innerer Friede. Im jüdischen Schrifttum finden wir das Bild der Weisheit Gottes, die den Menschen aufruft, ihr Joch auf sich zu nehmen, um dadurch den inneren Frieden zu bekommen, den nur der Weise erfährt.[239] Die Toren halten sich selbst für weise, und so mucken sie dauernd gegen Gott und das Leben auf, weil sie den Eindruck haben, nicht geachtet zu sein oder zu kurz zu kommen. Und was sie haben wollen, das wollen sie sofort. Ihr Leben ist ein Leben der Ruhelosigkeit und Unzufriedenheit.

Wenn Jesus uns unter sein Joch ruft, damit wir dort Ruhe für unsere Seele finden, sagt er: „*Ich* bin die wahre Weisheit." Wollen Sie inneren Frieden haben? Nur wenn Sie zu Jesus aufblicken, wie er am Kreuz für Ihre Sünden stirbt, können Sie die Last aller Lasten ablegen – die zermürbenden Versuche, sich selbst zu rechtfertigen und sich Ihren Selbstwert und Ihre Erlösung selber zu verdienen. Das Evangelium vom Kreuz ist die einzige wahre Weisheit, die uns diese Ruhe gibt. „Herr, weil ich weiß, dass du mein Retter bist, vertrau ich still. Weil du für mich das Lamm geworden bist, vertrau ich still."[240]

Jesu Joch ist sanft, und seine Last ist leicht. Alles andere in der Welt versklavt mich nur. Wie ist das mit Ihnen? Haben Sie sich zum Sklaven von etwas anderem als Jesus machen lassen?

Gebet: *Herr, ich bin müde, ich mag nicht mehr. Was ich mache, ist so eine Schwerarbeit. Ich versuche, mich selber zu beweisen, anerkannt zu werden, mir einen Namen zu machen. Herr, ich möchte sie ablegen, diese Last, und den tiefen Frieden entgegennehmen, den dein Evangelium gibt. Hilf mir dazu. Amen.*

19. Dezember

Der Sohn ist das Ebenbild des unsichtbaren Gottes, der Erstgeborene, der über der gesamten Schöpfung steht. Denn durch ihn wurde alles erschaffen, was im Himmel und auf der Erde ist, das Sichtbare und das Unsichtbare, Könige und Herrscher, Mächte und Gewalten. Das ganze Universum wurde durch ihn geschaffen und hat in ihm sein Ziel. Er war vor allem anderen da, und alles besteht durch ihn. (Kolosser 1,15-17)

Der wahre König. Eine Firma oder Abteilung wird so lange unproduktiv sein, wie sie keinen guten Chef hat. Ist dieser dann da, „läuft der Laden", und die Mitarbeiter arbeiten gerne und produktiv. Das Gleiche gilt für einen Fußballverein und seinen Trainer oder eine Regierung und einen guten Regierungschef. Wir alle wissen, dass eine gute Führung Schaden heilt und Einheit schafft.

Jesus, die wahre Weisheit, durch die die Welt erschaffen wurde, ist der, durch den *alles besteht* (NLB: „Er hält die ganze Schöpfung zusammen"). Als die Welt erschaffen war und ganz unter Gottes Herrschaft stand, war sie das Paradies. Durch den Sündenfall kam die Schöpfungsordnung durcheinander; Chaos und Tod waren die Folge. Jesus hat am Kreuz die Sünde und den Tod besiegt, und eines Tages wird er wiederkommen, um die Welt endgültig zu heilen. Wo Jesus nicht ist, herrscht das Chaos, und das Chaos zu wählen und nicht den, der mich und alle Dinge erschaffen hat, ist die größte Torheit. In dem Maße, wie wir unter der Herrschaft Jesu stehen, wachsen wir an Weisheit und unser Leben wird heil.

In unserem sündigen Herzen lauert der Wunsch nach der großen Autonomie – einem Leben ohne Regeln und ohne Herrn. Danken wir Jesus, dass wir nicht gefunden haben, was wir suchten.

Gebet: *Herr Jesus, ein Teil von meinem Herzen sehnt sich nach einem König, der mich leitet und beschützt, aber ein anderer Teil hat Angst davor. Aber du bist der wahre König, den meine Seele sucht. Du hast dich für mich geopfert, und darum bist du das vollste Vertrauen wert. Ich knie vor dir nieder. Herrsche über mein Herz. Amen.*

20. Dezember

Es geht mir darum, dass ihr gestärkt und ermutigt werdet und dass ihr in Liebe zusammenhaltet. Dann werdet ihr eine tiefe und umfassende Erkenntnis erlangen, ein immer größeres Verständnis für das Geheimnis Gottes. Christus selbst ist dieses Geheimnis; in ihm sind alle Schätze der Weisheit und der Erkenntnis verborgen. (Kolosser 2,2-3)

Die große Schatztruhe. Jesus ist nicht wie andere Lehrer, deren Lehren wir uns merken und umzusetzen versuchen. Vielmehr sind *in* ihm unendliche Schätze der Weisheit und Erkenntnis. Wir lernen die Weisheit Christi nicht nur, indem wir seine Worte studieren, sondern mindestens genauso, indem wir die Gemeinschaft mit ihm pflegen.

In 2. Korinther 3,18 lesen wir, dass das „Anschauen" der „Herrlichkeit des Herrn" uns ihm ähnlicher macht. Die Sprüche fordern den Weisen auf, mutig zu sein und zu vergeben. Aber mutig werden wir am besten dadurch, dass wir voll Liebe und Staunen über den Mut von Jesus nachsinnen, als er für uns ans Kreuz ging, und Vergeben lernt man am besten durch das dankbare Betrachten der Vergebung, die Jesus am Kreuz demonstriert hat. Die wahre Weisheit ist nicht ein Lehrgebäude, sondern eine übernatürliche Person, und wir bekommen diese Weisheit nicht durch unser Wollen und Streben, sondern durch die Verwandlung der Herzen und Wünsche, die der erfährt, der Jesus anbetet.

Die Sprüche sagen uns immer wieder, dass Weisheit nicht über Nacht kommt, sondern wachsen muss, und dies ist nur logisch, wenn die Weisheit eine Person ist und wir lernen müssen, wie sie denkt, was sie will, was ihr gefällt und was nicht. Wollen Sie sich die Zeit nehmen, Jesus in seinem Wort kennenzulernen und dadurch weise zu werden?

Gebet: *Herr Jesus, ich weiß kaum, was es heißt, deine Herrlichkeit anzuschauen, und so möchte ich dich bitten, es mir zu zeigen. Ich möchte es so gern versuchen, aber ich fühle mich wie ein Kind, das seine ersten Worte lernt. Ich bete das Gebet des Mose: „Zeige mir deine Herrlichkeit." Amen.*

21. Dezember

Mit der Botschaft vom Kreuz ist es nämlich so: In den Augen derer, die verloren gehen, ist sie etwas völlig Unsinniges; für uns aber, die wir gerettet werden, ist sie der Inbegriff von Gottes Kraft … Die Juden wollen Wunder sehen, die Griechen fordern kluge Argumente. Wir jedoch verkünden Christus, den gekreuzigten Messias. Für die Juden ist diese Botschaft eine Gotteslästerung und für die anderen Völker völliger Unsinn. Für die hingegen, die Gott berufen hat, Juden wie Nichtjuden, erweist sich Christus als Gottes Kraft und Gottes Weisheit. Denn hinter dem scheinbar so widersinnigen Handeln Gottes steht eine Weisheit, die alle menschliche Weisheit übertrifft; Gottes vermeintliche Ohnmacht stellt alle menschliche Stärke in den Schatten. (1. Korinther 1,18.22-25)

Christi Torheit: Teil 1. Dieser Abschnitt führt eine zentrale Wahrheit aus: Die Weisheit Christi ist etwas ganz anderes als die Vernunft dieser Welt. Der Welt erscheint das Evangelium denkbar unrealistisch und unweise. Das Evangelium predigt die Erlösung durch das Kreuz, aber die „Werkseinstellung" unseres menschlichen Herzens ist, dass es sich seine Erlösung selber verdienen will, und würde man die Sprüche aus dem Gesamtkontext der Bibel herauslösen, könnte man sie glatt in diesem Sinne verstehen.

Am Kreuz stellt Gottes Weisheit die Dinge auf den Kopf. Der Weg nach oben führt nach unten. Der Weg zum Führen heißt Dienen. Glücklich werde ich nicht, indem ich mein eigenes Glück suche, sondern das der anderen. Reich wird der, der seinen Reichtum wegschenkt. Der Welt erscheinen all diese Dinge als so viele Torheiten; das Kreuz enthüllt sie als die wahre Realität, und auf den Alltag angewendet ergeben sie perfekte Weisheit. Und der Anfang dieser Weisheit ist natürlich, dass ich mich Jesus ganz hingebe, so wie er sich mir hingab. In den Augen der Welt ist das wie eine Art Selbstmord, aber es ist der Weg zum Leben.

Wo haben Sie es schon erlebt, dass die „Torheit Christi" sich als die wahre Weisheit entpuppte?

Gebet: *Herr, wie weise warst du, als du die Welt erschufst! Aber die Weisheit unserer Erlösung ist, wenn das möglich ist, noch gewaltiger, denn erst durch das Kreuz kannst du vollkommen heilig sein und uns trotzdem lieben, kannst du gerecht sein und gleichzeitig den rechtfertigen, der an dich glaubt (Römer 3,26). Wer kann deine Weisheit genug preisen? Amen.*

22. Dezember

Seht euch doch einmal in euren eigenen Reihen um, Geschwister: Was für Leute hat Gott sich ausgesucht, als er euch berief? Es sind nicht viele Kluge und Gebildete darunter, wenn man nach menschlichen Maßstäben urteilt, nicht viele Mächtige, nicht viele von vornehmer Herkunft. Im Gegenteil: Was nach dem Urteil der Welt ungebildet ist, das hat Gott erwählt, um die Klugheit der Klugen zunichte zu machen, und was nach dem Urteil der Welt schwach ist, das hat Gott erwählt, um die Stärke der Starken zunichte zu machen. Was in dieser Welt unbedeutend und verachtet ist und was bei den Menschen nichts gilt, das hat Gott erwählt, damit ans Licht kommt, wie nichtig das ist, was bei ihnen etwas gilt. Denn niemand soll gegenüber Gott mit vermeintlichen Vorzügen prahlen können. (1. Korinther 1,26-29)

Christi Torheit: Teil 2. „Große" Menschen sind typischerweise solche, die nach menschlichen Begriffen klug und reich sind und etwas darstellen. Doch Gott wählt ganz bewusst Menschen aus, die die Welt verschmäht, um zu zeigen, wie er erlöst. Nach dem „Gideon-Prinzip" (Richter 6,15) erwählt Gott mit Vorliebe die Schwächsten und am wenigsten Erfolgversprechenden, damit alle Ehre ihm gehört.

Dazu kommt das „Petrus-Prinzip". Petrus war der Apostel, der während der Passion Jesu am eklatantesten versagte. Doch in Johannes 21 vergibt Jesus ihm und macht ihn zum Leiter der jungen Kirche. Es ist gerade so, als ob er sagt: „Weil du der größte Versager warst, hast du das Zeug dazu, der größte Leiter zu werden. Kippe dein Versagen in meine Gnade, und ich werde dich zu jemandem machen, der gleichzeitig unerhört mutig und zutiefst demütig ist – und damit zutiefst weise." Die Identität des Christen wurzelt in Gottes Gnade und nicht in irgendwelchen weltlichen Faktoren, und das bringt uns eine unerhörte Freiheit.

Sind Sie schwach genug, dass Gott Sie gebrauchen kann? Lassen Sie ihn Ihre Schwäche benutzen, um Sie weise zu machen?

Gebet: *Vater, der Anblick deines Sohnes, der am Kreuz für mich stirbt, ist so verurteilend. Und so wunderbar. Er verändert mich im innersten meiner Seele. Mein Geist ist von fröhlicher Trauer und betrübter Freude erfüllt: Ein solches Leben musste für mich gegeben werden, aber dadurch, dass der getötet wurde, lebe ich. Amen.*

23. Dezember

Dass ihr mit Jesus Christus verbunden seid, verdankt ihr nicht euch selbst, sondern Gott. *Er* hat in Christus seine Weisheit sichtbar werden lassen, eine Weisheit, die uns zugutekommt. Denn Christus ist unsere Gerechtigkeit, durch Christus gehören wir zu Gottes heiligem Volk, und durch Christus sind wir erlöst. „Wenn also" – um es mit den Worten der Schrift zu sagen – „jemand auf etwas stolz sein will, soll er auf den Herrn stolz sein." (1. Korinther 1,30-31)

Christi Torheit: Teil 3. Hier bindet Paulus echte Weisheit an ein tiefes Verständnis der Rolle Jesu als unseres Fürsprechers und Stellvertreters. Wir sind *mit Jesus Christus verbunden*, und dies ist nicht etwas, das wir uns durch unsere eigene Gerechtigkeit und Heiligkeit selber erarbeiten, sondern Jesus ist die Weisheit Gottes, die uns Gerechtigkeit, Heiligung und Erlösung bringt. Wenn der Vater uns sieht, liebt er uns so, als ob wir all das getan hätten, was Jesus getan hat. Er liebt uns so, wie er seinen Sohn liebt (Johannes 17,23).

Wissen Sie, dass Jesus ein perfektes, gerechtes, weises Leben *für Sie* lebte, damit Gott Sie um seinetwillen voll und ganz annimmt und liebt? Hier finden Sie das, was Sie brauchen, um selber weise zu werden. Sie müssen sich nicht dauernd vor den anderen beweisen, wie die Toren und Spötter das tun. Sie können sich nicht selber für weise halten, weil Sie genau wissen, dass Sie ein aus Gnade erretteter Sünder sind. Und Sie werden Ihr Herz nicht an Reichtum, Karriere oder Sex hängen, weil Sie ja in Christus den wahren Reichtum, den wahren Lebenssinn und die wahre Liebe haben. Es ist der Glaube an das Evangelium, der uns weise macht.

Fühlen Sie sich reich? (In Christus *sind* wir reich.)

Gebet: *Herr, ich bin geistlich so reich, aber ich lebe in der Armut meiner Ängste und meiner Sorgen. „Dein Wort bewegt des Herzens Grund, dein Wort macht Leib und Seel gesund, dein Wort ist's, das mein Herz erfreut, dein Wort gibt Trost und Seligkeit."*[241] *Hilf mir, seine Schätze in meinem Alltag zu nutzen. Amen.*

24. Dezember

Ein weiser Sohn macht seinem Vater Freude, ein Dummkopf jedoch bereitet seiner Mutter Kummer. (Sprüche 10,1) – Er kam zu seinem Volk, aber sein Volk wollte nichts von ihm wissen. All denen jedoch, die ihn aufnahmen und an seinen Namen glaubten, gab er das Recht, Gottes Kinder zu werden. Sie wurden es weder aufgrund ihrer Abstammung noch durch menschliches Wollen, noch durch den Entschluss eines Mannes; sie sind aus Gott geboren worden. (Johannes 1,11-13)

Die Familie Christi. Die Sprüche fordern den Weisen immer wieder auf, seine Eltern zu ehren, aber die Beziehungen in der Familie sind oft schwierig. Die einen sind süchtig nach der Anerkennung durch ihre Eltern, die anderen sind verbittert und fühlen sich von ihnen im Stich gelassen, wieder andere haben Eltern, die man beim besten Willen nicht lieben kann.

In all diesen Fällen, so sahen wir am 13. Oktober, brauchen wir die Gewissheit, dass Gott unser Vater ist, der uns vollkommen liebt. Dies schützt uns davor, Muttersöhnchen oder Vaterhasser zu werden. Aber wie kommen wir dahin? Weil Jesus am Kreuz das Verlassensein durch seinen Vater erlitt, können wir in Gottes Familie adoptiert werden. Als seine Mutter und Geschwister Jesus nach Hause holen wollten, weil er ihnen peinlich wurde, sagte er ihnen, dass seine Mutter und Geschwister die waren, die den Willen seines Vaters taten (Markus 3,31-35). Dies war kein bloßes Bild. Laut Hebräer 2,11 schämt Jesus sich nicht, uns seine Geschwister zu nennen, sind wir doch alle Kinder Gottes (Galater 3,26). Ihre irdische Familie mag mehr oder weniger toll sein – Ihre Adoptivfamilie, in der Gott Ihr Vater und Jesus Ihr älterer Bruder ist, ist die tollste!

Wie wirkt sich das Wissen, dass Gott Ihr Vater ist, in Ihrem Alltag aus?

***Gebet:** Vater, ich preise dich, dass der, der die ganze Welt erschaffen hat und durch sein mächtiges Wort erhält, mein Vater ist! Deine unendliche Majestät und Kraft hast du in den Dienst deiner Vaterliebe gestellt. Lass mich den unendlichen Frieden und die Freude erfahren, die mir das bringen sollte. Amen.*

25. Dezember

Ich bin der Herr, dein Gott, der ich dich aus Ägyptenland, aus der Knechtschaft, geführt habe. Du sollst keine anderen Götter haben neben mir. (2. Mose 20,2-3, LUT) – Frau Torheit ist leidenschaftlich und versteht es zu verführen … Und er merkt nicht, dass in ihrem Haus die Geister der Toten wohnen. Ihre Gäste begeben sich in die Tiefen des Totenreichs. (Sprüche 9,13.18)

Tremper Longman schreibt in seinem Sprüche-Kommentar, dass, wenn die Frau Weisheit in Sprüche 1–9 letztlich auf Jesus zeigt, die Frau Torheit für den Götzendienst steht.[242] Das erste der Zehn Gebote lautet: „Ich bin der Herr, dein Gott … Du sollst keine anderen Götter haben neben mir." Entweder wir beten Gott an oder wir beten etwas anderes an; die Alternative, gar nichts anzubeten, existiert nicht. Entweder ich erwarte meinen Wert und meine Sicherheit von Gott oder ich erwarte sie von etwas anderem, und wenn dies meine eigenen Fähigkeiten sind.

Betrachten wir dies aus der Perspektive des Neuen Testaments. Jeder sucht nach etwas, um sich zu rechtfertigen. Entweder wir lassen Jesus unsere Weisheit, Gerechtigkeit, Heiligkeit und Erlösung sein (und werden durch den Glauben an ihn errettet) – oder wir erwarten diese Dinge aus anderen Quellen (und setzen auf die Erlösung durch unsere Leistungen). Wahre Weisheit besteht darin, dass ich die Erlösung aus Gnade annehme, und der Inbegriff der Torheit ist es, sich selber erlösen zu wollen. Das Evangelium ist die höchste Weisheit.

Was für einen Schatz der Weisheit haben wir in Jesus! Preisen wir den, der als Baby in die Welt kam und der einst in Macht und Herrlichkeit wiederkommen wird.

Gebet: *„Weg mit allen Schätzen; du bist mein Ergötzen, Jesus, meine Lust. Weg, ihr eitlen Ehren, ich mag euch nicht hören, bleibt mir unbewusst! Elend, Not, Kreuz, Schmach und Tod soll mich, ob ich viel muss leiden, nicht von Jesus scheiden."*[243] *Amen.*

26. Dezember

Ihr wisst ja, woran sich die Gnade von Jesus Christus, unserem Herrn, gezeigt hat: Er, der reich war, wurde arm, damit *ihr* durch seine Armut reich werdet.“ (2. Korinther 8,9)

Die Armut Christi. Die Sprüche zeigen uns durchgehend, dass Gott sich mit den Armen identifiziert (9. Dezember). Die Armen verachten heißt Gott verachten (14,31), und wer den Armen gegenüber barmherzig ist, leiht Gott etwas aus (19,17). Aber erst im Neuen Testament sehen wir wirklich, wie sehr Gott sich mit den Armen identifiziert hat. In Jesus Christus wurde er buchstäblich ein Armer. Er wurde in einem Futtertrog geboren, er wuchs in einem bescheidenen Haus auf, sein letztes Mahl nahm er in einem gemieteten Saal ein, und das Grab, in das er gelegt wurde, war eine Spende. Sein einziger wertvoller Besitz war sein Untergewand. Und er war ein Opfer der Ungerechtigkeit.

Warum tat er sich das an? Jesus wurde arm und nahm unsere Strafe auf sich, damit wir die ewigen geistlichen Schätze bekämen. Er trug das Urteil, das wir verdient hatten, damit wir freigesprochen würden. Die Sprüche fordern uns auf, für die Armen zu sorgen, und das ist weise. Aber wir werden die Armen nie lieben, ja achten können, solange wir nicht erkennen, wie geistlich arm wir selber sind und dass wir ganz von Gottes Gnade leben.

Wie werden *Sie* den Armen begegnen im Namen dessen, der für Sie in einer Krippe zur Welt kam?

Gebet: *Herr, ich lebe in einer Gesellschaft, die lauthals ihre Solidarität mit den Armen und Unterdrückten proklamiert, aber nur wenige von uns kommen ihnen persönlich nahe oder geben mehr als eine höfliche Spende an Geld oder Zeit. Hilf mir, im Lichte deiner Liebe anders zu sein zu denen, die die Güter der Welt nicht haben. Amen.*

27. Dezember

Glücklich zu preisen sind die, die arm sind vor Gott; denn ihnen gehört das Himmelreich. (Matthäus 5,3)

Arm vor Gott – reich in Gott. Die Bergpredigt (Matthäus 5–7) ist sozusagen das neutestamentliche Buch der Sprüche. Wie die Sprüche, so nimmt auch Jesus die Grundprinzipien der Zehn Gebote und wendet sie auf unseren Alltag an (Matthäus 5,17). Die Sprüche wurden von bzw. für Salomo gesammelt, der nur an uns appellieren konnte, sie zu befolgen. Aber in Jesus, dem wahren Salomo, haben wir jemanden, der die Gebote der Weisheit für uns gehalten hat – und wenn wir dies wissen und an ihn glauben, können wir unser Leben in der Weisheit Gottes führen.

Dies zeigt sich deutlich in den Seligpreisungen am Anfang der Bergpredigt. Jede von ihnen ist ein Aufruf an uns – aber befolgen können wir ihn nur, weil Jesus ihn bereits für uns befolgt hat. Fangen wir mit dem ersten an. Wir sollen arm vor Gott sein, d. h. geistlich demütig und gleichzeitig engagiert für die Armen der Welt. Wenn wir das befolgen, werden wir wahrhaftig reich sein, *denn ihnen gehört das Himmelreich*. Aber als Christen wissen wir, dass wir nur deswegen reich wie ein König sein werden, weil Jesus für uns arm wurde, und dieses Wissen macht uns demütig und lässt uns wahrhaftig arm im Geist sein und großzügig zu allen Bedürftigen.

Niemand ist ein Christ, solange er nicht geistlich arm ist. Wie hat Gott *Sie* geistlich arm gemacht?

Gebet: *Herr, Tränen der Trauer könnten niemals die Tiefe der Liebe vergelten, wie ich es dir eigentlich schuldig wäre. Herr, ich gebe mich selbst dir hin. Das ist alles, was ich tun kann. Amen.*

28. Dezember

Glücklich zu preisen sind die, die trauern; denn sie werden getröstet werden. (Matthäus 5,4)

Leiden und Trost. Die Weisheitsliteratur ruft die Weisen zur Geduld im Leiden auf. Die zweite Seligpreisung verspricht uns, dass Gott uns trösten wird, wenn wir trauern. Es geht hier um mehr, als dass wir von Gott ganz allgemein neue innere Kraft bekommen. Es geht um unsere Erlösung, und hier verheißt Gott uns „Frieden wie einen Strom" und: „Ich will euch trösten, wie einen seine Mutter tröstet" (Jesaja 66,12-13 Luther).

Aber wie können wir dieses Trostes so gewiss sein? Wir haben ihn doch mit nichts verdient. Wir können nur deswegen getröstet werden, weil Jesus selber trauerte, weil er „ein Mann der Schmerzen und mit Leiden vertraut" (Jesaja 53,3, ELB) war, weil er in der Finsternis ohne Trost weinte und für uns starb. Die Tränen von Jesus sind der größte Trost, den man sich vorstellen kann. Wie weinte er am Grab seines Freundes Lazarus (Johannes 11,35), obwohl er doch wusste, dass er ihn gleich auferwecken würde. Er wird auch uns auferwecken, aber unser Leiden in diesem Leben geht ihm nach. Die Sprüche rufen uns dazu auf, im Leiden stark zu sein, aber erst das Evangelium gibt uns die Kraft dazu.

Hat Gott Sie schon einmal getröstet, als Sie Leid trugen? Wie war das?

Gebet: *Herr, ich würde so gerne ohne Leiden leben, und auch du willst eigentlich nicht, dass ich seinen Schmerz erfahre. Aber wie du mich in meinen Leiden tröstest, verändert mich auf eine Art, die ich nicht missen möchte. Ich danke dir nicht für das Böse, das mir begegnet ist, wohl aber dafür, wie du mich mitten in dem Bösen glücklicher und heiliger machst. Amen.*

29. Dezember

Glücklich zu preisen sind die Sanftmütigen, denn sie werden die Erde als Besitz erhalten. (Matthäus 5,5)

Die Erde besitzen. Die Sprüche sagen uns, dass der Gerechte Seligkeit – *Schalom* – und Glück erleben wird; niemals wird er wanken (10,30; vgl. Psalm 37,29). Aber wir wissen doch ganz genau, dass wir gar nicht so gerecht sein *können*, wie wir sollten. Hier in der Bergpredigt lesen wir, dass die Sanftmütigen, die Demütigen, *die Erde als Besitz erhalten* werden – aber wer von uns ist denn schon zu hundert Prozent sanftmütig? Und trotzdem können wir glücklich werden und die Erde ererben. Wie das möglich ist? Weil *Jesus* sanftmütig wurde. Er sagt von sich selber, dass er „gütig und von Herzen demütig" ist (Matthäus 11,29).

Gegen Ende seines Lebens erreichte diese Sanftmut ihren Höhepunkt. Nicht auf einem Schlachtross, sondern auf einem Esel ritt er in Jerusalem ein (Matthäus 21,5). Wie ein Lamm, das zum Schlachten geführt wird, ging er ans Kreuz und tat seinen Mund nicht auf (Jesaja 53,7). Man zog ihn nackt aus und warf das Los um seine Kleider. Aber dank seiner vollkommenen, rettenden Sanftmut werden wir, wenn wir an ihn glauben, einst einen neuen Himmel und eine neue Erde ererben (Römer 8,18-21).

Wo haben Sie es schon einmal erlebt, wie jemand, der still, freundlich und sanftmütig war, Ehre und Macht bekam?

***Gebet:** Herr Jesus, du lehrst uns, dass der Weg nach oben nach unten geht und dass der reich wird, der verschenkt. Der Welt erscheint das töricht, aber immer wieder sehe ich, dass am Ende die Sanftmütigen die größte Macht und Einfluss haben. In meinem Alltag neige ich dazu, lieber Macht zu haben als zu dienen. Hilf mir, so sanftmütig zu werden, wie du es warst. Amen.*

30. Dezember

Glücklich zu preisen sind die, die nach der Gerechtigkeit hungern und dürsten; denn sie werden satt werden. (Matthäus 5,6)

Gerechtigkeit. Die Sprüche fordern den Weisen auf, Gerechtigkeit zu suchen. Aber keiner weiß, wie böse er ist, bis er ernsthaft versucht, gut zu sein. Jemand, der sich allen Ernstes für gerecht hält, macht sich nicht nur etwas vor, sondern hat keine Ahnung, was Gerechtigkeit ist. Und doch sollen wir nach Gerechtigkeit hungern. Eine hoffnungslose Situation? Nein. Paulus sagt, dass wir durch den Glauben mit einer Gerechtigkeit von Gott erfüllt werden können, die vollkommen und unverdient ist (Römer 3,21-22; Philipper 3,9).

Und wie können wir mit dieser Gerechtigkeit erfüllt werden? Nur deswegen, weil Jesus am Kreuz sagte: „Ich habe Durst!" (Johannes 19,28). Jesus wurde so behandelt, wie die Ungerechten es verdient hatten, damit Gott uns so behandeln kann, wie nur die Gerechten es verdienen (2. Korinther 5,21). Wenn ich begreife, dass ich durch Jesus ja schon von Gott angenommen bin, verändert das meine Motive, gerecht zu leben. Jetzt gehorche ich Gott nicht mehr bloß, weil ich muss oder weil ich etwas von ihm bekommen will, sondern auch, weil ich es *will*; ich will dem, der mich ohne jedes Verdienst meinerseits erlöst hat, gefallen, ihn kennenlernen, ihm ähnlicher werden.

Gehorchen Sie Gott immer noch nur, weil Sie das müssen, oder auch, weil Sie das wollen und ihn lieben?

***Gebet:** Herr, einst versuchte ich, dir zu dienen, um meine Pflicht zu tun. Später versuchte ich, mir selber zu dienen. Beides waren dornige Wege. Erst jetzt fange ich an, zu erleben, wie das ist, wenn man dir aus Liebe und aus Dankbarkeit für deine unverdiente Erlösung dient. Es ist eine Kraft, die mich nicht müde macht. Lass sie in meinem Herzen wachsen! Amen.*

31. Dezember

Glücklich zu preisen sind die Barmherzigen; denn sie werden Erbarmen finden. Glücklich zu preisen sind die, die ein reines Herz haben; denn sie werden Gott sehen. Glücklich zu preisen sind die, die Frieden stiften; denn sie werden Söhne Gottes genannt werden. (Matthäus 5,7-9)

Alles, was wir brauchen. Die Sprüche fordern uns zu Barmherzigkeit gegenüber unseren Feinden auf (25,21). Wir können niemandem vergeben, solange wir uns als jemand Besseres fühlen, der ohne Sünde ist. Das Evangelium treibt unserem Herzen den Stolz gründlich aus. Warum wird Gott uns gnädig sein? Nur weil Jesus am Kreuz keine Gnade bekam – nicht von Pilatus, nicht von der Menge, noch nicht einmal von seinem Vater. Wenn wir das sehen, können wir gnädig zu unseren Mitmenschen werden.

Warum werden wir eines Tages Gott sehen können? Weil Jesus ein total reines Herz hatte, ohne jede Sünde. Wir werden Gott ins Angesicht schauen können, weil er es vor seinem Sohn am Kreuz verbarg. Warum werden wir Frieden bekommen? Nur weil die ganze Welt Krieg gegen Jesus Christus führte, ja selbst sein Vater ihn verließ. Es gibt keinen Frieden für die Gottlosen (Jesaja 48,22); am Kreuz bekam Jesus das, was wir verdient hatten, damit wir den ewigen Frieden haben können, den er für uns verdient hat. Wer das begriffen hat, der kann ein Friedensstifter werden.

In Jesus bekommen wir alles, was wir brauchen, um ein Leben der Weisheit zu führen. Kennen Sie ihn schon? Möchten Sie gerne weise werden?

Gebet: *Herr, ich habe gelernt, dass Weisheit eigentlich nur eine Zugabe für den ist, der mehr als Weisheit will – nämlich Gott sehen! Wer dich erkennen will, der wird nebenbei weise. Wer nur weise werden will (um mehr Erfolg im Leben zu haben), bekommt am Ende weder Weisheit noch dich. Endlich begreife ich es; es hat lange genug gedauert. Ich preise dich, dass du so viel Geduld mit mir hattest. Amen.*

Danke!

Wie üblich haben wir zahlreichen Personen zu danken. Zuallererst unserem geduldigen Lektor im Viking-Verlag, Brian Tart. Nach unserem Andachtsbuch über die Psalmen dachten wir, dass ein entsprechendes Buch über die Sprüche exakt genauso viel an Zeit und Mühe kosten würde. Fehlanzeige. Jeder einzelne Spruch musste analysiert, kategorisiert und innerlich „verdaut" werden, und zum Schluss mussten wir die optimale Reihenfolge zum Lesen und Lernen ermitteln. Als wir endlich begriffen, wie viel Zeit und Kraft das Projekt wirklich erforderte, war es Brian, der das Unmögliche möglich machte. Danke für deine Langmut und Geduld, Brian. (Es gibt sogar einen Spruch zu dem Thema.)

Wie immer haben viele Freunde uns ganz praktisch unterstützt, als wir dieses Buch schrieben. Einmal mehr schrieben wir einen Teil als Gäste von Ray und Gill Lane im Hotel „The Fisherbeck" in Ambleside im Lake District (Nordengland). Diesmal gingen Jane und Brian McGreevy weit über übliche Freundschaftsdienste hinaus, um uns bei unserem Schreiben und Reisen in South Carolina zu helfen. Und wir verbrachten zwei tolle Manuskriptwochen im Haus von Janice Worth in Florida. Ein Dankeschön auch an Lynn Land, Liz Santiago, Graham und Laurie Howell und all die anderen, die uns auf viele kleine und große Weisen unterstützt haben.

Tim lernte das Buch der Sprüche durch den kleinen Kommentar von Derek Kidner kennen; wie viel er ihm verdankt, kann der Leser leicht den Anmerkungen entnehmen. Vielleicht die beiden besten und umfassendsten neueren Sprüche-Kommentare sind die von Tremper Longman und Bruce Waltke, zwei großen Bibelwissenschaftlern, an deren Seite Tim in den 1980er-Jahren als Dozent am Westminster Theological Seminary arbeiten durfte.

Und schließlich möchten wir unserem Literaturagenten, David McCormick, danken, der uns jetzt seit fast einem Jahrzehnt mit seinem weisen, mutmachenden Rat zur Seite steht. Danke für alles, David.

Anmerkungen

1 Raymond C. Van Leeuwen, „The Book of Proverbs", in: *The New Interpreter's Bible*, Bd. 5 (Nashville: Abingdon, 1997), S. 27.

2 Derek Kidner, *The Proverbs: An Introduction and Commentary* (Downers Grove, Ill.: InterVarsity Press, 1972), S. 176.

3 Bruce Waltke, *Book of Proverbs: Chapters 1–15* (Grand Rapids, Mich.: Wm.B. Eerdmans, 2004), S. 117.

4 Ebd.

5 Bruce Waltke, *Book of Proverbs: Chapters 15–31* (Grand Rapids, Mich.: Wm.B. Eerdmans, 2005), S. 532.

6 „Es gibt Charakterdetails, die so klein sind, dass sie durch die Maschen der Gebote schlüpfen. … aber die im persönlichen Umgang den Ausschlag geben." Kidner, *The Proverbs*, S. 532.

7 Proust, *Auf der Suche nach der verlorenen Zeit*, zitiert in: Jonathan Haidt, *Die Glückshypothese* (Kirchzarten: VAK Verlags GmbH, 6. Aufl. 2018), S. 207.

8 Kidner, *Proverbs*, S. 37.

9 Ebd., S. 310.

10 NGÜ: „Eingebildete".

11 NGÜ: „Eingebildete".

12 Vgl. Kidners Studie über „The Scoffer", in: *Proverbs*, S. 41f., und Waltkes Ausführungen über „The Mocker", in: *Book of Proverbs: Chapters 1–15*, S. 114.

13 C.S. Lewis, *Die Abschaffung des Menschen* (Einsiedeln: Johannes Verlag, 6. Aufl. 2007), S. 82.

14 NGÜ: „Eingebildete".

15 Vgl. Waltke, *Book of Proverbs: Chapters 1–15*, S. 528.

16 NGÜ: „Eingebildete".

17 Winifred Gallagher, „How We Become What We Are", *The Atlantic*, September 1994. Im Internet unter: www.theatlantic.com/magazine/archive/1994/09/how-we-become-what-we-are/303534/.

18 Man könnte diese Optionen mit den Stichworten „Rückzug", „Angriff" und „Diplomatie" zusammenfassen. Kagan behauptet, dass jeder von uns mit einem Charakter geboren ist, der eine dieser drei Reaktionen instinktiv macht, sodass wir sie auch in Situationen einsetzen, wo dies nicht praktisch, ja womöglich schädlich ist.

19 Kidner, *Proverbs*, S. 39.

20 J.D. Vance, *Hillbilly-Elegie* (Berlin: Ullstein, 2. Aufl. 2017), S. 13f.

21 Kidner, *Proverbs*, S. 60.

22 Ebd.

23 Albert Camus, „The Wind at Djemila", in: *Albert Camus*, ed. Harold Bloom, Bloom's BioCritiques (Philadelphia: Chelsea House, 2003), S. 59.

24 Der erste Teilsatz ist die Übersetzung von Bruce Waltke. Siehe Waltke, *Book of Proverbs: Chapters 1–15*, S. 467.

25 NGÜ: „Eingebildeten“.

26 W. McKane, zitiert in: Waltke, *Book of Proverbs: Chapters 1–15*, S. 114.

27 Waltke, *Book of Proverbs: Chapters 1–15*, S. 97.

28 Van Leeuwen, „Book of Proverbs“, S. 38.

29 Dies ist meine eigene freie Übersetzung dieses Bibelverses.

30 John Newton, *The Works of the Rev. John Newton*, vol. 1 (Edinburgh: Banner of Truth, 1985), S. 585.

31 Van Leeuwen, „Book of Proverbs“, S. 40.

32 Laut Sprüche 3,10 wird der großzügige Spender in der Regel mit neuem Reichtum gesegnet. Manche deuten dies als ein absolutes Versprechen, nach dem Muster: „Je mehr du gibst, desto mehr kriegst du.“ Doch das ist ein Missverständnis der Gattung der Sprüche, die lediglich formulieren, wie es im Leben typischerweise zugeht. Derek Kidner: „Wäre [Vers 10] mehr als eine allgemeine Beobachtung (wie Hiobs Freunde dachten), würden wir mit unseren Gaben Gott nicht so sehr ehren als vielmehr in ihn investieren.“ Aber, wie wir morgen sehen werden, Not kann „mehr Gewinn bringen als Wohlstand.“ (Kidner, *Proverbs*, S. 64)

33 Van Leeuwen, „Book of Proverbs“, S. 50.

34 Mehr zu dieser Auslegung dieser Verse bei Waltke, *Book of Proverbs: Chapters 1–15*, S. 266f.

35 Johannes Calvin, *Unterricht in der christlichen Religion* (Neukirchen-Vluyn: Neukirchener Verlag, 2008), S. 380 (= III.7.6).

36 Kidner, *Proverbs*, S. 77.

37 Zitiert in: Waltke, *Book of Proverbs: Chapters 1–15*, S. 401.

38 Kidner, *Proverbs*, S. 77.

39 Ebd.

40 Daher kann man sagen, dass jede funktionierende Gesellschaftsordnung (V. 16) oder Wirtschaft (V. 18) mindestens einige der Elemente der Weisheit aufweist. Weisheit ist „unerlässlich … für die zivile und soziale Ordnung.“ (Van Leeuwen, „Book of Proverbs“, S. 91.)

41 J.R.R. Tolkien, *Der Herr der Ringe, Bd. 1 Die Gefährten* (Stuttgart: Klett, 1972), S. 454.

42 Thomas Cranmer, „Collect for the Fifth Sunday After Trinity“, in: Paul F.M. Zahl und C. Frederick Barbee, *The Collects of Thomas Cranmer* (Grand Rapids, Mich.: Wm. B. Eerdmans, 2006), S. 78.

43 Vgl. Jonathan Edwards, „Beauty of the World“ und „Images of Divine Things“, in: *A Jonathan Edwards Reader*, ed. John E. Smith, Harry S. Stout und Kenneth P. Minkema (New Haven, Conn.: Yale University Press, 1995), S. 14-21. Für Edwards besteht Schönheit im Wesentlichen im Sehen der Beziehungen zwischen den Dingen, und er begründet dies damit, dass die Welt nicht von einem unipersonalen göttlichen Wesen erschaffen wurde, sondern von einem dreieinigen Gott, der aus innigen Beziehungen besteht. Dass an der Schöpfung mehr als nur *eine* göttliche Person beteiligt war, ist der tiefste Grund dafür, dass wir Beziehungswesen sind. Vgl. auch C. Lane Belden, „Jonathan Edwards on Beauty, Desire, and the Sensory World“, *Theological Studies* 65 (2004), S. 44-72.

44 Oliver O'Donovan schreibt: „Weisheit ist das geistige Erfassen der Ordnung der

Dinge, welches enthüllt, wie jedes sich zu den anderen verhält. … ‚Freude' ist das affektive Ausrichten der Aufmerksamkeit auf etwas, einfach weil es da ist und weil es so ist, wie es ist." Zitiert in: Van Leeuwen, „Book of Proverbs", S. 99.

45 Ebd., S. 104.

46 Aus dem Lied „The Hill of Zion" von Isaac Watts (1707).

47 Kidner, *Proverbs*, S. 83.

48 Van Leeuwen, „Book of Proverbs", S. 104.

49 Christian Smith, *Lost in Transition: The Dark Side of Emerging Adulthood* (Oxford, UK: Oxford University Press, 2011).

50 Vgl. Derek Kidner, „Subject Study: Life and Death", in: *Proverbs*, S. 53-56.

51 John Murray schreibt: „Die Gottesfurcht, die das Herz der wahren Frömmigkeit ist, besteht nicht … in dem Schrecken, der von der Angst vor dem Zorn Gottes hervorgerufen wird. … Die Angst vor dem Gericht wird in uns nie und nimmer die Liebe zu Gott oder den Hass auf die Sünde hervorrufen. … Selbst das Erleben des Zornes [Gottes] wird … uns [nur] zu noch größerer Liebe zur Sünde und noch größerer Feindschaft gegen Gott aufstacheln. Strafen haben in sich selber keine Macht, uns neu zu machen oder zu bekehren. Die Furcht vor Gott, die das Zeichen wahrer Frömmigkeit ist, ist die Furcht, die zu Anbetung und Liebe führt. Es ist die Furcht, die sich in Ehrfurcht, Ehrerbietung und heiliger Scheu äußert." (J. Murray, *Principles of Conduct*, Grand Rapids, Mich.: Wm. B. Eerdmans, 1957, S. 236f.)

52 Das volle Zitat, aus Calvins *Unterricht in der christlichen Religion* I,2,2, lautet: „Zudem hält er sich nicht etwa bloß aus Angst vor dem Gericht von der Sünde zurück, sondern weil er Gott als Vater liebt und verehrt, ihm als dem Herrn Gehorsam und Dienst erweist – gäbe es auch keine Hölle, so scheute er sich doch, ihn zu kränken."

53 Diese beiden Aspekte der Ehrfurcht vor Gott zeigen sich an Bibelstellen, wo der Ausdruck als Synonym für andere Begriffe benutzt wird. In Psalm 19 ist die „Ehrfurcht vor dem HERRN" ein Synonym für das Gesetz, die Gebote und Anordnungen Gottes (Psalm 19,8-10). Gottesfurcht bedeutet hier, Gott als den anzuerkennen, dessen Wort Gesetzeskraft hat, und zu sagen: „Dein Wille geschehe, und nicht meiner." Im 5. Buch Mose werden die Ehrfurcht vor Gott und die Liebe zu Gott oft synonym benutzt, um die rechte Motivation für unseren Gehorsam gegenüber Gott auszudrücken (5. Mose 5,29; 6,2.5; 10,12). Die „Ehrfurcht vor dem HERRN" ist also ein Gehorsam, der aus der Liebe zu Gott und seinem Wesen entspringt; ich liebe Gott, weil er der ist, der er ist. Vgl. Waltke, *Book of Proverbs: Chapters 1–15*, S. 100f. zu „The Fear of the Lord".

54 Kidner, *Proverbs*, S. 110.

55 Walter C. Smith, „Immortal, Invisible God Only Wise", Lied, 1876.

56 Tremper Longman, *Proverbs: Baker Commentary on the Old Testament Wisdom and Psalms* (Grand Rapids, Mich.: Baker Academic, 2006), S. 328.

57 Kidner, *Proverbs*, S. 32.

58 Ebd., S. 146.

59 Miroslav Volf, *Von der Ausgrenzung zur Umarmung* (Marburg: Francke, 2012), S. 406.

60 Was bedeutet eigentlich „heilig"? Viele setzen es mit „moralisch" gleich. Aber singen die Engel in Jesaja 6 etwa „Moralisch, moralisch, moralisch ist der HERR Zebaoth"? „Im Grunde ist *heilig* fast ein Adjektiv, das dem Substantiv *Gott* ent-

spricht. Gott ist Gott. Gott ist heilig. Er ist einzigartig; keiner ist wie er. Und in einem abgeleiteten Sinne ist das, was allein Gott gehört … heilig." (D.A. Carson, „8. April", in: *For the Love of God: A Daily Companion for Discovering the Riches of God's Word*, vol. 1, Wheaton, Ill.: Crossway Books, 1998, o.S.)

61 Vielleicht wollen Sie zu dem Thema das folgende Buch lesen: Robert C. Sproul, *Die Heiligkeit Gottes* (Bielefeld: Christliche Literaturverbreitung, 2018).

62 Derek Kidner, zitiert in: Waltke, *Book of Proverb: Chapters 1–15*, S. 407f.

63 Vgl. Longman, *Proverbs*, S. 82-86, für eine exzellente Diskussion dieses Themas. Diese Tagesandacht geht im Wesentlichen auf sie zurück.

64 Lesslie Newbigin, *Sin and Salvation* (Eugene, Oreg.: Wipf and Stock Publishers, 2009), S. 11-15.

65 Kidner, *Proverbs*, S. 80.

66 Ebd.

67 „Dieser Besser-als-Spruch begrenzt den Wert des Reichtums, indem er Weisheit und Rechtschaffenheit höher stellt." (Van Leeuwen, „Book of Proverbs", S. 197)

68 Ebd., S. 114.

69 Vgl. Graeme Goldsworthy, *Gospel and Wisdom*, in: The Goldsworthy Trilogy (Carlisle, UK: Paternoster, 2001). Goldsworthy führt dieses Verständnis der Ordnung Gottes als erkannt (Sprüche), gestört und zerbrochen (Prediger) und verborgen (Hiob) auf S. 409-458 aus. Ich habe diese Bezeichnungen von ihm übernommen. Vgl. auch Longman, „Proverbs in Conversation with Job and Ecclesiastes", in: *How to Read Proverbs* (Downers Grove, Ill.: InterVarsity Press, 2002), S. 79-91.

70 Helen Wilcox (ed.), *The English Poems of George Herbert* (Cambridge, UK: Cambridge University Press, 2007), S. 102.

71 Longman, *Proverbs*, S. 62.

72 J.R.R. Tolkien, *Der Herr der Ringe, Bd. 1 Die Gefährten*, S. 180.

73 Jede neue Folge der Fernsehserie *Cosmos* mit Carl Sagan begann mit den Worten: „Der Kosmos ist alles, was es gibt oder je gegeben hat oder je geben wird."

74 Thomas Cranmer, „Collect for the Fourth Sunday After Easter", in: *The Book of Common Prayer 1559*, John E. Booty, ed. (Charlottesville, Va.: University of Virginia Press, 1976), S. 63.

75 Michael Eaton, *Ecclesiastes: An Introduction and Commentary* (Downers Grove, Ill.: InterVarsity Press, 1983), S. 63.

76 Sinclair B. Ferguson, *The Pundit's Folly: Chronicles of an Empty Life* (Edinburgh: Banner of Truth Trust, 1995), S. 41.

77 Derek Kidner, *A Time to Mourn, and a Time to Dance: Ecclesiastes and the Way of the World* (Downers Grove, Ill.: InterVarsity Press), S. 98.

78 Ebd., S. 99.

79 Goldsworthy, S. 432.

80 Aus: Paul Gerhardt, Befiehl Du Deine Wege, Strophe 6.

81 Marie Schmalenbach.

82 Francis I. Andersen, *Job: An Introduction and Commentary* (Downers Grove, Ill.: InterVarsity Press, 1975), S. 210.

83 Ebd., S. 73.

84 Der Autor dieses bekannten Zitats ist unbekannt.

85 *Agathe Christie's Miss Marple: The Body in the Library* (BBC-Krimi, 1984, im Internet unter: www.youtube.com/watch?v=crds2h4a3rk (28:00–29:00).

86 Van Leeuwen, „Book of Proverbs", S. 226.

87 Ebd., S. 185.

88 Diese Übersetzung von Psalm 36,2 benutzte C.S. Lewis im Vorwort zu seinen *The Screwtape Letters and Screwtape Proposes a Toast* (1961). Die Übersetzung ist strittig; vgl. T. Longman, *Psalms: An Introduction and Commentary*, Tyndale Old Testament Commentaries, vols. 15–16 (Downers Grove, Ill.: InterVarsity Press, 2014), S. 175.

89 Kidney, *Proverbs*, S. 104.

90 Van Leeuwen, „Book of Proverbs", S. 145.

91 Waltke, *Book of Proverbs: Chapters 15–31*, S. 181.

92 Longman, *Proverbs*, S. 257.

93 Van Leeuwen, „Book of Proverbs", S. 229.

94 Elisabeth Elliot, „Epilogue II", in: *Through the Gates of Splendor*, 40th anniv. Ed. (Carol Stream, Ill.: Tyndale, 1996), S. 267.

95 Thomas Brooks, *Precious Remedies Against Satan's Devices* (Philadelphia: Jonathan Pounder, 1810), S. 60.

96 Richard Baxter, „What Are the Best Preservatives Against Melancholy and Overmuch Sorrow?", in: *The Morning Exercises at Cripplegate*, vol. 3, ed. James Nichols (London: Thomas Tegg, 1844), S. 253.

97 Waltke, *Book of Proverbs: Chapters 1–15*, S. 541.

98 Kidner, *Proverbs*, S. 108.

99 Aus dem Gedicht „Joseph's Coat" von George Herbert.

100 Wilfred M. McClay, „The Strange Persistence of Guilt", *Hedgehog Review* 19, no. 1 (Frühjahr 2017), im Internet unter: www.iasc-culture.org/THR/THR_article_2017_Spring_McClay.php.

101 Kidner, *Proverbs*, S. 168.

102 Longman schreibt zu 21,2: „Die Maßstäbe des Guten werden nicht von Menschen definiert, sondern von Gott." (Longman, *Proverbs*, S. 129).

103 Vgl. Kidner, *Proverbs*, S. 129.

104 Ebd., S. 114.

105 Ebd., S. 155.

106 Ebd., S. 165.

107 Longman, *Proverbs*, S. 307.

108 Zitiert in: Os Guinness, *The Call: Finding and Fulfilling the Central Purpose of Your Life* (Nashville: Thomas Nelson, 2003), S. 124.

109 Ebd.

110 Vgl. dazu ausführlicher C.S. Lewis, *Pardon, ich bin Christ* (Neuübersetzung 2014, 22. Tb-Auflage, Basel: Brunnen Verlag), S. 137-144.

111 Lewis Smedes, *Love Within Limits: A Realist's View of 1 Corinthians 13* (Grand Rapids, Michigan: Wm. B. Eerdmans, 1978), S. 34.

112 Waltke, *Book of Proverbs: Chapters 15–31*, S. 485.

113 William Shakespeare, *Troilus und Cressida*, 2. Akt, 3. Szene.

114 Waltke, *Book of Proverbs: Chapters 1–15*, S. 585f.

115 D.A. Carson, *The Difficult Doctrine of the Love of God* (Wheaton, Ill.: Crossway, 1999), S. 39.

116 C.S. Lewis, *Mere Christianity* (New York: Macmillan, 1959), S. 99.

117 Donald B. Kraybill, Steven M. Nolt, David L. Weaver-Zercher, *Amish Grace: How Forgiveness Transcended Tragedy* (San Francisco: Jossey-Bass, 2010).

118 Ebd., S. 181.

119 Van Leeuwen, „Book of Proverbs", S. 133.

120 Shakespeare, *Troilus und Cressida*, 2. Akt, 3. Szene.

121 Kidner, *Proverbs*, S. 157.

122 C.S. Lewis, *Reflections on the Psalms* (Orlando, Fla.: Harcourt, 1958), S. 93-95.

123 Dorothy L. Sayers, *In die Wirklichkeit entlassen* (hg. von Manfred Siebald, Moers: Brendow, 1993), S. 159.

124 Kidner, *Proverbs*, S. 136

125 Waltke, *Book of Proverbs: Chapters 15–31*, S. 126f. Waltke zitiert hier F.S. Fitzsimmonds aus dem *New Bible Dictionary*.

126 Benjamin Schmolck, aus dem Lied „Tu mir auf die schöne Pforte".

127 „Das Verlangen bezieht sich auf Wünsche, die tief in seiner Persönlichkeit verwurzelt sind. Das nicht näher benannte Ziel dieser Wünsche kann der unmäßige Wunsch sein, nichts zu tun als zu schlafen, oder (wahrscheinlicher) die Gier nach solchen Lebensgütern wie Essen und Trinken." (Waltke, *Book of Proverbs: Chapters 15–31*, S. 188.)

128 Dorothy L. Sayers, *In die Wirklichkeit entlassen*, S. 159.

129 Kidner, *Proverbs*, S. 156.

130 Dorothy L. Sayers, *Das größte Drama aller Zeiten* (hg. von Hinrich Stoevesandt, Zürich: Theologischer Verlag, 1982), S. 72.

131 Vgl. Frage und Antwort 35 im kleinen Westminster Katechismus: „Was ist Heiligung?", online unter http://www.epkd.de/wp-content/uploads/2018/11/Katechismus-.pdf.

132 Kidner, *Proverbs*, S. 109.

133 Aus dem Lied „Sei still, mein Herz" von Katharina von Schlegel.

134 Van Leeuwen, „Book of Proverbs", S. 153.

135 C.S. Lewis, *The Four Loves* (New York: Harcourt, Brace, 1960), S. 94.

136 C.S. Lewis, *Pardon, ich bin Christ*, S. 120.

137 Brooks, *Precious Remedies Against Satan's Devices*, S. 16.

138 Van Leeuwen, „Book of Proverbs", S. 72.

139 Waltke, *Book of Proverbs: Chapters 1–15*, S. 320.

140 Kidner, *Proverbs*, S. 46.

141 Das hebräische Verb in Sprüche 5,19, *sagah*, das mit „in den Bann ziehen" übersetzt ist, bedeutet wörtlich: „sich verlaufen". Dieser Vers weist den jungen Mann mithin an, sich in der Liebe seiner Frau „zu verlieren".

142 Van Leeuwen, „Book of Proverbs", S. 81.

143 Dietrich Bonhoeffer, Gedicht „Stationen auf dem Weg zur Freiheit", in: ders., *Widerstand und Ergebung*, hg. von Eberhard Bethge (München: Siebenstern, 3. Aufl. 1966), S. 184.

144 Thomas Cranmer, „Collect for Peace", U.S. *Book of Common Prayer* (1928), http://justus.anglican.org/resources/bcp/1928/MP.htm.

145 Aus dem Lied „Gelobet seist du, Jesu Christ, dass du Mensch geboren bist" von Martin Luther.

146 Kidner, *Proverbs*, S. 45.

147 Ebd., S. 42.

148 C.S. Lewis, *Was man Liebe nennt* (7. Tb.-Auflage, Basel: Brunnen, 2004), S. 72.

149 Waltke, *Book of Proverbs: Chapters 15–31*, S. 33.

150 „Da die Zunge so fundamental an all den Gedanken, Vorstellungen, Sehnsüchten und Plänen beteiligt ist, die hinter unserem irdischen Leben liegen, hinterlässt sie die Spuren ihrer eigenen Verunreinigung überall." (J.A. Motyer, *The Message of James: The Tests of Faith*. The Bible Speaks Today (Leicester, England; Downers Grove, Ill.: InterVarsity Press 1985), S. 122.

151 Joy Davidman, *Smoke on the Mountain: An Interpretation of the Ten Commandments* (Philadelphia: Westminster John Knox, 1954), S. 111.

152 Das mit „verbreiten" übersetzte hebräische Wort, *puah*, bedeutet wörtlich „ausatmen". Es malt das Bild eines Menschen, der jedes Mal, wenn er den Mund aufmacht, lügt.

153 Diese Andacht basiert auf einem Abschnitt (aus dem wir hier zitieren) in: Lewis Smedes, „The Power of Promising", *Christianity Today*, 21. Januar 1983.

154 Waltke, *Book of Proverbs: Chapters 15–31*, S. 541.

155 Aus dem Lied „Zieh ein zu meinen Toren" von Paul Gerhardt.

156 Kidner, *Proverbs*, S. 45.

157 Ebd., S. 44f.

158 Longman, *Proverbs*, S. 238.

159 Johannes 8,1-11 findet sich in den ältesten Manuskripten des Neuen Testaments nicht, doch viele halten es für einen verlässlichen und alten Text aus einer anderen Quelle, der in das Johannesevangelium aufgenommen wurde. Er passt auch bestens zu den anderen Berichten über das Wesen Jesu. Vgl. D.A. Carson, *The Gospel According to John* (Leicester, UK: InterVarsity Press, 1991), S. 333.

160 Kidner, *Proverbs*, S. 92.

161 Van Leeuwen, „Book of Proverbs", S. 152.

162 Waltke, *Book of Proverbs: Chapters 15–31*, S. 8.

163 Waltke, *Book of Proverbs: Chapters 1–15*, S. 496.

164 *Westminster Confession of Faith*, 15.4.

165 Franz Delitzsch bemerkt, dass „die Tür zur Buße [auf unserer Seite] … nicht immer offenbleibt." Zitiert in: Van Leeuwen, „Book of Proverbs", S. 242.

166 Kidner, *Proverbs*, S. 155.

167 Ebd., S. 133.

168 Edward Shillito, „Jesus of the Scars", in: *Masterpieces of Religious Verse*, ed. James Dobson Morrison (New York: Harper Brothers, 1958), S. 235.

169 Waltke, *Book of Proverbs: Chapters 15–31*, S. 11.

170 Ebd., S. 358f.

171 Siehe die Darstellung in: Anthony C. Thiselton, *The First Epistle to the Corinthians: A Commentary on the Greek Text*, New International Greek Testament Commentary (Grand Rapids, Mich.: Wm. B. Eerdmans, 2000) S. 1059.

172 Michael Mann und Christopher Crowe, *The Last oft he Mohican* (1991), im Internet unter: www.awesomefilm.com/script/lastmohi.txt

173 Kidner, *Proverbs*, S. 151.

174 Es gibt Ausnahmen, in denen man sofort die Polizei einschalten muss. Es ist völlig richtig, illegale Geschäftspraktiken, Misshandlungen oder sexuellen Missbrauch anzuzeigen („Whistle-blowing"). Der normale Bürger hat keine „richterliche Gewalt" (Römer 13,1-7); Verbrechen sind eindeutig die Domäne des Staates. Aber in den allermeisten Fällen gelten folgende Regeln: 1. Ziehen Sie keine voreiligen Schlüsse, sondern gehen Sie der Sache erst auf den Grund. 2. Reden Sie persönlich und respektvoll mit den beteiligten Personen. 3. Hören sie nicht auf Sie, bitten Sie andere, die von ihnen respektiert werden, mit ihnen zu reden. Wenn die Personen Christen sind, können Sie Persönlichkeiten aus der Gemeinde bitten, einzuschreiten (vgl. 10. August). Tun Sie *nicht* das, was heute das Übliche ist – also den Betreffenden flugs zum Übeltäter erklären, auf seine Entlassung hinarbeiten, ihn an den Internet-Pranger stellen oder mit dem Richter drohen.

175 Kidner, *Proverbs*, S. 115.

176 C.S. Lewis, *Die Abschaffung des Menschen* (Freiburg: Johannes Verlag Einsiedeln, 6. Aufl. 2007), S. 78.

177 Van Leeuwen, „Book of Proverbs", S. 133.

178 Lewis B. Smedes, *Mere Morality: What God Expects from Ordinary People* (Grand Rapids, Mich.: Wm B. Eerdmans, 1989), S. 237.

179 Dies sind wahre Beispiele von Christen, die versuchten, an ihrem Arbeitsplatz anständig zu sein. Sie haben sie dem Autor erzählt.

180 Judith Martin, *Miss Manners: A Citizen's Guide to Civility* (New York: Random House, 1999), S. 62.

181 Van Leeuwen, „Book of Proverbs", S. 133.

182 J.R.R. Tolkien, *Der Herr der Ringe. Dritter Teil: Die Rückkehr des Königs* (Stuttgart: Klett, 1972), S. 359.

183 Waltke, *Book of Proverbs: Chapters 15–31*, S. 61.

184 D.M. Lloyd-Jones, *Healing and the Scripture* (Nashville, Tenn.: Thomas Nelson, 1982), S. 14.

185 Van Leeuwen, „Book of Proverbs", S. 49.

186 Waltke, *Book of Proverbs: Chapters 1–15*, S. 247.

187 John Owen, zitiert in: I.D.E. Thomas, *A Puritan Golden Treasury* (Edinburgh: Banner of Truth, 1977), S. 192. Das Zitat wird auch Murray M'Cheyne zuge-

schrieben, in: D.A. Carson, *A Call to Spiritual Reformation: Priorities from Paul and His Prayers* (Grand Rapids, Mich.: Baker Academic, 1992), S. 16.

188 C.S. Lewis, *Pardon, ich bin Christ* (Neuübersetzung 2014; 22. Tb.-Auflage, Basel: Brunnen-Verlag), S. 207.

189 Thomas Brooks, *Precious Remedies Against Satan's Devices* (Philadelphia: Jonathan Pounder, 1810), S. 17.

190 Van Leeuwen, „Book of Proverbs", S. 182.

191 Ebd., S. 183.

192 Ebd., S. 155.

193 Aus: C.S. Lewis, „The Weight of Glory" (1942), http://www.verber.com/mark/xian/weight-of-glory.pdf.

194 Van Leeuwen, „Book of Proverbs", S. 196.

195 Kidner, *Proverbs*, S. 141.

196 Van Leeuwen, „Book of Proverbs", S. 246.

197 Wie sollte ein Single die Andachten der kommenden Woche über die Ehe und das Elternsein lesen? Nun, Sie können auf zweierlei Art von ihnen profitieren. Erstens: Sollten Sie später doch noch heiraten, bereiten die Sprüche Sie auf das vor, was Sie erwartet, sodass Sie sich nicht im „Blindflug" befinden und das Verheiratetsein weder unrealistisch idealisieren noch Angst davor haben. Zweitens: Wenn Sie Freunde haben, die Ehepartner oder Eltern sind, werden diese Andachten Ihnen helfen, sie besser zu verstehen und ihnen eine größere Hilfe zu sein. Und drittens: Wenn Ihre eigenen Eltern noch leben (und vielleicht selbst dann, wenn sie nicht mehr leben), wird Ihnen das, was die Sprüche über die Beziehung zu unseren Eltern sagen, manches Licht aufgehen lassen.

198 Die Bibel erlaubt unter bestimmten Umständen die Scheidung. Der mutwillige Bruch des Ehegelübdes durch sexuelle Untreue, Verlassen oder Misshandlung ist ein legitimer Scheidungsgrund. Selbst das Band der Ehe, so feierlich es ist, ist also nicht absolut. Vgl. Timothy und Kathy Keller, *Ehe* (Gießen: Brunnen, 2013), S. 86-87 und 201-202.

199 Waltke, *Book of Proverbs: Chapters 1–15*, S. 117.

200 Kidner, *Proverbs*, S. 46.

201 Ebd., S. 45.

202 Wir erinnern uns: Die Zielgruppe des Buchs der Sprüche waren junge Männer. Da ist es logisch, dass die Texte über den richtigen Ehepartner immer von der Frau reden. Aber es ist nur recht und billig, die Texte auch auf Ehe*männer* anzuwenden. Es gibt auch zänkische Ehe*männer*, und davon nicht zu wenig.

203 William Gurnall, *The Christian in Complete Armor* (London: Blackie and Sons, 1865), S. 12.

204 John Newton, *The Works of John Newton*, vol. 1 (Edinburgh: Banner of Truth, 1985), S. 136.

205 Vgl. dazu unser Ehebuch: Timothy und Kathy Keller, *Ehe* (Gießen: Brunnen, 2013), S. 172-195.

206 Vgl. Rachel Cusk, „Making House: Notes on Domesticity", *New York Times Magazine*, 31. August 2016.

207 Kidner, *Proverbs*, S. 184.

208 Es gibt zwei Gründe dafür, dass in diesem Vers die *Frau* mit einem Schwein verglichen wird. Der erste ist, dass die Sprüche zur Erziehung junger Männer geschrieben wurden. Und der zweite ist, dass es typischerweise Männer sind, die Frauen nur nach ihren äußeren Reizen beurteilen und so zu einer billigen Ware degradieren.

209 Vgl. dazu Kenneth Keniston und The Carnegie Council on Children, *All Our Children: The American Family under Pressure* (New York: Houghton-Mifflin Harcourt, 1978).

210 Waltke, *Book of Proverbs: Chapters 1–15*, S. 176.

211 Kidner, *Proverbs*, S. 46.

212 Waltke, *Book of Proverbs: Chapters 15–31*, S. 252.

213 Arthur Schlesinger, „Vorwort“, in: Charles C. Brown, *Niebuhr and His Age* (Harrisburg, Pa.: Trinity, 2002), S. viii-ix.

214 Vgl. Carl K. Spackman, „Parents Passing On the Faith“ (D. Min. Dissertation, Westminster Theological Seminary, 1988).

215 Kidner, *Proverbs*, S. 80.

216 Aus: Martin Luther King, Jr., „I Have a Dream“, https://www.archives.gov/files/press/exhibits/dream-speech.pdf.

217 Waltke, *Book of Proverbs: Chapters 15–31*, S. 43.

218 C.S. Lewis, *Die große Scheidung* (München und Hamburg: Siebenstern Taschenbuch-Verlag, 1966), S. 115f.

219 Waltke, *Book of Proverbs: Chapters 1–15*, S. 463.

220 Paul Krugman, „For Richer“, *New York Times*, 20. Oktober 2002.

221 Longman, *Proverbs*, S. 286.

222 Kidner, *Proverbs*, S. 93.

223 Ebd., S. 71.

224 J.R.R. Tolkien, *Der Herr der Ringe. Bd. 2 Die zwei Türme* (Stuttgart: Klett 1972), S. 192.

225 Ich folge hier Longman, *Proverbs*, S. 507, der nicht glaubt, dass wir (wie manche meinen) diesen Vers nur als Aufforderung, der Bibel zu gehorchen, lesen sollten.

226 Waltke, *Book of Proverbs: Chapters 15–31*, S. 16f.

227 C.S. Lewis, *Prinz Kaspian von Narnia* (Moers: Brendow, 2. Aufl. 2001), S. 170.

228 NGÜ und andere deutsche Übersetzungen: „immer mehr Steuern erhebt“.

229 D.A. Carson, „April 11“, in: *For the Love of God*, vol. 2 (Wheaton, Ill.: Crossway Books, 1999).

230 Kidner, *Proverbs*, S. 177.

231 Kenneth T. Aitken, *Proverbs* (Louisville, Ky.: Westminster John Knox, 1986), S. 216.

232 Alle Ausleger stimmen überein, dass das Wort *segensreich* doppeldeutig ist. Es kann den Segen meinen, den die Gerechten von Gott bekommen und der dann auf die Stadt „überfließt“, oder den Segen, den die Gerechten ihren Mitmenschen bringen. Am besten gehen wir davon aus, dass beides stimmt. Vgl. Aitken, *Proverbs*, S. 200.

233 Van Leeuwen, „Book of Proverbs“, S. 214. Van Leeuwens ganzer Abschnitt über 24,10-12 ist sehr lesenswert.

234 Zitiert in: Charles Avila, *Ownership: Early Christian Teaching* (London: Sheed and Ward, 1983), S. 50.

235 Nach einer berühmten Rede und Gedicht von Martin Niemöller; siehe im Internet unter https://de.wikiquote.org/wiki/Martin_Niemöller.

236 C.S. Lewis, *The Four Loves* (Collins: Fontana Books, 10. Aufl. 1971), S. 51.

237 John Stott, *Das Kreuz. Zentrum des christlichen Glaubens* (Marburg: Francke, 2. Aufl. 2019), S. 204f.

238 Nach Bruce Waltke, „The Superiority of Jesus Christ to Solomon's Wisdom“, in: *Book of Proverbs: Chapters 1–15*, S. 131f. Waltke beendet diesen Abschnitt so: „Aber auch wenn Christi Weisheit so viel größer ist als die Salomos, verwerfen wir die letztere doch nicht. Wir würden ja auch nicht einen 5-Dollar-Schein wegwerfen, bloß weil wir auch einen 20-Dollar-Schein im Portemonnaie haben.“

239 Ich beziehe mich hier auf das apokryphe Buch Jesus Sirach. Vgl. Longman, *Proverbs*, S. 69f. Man lese Sirach 51,23-27 und halte Matthäus 11,28-30 daneben.

240 Aus dem Lied „Herr, weil mich festhält deine starke Hand“ (Diakonissenmutterhaus Aidlingen).

241 Aus dem Lied „Herr, öffne mir die Herzenstür“ (Johann Olearius).

242 Longman, *Proverbs*, S. 215-223.

243 Aus dem Lied „Jesu, meine Freude“ (Johann Franck).

Timothy Keller

Beten

Dem heiligen Gott nahekommen

352 Seiten, gebunden
ISBN Buch 978-3-7655-0943-8
ISBN E-Book 978-3-7655-7398-9

Überall auf der Welt versuchen die Menschen seit jeher mit dem Göttlichen in Kontakt zu kommen. Doch gelingt ihnen dies? Reden sie mit einem Gegenüber, das es wirklich gibt? Timothy Keller glaubt, dass das bei Christen der Fall ist: „Wenn wir beten, lernen wir Gott kennen, lernen wir es, ihn endlich als Gott zu behandeln." Deshalb ist das Gebet für ihn „der Schlüssel zu allem, was wir in unserem Leben tun müssen und sein müssen. Wir müssen beten lernen. Wir haben keine Wahl."

Auf solidem theologischen Grund, immer ausgerichtet an der Bibel, geht Timothy Keller durch die Höhen und Tiefen des Gebetslebens und gibt ganz praktische Tipps zum Meditieren von Bibeltexten und zu täglichen Gebetszeiten.

BRUNNEN VERLAG GIESSEN
www.brunnen-verlag.de